U0516130

政治建设基本理论

BASIC THEORY OF
POLITICAL CONSTRUCTION

王寿林 著

社会科学文献出版社
SOCIAL SCIENCES ACADEMIC PRESS (CHINA)

目 录

导　论

政治建设作为中国特色社会主义建设的重要任务，是其他各项建设的决定因素、关键环节和根本保证。党的十八大以来，以习近平同志为核心的党中央坚持和发展马克思主义政治观，在治国理政中提出一系列政治新理念新思想新战略，形成了新时代中国特色社会主义政治理论和政治方略，推进了中国特色社会主义政治建设。在新的时代条件下，沿着中国特色社会主义政治发展道路砥砺奋进，努力实现中国特色社会主义政治实践创新、政治理论创新、政治制度创新和政治文化创新，不断开创新时代中国特色社会主义政治建设新局面，为建设富强民主文明和谐美丽的社会主义现代化国家创造有利的政治条件，是中华民族复兴大业赋予我们的庄严使命。

第一节　政治建设的科学内涵

在人类历史上，政治一开始就是围绕国家权力展开的，表现为人们夺取、运用、维护、制约国家权力的全部活动。政治是人类社会生活的重要方面，伴随着人类社会的发展而绵延几千年。在当今世界，政治在社会生活中处于极其重要的地位，影响着社会生活的各领域和全过程，是牵动社会成员的利益并支配其行为的强大社会力量。

一　政治建设

马克思主义政治观的产生是人类政治发展史上的一次革命，它建立在辩证唯物主义和历史唯物主义的基础上，从社会的生产方式和交换方式出发，科学地揭示了人类社会发展和政治进步的基本规律，分析了社会经济关系对社会政治关系的作用，论述了政治的本质属性、主要内容和基本特征，是研究政治现象的指导思想。

按照马克思主义的观点，政治是以经济为基础的上层建筑，是一定阶级、阶层和社会集团围绕国家政权及其运行而展开各种社会活动和社会关系的总和。就其根源而言，政治是经济的集中表现，政治关系归根到底是由经济关系决定的一种利益关系。就其实质而言，政治是一种特定的社会关系，在阶级社会中，阶级性是政治的基本属性，政治就是各阶级之间的斗争。就其核心而言，政治的核心是政治权力，国家政权是政治权力的根本问题。就其功能而言，政治旨在寻求统治阶级意志和利益的最大公约数，制定符合统治阶级意愿的公共政策，并推动这些公共政策的贯彻执行。就其活动而言，政治活动是有规律可循的，既是一种科学，也是一种艺术。

政治具有以下特点。一是政治属于一种社会行为。政治总是与政治行为相联系，政治行为作为一种社会行为，包括政治统治、政治管理、政治参与、政治自治等。如果说政治的本质是参与国家事务，给国家定方向，确定国家活动的形式、任务和内容，那么，政治行为总是与取得、运用和维护国家政权相联系。二是政治结成一定的社会关系。政治的一定格局结成一定的政治关系。政治关系作为一种社会关系，包括阶级关系、政党关系、民族关系、国家关系等。政治关系是在政治活动基础上形成的，各种政治主体围绕国家政权开展政治活动的同时，必然结成一定的政治关系。三是政治具有一定的形式。政治关系在发展进程中，通过宪法和法律被确定下来，就成为一种制度化的政治关系。制度化的政治关系即政治形式，如国体、政体、政治结构、政治机制等。一定政治形式是一定政治关系制度化的表现。四是政治构成一个完整的体系。政治生活是由政治主体、政治行为、政治关系和政治形式等构成的一个有机整体，具有稳定的结构、功能和秩序。

政治建设由政治的特点所决定，与政治行为、政治关系、政治形式、政治体系紧密相连，是守正开新、革故鼎新、除旧布新的过程，是实践政治理念、完善政治制度、优化政治生活的过程，是开创政治新局面、营造政治新气象、拓展政治新前景的过程。习近平总书记指出："今天，摆在我们面前的一项重大历史任务，就是推动中国特色社会主义制度更加成熟更加定型，为党和国家事业发展、为人民幸福安康、为社会和谐稳定、为国家长治久安提供一整套更完备、更稳定、更管用的制度体系。"① 这一重要论述深刻阐明了政治建设的主要任务、价值取向和奋斗目标。如果说建设是在主体与客体相互作用下使事物由简单到复杂、由低级到高级的连续不断的上升过程，那么，政治建设就是这样一个发展进步过程。

二 社会主义政治建设

马克思主义经典作家基于资本主义的社会现实和历史发展的一般规律，曾对社会主义社会的基本特征做过初步描述。第一，生产力的大幅提高和高度发展是社会主义社会的基本前提。第二，社会作为一个整体直接占有全部生产资料。第三，在生产资料公有制的基础上有计划地组织生产。第四，生活消费品实行按劳分配。在社会发展的高级阶段，由于物质财富极大丰富，人的精神境界极大提高，生活消费品实行按需分配。第五，阶级和国家逐步消亡，整个社会逐步过渡到自由人的联合体，最终实现每个人全面而自由发展的目标。

按照马克思主义观点，无产阶级只有打碎旧的国家机器，建立无产阶级专政的国家政权，消灭阶级剥削和阶级压迫，大力发展社会生产力，才能巩固和发展社会主义，逐步过渡到共产主义社会。因此，"工人革命的第一步就是使无产阶级上升为统治阶级，争得民主"。"无产阶级将利用自己的政治统治，一步一步地夺取资产阶级的全部资本，把一切生产工具集中在国家即组织成为统治阶级的无产阶级手里。"② 与以往剥削阶级占统治地位的社会少数人的民主根本不同，社会主义民主是绝大多数人的民主，其实质是无产阶级政党领导人民当家作主，依法管理国家和社会事务，管理经济和文化事业。

作为社会主义的存在方式，民主不仅要使无产阶级和广大人民获得政治解放，还要使无产阶级和广大人民获得社会解放。在马克思主义看来，尽管资本主义经济和政治已有长足发展，但资产阶级"既不会使人民群众得到解放，也不会根本改善他们的社会状况，因为这两者不仅仅决定于生

---

① 《习近平谈治国理政》，外文出版社，2014，第 104 ~ 105 页。
② 《马克思恩格斯选集》第 1 卷，人民出版社，1995，第 293 页。

产力的发展，而且还决定于生产力是否归人民所有"。① 因此，"对我们说来，问题不在于改变私有制，而只在于消灭私有制，不在于掩盖阶级对立，而在于消灭阶级，不在于改良现存社会，而在于建立新社会"。② 在社会主义条件下，广大人民不仅是社会财富的主人，而且是国家权力的主人。因为国家权力不过是社会财富的转化形式，在经济上拥有社会财富决定了在政治上必然掌握国家权力。如果说公有制是经济上的民主制，那么民主制则是政治上的公有制。

在领导中国人民为争取和实现人民民主的斗争中，中国共产党把马克思主义政治理论的普遍原理运用于中国社会主义政治建设的具体实践，吸收和借鉴人类创造的一切优秀文明成果，不仅进行了理论创新，而且进行了制度创新。中国在坚持社会主义基本经济制度的基础上，建立了工人阶级领导的、以工农联盟为基础的人民民主专政的国体，建立了人民代表大会制度的政体，建立了中国共产党领导的多党合作和政治协商的政党制度，建立了中央集中统一领导下的民族区域自治的国家结构，建立了中国共产党领导的，各民主党派和各人民团体参加的，包括全体社会主义劳动者、社会主义事业建设者、拥护社会主义爱国者、维护祖国统一和致力于民族复兴爱国者的政治联盟；注重克服资本主义腐朽意识的渗透、封建主义思想残余的因袭、小生产习惯势力的影响，不断提高人民群众的政治素质和民主意识；以协调发展、梯次发展、渐进发展、有序发展的方式推进社会主义政治建设，为把中国早日建成社会主义现代化强国而不懈奋斗。

三 中国特色社会主义政治建设

马克思、恩格斯创立的科学社会主义，以无产阶级政党为领导核心，以马克思主义为行动指南，以无产阶级革命为必由之路，以发展社会生产力为根本任务，以公有制和按劳分配为基本经济制度，以人民当家作主为基本政治制度，以实现共产主义为崇高理想。这一切构成了科学社会主义的基本原则，是坚持和发展中国特色社会主义的基本遵循。

中国特色社会主义是科学社会主义基本原则与中国实际和时代特征相

① 《马克思恩格斯选集》第 1 卷，人民出版社，1995，第 771 页。
② 《马克思恩格斯选集》第 1 卷，人民出版社，1995，第 368 页。

结合的产物，是中国共产党领导中国人民在社会主义实践中的伟大创造。其中，社会主义是共同规律和本质特征，中国特色是社会主义共同规律和本质特征在当代中国的具体体现和生动实践。因此，中国特色社会主义既坚持了科学社会主义的基本原则，又根据我国实际和时代特征赋予其鲜明的中国特色。中国特色社会主义的实质，就是深深植根于中国大地，具有鲜活的中国特点、中国风格、中国气派的科学社会主义，是科学社会主义的中国化。

中国特色社会主义政治作为中国特色社会主义在政治领域的具体体现，是汲取中华传统政治文明优秀成果，借鉴人类社会政治文明有益成果，充分体现中国特色社会主义政治理念、政治原则和政治制度的一种政治形态。中国特色社会主义政治包括三层含义：一是具有中国特色个性特点，是中华传统政治文明特征和当代中国政治文明特征的具体体现；二是归属社会主义政治范畴，是社会主义政治制度和法律制度的生动再现；三是融合古今中外政治文明合理内核，是与当今世界和当代中国政治发展相适应的政治形态。从这种意义上说，中国特色社会主义政治建设是对中国国情、时代特征、社会主义、民主政治、法治国家、中华文化和人类文明的高度凝练和系统集成。

改革开放以来，在我国社会主义政治建设已有成果的基础上，我们党坚持以马克思主义政治理论为指导，总结古今中外国家政权建设的历史经验，从我国的具体国情出发，推进了中国特色社会主义政治建设。例如，坚持党的领导、人民民主、依法治国有机统一的政治发展道路；坚持根本制度、基本制度、重要制度有机统一的政治制度体系；坚持选举民主、协商民主、自治民主有机统一的政治民主形式，坚持民主法治、自由平等、公平正义有机统一的政治价值理念；坚持体制改革、制度创新、体系建设有机统一的政治发展方略；坚持不忘本来、吸收外来、面向未来有机统一的政治战略视野；坚持促进和谐、维护稳定、保障安全有机统一的政治目标取向；等等。由此可见，中国特色社会主义政治建设坚持理论指导与实践探索相结合，总结历史与洞察未来相结合，本国特色与时代特征相结合，既是具有中国特色社会主义个性特点的政治建设，又是具有人类政治文明共同属性的政治建设。

四 新时代中国特色社会主义政治建设

党的十八大以来，以习近平同志为核心的党中央团结带领人民进行伟大斗争、建设伟大工程、推进伟大事业、实现伟大梦想，推动党和国家事业发生历史性变革、取得历史性成就，中国特色社会主义进入了新时代。这个新时代，"是承前启后、继往开来、在新的历史条件下继续夺取中国特色社会主义伟大胜利的时代，是决胜全面建成小康社会、进而全面建设社会主义现代化强国的时代，是全国各族人民团结奋斗、不断创造美好生活、逐步实现全体人民共同富裕的时代，是全体中华儿女勠力同心、奋力实现中华民族伟大复兴中国梦的时代，是我国不断为人类作出更大贡献的时代"。①

党的十九大报告对于中国特色社会主义进入新时代的重大意义，从中国与世界、历史与现实、理论与实践不同视角作出深刻揭示，明确指出：中国特色社会主义进入新时代，意味着近代以来久经磨难的中华民族迎来了从站起来、富起来到强起来的伟大飞跃，迎来了实现中华民族伟大复兴的光明前景；意味着科学社会主义在 21 世纪的中国焕发出强大生机活力，在世界上高高举起了中国特色社会主义伟大旗帜；意味着中国特色社会主义道路、理论、制度、文化不断发展，拓展了发展中国家走向现代化的途径，给世界上那些既希望加快发展又希望保持自身独立性的国家和民族提供了全新选择，为解决人类问题贡献了中国智慧和中国方案。

中国特色社会主义进入新时代，同时意味着中国特色社会主义政治建设进入新时代。新时代中国特色社会主义政治建设是指在新的时代条件下，中国共产党领导中国人民为保持和增强中国特色社会主义政治理念、政治原则和政治制度的优越性和生命力而展开的创建活动。随着中国特色社会主义进入新时代，人民生活在全面达到小康后，对美好生活的向往更加强烈，对民主、法治、公平、正义、安全、环境等方面的需要也日益增长，并呈现分层次多样化的特点。满足人民群众这方面的现实需要，离不开人民民主、依法治国、公平正义、安定和谐等公共产品的提供和保障，从而对推进新时代中国特色社会主义政治建设提出了更高的要求。

---

① 《中共中央关于党的百年奋斗重大成就和历史经验的决议》，《人民日报》2021 年 11 月 17 日。

新时代中国特色社会主义政治建设以中国特色社会主义理论体系为指导，以党的领导、人民当家作主、依法治国的有机统一为核心，以社会主义劳动者、建设者、爱国者为主体，以植根中国社会、符合中国国情、体现中国特色为根基，以建设社会主义现代化国家、实现中华民族伟大复兴为目标。因此，新时代中国特色社会主义政治建设具有鲜明的民族性，是弘扬中华民族优秀政治文明成果，具有中国风格和中国气派的政治建设。中国特色社会主义政治建设具有鲜明的科学性，是从中国的具体国情出发，凝聚全体人民智慧和力量的政治建设。中国特色社会主义政治建设具有鲜明的人民性，是体现党的主张、反映人民意愿的政治建设。中国特色社会主义政治建设具有鲜明的时代性，是紧跟时代潮流，把握时代脉搏，反映实现中华民族伟大复兴时代要求的政治建设。中国特色社会主义政治建设具有鲜明的实践性，是体现我国社会进步的新气象和人民群众的新期待，为改革开放和社会主义现代化建设提供可靠保证的政治建设。中国特色社会主义政治建设具有鲜明的包容性，是博采古今中外，吸收人类一切优秀文明成果的政治建设。

第二节　政治建设的战略地位

中国特色社会主义建设是经济建设、政治建设、文化建设、社会建设和生态文明建设的有机统一，昭示了中国特色社会主义是全面发展与全面进步的社会主义。在中国特色社会主义建设中，由于各种建设之间具有不同的内容和任务，遵循不同的规律和原则，发挥不同的功能和作用，因而必然居于不同的地位。其中政治建设由政治的本质所决定，在中国特色社会主义建设中居于极为重要的战略地位。

一　政治建设是中国特色社会主义建设的重要任务

政治建设之所以成为中国特色社会主义建设的重要任务，是由政治建设的基本问题决定的。从政治实体看，健全的治理体系、卓越的治理能力，是国家有序运行的基本条件，也是人民安居乐业、社会安定有序、国家长治久安的重要保障。而确保国家民主治理、依法治理、科学治理、有效治理的圆满实现，是政治建设的题中应有之义。从政治结构看，权力配置只有遵循职权法定、权责一致、人事相宜、权能均衡、结构合理、协同高效的准则，才能确保权力的合理运行和有效制约。而实践昭示我们，权力配置准则的贯彻落实，离不开政治建设的有力推动。从政治功能看，政治管理是社会共同利益实现的基本机制，包括确认社会共同利益、增进社会共同利益、分配社会共同利益、维护社会共同利益和发展社会共同利益等职能。而保证政治管理职能的有效发挥，是政治建设的必然要求和内在规定。从政治环境看，超越"历史周期率"长期执政是中国历史上没有解决好的课题，也是世界各国没有解决好的课题，我们党只有破解这个课题，才能永远立于不败之地，其答案就寓于科学执政、民主执政、依法执政之中。离开了政治建设的持续推进，破解这个课题便无从谈起。从政治发展看，随着我国进入新时代，人们对美好生活的向往更加强烈，除了不断增长的物质文化需要外，对民主、法治、自由、平等、人权等方面的需要也日益增长，这既为政治建设提出了更高要求，又为政治建设提供了广阔舞台。从政治价值看，衡量一种政治制度优劣的标准，就是看它是否适合本国国情，具有本国特色，有利于经济发展、政治稳定、文化繁荣、社会安宁，有利于国家统一、民族团结、党际和谐、人民幸福。中国特色社会主义政治制度这些优势的充分发挥，同样离不开政治建设提供的依托和支撑条件。

二 政治建设是中国特色社会主义建设的决定因素

按照马克思主义观点，政治的本质是给国家定方向，确定国家活动的形式、任务和内容。因此，政治建设在中国特色社会主义建设中始终处于支配地位、起着决定作用。这一点可以通过政治制度得到说明。与经济领域和其他领域的基本制度、重要制度相比，我国人民代表大会制度以国家权力机关为组织载体，以坚持党的领导、人民当家作主、依法治国有机统一的根本制度安排为政治依托，不仅具有更大的权威性，而且具有更强的能动性。在实际生活中，根本政治制度不仅在政治领域发挥作用，决定着基本政治制度、重要政治制度，而且在各个领域都发挥作用，在一定程度上决定和影响着基本经济制度、重要经济制度以及文化、社会和生态文明各个领域的重要制度的建立和发展，如决定和影响着公有制为主体、多种所有制经济共同发展，按劳分配为主体、多种分配方式并存，社会主义市场经济体制的基本经济制度，决定和影响着文化管理制度、社会治理制度、生态保护制度的建立和发展。从我国实际情况看，国家各个领域的基本制度和重要制度的建立和发展，都是由全国人民代表大会通过宪法和法律确立的。诚如习近平总书记所指出的："一个国家的政治制度决定于这个国家的经济社会基础，同时又反作用于这个国家的经济社会基础，乃至于起到决定性作用。"① 如果说一个国家的制度体系由若干同心圆所构成，那么从核心到外围依次排列的是政治制度、经济制度、文化制度、社会制度和生态文明制度，其中处于核心地位的政治制度虽然要适应经济社会发展的需要，但同时也对经济社会发展发挥主导作用。

三　政治建设是中国特色社会主义建设的关键环节

中国特色社会主义建设是一项艰巨复杂的社会系统工程。在中国特色社会主义建设总体布局中，政治建设最重要，是中国特色社会主义的根本性建设，是其他各项建设的核心和统帅，决定着中国特色社会主义建设的性质和效果。首先，政治建设为其他领域建设提供必要的政治条件。政治建设以其他领域建设为基础，又给其他领域建设以有力的推动。政治建设以党领导人民当家作主，依法管理国家和社会事务，管理经济和文化事业为根本取向，能够充分调动和激发人民群众的积极性、主动性、创造性。因此，政治建设是推动其他领域建设的有力杠杆，为其他领域建设提供源源不断的发展动力。其次，政治建设是其他领域建设的主导力量，决定着其他领域建设的发展方向。在政治建设中，无论是政治理念还是政治原则，都具有明确的目标指向，离开了政治建设的统领和主导，其他领域建设很难达到预期目的。再次，政治建设为其他领域建设提供制度支撑。通过合理的制度安排和机制创新，政治建设可以规范各个领域建设的路径，提高各个领域建设的效益，巩固各个领域建设的成果。最后，政治建设为其他领域建设提供法治保障。通过实行依法治国，建设社会主义法治国家，政治建设可以有效维护正常的社会秩序和生产秩序，确保其他领域建设的有序进行。总之，政治建设是经济建设、文化建设、社会建设、生态文明建设的定盘星和压舱石，政治建设在很大程度上反映了整个国家的建

---

① 《习近平谈治国理政》第 2 卷，外文出版社，2017，第 288 页。

设状况和水准。

四　政治建设是中国特色社会主义建设的根本保证

政治建设之所以重要，还在于它事关当代中国举什么旗、走什么路、依靠什么力量、实现什么目标等根本性、全局性、战略性问题。从改革开放以来的实践看，我们党围绕坚持和发展中国特色社会主义这个主题，在治国理政中采取了一系列实际步骤和对策举措。一是科学分析国内状况和世界大势，准确把握时代主题和人民意愿，牢固确立解放思想、实事求是的思想路线。二是正确界定我国社会主义的发展阶段、主要矛盾和根本任务，把党和国家的工作中心转移到社会主义现代化建设上来，义无反顾地作出实行改革开放的伟大决策，形成党在社会主义初级阶段的基本路线。三是明确提出把马克思主义基本原理与中国具体实际相结合，建设中国特色社会主义的重大命题，开辟了中国特色社会主义道路，形成了中国特色社会主义理论体系，完善了中国特色社会主义制度，发展了中国特色社会主义文化。四是确立中国特色社会主义总体布局和战略布局，统筹推进社会主义经济建设、政治建设、文化建设、社会建设、生态文明建设，协调推进全面建设社会主义现代化国家、全面深化改革、全面依法治国、全面从严治党。五是坚定道路自信、理论自信、制度自信、文化自信，持续推进实践创新、理论创新、制度创新、文化创新。六是树立人民主体的历史观、人民至上的权力观、人民中心的发展观、人民为本的价值观，始终坚持一切为了人民、一切依靠人民。七是坚持创新、协调、绿色、开放、共享的新发展理念，努力提高发展质量和效益，不断增强人民的获得感、幸福感和安全感。八是统筹国际国内两个大局，统筹发展安全两件大事，坚定不移走和平发展道路，推动构建人类命运共同体，为改革发展营造和平的国际环境和稳定的国内环境。这些步骤和举措既是推进中国特色社会主义政治建设的题中应有之义，又为中国特色社会主义各项建设提供了可靠的政治保证。

第三节　政治建设的显著成就

党的十八大以来，在以习近平同志为核心的党中央坚强领导下，我国社会主义民主政治制度化、规范化、程序化全面推进，中国特色社会主义政治制度优越性得到有效发挥，生动活泼、安定团结的政治局面得到巩固和发展。① 新时代中国特色社会主义政治建设取得的重大成果，概括起来包括这样几个方面：坚持党的全面领导，保证人民当家作主，全面推进依法治国，深化党政机构改革，健全国家治理体系，加强党风廉政建设。这些方面是新时代中国特色社会主义政治建设显著成就的集中体现。

一 坚持党的全面领导

推进中国特色社会主义政治建设，关键在党。中国共产党领导是中国特色社会主义最本质的特征，是全党全国各族人民共同意志和根本利益的体现，是夺取新时代中国特色社会主义伟大胜利的根本保证。"党政军民学，东西南北中，党是领导一切的。"② 坚持党对一切工作的领导，就是党把方向、谋大局、定政策、促改革，对经济、政治、文化、社会、生态文明建设，对内政、外交、国防各项工作，对国家立法、司法、行政、监察机关，对经济、文化、社会、群团组织实行全面领导，不断增强党的政治领导力、思想引领力、群众组织力、社会号召力。通过统筹设置党政机构，使党政职能分工合理、责任明确、运转协调，形成统一高效的领导体制，确保党的集中统一领导。理顺党的组织同其他组织的关系，更好地发挥党总揽全局、协调各方的作用。在国家机关、社团组织中设立党的组织，接受党的统一领导，确保党的方针政策和决策部署在同级组织中的贯彻落实。坚持党对一切工作的领导，同支持人大、政府、政协和监察机关、审判机关、检察机关、人民团体、企事业单位、社会组织履行职能、开展工作、发挥作用，二者是有机统一的。党的领导的本质，就是适时确立适应时代发展客观要求、符合广大人民根本利益的基本理论、基本路线、基本方略，通过提出立法建议、决定重大问题、推荐重要干部、发挥模范作用，引导、组织和支持人民当家作主，依照宪法和法律行使管理国家和社会事务的权力，以实现自己的根本利益。从实际情况看，如今党中央权威和集中统一领导得到有力保证，党的领导制度体系不断完善，党的

① 《中共中央关于党的百年奋斗重大成就和历史经验的决议》，《人民日报》2021 年 11 月 17 日。
② 《习近平谈治国理政》第 3 卷，外文出版社，2020，第 16 页。

领导方式更加科学，全党思想上更加统一、政治上更加团结、行动上更加一致，党的政治领导力、思想引领力、群众组织力、社会号召力显著增强。实践证明，党当之无愧成为中国特色社会主义政治建设的顶层设计者、组织协调者、思想引导者、行动带动者，当之无愧成为中国特色社会主义政治建设最大的政治资源和根本的政治保证。

二　保证人民当家作主

我们国家的一切权力属于人民，人民当家作主是社会主义民主政治的本质特征。我国人民代表大会制度是坚持党的领导、人民当家作主、依法治国有机统一的根本制度安排。通过体制改革和制度创新，人民代表大会组织制度、选举制度、代表制度逐步健全，行使国家权力的制度化程序化保障不断完善。人民通过人民代表大会制度，扩大人民的政治参与范围，优化人民的民主选举、民主协商、民主决策、民主管理和民主监督权利，保证人民依法通过各种途径和形式管理国家和社会事务，管理经济文化事业。全国人大依法行使立法、监督、决定、任免等职权，充分履行最高国家权力机关职责。各级人大充分发挥权力机关的作用，不断加强和改进监督工作，拓宽人民监督权力的渠道，充分展示了社会主义民主政治的蓬勃生机。社会主义协商民主作为实现党的领导的重要方式，是我国社会主义民主政治的特有形式和独特优势。人民政协不断推进政治协商、民主监督和参政议政的制度化、规范化和程序化，有效发挥了协商民主的重要载体作用，协商主体更加广泛，协商形式更加多样，协商内容更加丰富，协商制度不断完善，协商效果日益凸显。政党协商、人大协商、政府协商、政协协商、社团协商、基层协商蓬勃开展，民主恳谈会、民情通报会、社区议事会、决策听证会等协商形式丰富多样，人民参与政治生活的渠道不断拓宽。全国政协在广泛充分征求各民主党派、各专门委员会意见的基础上，建立了双周协商座谈会制度。双周协商座谈会与每年一次的政协全体会议、每季度一次的政协常委会、每月一次的主席会议功能互补，拓宽了协商民主的渠道，有利于协商民主的制度化发展。概言之，我们积极发展全过程人民民主，社会主义民主政治制度化、规范化、程序化全面推进，中国特色社会主义政治制度优越性得到更好发挥，生动活泼、安定团结的政治局面得到不断巩固和发展。

三　全面推进依法治国

全面依法治国是中国特色社会主义的本质要求和重要保障。在新的时代条件下，我们党提出坚持依法治国、依法执政、依法行政共同推进，坚持法治国家、法治政府、法治社会一体建设，坚持依法治国和以德治国相结合，依法治国和依规治党有机统一；确立全面推进依法治国的总目标是建设中国特色社会主义法治体系，建设社会主义法治国家；强调坚持党的领导是中国特色社会主义法治之魂，是全面推进依法治国总目标的最根本保证。截至 2020 年，我国有法律 286 件、行政法规 600 余件、地方性法规 12000 余件。其中，党的十八大以来，全国人大及其常委会、国务院共制定法律 28 件，修改法律 137 件，制定修改行政法规 266 件①，中国特色社会主义法治体系不断健全，法治中国建设迈出坚实步伐，党运用法治方式领导和治理国家的能力显著增强。推进以审判为中心的刑事诉讼制度改革，完善对限制人身自由的侦查手段和司法措施的监督，落实无罪推定、罪刑法定原则，防止事实不清、证据不足的案件及违反法定程序的案件进入审判程序，使有罪的人受到应有制裁、无罪的人受到切实保护。健全冤假错案责任追究机制，法官、检察官、人民警察在职责范围内对办案质量终身负责，确保作出的每一项决定都经得起历史检验。加快审判流程公开、裁判文书公开、执行信息公开三大平台建设，为接受社会监督提供技术保障。实行立案登记制改革，全国法院当场登记立案率超过 95%，立案渠道全面畅通。

四　深化党政机构改革

统筹推进党政军群机构改革，是推进国家治理体系和治理能力现代化的一场系统性、整体性、重构性的深刻变革。推进国家治理体系和治理能力现代化，需要统筹考虑党和国家机构设置，科学配置党政机构职责，坚持一类事项原则上由一个部门统筹，一件事情原则上由一个部门负责。理顺党政机构同群团、事业单位的关系，协调并发挥各类机构职能作用，形成适应新时代发展要求的党政群、事业单位机构新格局。既注意解决当前

---

①　信春鹰：《支撑国家治理体系和治理能力的根本政治制度》，《人民日报》2020 年 5 月 15 日。

最突出矛盾和短板，又关注基础性和长远性的体制和框架建设，既深化党政机构改革，又同步推进群团组织、企事业单位、社会组织的机构改革，既推动中央层面的改革，又促进地方和基层的改革。党的十九届三中全会确定深化党和国家机构改革的目标是：构建系统完备、科学规范、运行高效的党和国家机构职能体系，形成总览全局、协调各方的党的领导体系，职责明确、依法行政的政府治理体系，中国特色、世界一流的武装力量体系，联系广泛、服务群众的群团工作体系，推动人大、政府、政协、监察机关、审判机关、检察机关、人民团体、企事业单位、社会组织等在党的统一领导下协调行动、增强合力，全面提高国家治理能力和治理水平。从国务院机构改革看，针对制约使市场在资源配置中起决定性作用、更好发挥政府作用的体制机制弊端，围绕推动高质量发展，建设现代化经济体系，加强和完善政府经济调节、市场监管、社会管理、公共服务、生态环境保护职能，调整优化政府机构职能。政府机构改革按照经济体制改革和政企分开的要求，合并裁减专业管理部门和综合部门内部的专业机构，使政府对企业由直接管理为主转变到间接管理为主。① 通过简政放权、放管结合、优化服务等改革举措，推动政府职能深刻转变，市场活力和社会创造力明显增强。概言之，我们党"推动改革全面发力、多点突破、蹄疾步稳、纵深推进，从夯基垒台、立柱架梁到全面推进、积厚成势，再到系统集成、协同高效，各领域基础性制度框架基本确立，许多领域实现历史性变革、系统性重塑、整体性重构"。②

五　健全国家治理体系

从我国的治理实践看，其实质是在中国共产党领导下，基于人民当家作主的本质规定，优化领导方式和执政方式，提高领导能力和执政能力，按照人民的意愿和要求，民主、依法、科学、有效地治国理政，实现国家与社会长治久安。在我国社会主义现阶段，国家治理包含着丰富的内容。一是民主治理。我国是社会主义国家，国家和社会的治理本质上是人民当家作主。只有让人民广泛参与，才能集思广益，提升国家和社会治理水

① 李正华：《新时代中国特色社会主义民主政治建设的重要成就》，《红旗文稿》2018 年第 22 期。
② 《中共中央关于党的百年奋斗重大成就和历史经验的决议》，《人民日报》2021 年 11 月 17 日。

准。在中国共产党的领导下，全体人民通过人民代表大会将自己的意志转化为国家的法律，并通过法律切实保障人民充分享有治理国家和社会的权力。二是依法治理。在全面推进依法治国的基础上，运用法治的力量解决社会矛盾，平衡利益关系，依法保障人权、保障民生，确保社会安定有序、人民安居乐业、国家长治久安。三是科学治理。在科学理论指导下，采取科学方法，按照科学程序，运用现代科学技术手段对复杂的社会现象和自然现象进行系统的、全面的考察和分析，并对各种因素之间的相互联系和影响进行综合研究，在此基础上提出优化方案，并按照优化方案治理国家和社会。四是有效治理。提高治理效率、治理效能、治理效益，提升治理功效、治理成效、治理绩效，以同样的投入取得更多的公共产品，创造更多的社会价值，使经济社会发展能够转换为人民的切身感受，可以兑现为更优质的教育、更稳定的工作、更满意的收入、更舒适的住宅、更方便的医疗服务、更丰富的文化生活、更宜人的生态环境、更可靠的社会保障。从实际情况看，党不断推动全面深化改革向广度和深度进军，中国特色社会主义制度更加成熟更加定型，国家治理体系和治理能力现代化水平不断提高，党和国家事业焕发出新的生机活力。

六　加强党风廉政建设

在新的时代条件下，党积极探索党风廉政建设的客观规律，加强上级党委对下级党委及其领导成员的巡视监督，加强纪检监察派驻机构对驻在部门领导班子及其成员的监督；深化行政审批制度改革、干部人事制度和司法体制改革，建立统一规范的公共资源交易市场；在确定权力归属、划清权力边界、明确权力流程的基础上贯彻落实权力清单制度。推动党内监督主体统筹联动，健全了党中央统一领导，党委全面监督，纪律检查机关专责监督，党的工作部门职能监督，党的基层组织日常监督，党员民主监督的党内监督体系。推动党内监督和其他监督主体统筹联动，明确了人大监督、民主监督、监察监督、司法监督、群众监督、舆论监督以及审计监督和统计监督的职责定位与协调关系，使党和国家监督工作逐步延伸到每个领域、每个角落。从实际情况看，我国党风政风社会风气明显好转，腐败滋生蔓延的土壤得到有效治理、势头得到有效遏制，各种监督方式和法治化、科学化、信息化手段广泛运用，腐败案件查处效率稳步提升，法制、体制、机制漏洞得到弥补，防治腐败的政策制度逐步完善并得到切实贯彻，反腐败已由治标阶段进入标本兼治阶段，权力科学配置、合理运行、有效制约、周延监督机制初步形成，各种监督力量逐步加强并形成合力，全覆盖、无禁区、零容忍发挥了良好震慑作用，不愿腐、不能腐、不敢腐的局面正在形成，国际追逃工作成效显著，外逃人员数量逐年下降，人民群众满意度稳步提高，全党和全国人民惩治腐败的决心和信心不断增强，我国党风廉政建设和反腐败斗争的成效得到国际社会的普遍赞誉。这一切都表明，党的自我净化、自我完善、自我革新、自我提高能力显著增强，管党治党宽松软状况得到根本扭转，反腐败斗争取得压倒性胜利并全面巩固，党在革命性锻造中更加坚强。

第四节　政治建设的框架结构

政治建设理论反映的是人类驾驭政治权力的手段、途径、结构及其内在联系。这种反映不仅应当是科学的，而且应当是系统的、严密的、规范的。这就要求我们从客观实际出发，对研究领域提出的各种问题作出系统的回答；这种回答能够使经验概念化、概念规范化，并保持自身的完整统一，从而形成一个有机的整体；这个整体按其逻辑内在地包含着一定的价值取向和目标模式；这种取向和模式能够得到经验事实的印证、现行制度的认同，以便为社会实践和学术研究提供理论支撑。

一　政治建设的基本内容

任何一种成熟的理论都是由一定的概念、范畴、规律构成的系统完整的体系。中国特色社会主义政治建设是一项艰巨复杂的系统工程，作为这项系统工程客观反映的中国特色社会主义政治建设理论也必然具有系统的特征。因此，研究新时代中国特色社会主义政治建设，必须坚持学术性与政治性、理论性和实践性、继承性和创新性相结合，从我国改革发展的实践中挖掘新材料、发现新问题、提炼新观点、构建新理论，在科学界定基本概念、厘清基本范畴、揭示基本规律、明晰基本原理、总结基本经验的基础上，准确把握中国特色社会主义政治建设的框架结构，从而为构建中国特色社会主义政治建设的理论体系和话语体系奠定坚实基础。

1. 政治实体

在政治生活中，政治实体是指拥有实际政治统治和管理权力的政治机构与组织。政治实体是政治上层建筑的主要组成部分，与政治制度和政治意识等思想性的政治上层建筑不同，它作为一种客观存在，是物质性的政治上层建筑。政治实体也不同于一般的政治组织，它是拥有政治统治和管理权力的政治组织。在通常情况下，唯有国家才拥有统治和管理社会的实际政治权力，因而国家是基本的政治实体。①政治主体——人类的政治行为都是由一定的政治主体完成的。政治主体是与政治客体相对而言的，任何政治过程都是政治主体与政治客体相互作用的表现，任何政治事件都是政治主体与政治客体相互作用的结果。在实际政治生活中，并不是所有的人都是政治主体，只有那些被国家法律赋予一定的政治权利或政治权力和政治义务或政治责任，并实际参与国家政治活动的人，才是政治主体。政治活动就是公民、社团、政党、政府、国家以及国家元首、政府首脑、政党领袖等政治主体的政治实践活动。②政治意识——政治活动的主体是人，没有人的参与，政治活动就无法展开。由于人的行为是由特定的意识支配的，如果仅仅有完善的政治制度，而运用这些制度的人却没有与之相适应的思想意识，那么再完善的政治制度也会在实际生活中扭曲和变形。只有政治主体的政治意识增强了，政治制度才能变成生动具体的政治实践，整个国家的政治发展才会有可靠的依托。③政治能力——政治能力的主角包括人和政治系统。当以人为主角时，不仅指人们参加政党和其他政治团体，参与选举和政治决策活动的能力，而且指人们担任一定政治职务的能力。当以政治系统为主角时，政治能力则主要指领导能力、执政能力、统治能力、管理能力，包括制定正确的路线方针政策，建立完备的法规制度体系，有效管理社会经济政治文化等各方面事务。其中人的政治能力是基础，政治系统的政治能力不过是人的政治能力的集合和放大。④政治行为——政治行为是社会行为的有机组成部分，当人们与政治环境发生关系，介入社会政治生活之时，其所作所为便构成政治行为。政治行为是政治主体的行为动机与政治环境的统一。这就是说，政治行为既受到主观动机的驱使，又受到客观环境的制约。因此，政治行为是政治主体与政治环境相互作用的结果。⑤政治规律——政治的发展不是任意的、杂乱无章的，而是有着内在的规律性。这种规律性就是贯穿于政治过程中的必然性、秩序性、常规性，就是政治过程各个环节、各个方面之间内在的本质的必然联系。中国特色社会主义政治规律，是由中国特色社会主义政治的性质、地位、任务、基础和环境等诸种因素决定的，是推进自身建设发展和发挥自身功能作用的内在的本质的必然联系。加强中国特色社会主义政治建设，关键在于科学认识和把握中国特色社会主义政治规律，以便把中国特色社会主义政治建设奠定在对客观规律自觉运用的基础之上，从而增强政治建设的预见性、主动性和创造性。

2. 政治结构

政治结构是指政治系统内部履行特定功能的组织机构及其相对稳定的内部关系，是统治阶级为保证国家机器正常运转所采取的关于机构设置、权力配置及其相互关系等各项制度安排的总和。在一个国家中，政治结构受根本政治制度的决定和制约，反之，政治结构的合理与否也影响着根本政治制度的运行和巩固。政治结构的形式和内容通常在宪法中有明确的规定。以立法的形式确认各阶级、各民族、各党派在政治生活中所占有的地位和在法律上所享有的权利，已经成为世界各国的通例。①政治权力——政治权力既是一种政治能力，也是一种政治工具，它反映的是一种政治关系，即支配与服从的关系。作为一种强制力量，政治权力是以国家为载体、为依托的，拥有政治权力并行使政治权力，是国家的根本特征。在阶级社会中，政治权力以国家机器为表现形式，以被统治阶级的服从为基本目的，是实现统治阶级意志和利益的一种手段。②政治权利——中国特色社会主义民主政治确认和保障公民政治权利的基点，不仅在于公民的个体政治权利，而且在于公民集体的政治权利；不仅把公民政治权利的充分实现作为理想和目标，而且为公民政治权利的充分享有提供物质和法律保障。如果说公民权利是指公民在社会公共生活中所享有的权利，那么，公民政治权利则是指公民在社会政治生活中所享有的权利，主要包括政治自由、政治平等和政治参与权利。③政治制度——政治制度作为政治控制的性质和政治统治的形式，既受各国社会经济基础的决定，又受各国具体国情条件、历史传统的影响。中国特色社会主义政治制度是我们党领导人民把马克思主义政治原理与中国政治实践相结合，总结世界社会主义政治建设的正反经验，借鉴中国传统政治文明优秀成果和人类政治文明有益成果，能够切实保证亿万人民当家作主、不断实现人民对美好生活向往、具有无比的优越性和强大的生命力的政治制度，不仅为当代中国创造出经济快速发展、社会长期稳定两大奇迹提供了坚实的制度保障，而且为人类探索建设更加美好的政治制度贡献了中国智慧和中国方案。④政治体制——政治体制属于上层建筑，是由一定经济基础决定的。政治体制属于具体制度，是由一定社会的根本制度决定的。资本主义社会的政治体制是由资本主义私有制的经济制度和三权分立的政治制度决定的。社会主义国家的政治体制是由社会主义公有制为主体的经济制度和人民当家作主的政治制度决定的。作为具体制度，政治体制并不是简单地与根本制度相对应。一方面，一定社会在根本政治制度的基础上，可以有多种不同的政治体制；另一方面，根本制度是相对稳定的，具体制度则随着经济政治生活的变化而变化。⑤政治机制——在实际政治生活中，政治体制与政治机制相辅相成、缺一不可，二者共同构成了政治制度的两大要素。其中政治体制是结构性、实体性要素，政治机制是功能性、程序性要素，政治体制决定政治机制的功能，政治机制反映政治体制的要求。如果说政治体制展现着一种政治结构关系，那么政治机制则展现着一种政治运作流程。

3. 政治功能

政治功能是事物内部固有的功用和效能，它是由事物内部要素结构决定的，是一种存在于事物内部相对稳定的机制。在政治体系运行中，政治功能和政治作用是两个既相互联系又相互区别的概念。政治功能是事物本身所具有的属性，而政治作用是事物与外部环境发生关系时所产生的效能，是政治功能的外化。政治功能是对事物自身而言的，政治作用是对自身以外的对象而言的。政治功能是一种潜在的政治作用，政治作用则是一种表现出来的政治功能。①政治选举是从统治者候选人中选择统治者，是一种自下而上的选择。从世界各国的情况看，政治选举主要有两大类。一是议会议员的选举，二是行政官员的选举。凡是根据选民投票来确定最终结果的选举，就是直接选举；凡是选民投票不能产生最终结果的选举，就是间接选举。②政治决策——决策作为管理活动中最基本的活动，就是从客观实际出发，通过对各种问题的解决方案进行论证、优选而作出抉择的过程。我国改革和建设事业所取得的成就，总是与正确的决策相联系；改革和建设事业所遭受的挫折，总是与错误的决策相伴随。客观现实表明：新时代充满着难得的机遇，更充满着严峻的挑战。在严峻的挑战面前，如何保证党和国家各项重大决策正确无误，是中国特色社会主义政治建设的一项重大课题，而解决这一课题的必由之路，就是努力实现政治决策的科学化、民主化、制度化。③政治管理——人类社会政治发展的历史表明，政治管理的利害得失，不仅对于政治统治的安危治乱具有决定意义，而且对于整个社会的兴衰成败也具有深远影响。因此，加强和改善政治管理，是政治主体维护政治统治的有效途径，是社会成员满足自身利益的客观需要，也是人类文明发展进步的重要杠杆。④政治协商——政治协商是处理国家社会重大问题、调节统一战线内部关系的一种重要方式。在讨论和处理国家大政方针和统一战线内部的重大问题时，党和政府不是轻率地作出决定，而是交由社会各界广泛讨论、平等协商，在充分交换意见的基础上达到政治上的基本一致。政治协商是我国人民政协的重要政治功能，也是我国决策体制的一大特点和优势。⑤政治监督——监督作为遏制权力滥用、权力腐败的有效途径和手段，就是对权力的监察和督促。这里的监察和督促，就其对权力正常运行所发挥的作用而言，是一种功能；就其组织结构、运行方式和基本功能及其相互关系而言，又是一种机制。由此可见，在保障权力依法合理运行层面上，任何一种监督都具有很强的政治性质，都属于政治监督。⑥政治制约——作为政治制约的实质和核心，权力制约就是人们基于对权力的特性及其正负效应的认识而建立起来的一种限制与约束关系。其要旨是使权力体系中各权力机构之间、各权力机构内部不同部门之间、各权力机构不同层级之间以及各权力机构运行的不同环节之间形成既相互限制和约束，又相互配合和支持的权力结构与运行机制。

4. 政治环境

政治环境是影响和制约一定政治体系与政治行为的背景条件，是不以人们意志为转移的客观因素的总和。政治环境要素主要包括政治关系、政治秩序、政治生态、政治文化等。政治环境分析揭示政治环境与政治现象之间特定的关系，从而考察政治现象的产生原因、发展规律和变化趋势。政治系统与政治环境之间的作用和影响是双向的，政治主体对于政治环境既可以适应，也可以改造。①政治关系——人们在政治生活中处于什么地位、发挥什么作用，对社会政治进程产生什么影响，归根结底是由他们在社会经济生活中的地位决定的。如在经济上占统治地位的个人或集团与处于被统治地位的个人或集团在政治上就不可能有真正的平等关系。这就是说，社会的政治关系总是与经济关系相适应的。如社会主义的经济关系必然产生社会主义的政治关系，社会主义的政治关系必然反映社会主义的经济关系。因此，一定的政治关系取决于一定的经济关系，并为一定的经济关系服务。②政治秩序——在实际政治生活中，秩序是同无序相对立而存在的。无序所表明的是事物无规则性和非连续性的状态，其表现则是从一种事态到另一种事态的不可预测性。秩序则是事物的有序状态，是自然进程和社会进程中所具有的某种程度的一致性、连续性和确定性的结构、过程和变化模式。③政治生态——政治生态作为各类政治主体生存和发展的环境，是指一定政治系统内部政治制度、政治文化、政治生活等要素之间以及政治系统与外部环境之间相互制约、相互作用所形成的政治状态，是一个社会或一个领域政治生活状况的集中反映，是党风、政风、社会风气的综合体现。政治生态一经形成，就会对社会成员的政治行为和价值取向产生直接的作用与影响。④政治文化——政治文化是政治关系在人们心理上和精神上的反映，是人们在长期社会政治生活中形成的相对稳定的政治认知、政治情感、政治动机、政治态度、政治思想的总和，是通过政治行为表现出来的政治共同体的基本政治倾向。政治文化与政党、政府、政治组织等实体结构相对应，构成政治体系的主观要素；与社会经济政治状况密切相关，并对政治稳定和发展产生重要影响。⑤政治传统——传统作为历史发展继承性的表现，是指从历史传承延续下来的思想、道德、文化、制度以及行为方式等，对人们的社会行为具有无形的影响和制约作用。政治传统是在社会政治文明不断演化中逐步形成的反映国家特质和民族风貌的一种政治形态，是对历史上影响深远的各种政治思想、政治制度、政治文化的统称。在阶级社会中，政治传统具有鲜明阶级性和民族性，进步的政治传统对社会发展起着推动作用，落后的政治传统对社会发展起着阻碍作用。

5. 政治发展

政治不是凝固的僵化的体系，而是一个动态的发展的历史过程。政治发展指的是人类政治体系在结构上日趋合理，在功能上日趋完备，由低级到高级的前进上升过程。就其本质而言，政治发展是在利益关系发展变化的基础上，政治权力和权力关系、政治权利和权利关系、政治权力和政治权利相互关系的发展变化。政治发展包括政治体系基本性质、组织制度、运行机制的变革和完善，政治行为性质、意向、方式的改变和调整，政治文化价值取向、情感动机、思维模式的变化和演进。①政治民主——资本主义社会基于自身发展需要，以民主制取代了君主制，这在民主发展史上是一个巨大的进步，然而坐落在不平等的经济基础之上的民主大厦，表面上冠冕堂皇，实质上依然没有超越少数人统治多数人的历史局限。而能够超越这一历史局限的是社会主义民主。社会主义民主与资本主义民主都是建立在市场经济基础之上的，都讲自由、平等和人权，都实行选举制和任期制，都实行法治。社会主义民主与资本主义民主的根本区别不在于这些具体制度，而在于耸立二者之上的经济基础、政治基础和价值取向。②政治规范——政治规范是统治阶级以国家名义制定，用以维护和调整社会政治关系的基本准则。它是政治制度的有机组成部分，也是一定统治秩序得以维持的基本条件。政治规范作为社会规范的一部分，是社会规范的主导和核心，可以表现为明确的法律法规，也可以表现为约定俗成的惯例。因此，政治规范的实质在于法治。③政治改革——政治改革作为政治发展的重要形式，就是政治主体根据社会发展需要，对政治体制、权力结构、运行机制进行有计划有步骤的变革，以调整政治关系，优化政治制度，巩固政治统治的过程。政治改革是掌握政治权力的主体自身进行的变革，是基于自我反思和自我超越的政治行为，一般表现为自上而下的变革过程。在社会主义国家，政治改革的基本要求是解决上层建筑与经济基础发展不相适应的那些方面和环节，其主要内容是对政治体制的改革。④政治创新——政治创新作为引领政治发展的根本动力，是指在政治领域提出新理论、采用新方法、建立新制度、制定新政策、形成新机制，使中国特色社会主义政治制度更加成熟更加定型，不断推进国家治理体系和治理能力现代化的过程。中国特色社会主义政治制度定型表现为：体系更加完整，内容更加成熟，形式更加规范，功能更加管用。⑤政治文明——文明是一个历史范畴，与蒙昧、野蛮相对立，是人类社会发展到一定历史阶段的进步状态。文明同时也是一个社会范畴。文明时代是从阶级的产生、国家的建立、文字的形成和一夫一妻制家庭的出现而开始的。文明作为人类社会的进步状态，从静态的角度看，是人类创造的一切进步成果；从动态的角度看，是人类不断进化发展的具体过程。正是在这个过程中，包括政治文明在内的整个人类文明得到不断发展和进步。

6. 政治价值

政治价值主要指人们对于政治体系、政治活动、政治事件和政治现象作出的判断与评价，这种判断与评价构成了人们政治行为的动机和意向。人们在结成政治关系、建立政治组织、从事政治活动、形成政治力量的过程中，对进入这一过程的一切政治事件和政治现象，必然作出是与非、善与恶、优与劣等政治价值判断和评价，并以此为基础对自己的政治行为模式作出明确的选择，从而直接决定人们的政治信仰、政治信念和政治态度。①政治领导——政治领导是指政治主体为了实现特定的政治目的，运用权力和权威，对政治客体施加政治影响，引导社会政治生活按照既定的原则、方向和目标展开的行为过程。政治领导在国家政治生活中起主导作用，主要是为社会政治生活确立价值、规范、原则、方向和目标，以及具体的路线方针政策，以此来指导社会政治生活。中国共产党是中国特色社会主义事业的领导核心。这是由党自身的内在因素决定的，是中国政治逻辑发展的必然结果。②政治立场——立场是一个人的信念、态度、行为的综合体现和有机统一，既有观念的特质，又有实践的特性。立场一旦形成，将对一个人的行为动机起调节作用，行为过程起指导作用，行为结果起评价作用。政治立场是指对待社会政治生活、社会政治制度和社会意识形态的根本态度。判断一个人的政治立场，主要看其在政治生活中对待各种问题的基本态度，看其思想、言论、行动符合哪个阶级、阶层的根本利益。因此，政治立场说到底是为什么人的问题。坚持人民立场，从根本上说就是要坚持人民主体的历史观，人民中心的发展观，人民为本的价值观，人民至上的权力观。③政治道路——选择什么样的政治发展道路，决定着一个国家、一个民族的前途命运。中国特色社会主义政治发展道路，坚持以马克思主义政治理论与中国具体实际相结合的基本原则为指导，既吸收了中国传统社会政治文明的思想精华，又借鉴了人类社会政治文明的有益成果，因而是具有鲜明时代特征和中国特色的唯一正确的政治发展道路，为当代中国政治发展确立了正确方向、开辟了广阔空间、展现了光明前景。④政治优势——政治优势是指相比政治竞争对手所拥有的有利形势和条件。人类文明发展史反复印证这样一个道理：一个国家实行什么样的政治制度，走什么样的政治发展道路，要与一国的国情相适应。衡量一种政治制度优劣的标准，就是看它是否适合本国国情，具有本国特色，有利于国家统一、社会稳定、人民幸福。中国特色社会主义政治优势，通过坚持党的领导、人民民主、依法治国、民主集中而得到生动体现。⑤政治自信——在现实生活中，道路自信、理论自信、制度自信和文化自信的总和构成了政治自信。所谓政治自信，就是一个国家、一个民族、一个政党对自身道路、理论、制度、文化生命力和优越性的价值认同与行动自觉。政治自信实质是一个格局问题、见识问题、信念问题。只有坚定中国特色社会主义政治自信，才能强化坚守的意志，负起捍卫的责任，焕发创新的活力，才能把政治优势转化为坚定信念，转化为国家治理效能，转化为坚持和发展中国特色社会主义的自觉行动。

二　政治建设的研究方法

方法作为主体联系客体的中介和桥梁，在宏观上可称为方式和程序，在微观上可称为途径和步骤，在操作上可称为工具和手段。由此可见，方法就是人们在认识世界和改造世界的过程中，为达到预期目的所采用的工具、手段和活动方式的总和。所谓研究方法，就是人们在科学研究中为认识和把握研究对象所采用的工具、手段和活动方式的总和。

1. 矛盾分析方法

马克思主义认为，世界是物质的，物质是运动的，这种运动遵循对立统一的法则，因此，矛盾是事物的本质属性，是事物发展变化的根本动因。这表明，任何事物内部都存在矛盾，任何事物都是作为矛盾系统而存在的，可谓时时有矛盾、事事有矛盾，事物发展变化的根本动因在于事物内部的矛盾性，没有矛盾就没有客观世界及其发展变化。承认矛盾的普遍性是一切科学认识的首要前提。对科学研究的区分标准，就是根据研究对象所具有的特殊的矛盾性。因此，对于某一现象领域所特有的某种矛盾的研究，就构成某一门科学的研究对象。按照唯物辩证法的观点，科学研究就是在尊重客观现实的基础上，对事物矛盾展开研究，科学的进步本质上是认识矛盾和解决矛盾的过程。作为唯物辩证法的基本方法，矛盾分析方法是对立统一的思想方法在政治分析中的灵活运用，主要是通过深入观察各种政治现象，正确认识存在于政治关系和政治生活中的各种矛盾，进而分析矛盾的产生原因、矛盾的发展程度、矛盾的转化条件。通过科学分析矛盾，把握矛盾的本质、发生的原因和发展的方向，并据此提出解决矛盾

2. 经济分析方法

在马克思主义看来，物质资料生产是人类社会存在和发展的基础，劳动者和生产资料是构成生产力的基本要素。人们在发展生产力的同时也在发展着一定的生产关系，生产关系总和构成经济基础。建立在经济基础之上的政治法律制度和社会意识形态构成社会上层建筑，经济基础决定上层建筑，上层建筑反作用于经济基础。经济基础和上层建筑的性质随着生产力的发展而改变，由此推动社会形态由低级阶段向高级阶段不断跃升。按照马克思主义的观点，政治是经济的集中表现，一切政治活动都建立在一定的经济基础之上，反映一定经济关系的要求，生产、交换、分配和消费等社会经济活动中的社会经济关系，决定着社会政治活动和社会政治结构的性质、原则和形式，经济关系的发展变化是政治关系发展变化的根本动力。同时，政治又具有相对独立性，对经济发展具有能动的反作用，通过保护相应社会的经济基础，推动或阻碍社会生产力的发展。是否有利于经济社会的发展，是判断一种政治制度、政治主张或政治行为是否合理的重要标准。经济分析方法作为从经济关系入手来分析政治现象和政治关系的一种分析路径，是揭示社会结构和政治变迁的根本原因与发展规律的基本方法。

3. 阶级分析方法

按照马克思主义的观点，"所谓阶级，就是这样一些集团，由于它们在一定社会经济结构中所处的地位不同，其中一个集团能够占有另一个集团的劳动"。[①] 换言之，阶级是指人们在社会生产中所处的地位及其对生产资料的占有关系的差异而形成的社会不同群体。由于人们在生产体系中所处的地位不同，与生产资料的关系不同，在社会劳动组织中所起的作用不同，因而取得归自己支配的那部分社会财富的方式和多寡也不同，这就形成了不同的阶级。在阶级社会中，通常总是存在两个对抗的基本阶级；在一个阶级内部，又可以划分为若干不同的阶层。不同阶级以及不同阶层的利益和要求不同，从而形成了尖锐复杂的社会矛盾和阶级斗争。一切政治观念的差异，都是处于不同经济地位的阶级立场的反映。在阶级社会中，

---

① 《列宁选集》第4卷，人民出版社，1995，第11页。

阶级是政治生活的重要主体，阶级之间的力量对比以及由此形成的利益分配格局决定着整个社会的阶级关系和阶级斗争，因而成为政治和政治斗争的重要内容。鉴于此，在考察阶级社会中的政治现象时，要重点分析这种现象背后的阶级基础和阶级关系，从而揭示政治现象背后的阶级本质。阶级分析方法，就是运用阶级和阶级斗争的观点说明政治现象，把政治冲突归结为由经济发展所形成的各阶级以及各阶级之间的利益斗争，就是在分析阶级社会中各阶级的地位、作用及其相互关系的基础上把握社会政治的发展走向和规律，并以此作为制定正确的战略和策略的基础。[①]

4. 利益分析方法

按照马克思主义的观点，"人们为之奋斗的一切，都同他们的利益有关"。[②]"政治权力不过是用来实现经济利益的手段。"[③]利益分析方法就是从人们之间的利益关系入手，分析人的思想和行为背后的利益动因，研究各种政治现象与人们之间的相互关系，以便揭示人的思想和行为发展变化规律的方法。利益分析方法从利益角度分析人们结成一定经济关系、阶级关系和政治关系的动因，分析政治的内容和特性，分析不同社会背景、社会阶级、社会群体、社会集团乃至个人之间的政治关系及其发展变化，是经济分析方法、阶级分析方法的具体化和现实化，经济分析方法和阶级分析方法本质上都是利益分析方法。在实际生活中，人们所进行的一切政治斗争，本质上都是为了实现自己的利益。统治阶级和统治集团进行政治统治与政治管理，都是为了维护和实现自己的利益。不同阶级、政党、集团和个人从事政治活动，同样都是为了通过影响社会政治运作来获得自己的政治权利，以及与政治权利相适应的政治利益。换言之，人们之所以为了政治权利不惜一切，是因为其背后蕴含着一定的经济利益以及与经济利益相联系的政治利益，正是这些利益驱动着人们为赢得和巩固政治权力而不懈奋斗，也使得利益分析方法由此成为人们认识和把握政治行为本质与政治发展规律的重要方法。

① 《政治学概论》编写组编《政治学概论》，高等教育出版社、人民出版社，2020，第8～10页。
② 《马克思恩格斯全集》第1卷，人民出版社，1995，第187页。
③ 《马克思恩格斯选集》第4卷，人民出版社，1995，第250页。

5. 历史研究方法

人们的思想总是在历史的渊源上浮动，总是在继承前人的基础上向前发展。因此，马克思主义要求把政治现象置于其所产生的特定的历史条件和时代背景下加以分析和研究。任何政治现象都不是孤立地产生的，每一具体的政治现象都是与特定的历史背景和历史条件相联系的，只有把它放到特定时空的历史背景下进行分析和研究，才能发现特定政治现象产生、存在和发展变化的原因与客观必然性，才能从历史的因果联系中准确地把握和揭示各种政治现象的本质与规律。所谓历史研究方法，就是运用历史资料，按照历史发展的顺序对以往事件进行研究，以便把握研究对象的发展现状、缘由及其演变趋势的方法。中国特色社会主义政治建设作为一种系统和过程的集合体，只有从平衡动态和演化动态上把握其发展轨迹，才能洞悉其内在的本质的必然联系，把握其现实状况和未来发展，从中得出带有规律性的结论。概言之，历史研究方法并不囿于历史表象，而是科学总结历史经验，深入分析政治历史及其发展的本质联系，从而深刻地把握特定政治现象发生、发展的原因和条件，揭示政治发展的规律性，由此认识和解决相关的政治问题。

6. 比较研究方法

作为中国特色社会主义政治建设的重要研究方法，比较研究方法就是对物与物之间和人与人之间的相似性或相异性进行考察与判断的方法。比较研究方法可以理解为根据一定的标准，对两个或两个以上具有联系的事物进行考察，寻找其异同，探求事物发展普遍规律与特殊规律的方法。按对象的数量，可分为单向比较和综合比较。按时空的区别，可分为横向比较与纵向比较。按目标的指向，可分为求同比较和求异比较。按比较的性质，可分为定性比较与定量比较。按比较的范围，可分为宏观比较和微观比较。在实际生活中，任何政治体系都不能离开周围环境独立存在和发展。各种类型政治体系之间既存在共性，又存在个性，通过对不同类型政治体系的比较，包括中国与外国的比较、现实与历史的比较，既可以加深我们对不同类型政治体系共性的认识，又可以加深我们对不同类型政治体系个性的认识；既可以提高我们的政治鉴别能力，又可以扩大我们的政治选择幅度，从而使中国特色社会主义政治体系在与周围环境的互动中不断吸收有利于自身发展的因素而走向自我完善。

7. 调查研究方法

调查研究是马克思主义的重要研究方法，包括调查研究方式和方法两部分。调查研究的具体方式主要包括普遍调查、典型调查、个案调查和抽样调查四种，其中抽样调查因其经济而又科学，是调查研究中最常用的方式。调查研究的具体方法主要包括访谈法和问卷法等。通过调查了解客观情况，直接获取原始材料，并对原始材料进行去粗取精、去伪存真、由此及彼、由表及里的科学分析，以求得对政治问题全面、准确、切实的把握，从而得出科学的结论。由此可见，调查研究的要旨在于发现问题，充分占有材料，以正确分析和研究问题，最终达到解决问题的目的。因此，调查研究方法就是遵循客观性、科学性和全面性的原则，力求在对客观事物正确认识的基础上分析和解决问题的方法。运用调查研究方法遵循的基本准则包括：一是客观性，即客观地观察事物，以客观事实为唯一依据；二是科学性，即从客观事物的内在联系出发进行调查研究；三是全面性，即不是根据个别现象，而是从整体上本质上去把握事实。概言之，运用调查研究方法，就是通过普遍调查、典型调查、个案调查和抽样调查以及访谈和问卷等方式方法，有计划有目的地采集相关数据，了解和掌握政治建设的真实情况，然后对调查获取的材料进行加工整理和综合分析，以形成对政治发展本质和规律的认识。

8. 文献研究方法

文献研究方法是指搜集、鉴别、整理文献，并通过对文献的研究形成对事实科学认识的方法。其途径主要有两种：一是搜集历史上的文献资料以研究当时的政治现象，并探讨历史与现实之间的联系；二是搜集反映当前政治生活状况的文献资料，研究现实生活某个方面的现象、规律及其与政治生活其他方面的联系。其过程一般包括四个环节：提出课题、设计课题、搜集文献、整理文献。其中整理文献就是对文献进行综述，即在全面搜集有关文献资料的基础上，经过归纳整理、分析鉴别，对一定时期内某个学科或专题的研究成果和进展情况进行系统、全面的叙述和评论。综述分为综合性和专题性两种形式。综合性的综述针对某个学科或专业，专题性的综述则针对某个研究问题或研究方法。文献综述的特征是依据对历史和现实研究成果的深入分析，指出目前的状况、动态、需要解决的问题和未来发展的方向，并提出自己的观点、意见和建议。文献综述的内容决定文献的形式和结构，通常可分为导言、历史发展、现状分析、趋势预测、意见建议以及参考文献等。概言之，运用文献研究方法，搜集和鉴别来自国内外图书、期刊、报纸、网络以及研究报告等方面的相关文献资料，了解和把握研究对象的来龙去脉、目前达到的水准、有待深化的问题，然后对获取的文献资料进行归纳整理，通过分析比较，形成对研究对象的科学认识，以便为课题研究提供坚实的基础或依据。

第一章　政治实体

在政治生活中，政治实体是指拥有实际政治统治和管理权力的政治机构与组织。政治实体是政治上层建筑的主要组成部分，与政治制度和政治意识等思想性的政治上层建筑不同，它作为一种客观存在，是物质性的政治上层建筑。政治实体也不同于一般的政治组织，它是拥有政治统治和管理权力的政治组织。在通常情况下，唯有国家才拥有统治和管理社会的实际政治权力，因而国家是基本的政治实体。但在特殊情况下，除了国家拥有政治统治和管理权力以外，政党、军队、政治社团也可能行使政治统治和管理权力，从而也可能成为政治实体。

第一节　政治主体

人类的政治行为都是由一定的政治主体完成的。政治主体是与政治客体相对而言的，任何政治过程都是政治主体与政治客体相互作用的表现，任何政治事件都是政治主体与政治客体相互作用的结果。在实际政治生活中，并不是所有的人都是政治主体，只有那些被国家法律赋予一定的政治权利或政治权力和政治义务或政治责任，并实际参与国家政治活动的人，才是政治主体。政治活动就是公民、社团、政党、政府、国家以及国家元首、政府首脑、政党领袖等政治主体的政治实践活动。

一　政治主体的含义

政治主体广义上指所有的政治行为者，狭义上指在政治过程中处于支配和主导地位的政治行为者。任何社会形态，只有处于主人地位的人们才是政治主体，才能实施对国家和社会事务的管理，在阶级社会中，主人只限于统治阶级；在社会主义条件下，主人只限于广大人民。因此，在社会主义国家里，人民是国家的主人，是政治的主体，享有管理国家和社会事务的一切权力。然而，由于受经济文化发展水平等多种因素的制约，现阶段广大人民管理国家和社会事务的职能不是由他们直接担负的，而是由他们中间一部分人作为他们的代表担负的。这就形成了一种状况，即国家意志上的多数人统治与行政管理上的少数人掌权。在权力的所有者与权力的行使者处于相对分离的状况下，为了保证人民在把权力委托给自己的代表后，仍然能够有效地控制这些代表在政治舞台上的活动，使少数人严格按照多数人的意志和利益行使权力，就必须对其权力行为实施制约和监督。我国宪法规定：中华人民共和国的一切权力属于人民。[①] 这就决定了人民是国家最高的政治主体，决定了党和国家的一切权力都来自人民，因而其一切权力行为都要对人民负责，为人民服务，受人民监督。

政治主体具有以下几个共同特征。一是政治主体都有自己的特定利益。一定的政治主体从事政治活动，总是受自己的特定利益决定和制约的。这些利益是客观存在的，可能是经济利益，可能是社会利益，可能是集团利益，也可能是社区利益等。这些利益是从一定政治主体的现实社会生活中产生的。他们参与政治活动，或是为了获取一定的利益，或是为了维护一定的利益，或是为了扩大一定的利益。二是政治主体都有自己的特定目的。一定的政治主体无论是出于何种动机和以何种方式参与政治活动，总是有着自己的目的。资产阶级反对封建阶级的政治斗争是为了维护自己的利益，无产阶级反对资产阶级的政治斗争也是为了维护自己的利益。这些利益有的表现得比较直接，有的表现得比较间接，但都与政治活动的目的有关。三是政治主体的实践都有一定的组织形式。政治主体一般不是零散地、随机地开展政治活动，而是有组织、有计划、有步骤地开展政治活动。政治的组织形式可分为两种：一种是政府性的组织形式，即政治主体在政府的范围内开展活动；另一种是政治性的组织形式，即政治主体根据活动的需要而采取一定的组织形式，如政党、政治社团等。四是政治主体的行为都受一定思想观念的指导。政治活动既然是围绕公共权力展开的，又具有一定的目的，因而必然受一定思想观念的指导。这些思想观

---

① 《中华人民共和国宪法》，《人民日报》2018 年 3 月 22 日。

念通常体现在政治主体的纲领和意识形态之中。这是政治活动与一般社会活动的区别所在。[①]

二　政治主体的构成

政治主体可分为个人和团体两大类。从传统社会看，在政治生活中起主导作用的政治主体只有国家机关和政府官员。随着时代的发展、政党和政治社团等政治组织在政治生活中的出现，政治主体的形式开始逐步多样化。从我们国家政治生活的实际看，政治主体主要包括国家机构、政党组织、政治社团和公民个人。

1. 国家机构

国家作为一个历史范畴，不是从来就有的，而是社会发展到一定历史阶段的产物，是社会内部矛盾运动发展的必然结果，是维护和实现统治阶级地位和利益的工具。具体来说，国家是经济上占统治地位的阶级为了实现和维护自己的利益，按照区域划分原则组织起来的以暴力为后盾的政治统治和管理组织。国家机构是统治阶级为了履行政治权力的职能而按照一定原则组建的各种机关的总称，它是由特定的政治主体和工作人员构成的，以国家税赋为物质保障的，是政治权力的组织实体和规则制度的体现。

国家机构具有以下特性。一是阶级性。国家机构作为统治阶级形成和行使政治权力的载体与工具，是按照统治阶级的统治意志和利益要求组成与运行的。国家机构的工作人员也往往由统治阶级中的政治精英所组成，以有效实现其意志和利益。二是实体性。国家机构一般是作为组织实体而存在的，它不仅有特定的物质形态，而且有特定的职位和人员构成。三是权威性。国家机构以国家的名义进行活动，具有凌驾于社会之上的权威性，是国家的强制性和合法性有机结合的体现。四是严密的组织性。作为组织实体，国家机构的设置和运行都遵循着特定的组织原则和组织程序，各机构之间的分工和衔接构成了严密的有机整体。五是特定的职能性。从总体上看，国家机构执行着政治统治和管理的职能。从不同的国家机构看，又执行着不同的政治统治和管理的职能。因此，国家机构本身就是一

[①]　邓元时、李国安主编《政治科学原理》，重庆大学出版社，2003，第21~22页。

个职能与机构的综合体。①

国家机构的设置原则是指统治阶级在组织国家机构时所确定的不同职能的国家机构的相互关系原则，它是不同职能政治权力之间的关系在国家机构设置原则方面的体现。国家机构的设置原则通常与四个方面的因素有关。一是国体因素。国体因素决定国家机构的性质和运行取向，以便服务于统治阶级的意志要求和统治阶级的利益实现。由于这种意志要求和利益实现是与特定的经济关系联系在一起的，因此，国家机构的设置原则又与特定的经济关系密不可分。二是政体因素。国家机构的设置与国家政权的组织形式通常是一致的，因此，国家机构的设置原则也是由国家政体决定的。三是社会因素。影响国家机构设置原则的社会因素主要有两个：一方面是不同社会的文化传统、民族关系；另一方面是社会发展的不同阶段由于社会利益的分化和政治职能的变化而产生的对国家机构设置的不同要求。② 四是自然因素。一个国家疆域的大小、人口的多少也在一定程度上影响着国家机构的设置。

我国国家机构的组织原则是民主集中制。民主集中制本质上是人民内部不同利益之间的一种政治协调原则，它承认人民内部存在利益的多样性，同时又确认人民利益根本上的一致性，这种多样性和一致性，奠定了在民主基础上集中的政治协调原则基础。在实施过程中，民主集中制的贯彻包括两个过程：一是各个方面利益表达和协调的过程；二是各个方面利益与人民根本利益协调的过程。民主与集中正是这两个过程的统一。③ 在国家机关组织上，民主集中制原则体现在：全国人民代表大会和地方各级人民代表大会都由民主选举产生，对人民负责，受人民监督。国家行政机关、监察机关、审判机关、检察机关都由权力机关产生，对权力机关负责，受权力机关监督。在国家结构形式上，即中央与地方国家机构职权的划分，遵循在中央的统一领导下，充分发挥地方的主动性和积极性的原则。

国家机关作为国家机构的组成部分，是行使国家职能的各种政权机关的统称。它实际行使国家权力，履行国家职能，从事国家日常事务的组织

---

① 王浦劬等：《政治学基础》，北京大学出版社，2006，第203页。
② 《政治学概论》编写组编《政治学概论》，高等教育出版社、人民出版社，2020，第90页。
③ 王浦劬等：《政治学基础》，北京大学出版社，2006，第204~205页。

管理工作。根据不同的职能可划分为：国家权力机关、国家行政机关、国家监察机关、国家审判机关、国家检察机关和国家军事机关。这些机关的名称、组织、职权、相互关系各国不尽相同。在我国，各级人民代表大会是国家权力机关，代表人民直接行使国家权力，在整个国家机关系统中处于主导地位。各级人民政府是国家行政机关，负责国家的日常行政工作，具体执行权力机关通过的法律和各项决议。国家监察委员会是国家监察机关，与中央纪委合署办公，实行一套工作机构、两个机关名称，同时履行纪检和监察两项职能。人民法院是国家审判机关，人民检察院是国家检察机关，中央军事委员会是国家军事机关，它们分别行使国家审判权、检察权和军事指挥权。在机构设置上，国家机关分为中央国家机关和地方国家机关。中央国家机关在全国范围内行使国家权力，地方国家机关在各自的行政区域内行使国家权力。

2. 政党组织

政党是代表特定的阶级或阶层的利益，在该阶级或阶层的政治代表人物领导下，吸收成员，形成组织，明确纪律，制定纲领，并在国家政治生活中开展广泛政治活动的政治组织。政党不同于一般政治团体。它代表特定阶级和阶层的利益，围绕着国家政权问题，为夺取政权、巩固政权、确立国家制度和经济政治体制以及影响政府的决策而从事政治活动和政治斗争。在马克思主义看来，政党本质上是特定阶级利益的集中代表者，是特定阶级政治力量中的领导力量，是由各阶级的政治中坚分子为了夺取或巩固国家政权而结成的政治组织。

政党具有以下基本特征。一是政党作为阶级的组织具有鲜明的阶级性。政党建立的基础是阶级的利益。正是为了实现本阶级的共同利益，人们才组成政党以统领本阶级的力量，这就使得政党带有鲜明的阶级性。二是政党具有明确的政治目标和纲领，这是政党区别于其他社会组织的主要标志。政党的政治目标一般包括夺取政权和巩固政权、社会治理和社会发展紧密相连的两个方面。为了有效地组织政治力量，开展政治活动，政党必然要把自己的政治目标上升为特定的政治纲领。政党的政治纲领一般包括对于政治局势、社会状况及其发展方向的分析判断，政党的政治目标和政治主张，政党实现自己目标的具体途径和政策措施。由于政党的政治目标有远近之分，因而政党的纲领也有最高纲领和最低纲领之别。三是政党具有特定的组织和纪律。政党要发挥阶级的先锋队作用，就必须建立自己的组织机构，通过组织系统将本党的力量集中起来，共同行动。同时，政党作为阶级的政治领导力量，要实现自己的政治目标和政治纲领，也必须制定严密的组织原则和组织纪律，以便把全党的力量组织起来，以实现本党的奋斗目标。四是政党以掌握和影响公共权力为实现其政治纲领的主要手段。人们组成政党不是目的，而仅仅是一种手段。政党的目的在于取得政权或参与政权，以实现自己的政治纲领。因为政党本身不是社会公共权力机构，无权把自己的政治主张直接付诸实施，必须在取得政权以后，凭借执政的地位，通过国家的立法机关把党的政治纲领转化为国家法令和政策，运用国家政权的力量将其付诸实施。[①]

无产阶级政党的基本特点。一是代表先进生产力的发展要求。无产阶级与社会化大生产紧密相连，是生产社会化要求的人格承担者，因而是先进生产力的代表。无产阶级政党作为无产阶级的先锋队组织，合乎逻辑地具有代表先进生产力的特性。因此，无产阶级政党的一切奋斗，归根到底都是为了解放和发展生产力。二是代表广大人民的根本利益。无产阶级政党以无产阶级和广大人民的利益为自己的利益。无产阶级政党的一切工作都是为人民服务，都是为了实现、维护和发展人民的利益。从历史发展的过程看，无产阶级和广大人民的根本利益在于实现人类彻底解放，因而无产阶级政党以实现这种解放的共产主义社会作为自己的最高奋斗目标。三是代表先进文化的前进方向。马克思主义是无产阶级利益的理论体现，是人类社会发展规律的思想概括，因此，无产阶级政党以马克思主义作为自己的指导思想和理论基础，从而在思想理论上确保自己走在工人运动的前列，确保自己正确领导无产阶级和广大人民进行政治实践与社会实践。四是由无产阶级的先进分子所组成。作为无产阶级的先锋队，无产阶级政党的成员具有率先垂范的政治觉悟、英勇无畏的献身精神、坚如磐石的革命意志和严于律己的高尚品格。五是具有严密的组织纪律。严密的组织是无产阶级政党与资产阶级斗争的重要武器，因此，无产阶级政党以民主集中制作为自己的组织原则，以严明的纪律统一全党意志和行动，把全党组成先进的战斗部队，以组织纪律的严密性保证从事政治斗争和实现无产阶级

---

① 邓元时、李国安主编《政治科学原理》，重庆大学出版社，2003，第102~105页。

利益的有效性。

中国共产党领导的多党合作和政治协商制度是从中国革命的历史进程中产生和发展起来的。在民主革命时期,中国革命的对象是帝国主义、封建主义和官僚资本主义,民族资产阶级及其知识分子则是革命的同盟军。作为其利益代表的民主党派积极与共产党合作,参与民主革命斗争,从而奠定了中国共产党领导的多党合作和政治协商制度的历史基础。社会主义制度建立以后,随着阶级结构和社会结构的变化,民主党派已成为他们所联系的一部分社会主义劳动者、建设者和爱国者的代表,他们拥护共产党的领导并参加社会主义建设,从而奠定了中国共产党领导的多党合作和政治协商制度的现实基础。正是在这个基础上,我国的政党制度不断得到完善和发展。在中国共产党领导的多党合作和政治协商制度中,中国共产党是执政党,各民主党派是参政党。中国共产党不仅对国家实行思想领导、政治领导和组织领导,而且对各民主党派实行政治领导。各民主党派积极参政议政,其参政议政的机构、途径和方式主要是:人民代表大会,人民政治协商会议,中国共产党与各民主党派人士的座谈会,各民主党派人士出任政府领导职务等。中国共产党领导的多党合作和政治协商制度有利于在根本利益一致的基础上协调各种利益关系,解决各种利益矛盾;有利于调动各方面的积极性,汇集建设社会主义的各方面力量;有利于社会主义民主政治建设,加强政治决策的科学化、民主化、法治化,保障人民的政治权利和自由;有利于社会主义政治生活的健康发展,从而为社会主义现代化建设创造稳定和谐的政治环境。[1]

3. 政治社团

在现代社会,人们的经济、政治、文化和社会需要,大部分是通过社会组织来满足的。人们无论从生理上还是从心理上都无法以个人的形式满足自己的需要,只能以群体的形式来增强满足各种需要的能力。建立在社会分工基础上的社会组织,将具有不同能力的人聚合在一起,以特定的目标和明确的规范整合人的活动与能力,从而使组织成员的活动互相配合、步调一致,更有效地满足人的多样化需要。通过整合,既可以使组织成员的活动由无序状态变为有序状态,又可以把分散的个体结合为一个有机的

---

[1] 王浦劬等:《政治学基础》,北京大学出版社,2006,第222~223页。

整体，把有限的个体力量变为强大的整体合力。社会组织通常分为政治组织、经济组织、文化组织、群众组织等。

政治社团指在社会政治生活中，按照特定的利益要求或价值取向集合在一起，有组织地参与和影响政治事务与政府决策的社会组织和团体。政治社团一般具有特定的利益要求和政治主张；具有特定的运行规则和活动方式；具有特定的组织实体和构成成员。代表特定群体利益是政治社团的存在基础；参与和影响政治过程是政治社团的主要任务；通过影响法律和政策的制定来实现特定群体利益是政治社团的基本属性。在我国，各界人民都有自己特定的利益和要求，党和国家为了加强同他们的联系，保障他们的合法权益，积极支持他们建立自己的组织和社团。我国政治社团按照社会主义利益原则，在实现根本利益的基础上实现自己的特定利益，并协调两者之间的利益关系，这就使其又具有国家政权体系组成部分的身份。我国政治社团的这种双重身份，使其不是完全独立于国家政权体系之外的社会团体，而是参与国家政治管理的政治主体。

作为一种社会政治组织，政治社团具有以下特征。一是政治社团是社会成员按照特定规则形成的政治组织。政治社团是社会政治体系中的组织和制度实体，具有特定的组织形态。政治社团的这一特征区别于社会政治群体，后者往往只是特定政治成员自然的或人为的聚集，而不具有特定的组织形态。政治社团的成员构成一般遵循自觉自愿的原则，政治社团成员可以根据自己的利益需要自愿参加或退出特定的政治社团。在政治社团组织范围内，其成员享有平等的权利和义务。政治社团允许其成员同时具有多重同类组织成员身份，这是政治社团区别于政党的特征之一。通常政党是不允许其成员同时拥有多种政党身份的。二是政治社团的利益和目标较为具体。政治社团以特定的利益作为自己的形成基础，这种特定的利益有两种形成途径：一方面，它是在社会成员的社会关系基础上形成的；另一方面，它是社会成员在特定利益关系中的共同利益。政治社团特定利益形成的这两种途径，使得政治社团的利益要求往往比政党等政治组织的利益要求相对明确、直接、具体。三是政治社团参与政府的决策过程，影响政府政策的制定和实施。在社会生活中，社会成员和社会团体具有实现自己利益的多种途径和多种方式，他们可以通过市场交换、双方谈判、民间协商等途径和方式来争取与实现自己的利益与要求。政治社团的一个重要特征在于它以政府的方针、政策、法规作为自己的活动目标，以参与和影响这些方针、政策、法规的制定和实施过程作为自己的主要活动。因此，政治社团是通过政治途径来实现或维护自己的利益要求的，这是政治社团与社会团体的显著区别之所在。同时，政治社团是以参与和影响政府的方针、政策、法规的制定和实施为限度的，它并不以获取或执掌政权为实现自己利益要求的手段，正因为如此，政治社团又不同于政党。四是作为群众性政治组织，政治社团的成员构成具有广泛的群众性。政治社团服务于特定的群众利益。在实际政治生活中，充当特定的群众利益的代表者和维护者，是政治社团的基本政治角色规定。政治社团与特定的群众有着直接和广泛的联系，其组织构成及活动方式，均由群众自己通过一定的程序和规则来决定。①

在社会政治生活中，政治社团是公民政治参与的工具，与政治统治和政治管理密切相关。从我国的实际看，工会、共青团和妇联作为我国最重要的政治社团，是中国共产党领导的工人阶级、先进青年和各界妇女的群众组织，是党联系群众的桥梁和纽带，是国家政权的重要社会支柱和重要监督力量。我国政治社团的主要功能有以下几种。一是组织功能。个体群众力量分散，要使其产生应有的效力，就必须组织起来，以便形成强大的合力。政治社团作为群众组织，为分散的个体群众以整体的力量参政议政提供了畅通的渠道，为党和政府实施社会管理提供了便利的形式。二是参政功能。通过政治社团的组织和活动，公民可以多种方式参与国家的政治生活。在中国，政治社团的参政功能主要体现在以下几个方面：推选自己的代表参加各级人民代表大会，参与党和政府或有关部门的决策，参加政治协商会议及其活动，利用传媒反映社团成员的意愿，以此影响党和政府政策、法规的制定和执行，并实现自己的特定利益。三是监督功能。党和政府为了公正合理高效地履行其政治职能，既需要加强自身建设，也需要加强外部监督。政治社团在关注和维护社团成员特定利益的同时，对国家的宪法、法律、法规的实施情况，对党和国家方针政策的执行情况，对党和国家机关工作人员履行职责、遵守法纪、为政清廉等方面的情况予以关注和监督，这种关注和监督能够起到党和政府内部监督起不到的作用。四

---

① 王浦劬等：《政治学基础》，北京大学出版社，2006，第226~228页。

是教育功能。在党的领导下，政治社团通过各种方式教育群众，增强他们的政治意识、法律意识、公民意识，使他们能够积极主动地为推进中国特色社会主义政治建设添砖加瓦。

4. 公民个人

公民是现代民主政治的基础，是政治体系得以运转的基石。从一般意义上讲，凡是具有一个国家国籍的人，就是这个国家的公民。公民是法律意义上的概念，强调社会成员权利的平等性。换言之，公民在其本质规定上，是与臣民相对应的，公民与臣民是社会存在状态的两极。臣民是君主专制条件下人的不自由、不平等，没有主体性的社会存在状态。它所衬托的是身份差别、社会歧视、人格依附等特征。与臣民人身的不自由、权利的不平等以及人格的依附性相反，公民身份正是在这些维度上走向它相反的端点。

公民这个称谓普遍地适用于国家的全体成员，是从资产阶级革命和资产阶级国家建立时开始的。为了反对封建特权，资产阶级思想家提出了自由、平等、人权、博爱等口号。资产阶级取得革命胜利、建立自己的国家政权以后，通过宪法确认了人民主权的原则，于是社会的全体成员在形式上都成了国家的主人，因而都成了国家的公民。这样一来，公民一词便与国民、人民具有同等含义。例如，美国政治生活中就用公民、国民、人民泛指美国社会的全体成员。除了美国，其他国家如德国、法国、意大利也都是三种称谓同时使用。只有日本例外，无论是对国家主权归属的判断还是对基本权利义务的规定，日本一律使用国民的称谓，没有公民、人民的说法。但日本政治生活中的国民同样泛指日本社会的全体成员，与公民、人民具有同等的含义。

从实际情况看，公民与自然人、人民、国民之间既有联系，又存在细微的区别。一是公民与自然人的联系与区别。在政治实践中，自然人的含义最广，包括一切活着的人。这些自然人绝大部分是某个主权国家的国民，但也有一部分人不属于任何国家，如吉卜赛人。国民有一定的权利和义务，例如可以受到国家的内外安全保护，可以得到基本的教育、卫生、衣食保障，同时也得缴纳赋税、服兵役等。自然人也有一定的权利和义务，例如有权得到联合国人权事务委员会的关心和保护。在实际生活中，公民一定是自然人，但自然人不一定是公民。二是公民与国民的联系与区别。根据现代政治通则，一个国家的自然人中绝大多数都是这个国家的公民，他们有权从事相关的政治活动。但也有少量的人由于某种原因不是这个国家的公民，如被剥夺了政治权利的某些人，他们不能从事政治活动。因此，公民一定是一个国家的国民，但一个国家的国民并不一定都是这个国家的公民。三是公民与人民的联系与区别。人民一词在一个国家的革命时代使用得比较广泛，它的含义通常要比公民狭窄一些。例如，在民主革命中，我们广泛地使用人民一词。当时，出于革命的需要和具体的情境，我们对人民概念的理解相对狭窄一些。相反，公民一词在政治比较稳定而又实行法治的国家使用得最为普遍，而且它的含义相对广泛。因此，人民一定是公民，但公民并不一定是人民。[①]

公民个人作为政治主体，总是与权利紧密联系在一起的。既然人的本质在其现实性上是一切社会关系的总和，那么，公民基于人的本质所应当享有的权利也就必然涉及一切社会领域，因而公民权利的范围十分广泛。所谓公民权利，是指公民个人应享有的生命、人身和政治、经济、社会、文化等方面的权利。按照权利内容划分，公民权利包括公民政治权利和经济、社会、文化权利两大类。前者是指公民个人生命、安全、人身自由等方面的权利，如生命权、安全权、人格权、名誉权、思想自由、信仰自由、人身自由、居住自由、迁徙自由、通信自由等以及个人作为国家成员自由平等地参与政治生活方面的权利，如选举权、监督权、创制权、复决权、集会自由、结社自由、言论自由、出版自由等；后者是指公民个人作为社会成员参与经济、社会、文化生活方面的权利，如财产权、劳动权、休息权以及接受社会保障和文化教育等方面的权利。由此可见，公民权利是涉及社会生活各个领域广泛而系统的权利体系，是公民的人身、政治、经济、社会、文化各方面权利的总和。

第二节　政治意识

政治活动的主体是人，没有人的参与，政治活动就无法展开。由于人的行为是由特定的意识支配的，如果仅仅有完善的政治制度，而运用这些

---

① 邓元时、李国安主编《政治科学原理》，重庆大学出版社，2003，第 159～161 页。

制度的人却没有与之相适应的思想意识，那么再完善的政治制度也会在实际生活中扭曲和变形。只有政治主体的政治意识增强了，政治制度才能变成生动具体的政治实践，整个国家的政治发展才会有可靠的依托。

一　政治意识的含义

政治意识是指政治主体对社会政治制度和政治现象所具有的政治观点、政治态度和政治信念的统称。它作为社会意识的一种形式，既包括民族和个人的政治心理，又包括阶级和集团的意识形态，属于社会上层建筑。政治意识归根结底取决于一定时代的物质生活条件，又将随着生产力的发展、生产关系的变革而改变。政治意识具有相对独立性，在发展中还要受到国情条件、文化传统的制约。

政治意识有两种职能，即影响政治认识形成的认知职能和影响政治主体行为的调节职能。同时，政治意识可以区分为资产阶级政治意识和无产阶级政治意识，还可以区分为理论层次的政治意识和经验层次的政治意识。理论层次的政治意识主要反映在政治家、思想家的政治活动之中。他们代表一定阶级、阶层或集团的利益，提出系统的理论或正式的纲领。经验层次的政治意识主要反映在人们的政治参与过程中。他们通过政治活动的实践形成一定的观点，积累一定的知识，确立一定的价值观念和政治评价标准。政治意识影响其他各种社会意识，如经济、法律、道德等意识的政治内容和政治倾向，指导人们进行政治价值评价和政治行为选择。

在阶级社会中，政治意识具有鲜明的阶级性，是阶级利益的特殊表现形式。处于不同社会经济地位的各个阶级有不同的政治意识。在经济上占统治地位的阶级的政治意识，往往是在社会中居于统治地位的政治意识，它确证一定社会经济政治制度的合理性和阶级统治的合法性，维护着统治阶级的政治地位和根本利益。无产阶级的政治意识是在无产阶级反对资产阶级的斗争中，在马克思主义的指导下形成的。在夺取政权以前的基本指向，是推翻资产阶级政治统治，建立人民当家作主的国家制度。在夺取政权以后，无产阶级的政治意识上升到统治地位，它正确反映社会政治发展的客观规律，充分体现无产阶级和广大人民的根本利益，作为思想上层建筑的重要组成部分，成为社会主义建设和改革的指导思想。

二　政治意识的构成

政治意识作为政治建设的理论基础和实践向导，是政治观念向政治实践转化的中介与桥梁。它植根于一国政治实践之中，对政治实践起着引领和推动作用。新的时代条件下，强化与中国特色社会主义政治发展要求相契合，与中华优秀传统文化和人类文明有益成果相承接，既有深厚的传统底蕴，又有鲜明的时代特征的中国特色社会主义政治意识，是推进中国特色社会主义政治建设蓬勃发展的内在要求。

1. 民主与法治意识

按照马克思主义观点，民主就是人民主权、人民意志的实现，就是人民自己创造、自己建立、自己规定国家制度，并运用这种国家制度决定自身事务，其实质是人民当家作主。根据中国特色社会主义政治建设的丰富实践和成功经验，人民当家作主的基本内涵主要有以下几方面。第一，国家一切权力属于人民，体现在国家根本性质上，就是工人阶级领导的、以工农联盟为基础的人民民主专政的社会主义国家；体现在国家政权组织形式上，就是人民通过各级人民代表大会行使国家权力。第二，国家保证人民依照法律规定，通过各种途径和形式，管理国家和社会事务，管理经济和文化事业。第三，各级国家机关及其工作人员依靠人民的支持和拥护，倾听人民的意见和建议，接受人民的制约和监督。第四，国家制定实施的法律法规和方针政策，体现人民意志，维护人民利益。第五，国家各项事业和各项工作，坚持以人民为中心的发展思想，不断满足人民日益增长的美好生活需要，促进人的全面发展、社会的全面进步。①

人是社会的主体，活着只是人的一种本能，活得有自由有尊严才是人的本质要求，而能够维护人的自由和尊严的可靠保障就是法治。保证人民依法享有广泛的权利和自由，尊重和保障人权，既是社会主义民主政治的基本内容，也是社会主义法治国家的重要标志。作为与人治相对立的一种治国原则、制度与方略，法治就是良好的法律获得普遍的遵守。一方面，法治意味着法律的统治，不仅公民要接受法律的统治，国家也要接受法律

---

① 中共中央宣传部编《习近平新时代中国特色社会主义三十讲》，学习出版社，2018，第106页。

的统治；另一方面，法治意味着人们接受统治的法律本身又是合法的，是具有正当性的。法律的合法性主要表现在法律是人民意志的凝结，人民接受法律的统治就是接受自己的统治。人民的意志决定着法律的合法性，而法律的合法性又决定着它的效能。只有赢得人民认同、尊重、支持和信守的法律，才能转化为人们内在的行为准则。法律的正当性主要表现在两个方面：一是法律能够切实尊重和维护公民的基本权利与自由，符合公平正义的时代精神；二是法律能够有效制约和规范国家权力，使任何权力都不能摆脱法律的约束。因此，法治就是以民主政治为基础，以权力制约为根本，以权利保障为取向，以良法善治为标志的国家管理机制、活动方式和秩序状态。人们正是通过法治的形式，把权利与义务结合起来，把自由与秩序统一起来，在充分享有权利和自由的同时，又切实履行义务和责任。

2. 自由与平等意识

在人类历史上，自由一直是人们向往和追求的美好价值形态。自由对于人的意义在于：人只有成为自己的主人，能够自由地思考问题，自由地表达意愿，自由地措置言行，才能成为国家和社会的主人。所谓自由，就是从事不为法律所禁止、不为他人所强制的任何活动。这里同时包含着人们获得自由的两种途径：一是法律明示的自由即人们有做法律所允许的事情的自由；二是法律暗示的自由即人们有做法律不禁止的事情的自由。按照马克思主义的观点，人的自由存在于人与外部世界的关系之中，因而是相对的、有条件的。人只有认识自然规律，认同自然规律，才能在与自然的交往中获得自由。人只有认识社会规律，认同社会规律，才能在与社会的交往中获得自由。在实际生活中，这些规律往往通过人的活动而在法律中得到反映和体现。这样，人们对客观规律的认识和认同就可以转化为对法律的认识和认同，只有遵从法律，才能获得自由。从这种意义上讲，法律不是限制自由，而是限制任性。"只是当人的实际行为表明人不再服从自由的自然规律时，自然规律作为国家法律才强迫人成为自由的人。"[1]

平等是人的基本权利，是处理一切社会关系的基本准则。无论是古代还是现代，人们的平等观念都来自这样一个基本事实，即凡是人都具有作为人的共同的自然属性和社会属性，任何人作为人都是生而平等的，这是

---

[1] 《马克思恩格斯全集》第1卷，人民出版社，1995，第176页。

人们平等观念的基本依据。所谓平等，就是人与人在社会上处于同等地位，享有同等权利，承担同等义务，受到同等保护。其要旨为：公民平等地享有宪法和法律规定的权利，平等地履行宪法和法律规定的义务；任何人不得凌驾于宪法和法律之上，任何人不得超越于宪法和法律之外；公民在遵守法律上一律平等，公民在适用法律上一律平等；任何人不得强制公民承担法外义务，任何人不得强制公民接受法外处罚。这里的平等主要是指权利平等、机会平等、规则平等。其现实意义在于通过平等的社会机制和价值导向，保障每个人既享有平等的权利，又享有基于社会贡献所应得的利益。社会主义坚持法律面前人人平等的原则，不仅意味着形式上的平等，而且由于消除了人剥削人的制度，也就消除了事实上不平等的根源，从而为最终消除事实上的不平等创造了前提。在社会主义条件下，虽然人们的能力素质有高低之分，社会贡献有大小之别，但作为人都享有做人的资格，都享有做人的尊严，都享有不受歧视的平等权利。

3. 公正与和谐意识

公正是一种关系范畴，只有在人与人之间的交往中，在人与人之间的关系中，人们才能对公正与否作出判断。作为人类社会普遍认同的价值目标，公平正义既是社会发展进步的基本取向，也是衡量理想社会的基本尺度。公平指的是一种合理的社会状态，包括社会成员之间的权利公平、机会公平、规则公平。衡量公平的尺度在于是否符合社会发展规律。正义指的是具有公正性、合理性的思想、行为和制度。衡量正义的尺度在于是否满足社会发展需要。在公平与正义之间，公平以自然和经济为尺度，具有合规律性；正义以社会和道义为尺度，具有合目的性，因而公平正义是合规律性与合目的性的有机统一。公平正义作为社会主义追求的首要价值，其现实意义在于加快建立社会公平正义的保障体系，努力营造社会公平正义的良好环境，从而在公平正义的基点上造福全体人民。满足全体人民对社会公平正义的需求，需要具备较高的经济发展水平和较好的物质基础条件。在当今中国，为实现社会公平正义奠定必要的物质基础，发展经济是根本途径和必然选择。同时，制度是实现社会公平正义的重要保证。实现公平正义，要加快建设对保障公平正义具有重要作用的制度，主要包括完善政治法律制度、公共财政制度、收入分配制度、社会保障制度。

社会发展史表明，人类社会的演进呈现出多种多样的状态，其最基本的是动荡、混乱、失序和稳定、和谐、有序这两类状态。稳定、和谐、有序的状态，有利于确保人民休养生息，有利于促进社会发展繁荣，是人类社会共同的价值取向。社会和谐的核心内容是人的发展。首先，社会和谐要求人在与自身的和谐中获得发展。社会由众多的个人所组成，个人自身的和谐是社会和谐的基本单位。社会和谐对人的要义，是促进人的认识、情感、意志等精神因素的协调发展，促进人的生存能力、发展能力、创造能力的不断提高，逐步实现自我完善。其次，社会和谐要求人在与社会的和谐中获得发展。社会和谐的本质是人与人之间关系的和谐。人在促进社会关系和谐的过程中，不断加强人与人之间的交往和沟通，增进了解和信任，从而在推进社会和谐中使自身的发展趋于全面。最后，社会和谐要求人在与自然的和谐中获得发展。人类与自然环境之间有一条永远割不断的脐带，人类的生存和发展无不依赖于自然环境。只有建设以保护自然环境为基础，以人与自然、人与社会、人与自身和谐共生、永续发展为宗旨，以建立文明的生产方式和生活方式为内涵，以自然再生产、社会再生产和人类再生产良性循环为取向的文明形态，人类才能在与自然界的物质、能量和信息的交换中，满足自己生存、享受和发展需要，使人们世代在优美的自然环境中工作和生活。

4. 开放与共享意识

从人类社会发展史看，每个民族都有其优势和长处，因此才能在世界上占有一席之地；每个民族都有其劣势和短处，因此才需要在交流中取长补短，不断发展和完善。中华民族具有从未中断的悠久而独特的历史，原因就在于我们的民族历来具有虚怀若谷的博大胸襟和海纳百川的恢宏气魄。在新的时代条件下，积极借鉴人类文明有益成果，不仅是实现中华民族伟大复兴的重要条件，也是拓展中国特色社会主义道路的内在要求。

从世界范围看，一些大国崛起的共同特征，就是善于利用国际市场和国际资源，扩大生产边界和消费边界。我国文化资源厚重，自然资源丰富，人力资源充足，市场资源潜力巨大。但我国人均自然资源占有量远远低于世界平均水平，一些战略资源比较缺乏，技术资源处于劣势，人力资源层次不高，市场资源有待拓展。鉴于此，我们一方面要始终立足国内，充分发挥国内资源的优势，合理开发和有效利用国内各种资源要素，使我国的资源优势发挥最大效能，形成强大的市场竞争力，为现代化建设奠定坚实的内在基础；另一方面要适应经济全球化的趋势，以更加积极的姿态走向世界，在全球范围内配置和利用资源，以互利互惠获得国际资源要素，为现代化建设提供有力的外部支撑。通过坚持"引进来"和"走出去"相结合，全面提高对外开放水平，在更大范围、更高层次、更宽领域参与国际经济技术合作与竞争，充分利用国际国内两个市场、两种资源，使我国经济从体内循环走向体内与体外双循环，使我国的生产关系逐步适应与全球经济联系日益密切的生产力的发展。

共享是中国特色社会主义的本质要求，是我们党的根本宗旨的重要体现。现代社会承认无差别的个人是以承认有差别的个人为前提的，承认每个公民机会均等是以承认每个公民拥有社会资源不均等为前提的。如果仅仅满足于承认无差别的个人，那就可能使公民彼此之间因先天禀赋和后天机遇的不同而在获得利益的结果上呈现出较大的差异。因此，社会主义不屑于用形式上的平等来掩饰实际上存在的不平等，而是正视实际上存在的不平等，并适当关照那些确实需要提供帮助的每一个人。这就要求我们本着发展为了人民、发展依靠人民、发展成果由人民共享的原则，以推进社会公平正义为前提，以缩小收入分配差距为重点，以实现城乡、区域基本公共服务均等化为保障，以促进共同富裕为目标，作出更加有效的制度安排，切实保障人民平等参与、平等发展、平等享有的权利，使全体人民在共建共享中有更多获得感。其内涵主要包括四个方面。一是全民共享，即共享是人人付出、人人享有，各尽其能、各得其所。二是全面共享，即共享是共同享有经济、政治、文化、社会、生态文明各方面的建设成果，有效保障人民各方面的合法权益。三是共建共享，即共享需要共建，共建为了共享，共建的过程也是共享的过程。四是渐进共享，即共享需要经历一个从部分共享到全面共享的演进过程。①

5. 和平与安全意识

中国是一个拥有 14 亿人口的最大的发展中国家，要实现民族复兴、实现全体人民共同富裕，需要几代人的不懈奋斗。在这一过程中，中国不仅

---

① 中共中央宣传部编《习近平新时代中国特色社会主义思想学习纲要》，学习出版社、人民出版社，2019，第 110 页。

需要稳定的国内环境，而且需要和平的国际环境，必须高举和平、发展、合作、共赢的旗帜，坚定不移地走和平发展道路，把中国国内发展与对外开放统一起来，把中国的发展与世界的发展联系起来，把中国人民的根本利益与世界人民的共同利益结合起来，既通过维护世界和平发展自己，又通过自身发展维护世界和平。中国不参加军备竞赛，不进行军事扩张，不干涉别国内政，不与任何国家建立结盟关系，同国际社会一道，努力构建人类命运共同体，始终做世界和平的建设者、全球发展的贡献者、国际秩序的维护者。在当今世界，安全应当是各国的共同安全，任何国家都不应把自己的安全建立在损害其他国家安全利益基础之上，任何建立在损害其他国家安全利益基础之上的安全都是不可靠的。

安全是指人类的生命、财产以及生存环境不受威胁和侵害的一种状态。国家安全是治国安邦的重要基石，维护国家安全是全国各族人民根本利益所在。根据国家安全形势的新变化新特点新趋势，习近平总书记明确提出"总体国家安全观"①的全新概念，这是我们党关于国家安全理论的重大创新，是新时代指导国家安全实践的基本依据。其内涵是以人民安全为宗旨，以政治安全为根本，以经济安全为基础，以军事、文化、社会安全为保障，以促进国际安全为依托，走出一条中国特色国家安全道路。总体国家安全观的实践要求：一是既要重视外部安全，又要重视内部安全，对内求变革、求发展、求稳定，建设平安中国，对外求和平、求合作、求共赢，建设和谐世界；二是既要重视国土安全，又要重视国民安全，坚持国家安全一切为了人民、一切依靠人民，真正夯实国家安全的坚实基础；三是既要重视传统安全，又要重视新兴安全，构建集政治安全、国土安全、军事安全、经济安全、文化安全、社会安全、信息安全、生态安全、资源安全于一体的国家安全体系；四是既要重视发展问题，又要重视安全问题，发展是安全的基础，安全是发展的条件，在富国中强兵，在强兵中富国；五是既要重视自身安全，又要重视共同安全，打造人类命运共同体，推动各方朝着互利互惠、共同安全的目标相向而行。②

政治意识的内容是对政治现实的反映，政治意识的价值是指导人们的

① 《习近平谈治国理政》第 2 卷，外文出版社，2017，第 569 页。
② 中共中央宣传部编《习近平新时代中国特色社会主义思想学习纲要》，学习出版社、人民出版社，2019，第 178 页。

047

政治生活，政治意识的核心是一种价值理念。因此，政治意识不仅作为一种现实状态而存在，而且作为一种生活方式、一种价值理念而存在。价值理念是一定时代和国情条件下人们持有的思想观念和理想信念的总和，是引领和指导人们社会实践的思想基础和价值取向，关系一个国家发出什么声音、坚守什么立场、表达什么主张、树立什么形象。当今世界大国之间的竞争，不仅是综合国力的竞争、制度体系的竞争，而且是价值理念的竞争。在新的历史条件下，以习近平新时代中国特色社会主义思想为指导，以社会主义核心价值观为统领，强化与中国特色社会主义政治发展要求相契合，与中华文明优秀成果和人类文明有益成果相承接的民主与法治、自由与平等、公正与和谐、开放与共享、和平与安全等价值理念，既是完善国家话语体系的必然抉择，也是确立国家政治理念的内在要求。强化与中国特色社会主义政治发展要求相契合，与中华文明优秀成果和人类文明有益成果相承接的价值理念，是中国走向世界、走向未来的主体工程。它依托综合国力支撑，先进文化感召，科学方法疏导，多管齐下传播；经由制度规范而得到固化，经由舆论引导而得到内化，经由文化传播而得到外化。通过强化民主与法治、自由与平等、公正与和谐、开放与共享、和平与安全等价值理念，在国内有力地推进中国特色社会主义政治建设，在国际生动地讲述中国故事，发出中国声音，阐释中国道路，向世界展示一个真实的、立体的、全面的中国形象。

第三节　政治能力

政治能力的主角包括人和政治系统。当以人为主角时，不仅指人们参加政党和其他政治团体，参与选举和政治决策活动的能力，而且指人们担任一定政治职务的能力。当以政治系统为主角时，特别是以政党与政府为主角时，政治能力则主要指领导能力、执政能力、统治能力、管理能力，包括制定正确的路线方针政策，建立完备的法规制度体系，有效管理社会经济政治文化等各方面事务。其中人的政治能力是基础，政治系统的政治能力不过是人的政治能力的集合和放大。政治能力的大小取决于政治主体在维护政治秩序、促进政治发展方面的成就和贡献。

一 政治能力的含义

政治能力是以某种方式参与政治过程、从事政治活动或影响政治决策的能力。换言之，政治能力是指运用政治知识和政治经验从事政治活动并取得政治绩效的能力。领导者政治能力与领导者素质息息相关。领导者素质是指在先天生理条件的基础上，通过后天的学习实践形成的，在领导工作中经常起作用的那些知识、情感、技能和品格等要素的总和。领导者素质要经过长期的艰苦的修养磨炼才能形成。所谓修养磨炼是指领导者在自觉学习实践的基础上，对自己的政治理想、政治信念、政治品德、政治能力、思想意识、精神境界、政策水平等方面所进行的自我陶冶、自我锻炼、自我涵养、自我提高的过程。

政治能力的基础包括政治素质、知识素质、能力素质和身心素质等多方面内容。政治素质是指个体从事社会政治活动所具备的基础性政治条件。对领导者而言，它是政治立场、政治方向、政治观念、政治态度、政治信仰、政治技能的综合表现。知识素质是指领导者通过自身学习和社会实践所掌握的科学文化知识，以及不断学习和更新知识的能力。具体而言，包括马克思主义中国化的理论成果、丰富扎实的科学文化知识、系统精湛的专业知识、专门的管理科学和领导艺术等方面的知识。能力素质是指圆满完成领导工作，实现领导目标需要具备的各种能力。身心素质是领导者身心的健康程度、精力的充沛程度等内容。领导者的身体素质是在遗传、营养、锻炼等因素影响下表现出来的身体机能状态，领导者需要具备较强的身体素质。心理素质集中表现为领导者应具备的一些品格和个性，如开放包容的格局、认真负责的担当、果敢决断的勇气和刚强坚忍的意志等。①

二 政治能力的构成

从国家治理的实际看，在同样的岗位上，有的人施展才华、造福一方，有的人碌碌无为、一事无成。造成这种差别的根本原因在于能力的不同。要提高国家治理能力，关键在于提高领导者的政治能力；提高领导者

---

① 鲁敏主编《当代中国政府概论》，天津人民出版社，2019，第 195～196 页。

的政治能力，首先在于科学把握政治能力的构成。

1. 局势把控能力

局势把控能力是指根据实践发展变化的新情况迅速作出调整的控制能力，主要包括把握方向、把握大势、把握全局的能力，保持政治定力、驾驭政治局面、防范政治风险的能力。把握方向、把握大势、把握全局，就是把准政治方向，始终在政治立场、政治原则、政治道路上同以习近平同志为核心的党中央保持高度一致，确保各项工作在实践中不偏离方向；就是把握事物发展大势，做到因势而谋、应势而动、顺势而为；就是把握全局目标，树立全局意识和全局观念，自觉在党和国家工作大局下想问题、办事情，做到一切服从大局、一切服务大局。保持政治定力、驾驭政治局面、防范政治风险，就是强化忧患意识、风险意识，增强政治敏锐性和政治鉴别力，对容易诱发重大突发事件的敏感性问题、倾向性苗头，对意识形态领域各种错误思潮、模糊认识、不良现象，保持高度警觉，明辨是非曲直，及时排除干扰；对违反政治纪律、危害政治安全的行为坚决抵制，善于运用科学手段有效驾驭复杂局面；对各种可能出现的政治风险及其根源做到心中有数、对症下药、综合施策，力求把政治风险化解在源头。

2. 统筹谋划能力

领导就是带领和指导。做好领导工作，应具备对事物发展变化进行前瞻分析的预判性和迅速准确掌握问题本质的敏锐性，即具备统筹谋划、驾驭全局的能力。对于一个地区、一个部门、一个单位的发展来说，顶层设计和战略规划十分重要。领导者要立足全局、着眼长远、审时度势、统筹谋划，必须具有宽广的眼界、博大的胸怀、深厚的理论、务实的作风。要注重战略思维，以全局视野、长远眼光思考和处理问题，抓住重点又统筹一般，立足当前又着眼未来，熟悉国情又通晓世界，高瞻远瞩、见微知著，从整体上把握事物的总体趋势和发展走向，在认清现实状况、确立发展目标、明确工作重点、制定实施步骤、分析制约条件的基础上适时出台战略规划，从而牢牢掌握改革发展的主动权。要注重辩证思维，客观地而不是主观地、全面地而不是片面地、发展地而不是静止地、联系地而不是孤立地观察事物、分析问题，善于从对立统一中把握事物的内在联系，从矛盾转化中把握事物的发展变化，从联系和发展中体察事物的本质和规律，依据事物的本质和规律形成工作思路和对策举措。

3. 科学决策能力

领导者的工作不是一成不变的，因而需要根据实际情况及时作出恰当的决策。决策是领导者的主要职责。面对错综复杂的局面和瞬息万变的形势，要求领导者必须掌握相关知识、相关信息，对于客观规律、具体情况了如指掌，对实施决策的人力物力财力心中有数，具有适时作出正确决策的魄力，善于采取科学方法，按照科学程序，运用现代科学技术手段对复杂的社会现象和自然现象进行全面的考察和分析，并对其中各种因素之间的相互联系和影响进行综合研究，在此基础上依靠领导班子和专家学者的智慧和经验形成优化方案。为了保证决策的科学性，首先，领导者要根据决策的主观条件，尽力而为，量力而行，既能适时作出决策，又能有效组织和实施决策。其次，领导者要根据决策的客观实际，充分考虑社会成员对决策内容的认同程度，确保决策不超出社会成员的承受能力。最后，领导者要根据决策的内外环境，科学把握与决策相关的各种因素和各种关系，使决策既符合当时当地的实际状况，又适应当时当地的实际需要。只有这样，作出的决策才符合实际，才切实可行。

4. 贯彻执行能力

领导者是党和国家各项事业发展的重要载体，各项决策部署能否落地生根，关键在于领导者的执行力。一分决策，九分落实。办好本职范围内的事情，不折不扣地执行法律法规和上级指令，是对领导者的基本要求。如果说决策注重科学，那么执行则讲究效率。再好的决策如果得不到及时落实，也会变成一纸空文。从这种意义上讲，领导者执行力的强弱不仅关乎事业发展，而且关乎党和政府的形象。领导者要牢固树立全局观念，努力提高领会上级战略意图、贯彻上级决策部署的本领，具有情系民生、统筹全局的战略思维，迎难而上、尽心竭力的责任担当，大胆创新、主动作为的机遇把握，善于抓住重点、找准痛点、补足弱点，时刻保持锐意进取的精神状态和工作姿态，以功成不必在我的境界扎实推动各项工作有序开展。如今，我国改革发展正处于关键时期，各项任务有目标、有步骤、有节点，光阴似箭，时不我待，必须尊重科学，讲究效率，只争朝夕，快马加鞭。领导者只有各司其职、各负其责，切实提高决策的执行力，才能确保各项工作取得实效。

5. 组织协调能力

从实际情况看，任何领导工作都要涉及人、财、物的组织调配，都必须善于组织协调自己掌控的各种资源；任何领导工作都要对执行团队进行凝聚，并通过适当方式奖勤罚懒，以保持团队的积极进取。因此，经济社会的发展离不开有效的组织协调。通过组织协调，在治理上实现咨询、决策、执行、监督、反馈整个过程的连续和通畅；在价值上实现公益与私利、自由与秩序、公平与效率、人文与自然等方面的统筹兼顾、综合平衡、协调发展，防止彼此冲突和内耗。这就要求领导者必须熟悉环境、熟悉人员、熟悉法规、熟悉职责、熟悉任务，把本地区、本部门、本单位的工作目标和发展规划同实际状况结合起来，正确处理各种关系，合理组织各方力量，恰当使用各类人才，使各个要素、单元、层次目标明确，从而实现百虑一致，殊途同归，形成发展的整体合力。作为领导者，良好的组织协调能力是不可或缺的。一方面善于在组织内部激发创造热情，使干部群众为实现共同的目标齐心协力、团结奋斗；另一方面善于在组织外部树立良好形象，使各种因素都能为实现本地区、本部门、本单位的既定目标服务，为内部发展创造适宜的外部环境。

6. 选材用人能力

"千秋基业，人才为先。"[1] 选拔优秀人才并依据岗位和人才的特点使之相互匹配，是领导者重要能力之所在。领导者要善于掌握部属的特点和长处，把合适的人放到合适的岗位，最大限度地发挥每个人的创造潜能。用人要知人。识人知人是选材用人的一项基础性工作。要改进考核方法，完善评价体系，综合运用届末考核、年度考核和专项考核结果，多渠道、多层次、多侧面深入了解干部，观察干部对群众的感情、对名利的态度、对重大问题的思考、对复杂问题的处理。坚持全面历史辩证地看待干部，注重干部的全部历史和全部工作，既看成绩又看实绩，既看口才又看口碑，既看临场发挥又看一贯表现，既看现实状况又看发展潜力，使优秀的干部能够用当其时、用当其位。用人要善任。选人用人关键在于量才适用、用其所长，做到寻觅人才求贤若渴，发现人才如获至宝，举荐人才不拘一格，使用人才各尽其能。要注重基层、注重实干、注重公论，切实端

---

[1] 《十八大以来重要文献选编》（中），中央文献出版社，2016，第26页。

正选人用人导向，匡正选人用人风气，严格按原则、按规矩、按程序选用干部，让那些德才兼备、敢于担当的干部走上前台，把那些品行不端、作风不实的干部拦在门外。

7. 处事应变能力

在新的时代条件下，领导者根据突发情况及时作出有效处置的应变能力必不可少。如今，我国改革发展中所面临矛盾和问题的复杂性前所未有，前进道路上所面对风险和挑战的严峻性也前所未有。在这种情况下，领导者如果抱定以不变应万变的心态去工作，就难以应对复杂严峻局面的挑战和考验。只有对可能出现的突发事件具有前瞻性和预见性，一叶知秋，见微知著，做到一种风险多个预案、一种危机多手对策，从精神到物质、从体制到机制做好充分的准备，才能在遭遇危及公共安全的突发事件时，有效发挥我国治理体系政令统一、高效运转、万众一心、攻坚克难的特有优势，审时度势、灵活应对、果断处置、转危为安。领导者要增强忧患意识，居安思危，未雨绸缪，凡事做好最坏的准备，努力争取最好的结果，从而确保有备无患，临危不乱，牢牢把握应对复杂严峻局面的主动权，有效防范和化解重大风险与危机。要树立问题意识，原则问题要旗帜鲜明，发展问题要目标明确，难点问题要合力攻关，实际问题要重点解决，善于从繁杂问题中把握规律性，从苗头问题中发现倾向性，从偶然问题中揭示必然性，对问题的性质和发展趋势了如指掌，应对裕如。

8. 开拓创新能力

随着科学技术的日新月异，社会发展的节奏越来越快，世上没有一成不变的事物，也不存在一劳永逸的办法，领导者必须勇于突破，敢为人先，以一往无前的精神推陈出新，开拓创新。创新就是在继承前人成果的基础上创造出新事物，包括发现新问题、揭示新规律、提出新理论、采用新方法、形成新观念、建立新制度、制定新政策、完善新机制、发明新技术、获得新材料、改进新工艺、开发新产品等。崇尚创新，致力创新，国家才有光明前景，社会才有旺盛活力。领导者要破除患得患失、瞻前顾后、不敢创新，墨守成规、安于现状、不知创新，知识贫乏、视野狭窄、不懂创新，学习松懈、工作消极、不思创新等不良倾向，牢固树立崇尚创新、致力创新的自觉意识，使创新成为为官一任、造福一方的价值导向、思维方式、生活习惯。要注重创新思维，破除迷信经验、迷信本本、迷信权威的思维方式,破除按图索骥、因循守旧、无所作为的行为方式,善于因时制宜、迎难而上、锐意进取,以新视野观察新形势,以新思路破解新问题,以新作为开创新局面,切实做到在解决经济社会存在的突出问题上有新办法,在解决改革攻坚面临的难点问题上有新举措,在解决干部群众关注的热点问题上有新突破。

9. 学习实践能力

时代在发展,社会在进步,领导者如果不提高自己的能力素质,就跟不上时代的步伐,也做不好当下的工作。人才是第一资源、创新是第一动力、发展是第一要务,而没有学习就没有人才、没有创新、没有发展。例如,在信息时代条件下,获取充足而有效的信息并进行准确分析,是领导工作面临的首要问题;流利的演讲口才和娴熟的谈判技巧是领导者表达思想、完成任务的基本条件。这就要求领导者必须加强以党的创新理论为主的政治性学习,以岗位能力培养为主的实用性学习,以开阔知识视野为主的拓展性学习。要把学习与加强党性修养结合起来,向学习要知识、要品位、要境界,使学习成为一种精神追求、一种工作状态、一种生活方式,通过学习坚定理想信念,锻炼意志品质,提高精神境界,美化生活情趣,增强自律意识,学以立德、学以增智、学以广才、学以致用。把学习与提高能力素质结合起来,既要向书本学习,又要向实践学习,既要在总结成功经验中获得提高,又要在汲取失误教训中取得进步。把学习与解决实际问题结合起来,以问题牵引学习,以学习指导实践,关注重点难点,补足短板弱项,使学习成效及时转化为工作绩效。①

政治能力具有一些基本特征。一是综合性。领导工作本身的综合性对领导者政治能力提出了综合性要求,领导者必须具备坚定的信念、丰富的知识、准确的决断、灵活的思维和稳定的心理等一系列复合素质和综合能力。二是动态性。在知识经济和信息时代,社会发展变化异常迅速,对领导工作提出了严峻挑战,需要领导者与时俱进地提升政治能力。三是层次性。领导工作具有不同的层次,不同层次的领导工作对政治能力有不同的要求。如高层领导和基层领导、政治领导和业务领导、经济领导和军事领导,其素质就不能一概而论。四是统领性。在各种能力中,政治能力处于

---

① 王寿林:《科学把握领导干部治理能力的基本要素》,《郑州日报》2020 年 5 月 4 日。

首位，起着统领和主导的作用，要求领导者牢固树立政治信念，正确把握政治方向，坚定站稳政治立场，严格遵守政治纪律，做到政治意识敏锐、政治态度鲜明、政治定力坚强、政治操守纯正、政治担当果敢、政治考验合格。五是实践性。政治能力不会与生俱来，也不会随着领导职务提升而自然提高。提高政治能力是一项系统工程，需要领导者在深化政治理论学习中修炼，在落实各项政治要求中锻炼，在严肃党内政治生活中锤炼，在防范各种政治风险中磨炼，在执行重大政治任务中历练，把提高政治能力贯穿党性修养的全方位全过程，使自己的政治能力与担任的领导职责相匹配。

第四节　政治行为

政治行为是社会行为的有机组成部分，当人们与政治环境发生关系，介入社会政治生活之时，其所作所为便构成政治行为。政治行为是政治主体的行为动机与政治环境的统一。这就是说，政治行为既受到主观动机的驱使，又受到客观环境的制约。因此，政治行为是政治主体与政治环境相互作用的结果。

一　政治行为的含义

政治行为是政治关系的动态表现，是人们在特定利益基础上围绕政治权力和政治权利的获得和运用而展开的社会活动。作为一个历史范畴，政治行为是社会出现阶级现象以后产生的，也将随着阶级的消亡而消失。政治行为除了具有社会行为的一般特征外，还具有阶级性和规范性两个基本特征。在阶级社会中，人们总是隶属于一定的阶级，其所作所为受阶级利益的支配和影响，或多或少要打上阶级的烙印。政治活动事关阶级和国家的根本利益，因而人的政治行为必然要受到法规制度的严格规范和约束。

按照列宁的观点，政治行为是由"政治活动的性质、方向和方法"构成的，是由特定的政治主体实施的。[①] 因此，政治行为具有四个基本要素，即政治行为的性质、主体、方向和方式。政治行为的性质受政治关系性质

---

① 《列宁全集》第 11 卷，人民出版社，1987，第 6 页。

及其内在矛盾的支配和作用。在阶级社会中,政治行为以特定利益基础上的政治权力和政治权利主体为物质承担者,因此,政治行为的主体可以是个人,也可以是阶级、阶层、政治组织、政治集团等,只要他们从事政治活动,就可以成为政治行为的主体。政治行为具有特定的方向,其方向是政治主体的行为动机与客观环境的统一。政治行为的方式即政治行为的模式,它是由社会政治关系、政治制度和政治文化等要素构成的。①

二 政治行为的构成

从行为分析的角度看,可以把政治行为分为理性的政治行为和感性的政治行为,自觉的政治行为和自发的政治行为,个人的政治行为和集体的政治行为,合法的政治行为和非法的政治行为,直接的政治行为和间接的政治行为,民间的政治行为和官方的政治行为,自愿的政治行为和强制的政治行为,抽象的政治行为和具体的政治行为,国内的政治行为和国际的政治行为。从政治关系的角度看,可以把政治行为分为政治统治行为、政治管理行为、政治参与行为、政治自治行为。

1. 政治统治

政治统治是指掌握国家政权的统治阶级及其政治代表为维护其统治地位和统治利益对被统治阶级实施的支配与控制。政治统治的主体是统治阶级,其本质是经济上占统治地位的阶级为维护和强化既定的政治关系和社会秩序,通过国家权力对社会所进行的一种强力支配与控制。其作用是保证和维护统治主体的地位和利益,保证和维护政治秩序的安全和稳定,保证和维护政治关系的存续和发展,保证和维护社会成员的权利和自由。

政治统治是经济上占统治地位的阶级为了维护、巩固和加强其经济利益和统治地位而采取的一种支配和控制行为。政治统治是统治阶级的集体行为,是统治阶级的集体意志和集体力量的表现。统治阶级将本阶级意志上升为国家意志,制定符合本阶级利益的政策、法律和命令,并依靠国家政权的力量迫使被通知阶级接受和遵守。政治统治是一种复杂的政治现象和过程,它包括国家统治和阶级统治两种含义。国家统治是统治阶级运用国家机器对被统治阶级实施的统治。阶级统治是统治阶级运用各种手段对

---

① 王浦劬等:《政治学基础》,北京大学出版社,2006,第 113 ~ 114 页。

被统治阶级实施的统治。其中，国家机器是诸种统治手段中最主要的和最根本的手段。统治阶级运用国家机器的过程就是实现国家统治的过程。由此可见，阶级统治的概念大于国家统治的概念，国家统治是政治统治的核心，阶级统治除了运用国家机器之外，还运用其他社会政治组织对被统治阶级实施统治。阶级统治包含着国家统治。

任何一个阶级都是依靠由本阶级少数人组成的各种政治组织去完成阶级统治的任务，而不可能由统治阶级的全体成员直接实施政治统治。这些政治组织通常包括国家机构和社会政治组织。这些国家机构和社会政治组织的结合体，就是统治机构。在统治机构中，国家机构和社会政治组织各有特点，各具不同的职能，并且相互联系、相互依存、按一定的结构组成一个有机整体，这就是政治统治体系。当一个机构或组织为统治阶级的全局利益，为实现政治统治的总体目标而直接发挥作用，并围绕国家机构这一中心直接承担某项职能，它就成为政治统治体系的组成部分。国家机构是政治统治体系的中心环节，国家的性质和形式集中体现在国家机构上。国家机构是政治统治体系中力量最为强大的组织，是实现政治统治体系总体目标的主要机构，没有国家机构，就没有政治统治体系。正是由于国家机构在政治统治体系中的这种地位和作用，决定了在一个政治统治体系内部，各个机构和组织的活动基本上都是围绕国家机构进行的。一个机构或组织与国家机构的关系密切，并分担一部分国家机构的职能，就构成了政治统治体系的组成部分。

在我国，政治统治的主要工具是人民民主专政。我国宪法规定："中华人民共和国是工人阶级领导的、以工农联盟为基础的人民民主专政的社会主义国家。"① 这是我国的根本性质，即我国的国体。人民民主专政是中国共产党把马克思主义关于无产阶级专政理论同中国具体实际相结合创建的政权形式，其包含着四项基本内容。一是人民民主专政的性质：工人阶级领导的、以工农联盟为基础的人民民主专政，其实质是无产阶级专政，是无产阶级专政在中国具体历史条件下的实现形式，是新型民主和新型专政的有机统一。新型民主是指人民享有管理国家和社会的一切权力，即人民当家作主，这是社会主义国家政权的本质特征。新型专政是指采用暴力

---

① 《中华人民共和国宪法》，《人民日报》2018 年 3 月 22 日。

镇压的手段对境内外敌对势力和犯罪分子实行专政。二是人民民主专政的领导核心：中国共产党是人民民主专政的领导核心，这是中国国家性质的根本要求和内在规定。三是人民民主专政的主要任务：把中国建设成为富强民主文明和谐美丽的社会主义现代化强国，实现中国特色社会主义共同理想和共产主义远大理想。四是人民民主专政的阶级基础和群众基础：人民民主专政的阶级基础是工农联盟，人民民主专政的群众基础是广泛的爱国统一战线。

2. 政治管理

政治管理广义上泛指国家政权体系对社会政治生活的协调与控制，狭义上仅指政府对社会政治生活的协调与控制。政治管理的本质是权力主体以实现公共利益和协调不同利益矛盾的方式实现政治主体的利益和要求；政治管理的基本功能是解决权力制约关系的内在矛盾；政治管理的行为内容是承担社会公共职能和处理社会公共事务。因此，政治管理是统治阶级维护社会政治秩序和保障国家机器正常运行的重要手段。

作为一种政府行为，任何国家政治管理的根本目的都是维护统治阶级的政治统治。在社会主义国家，政治管理的根本目的就是维护生产资料公有制以及与此相适应的经济制度，维护人民当家作主以及与此相应的政治制度，维护与社会主义经济和政治制度相适应的意识形态。政治管理的根本目的通过政治管理的任务得以具体化。由于根本目的不同，不同国家政治管理的具体任务也不同。一般来说，政治管理的主要任务有：维护现存的基本政治规范，增强民众对这些政治规范的认同和支持；维护现存政治机关的权威性和合法性，增强民众对这些政治机关的认同和支持；缓解各种利益矛盾，维护正常社会秩序；保证国家各项政策法令的贯彻实施。

政治管理是通过政治判断、政治动员、政治指导等程序实现的。政治判断就是对社会政治生活中的实际状况和发展趋势进行判断、预测和认定，并以此为基础确定政治管理的目标、方向和任务，制定政治管理的路线、方针和政策。政治判断的过程就是分析情况、作出决策的过程，这一过程是整个政治管理的基础和前提。政治动员就是政治主体对公众进行发动和激励，调动公众为政治管理目标和任务而奋斗。政治管理的目标、方向、任务和路线、方针、政策确定之后，政治管理的主体必须组织和发动公众，向公众宣传、解释其内容和意义，让公众对其予以理解、认同、支持、参与和执行。政治指导就是政治管理主体为实现既定的目标和任务，对公众政治活动进行安排和支配，包括权威性的引领和强制性的命令等。

政治管理具有以下基本特征。第一，政治管理具有公共性。政治管理是政治权力主体通过承担社会公共职能、实现社会公共利益来实现自身利益的途径和方式，因此，政治管理具有公共性的特征。第二，政治管理具有组织性。从人类社会发展的历史看，任何管理都是通过特定的组织进行的。对管理主体意志的贯彻，对管理对象行为的规范，都是以组织的形式实施的。第三，政治管理具有责任性。政治管理根据社会要求承担的公共职能，其凭借实施的政治权力和政治权威将其转化为政治和社会公共责任，由此构成了政治管理的责任性。第四，政治管理具有服务性。对于政治权力主体来说，管理也意味着服务。政治管理承担社会公共职能，自然具有社会公共服务的特点。由于政治管理通过服务于社会共同利益，实现着对政治权力主体的服务，因此，政治管理的服务性根本上是服务于政治权力主体，满足和实现政治权力主体的利益要求。① 第五，政治管理具有主动性。政治管理既是政治权力主体对社会行使权力，也是对社会承担义务，既是职权，也是职责。因此，政治权力主体在进行政治管理时，必须以积极的作为执行法律、履行职责。否则，就构成失职，就要承担法律责任。

政治管理与政治统治作为国家权力的两种基本运作方式，既有联系又有区别。政治管理作为一个历史范畴，它适应统治阶级维护政治统治的需要而产生，与政治统治存在密切的联系。政治统治是政治管理的政权前提，政治管理是政治统治的社会基础。任何政治管理都服务于一定阶级的政治统治，任何阶级的政治统治总是通过政治管理等社会职能而得以体现。二者都是国家行为，都是为了维护特定的统治秩序和管理秩序所进行的活动，都属于国家的基本职能。从一定意义上讲，政治统治就是国家的阶级职能，政治管理就是国家的社会职能。二者的区别有三。第一，对象不同。政治管理的对象既包括统治阶级内部的成员，也包括被统治阶级的成员。而政治统治的对象则是被统治阶级的成员，不包括统治阶级内部的成员。第二，主体不同。政治管理的主体主要是政府，在现代社会，一些政党也不同程度地履行政治管理的职能；而政治统治实质上是一个阶级对

---

① 王浦劬等：《政治学基础》，北京大学出版社，2006，第137～140页。

另一个阶级的统治，其主体不是具体的政权机关，而是整个统治阶级。第三，方式不同。政治管理的主要方式是民主的和行政的，包括领导、组织、沟通、协调、控制、动员、服务等；而政治统治的根本方式则是阶级专政，即对敌对阶级实施暴力统治。[①]

3. 政治参与

政治参与是指公民通过各种合法方式参加政治生活并影响政治体系的组织构成、管理方式、运行规则和政策过程的行为。它是政治权利得以实现的重要方式，反映着公民在社会政治生活中的地位、作用和选择范围，体现着政治关系的内容。在实际政治生活中，政治管理与政治参与都是实现组织有序化的活动，二者的主要区别有四。一是主体不同。政治管理的主体是单一的，即政府或其他国家组织；政治参与的主体则是多元的，包括企业组织、社会组织和群众自治组织等。二是性质不同。政治管理是强制性的；政治参与是自愿性的。三是权力运行不同。政治管理的权力运行是自上而下的；政治参与的权力运行是自下而上的。四是作用范围不同。政治管理的作用范围以政府权力所及为边界；政治参与的作用范围则以公共领域为边界，涵盖经济、政治、文化、社会、生态文明和党的建设等各领域，后者比前者要宽泛得多。

（1）政治参与的基本特点。政治参与本质上是民主政治的产物，因此，民主政治是政治参与赖以存在的政治条件。在民主政治中，少数人对多数人的管理是与多数人对管理过程的参与相结合的。政治参与行为是公民行使政治权利的行为，而公民政治权利的行使，是通过公民与政治权力的关系得以确认的。我国作为社会主义国家，通过确认人民当家作主的政治地位来保障公民的政治权利，因此，关心和参加公共政治生活，是每个公民的政治权利，也是每个公民的政治义务。

政治参与的基本特点表现在以下几个方面。第一，从政治参与的主体看，政治参与的主体是公民，只有公民才能成为政治参与的主体。比如，在我国各级人民代表大会代表的选举过程中，只要是符合法定条件的公民个人，都享有选举权和被选举权，可依法参加各级选举，而不受民族、性别、职业、家庭出身、宗教信仰、教育程度、财产状况、居住期限的限

---

① 邓元时、李国安主编《政治科学原理》，重庆大学出版社，2003，第253页。

制。第二，从政治参与的内容看，政治参与过程实际上是公民行使政治权利的过程，是政治权利以公民政治行为作为载体的体现。第三，从政治参与的对象看，政治参与不仅包括政治选举、政治投票行为，而且包括公民参与各级政府公共决策、公共管理以及公共服务的提供等各种其他活动。[①]第四，从政治参与的行为看，政治参与不仅包括行为者主动影响政府运行的活动，而且包括行为者被动影响政府运行的活动。第五，从政治参与的方式看，政治参与只限于以合法手段影响政治的活动，而不包括以非法手段影响政治的活动。第六，从政治参与的本质看，政治参与是公民对于国家的权利与义务关系的体现。公民在政治生活中不仅有服从的义务，而且有参与的权利，履行政治权利与义务是公民的本质特征。因此，政治参与绝不意味着每个人都亲自充当政治管理的主体，但公民可以通过政治参与这种合法活动影响或者控制政治权力。

（2）政治参与的主要方式。由于公民政治权利与政治义务具有统一性，政治参与在作为一种政治权利行为过程的同时，也是一种政治义务行为过程。对于作为政治参与主体的公民来说，政治参与是建立在对民主价值和规则承诺的基础上的。对于政治主体和其他公民来说，承认特定公民的政治参与，就是承认特定公民的政治参与权利，就具有尊重这种权利及其行使的义务。作为实现公民政治权利的行为，政治参与的主要方式包括：政治选举、政治结社和政治表达。

政治选举是指国家或其他政治组织依照法定的程序和规则，由全体或部分成员选择一个或少数人担任该组织某种公共职务的政治过程。选举活动除了投票行为外，还包括政治捐助、政治宣传及其他影响选举过程或结果的活动。政治选举有直接选举和间接选举之分。直接选举由选民按选区直接投票产生公职人员，间接选举由选民选出代表，再由当选代表进行投票选举。投票活动构成了选举活动的核心行为。在选举过程中，投票需要有选票，需要有特定的投票程序和计票程序。从投票在选举中的作用看，选举过程就是使选票转变为席位或者职位的过程。选举活动需要筹措经费，政治捐助就成为公民参与政治的一种方式。但个人或者法人政治捐助

[①] 《政治学概论》编写组编《政治学概论》，高等教育出版社、人民出版社，2020，第192～193页。

主要是在金钱政治背景下出现的参与行为。社会主义国家选举一般由国家或集体出资。选举活动还需要大量的组织工作，包括进行选民登记和开展宣传活动。在各种政治参与行为中，选举是公民控制政府重要的制度化手段。政治选举为公民选择自己信赖的代表组成国家机构，从而为实现国家权力的转移提供了制度保障；使当选者获得某种政治职务或者公共职务合法化，具有对政治竞争的裁判作用和对候选人的评价作用；为公民监督权力行使者，并在一定条件下更换权力行使者提供了重要途径；促进民意的形成和表达，并使公民的民主意识得以强化；政治选举还是缓和社会矛盾、维护社会稳定的重要措施。

政治结社是指具有共同利益的公民结成持久性的政治组织的行为。这种组织无论是致力于社会特定利益，还是致力于社会公共利益，其基本目标都是影响政府决策。公民加入政治组织以后，不管是否参加了影响政府的活动，加入这种组织的事实本身就构成了一种政治参与。由于政治组织包括政党与政治社团两大类，因此，政治结社相应地包括组织或者参加政党活动和参加社团活动。参加政党活动在资本主义国家多集中在选举期间。因为资本主义政党的基本任务是操纵选举，因此，资本主义社会公民参加政党的活动和参加选举的活动常常是一致的。在社会主义国家，因为政党具有经常性的活动，因而公民参加政党是一种独立形式的政治参与。在中国，共产党是执政党，各民主党派是参政党，公民参加共产党或者民主党派，都是一种政治参与，其主要活动包括参政议政、政治协商、民主监督等。参加社团活动在资本主义国家主要是公民加入压力集团。在西方，压力集团代表和维护社会特定利益，它虽然不具备政党条件，没有掌握政权的目的，但却积极参与政治活动，力图影响公共政策和政府行为。在社会主义国家，政治社团是社会团体中参与政治比较频繁的部分。在中国，参与政治的社团一般是政治社会团体，包括工会、共青团、妇联等。这些团体分别代表社会上不同成员的利益，又在根本利益上具有一致性。公民只要参加了这些组织，也就意味着参与了政治活动。

政治表达是公民行使政治诉愿权利的行为。公民通过法定的途径和方式表明自己的政治观点和政治态度，从而影响政府的政策和行为。公民以政治表达影响政府，主要是形成一种集体效应，使政府明确感受到某些利益要求和支持意向。其途径和方式主要包括政治集会、政治请愿、政治言

论等。政治集会是社会成员为了共同的目的集合起来举行会议，联合表明
自己的政治观点，向政府提出某种政治要求。在资本主义国家，公民往往
通过某种集会表达自己的政治要求，促使政府改变某种政策。社会主义国
家的政治集会较多，而且主要是有组织的政治活动，以此表达公民政治意
愿，对政府工作进行监督或提出意见建议。政治请愿是公民向政府表达自
己对有关公共事务和公共政策事项的意见和建议的行为。请愿的内容和方
法，都由各国的具体法律加以规定。游行示威在当今世界大多数国家都是
政治请愿的重要方式，但具体的实施细则各国有所不同，并须承担相应义
务。政治言论是公民通过语言文字表达和宣传自己的政治主张和政治见
解，主要有口头和书面两种形式。现代社会的政治言论参与主要是通过大
众传播工具而形成政治舆论去影响政府决策。在资本主义国家，政治言论
表面上被作为基本人权加以提倡，但实际上西方各国都对这些自由加以立
法、司法和行政管理方面的限制。在社会主义国家，人民运用政治舆论在
国家政治生活中发挥着重要作用，影响公共政策，监督国家机关和公职人
员的行为。[①]

4. 政治自治

从实际情况看，公共管理存在两种形式：一种是管理的主体与管理的
客体分离，二者呈现两个界限分明的层次；另一种是管理的主体与管理的
客体合一，实行自己管理自己即自治。自治是以自我管理的方式处理自身
事务并独自对自己的行为负责的一种公共管理制度。换言之，自治是指民
族、团体、地区等除了受所隶属的政府或上级单位领导或指导外，自己对
自己的事务行使一定权利的管理制度。自治作为民主的一种形式，在我国
主要有两种不同的类型。一是民族区域自治。我国是多民族的国家，为了
促进民族的平等、团结、共同繁荣，在少数民族人口聚居的地区实行民族
区域自治制度。民族区域自治的特点是，民族自治机关同时也是地方国家
政权机关，即具有政权职能，又具有自治性质。二是基层群众自治。这是
我国基层社会生活中，人民群众广泛参与公共事务管理，实行直接民主的
一种制度。这种制度就其内容而言，包括民主选举，民主协商，民主决

---

① 《政治学概论》编写组编《政治学概论》，高等教育出版社、人民出版社，2020，第 208 ~
209 页。

策，民主管理，民主监督等；就其形式而言，包括基层政权组织中的直接民主，基层党群组织中的直接民主，企业事业组织中的直接民主，村民居民组织中的直接民主等。

在我国，直接民主是以自治民主的形式实现的。所谓自治民主，是指社会公共事务由广大公民直接参与的各种社会组织实行自我管理、自我服务、自我教育、自我监督的一种直接民主。自治民主具有民主的直接性、主体的广泛性、形式的多样性、地位的基础性四个特征。民主的直接性，是指人民群众不需经过任何中间环节就可以直接行使民主权利。直接民主既是社会主义民主的理想目标，也是实现这一目标的现实起点。主体的广泛性，是指人民群众可以普遍地参与基层民主生活。这是由人民群众同生产资料直接结合所决定的社会主义民主质的规定性。形式的多样性，是指自治民主具有灵活多样的实现形式。自治民主涵盖基层经济、政治、文化和社会生活各个领域，这些领域的生产与生活方式各不相同，决定了自治民主的实现形式也各不相同。地位的基础性，是指自治民主构成了社会主义民主发展的重要基础。自治民主处于社会主义民主的基础层次，与人民群众的切身利益有着密切的联系，因而容易引起广泛关注和积极参与，从而构成社会主义民主自我完善和自我发展的重要基础。

第五节 政治规律

政治的发展不是任意的、杂乱无章的，而是有着内在的规律性。这种规律就是贯穿于政治过程中的必然性、秩序性、常规性，就是政治过程各个环节、各个方面之间内在的本质的必然联系。中国特色社会主义政治规律，是由中国特色社会主义政治的性质、地位、任务、基础和环境等诸种因素决定的，是推进自身建设发展和发挥自身功能作用的内在的本质的必然联系。加强中国特色社会主义政治建设，关键在于科学认识和把握中国特色社会主义政治规律，以便把中国特色社会主义政治建设奠立在对客观规律自觉运用的基础之上，从而增强政治建设的预见性、主动性和创造性。

一 环境决定规律

人总是生活在一定的环境之中。人类既是环境的产物，又是环境的创造者，人与环境的关系是相辅相成的。一个人从小到大，其周围的环境往往会发生许多变化。一方面，人们通过学习，努力使自己的思想、行为适应周围的环境，以期达到与环境的协调一致；另一方面，人们又通过主观努力，去改造和优化环境，创造一个与人们生活需要相适应的环境。其最终目的是要达到人与环境之间的一种相互适应和动态平衡。人们的生活环境包括自然环境和社会环境，它涵盖了对人发生影响的一切过去、现实和未来的人、事、物等全部社会存在，包括自然地理、人口状况、经济结构、社会关系、历史传统、文化习俗、宗教信仰、道德观念以及世界大势、国际格局、地缘政治、时代主题等。其中一个国家的国情等社会现实，则是更为重要的环境因素，无论是对人的发展还是对政治建设的推进都产生着直接的影响。

在影响中国特色社会主义政治建设的各种环境因素中，经济因素是决定性因素。按照马克思主义的观点，人首先必须解决衣食住行问题，然后才能从事政治、科学、艺术等活动，因此，物质资料生产是人类社会存在和发展的基础。在整个社会发展体系中，经济发展具有基础性作用，其他各领域的发展都要受制于经济发展，同时对经济发展产生一定的作用和影响。因此，在中国特色社会主义总体布局中，要始终把经济建设置于基础地位。一方面，经济建设为其他各项建设提供物质前提，只有经济发展了，温饱解决了，人们的需求才会转向较高层次，才能萌生从事政治活动的强烈愿望和要求，其他领域的发展才会具有相应的条件。在社会实践中，经济建设并不是单纯地创造物质财富，其他领域的建设也并不是与物质设施无关，而是需要一定的物质条件与物质保障。另一方面，经济建设为其他领域的建设提供动力。生产力的发展必然推动以经济建设为中心的物质文明的发展，而物质文明的发展又推动着社会关系的优化、社会管理的改善、社会生活水平的提高，推动着社会政治上层建筑即政治文明和思想上层建筑即精神文明的发展。因此，经济建设是推动包括政治建设在内的整个社会发展进步的根本力量。

当今我国社会环境的突出特点是发展社会主义市场经济。社会主义市场经济在极大地促进经济社会发展的同时，也引起了思想政治领域的深刻变化。一是市场经济体制的建立，带来了经济的快速发展和社会的巨大进步，增强了人们的民主意识、竞争意识、效率意识和创新意识，为建设社会主义民主政治和法治国家创造了良好的物质条件和精神条件。与此同时，由于市场经济的运行方式是商品交换，价值规律必然在其中发挥作用，促使人们在价值取向上更加注重经济效益和物质利益，以至于一些人无私奉献的精神有所淡化，讲究实惠的思想明显增强。二是市场经济的竞争性以及由此带来的风险性，冲击着因循守旧、故步自封的保守意识，激励着人们大胆探索、勇于开拓的进取精神，强化了人们的风险意识、机遇意识。社会生活的进步和思想观念的变化，有助于人们开阔视野、丰富头脑，紧紧跟上社会前进的步伐，及时把握时代跳动的脉搏，同时也助长了投机心理。三是市场经济带来了社会生活和社会结构的巨大变化，促进了经济利益的分化和多元格局的形成，对人们的心理取向和价值观念产生了广泛而深刻的影响。这种影响具有双重效应，一方面促使人们主体意识的增强，有利于人们积极性、主动性和创造性的充分发挥；另一方面也导致一些人组织意识弱化，纪律观念淡薄。四是市场经济的发展以及多种经济成分、多种分配方式的形成，使物质利益与价值观念由单一趋向多元，这是中国社会从传统走向现代、从封闭走向开放的表现。

市场经济引发的思想政治领域的深刻变化，促进了中国特色社会主义政治、法治和德治建设。以法治建设为例，随着市场经济的发展，人们追求物质利益的欲望被充分调动起来了，其行为取向的效用性逐步增强。以效用为取向的行为必须导之以法律，通过法律来约束其获得效用的手段，以便给人们指出一条获取物质利益的正确途径。否则，人们就会为获得效用而不择手段，使社会发展支付过大的成本。在实际生活中，市场主体的经营资格需要法律予以确认，市场主体的财产权利需要法律予以保护，市场主体的平等地位需要法律予以维系，市场主体的竞争行为需要法律予以规范。只有实行法治，营造以保护产权、维护契约、平等交换、公平竞争、有效监管为特点的统一透明、规范有序的市场环境，才能有效约束行政行为、企业行为、市场行为，确保市场主体权利平等、机会平等、规则平等，使社会主义市场经济既生机勃勃又井然有序。有鉴于此，党的十五大将依法治国确立为治理国家的基本方略，将建设社会主义法治国家确定为社会主义现代化的重要目标。党的十六大提出发展社会主义民主政治，最根本的是要把坚持党的领导、人民当家作主和依法治国有机统一起来。党的十七大提出依法治国是社会主义民主政治的基本要求，强调要全面落实依法治国基本方略，加快建设社会主义法治国家。党的十八大提出推进科学立法、严格执法、公正司法、全民守法的总体布局，强调要更加注重发挥法治在国家治理和社会管理中的重要作用。党的十九大提出全面依法治国是中国特色社会主义的本质要求和重要保障，强调坚定不移走中国特色社会主义法治道路，建设中国特色社会主义法治体系，建设社会主义法治国家。由此可见，随着社会主义市场经济的发展，中国特色社会主义法律体系和法治体系也步入了快车道。

二　利益主导规律

按照马克思主义的观点，人们为之奋斗的一切，都同他们的利益有关。"每一既定社会的经济关系首先表现为利益。"[1]"政治权力不过是用来实现经济利益的手段。"[2]而利益的形成是一个从人的需要到人的生产劳动再到人的相互关系的逻辑过程。利益首先起源于人的需要，这是利益形成的心理基础。所谓需要就是人们对所需对象的欲求。需要形式上是人们对于外部事物生理和心理的求取趋向，而内容上则表现为人们对于外部世界的能动反映。因此，需要是利益的主观基础，利益是需要的客观形态。但需要本身并不能保证人类自身的生存和发展，维持人类自身生存和发展的必要条件是需要的满足，而需要的满足本质上是人们通过一定的途径获取欲求对象的过程。正是这一过程，把从事生产劳动和结成社会关系提上了人类活动的历史日程。

人类生产是联系人类需要与需要对象的中介，是人类实现自身利益的基本方式。在生产活动中，人的需要受到人的生产能力和生产工具实际发展水平的制约。由于这种制约的存在，使人不可能单独从事生产活动，只有联合起来共同劳动才能达到预期目的，由此便结成了一定的社会关系。在这些关系中，人们的经济关系处于基础和决定的地位，制约并影响着其他关系的存在和发展。政治关系不过是经济关系的集中表现，是政治化了的经济关系。社会关系形成之后，不仅支配着人们在特定社会范围内的生产和生活，而且支配着生产成果在社会成员之间的分配，因而本质上制约

---

[1]《马克思恩格斯选集》第3卷，人民出版社，1995，第209页。
[2]《马克思恩格斯选集》第4卷，人民出版社，1995，第250页。

着人的需要的满足，这就使得人与需求对象之间的利害关系转化为人与人之间的利害关系，需要由此以个人的生理和心理形式获得了社会内容和社会特性。这种获得了社会内容和社会特性的需要就是利益。① 在阶级社会中，人们之所以为了政治权力不惜一切，是因为在政治权力的背后隐含着一定的经济利益以及与经济利益相联系的政治利益，正是这些利益驱动着人们为赢得和巩固政治权力而奋斗。

政治与利益息息相关，政治权力关系和政治权利关系都是由利益关系派生的。政治关系首要和基本的关系，就是由人们的需要产生的、由特定的经济关系决定的利益关系；人们为了实现自己的利益，在利益关系基础上结成特定的社会政治力量，并在这种力量对比关系中形成了政治权力关系；在利益关系基础上形成的、由政治权力确认和保障的社会成员维护自身利益的法定资格，构成了政治权利关系。其中，利益关系是政治关系的社会基础，也是人们结成政治权力关系和政治权利关系、从事政治建设和政治活动的根本动因。从实际情况看，人们之所以认同和维护中国特色社会主义政治，参与和建设中国特色社会主义政治，是因为中国特色社会主义政治能够给人们带来价值、效用、好处即利益。中国特色社会主义政治以党的领导为保证，能够保持中央政令统一，使党和国家决策部署得到切实贯彻，有效应对国内外各种风险和挑战，是一种高效政治；以人民民主为取向，实现过程与结果、程序与实体、形式与内容、间接与直接相统一，是一种民主政治；以依法治国为方略，注重制约国家权力，保障公民权利，建设社会主义法治国家、法治政党、法治政府、法治社会，是一种法治政治；以包容共享为特征，有利于各阶级、各民族、各党派、各群体的大团结，形成全国一盘棋的强大合力，是一种和谐政治；以改革创新为动力，在集中全体人民智慧和力量的基础上，促进经济社会全面协调永续发展，逐步实现共同富裕，是一种科学政治；以国情世情为基点，传承中华文明优秀成果，借鉴人类文明有益成果，是一种开放政治。亿万人民在中国特色社会主义道路上迎来从站起来、富起来到强起来的伟大飞跃，就是这种利益主导规律作用的佐证。

在政治生活中，权利与权力存在明显的区别：权利是以获取利益为目

---

① 王浦劬等：《政治学基础》，北京大学出版社，2006，第 46~47 页。

的的，权利主体加入一定的法律关系中，正是为了获取合理合法的利益。而权力主体在行使权力时必须服务于公益，不得谋取私利。然而，由于受利益的诱惑，并不是任何权力主体都能恪守这一原则。从理论上讲，无论是国有经济还是集体经济，都昭示了广大人民对生产资料的所有权。但由于在运行过程中，广大人民并不直接对生产资料行使权力，而是委托政府及其任命的官员代为行使，这样，权力主体实际上就成了支配与控制生产资料和社会财富的主体。根据市场交换的原则，交换双方必须是商品的所有者，因而权力主体在市场上实际是拿着国家或集体的产品以一个商品所有者的身份来进行交换。在这种情况下，一旦失去有效的约束，市场交换就会以这种方式进行，即以满足权力主体的私人利益为转移，至于这种交换会给国家或集体带来什么利益，权力主体可以考虑，也可以不考虑。权力行使者将公共权力变为个人权力，实质上是将谋取公共利益的手段变为谋取个人利益的工具。权力购买者通过利用这种权力所提供的方便，将社会普遍享有的、通过平等竞争赢得的利益，转变为个人利益。这种利益实质上是对公共利益的一种无偿占有。因此，腐败并不创造社会财富，只是改变社会财富的分配比例，将一部分公共资源转变为少数腐败分子的个人资源。权钱交易的盛行必将导致市场主体失去生产动力而使市场竞争变成寻租竞争，人们往往不是通过扩大生产、降低成本的方式来增加利润，而是把大量的人、财、物用于争取公共权力所能给予的种种优惠上，因而对市场经济的发展百害而无一利。

人类文明发展史表明，权力无论是作为政治上的强制力量，还是作为职权上的支配力量，都具有双向发展的可能性，它既可以被用来治国安邦，也可以被用来祸国殃民；既能够给人类社会带来巨大的利益，也能够给人类社会造成深重的灾难，这从客观上提出运用各种手段对权力运行实施制约和监督的必要。对于公民来说，法无禁止即可为；对于公职人员来说，法无授权不可为。这是法治国家的一条公理。因此，公职人员的权力应由法律明确规定，未经法律授权，不得擅自行使权力。这就要求我们遵循职权法定、边界清晰、主体明确、运行公开原则，根据权力运行过程，科学编制权力运行流程，使权力运行明晰化、规范化，具有统一的规则、清晰的界限、既定的程序和明确的责任，从而增强权力运行的刚性约束，切实把权力关进制度的笼子。同时，加强对法律制度的执行情况进行监督，保证法律制度在实践中得到切实贯彻，使每个公职人员都能学习法律制度、遵守法律制度、执行法律制度、维护法律制度，使每个公职人员都能置身于严格的法律制度约束之下，切实守住做人、处事、用权、交友的底线；凡是法律制度明文规定的要求，都要不折不扣地坚决执行，凡是违犯法律制度的行为，都要依法严肃追究相关人员的责任，做到法律制度面前人人平等，执行法律制度没有例外，切实维护法律制度的严肃性和权威性。

三　主体能动规律

对于社会发展而言，人既是历史的剧中人，又是历史的剧作者，因而社会发展规律总是存在于人的活动之中。人的活动具有两重性：一方面是有意识有目的的自觉活动，既有心理的动因和意向，又有理性的计划和选择；另一方面又受社会条件的限定、客观规律的制约，使人不可能随心所欲地创造历史。如果说社会发展是自然历史过程和自觉能动过程的统一，那么自觉能动过程只有建立在自然历史过程基础之上才有实在意义。

在具体实践中，尊重客观规律是发挥主观能动性的前提和基础，对客观规律认识越全面越深刻，主观能动性就越能得到有效发挥。同时，发挥主观能动性是认识和利用客观规律的必要条件，客观规律存在于事物运动之中，人只有通过能动的实践，才能认识和利用客观规律。因此，尊重客观规律与发挥主观能动性是辩证统一的。这就是说，在客观规律面前，人并不是无所作为的，而是可以在认识和把握客观规律的基础上，根据客观规律发生作用的条件和形式利用客观规律，改造客观世界，造福人类自身。以创立中国特色社会主义为例，我们党通过深刻总结国内国际历史经验，科学分析国内状况和世界大势，准确把握时代主题和人民意愿，重新确立解放思想、实事求是的思想路线，正确界定我国社会主义的发展阶段、主要矛盾和根本任务，毅然把党和国家的工作中心转移到社会主义现代化建设上来，义无反顾地作出实行改革开放的伟大决策，吹响了走自己的道路、建设中国特色社会主义的时代号角。从政治建设的视角看，确定了中国特色社会主义政治建设这个主题，就要把握立足的基点——牢牢把握社会主义初级阶段这个最大国情，牢牢立足社会主义初级阶段这个最大实际，不仅要认清什么是初级阶段的社会主义，而且要认清怎样建设初级阶段的社会主义。找到了立足的基点，就要明确实现的目标——通过改革开放开辟中国特色社会主义道路，为把我国建设成为富强民主文明和谐美丽的社会主义现代化强国而奋斗。明确了实现的目标，就要确立合乎实际的理念——坚持创新、协调、绿色、开放、共享的发展理念，努力提高发展质量和效益，不断增强人民的获得感、幸福感和安全感；构建系统完整的布局——统筹推进社会主义经济建设、政治建设、文化建设、社会建设、生态文明建设，协调推进全面建设社会主义现代化国家、全面深化改革、全面依法治国、全面从严治党；寻求通达目标的路径——持续推进实践创新、理论创新、制度创新、文化创新；创造确保理念、布局、路径落到实处的各种条件——坚持科学发展、和谐发展、文明发展、和平发展、安全发展。这一切都有赖于人的主观能动作用的充分发挥。

在实际生活中，社会发展规律与自然发展规律都是客观的、不以人的意志为转移的，但二者的实现过程却有着明显的不同。自然发展规律是依靠自然界自身的力量实现的，不需要人的实践活动的参与。社会发展规律则不同，它是人的各种社会实践活动的合力所表现出来的一种趋势，必须通过人的社会实践活动才能实现。作为人的主观能动性的集中表现，人的选择性是历史发展中存在的普遍现象。当先进的社会形态诞生以后，在先进理论的指导下，人们完全可以基于一定的物质基础对先进的社会形态作出选择，从而使历史发展发生较大的跳跃甚至飞跃。诚如列宁所指出的那样："世界历史发展的一般规律，不仅丝毫不排斥个别发展阶段在发展的形式或顺序上表现出特殊性，反而是以此为前提的。"① 如果历史没有给主观能动性留有余地，那么人们对真理的追求、对正义的渴望、对文明的向往就会失去意义，人类创造历史便无从谈起。事实表明，历史之树毕竟不依自然而春华秋实，它总要靠人的智慧、力量和不懈奋斗。在马克思主义指引下和十月革命的感召下，中国共产党领导广大人民取得了新民主主义革命的胜利，使中国从半殖民地半封建社会跨越资本主义完整的发展阶段进入社会主义社会，并通过改革开放，成功地开辟了一条中国特色社会主义道路，从而把一个积贫积弱的旧中国逐步变成一个繁荣富强的新中国。党的十八大以来，我们党科学把握中华民族伟大复兴战略全局和世界百年未有之大变局，团结带领广大人民进行伟大斗争，建设伟大工程，推进伟

---

① 《列宁选集》第 4 卷，人民出版社，1995，第 776 页。

大事业，实现伟大梦想，实现第一个百年奋斗目标，开启第二个百年奋斗目标，党和国家事业取得历史性成就、发生历史性变革，中国特色社会主义进入新时代，中国人民迎来了从温饱不足到全面小康的伟大飞跃，中华民族迎来了从站起来、富起来到强起来的伟大飞跃，创造了中华民族发展史上、世界社会主义发展史上、人类社会发展史上的奇迹，这本身就是对主观能动性的最好诠释。

四　综合作用规律

按照马克思主义的观点，在社会发展过程中，物质资料生产方式归根到底起着决定作用；上层建筑诸因素具有巨大的能动作用；意识形态具有相对独立性。在马克思主义看来，人们自己创造自己的历史，历史的发展是由许多单个人的意志和力量相互作用的结果；人们创造历史的活动，如同无数力的平行四边形构成的一种总的合力；历史发展总的合力及其趋势归根到底体现着经济运动的必然性。这实际上揭示了历史发展的综合作用规律，这一规律对于中国特色社会主义政治建设同样是适用的。

中国特色社会主义政治建设是一个庞大复杂的社会系统，并处于作为其环境的一个更加庞大复杂的社会系统之中，因而影响和制约中国特色社会主义政治建设的因素不胜枚举。从宏观上看，中国特色社会主义政治建设离不开中国国情、时代特征、社会主义、民主政治、法治国家、中华文化、人类文明等各种因素相互作用。其中既包括现代化的演进阶段又包括信息化的发展水平，既包括市场化的发育状况又包括社会化的普及程度。从微观上看，中国特色社会主义政治建设同其他领域的建设一样，离不开自然资源、人力资源、财力资源、科学技术、基础设施、战略运筹、法规制度等各种因素相互作用。其中既包含自然因素又包含社会因素；既包含物质因素又包含精神因素；既包含现实因素又包含历史因素；既包含内部因素又包含外部因素。因此，中国特色社会主义政治建设是各种因素相互作用的结果。

对于影响和制约中国特色社会主义政治建设庞大复杂的因素，我们从中国特色社会主义总体布局中可以略见一斑。中国特色社会主义是全面发展、全面进步的社会主义。在中国特色社会主义总体布局中，经济建设是中心，为中国特色社会主义事业提供雄厚的物质基础；政治建设是方向，为中国特色社会主义事业提供可靠的政治保证；文化建设是灵魂，为中国特色社会主义事业提供强大的精神动力；社会建设是支撑，为中国特色社会主义事业提供和谐的社会环境；生态文明建设是根基，为中国特色社会主义事业提供良好的生态条件。在具体实践中，我们以经济建设为中心，把经济建设、政治建设、文化建设、社会建设、生态文明建设作为统一的任务来把握，作为统一的工作来部署，作为统一的目标来落实。通过经济建设，大力发展社会主义生产力，不断增强经济实力和综合国力，使人民物质生活更加丰富；通过政治建设，发展社会主义民主政治，建设社会主义法治国家，使人民政治生活更加祥和；通过文化建设，提高全民族的思想道德素质和科学文化素质，提供日益丰富的精神文化产品，使人民精神生活更加充实；通过社会建设，促进社会关系和谐和社会秩序稳定，使人民社会生活更加幸福安康；通过生态文明建设，提高生态环境质量，使人民生活环境更加优美宜人。在这个过程中，中国特色社会主义政治建设作为中国特色社会主义总体布局的有机组成部分，既为其他各项建设确定活动形式和内容以及发展方向和目标，又依赖于其他各项建设为自身发展提供相应条件。

加快中国特色社会主义政治建设发展进程，一方面要推进社会、经济、政治、文化的发展，努力提高广大人民的政治素质。以文化发展为例，民主政治要求公民能够读书看报，通晓政治事理，懂得国情民情，而这需要以一定的文化为前提。民主政治要求公民能够立足本职，胸怀天下，对国家的前途、人类的命运具有强烈的责任感和使命感。如果文化水平太低，就难以产生较高的思想情趣，就容易被鼻子底下的小事牵着走，难有宏大的眼光和抱负。民主政治要求公民能够分辨各种政治观点和政治主张，积极参政议政，并养成自由讨论、平等协商的习惯。而无论是参政还是议政都离不开文化。没有文化，愚昧无知，就没有民主政治，只有流言蜚语。另一方面要通过改革理顺政治关系，完善政治结构。因为政治发展受其构成要素生长相关律的支配，不仅需要相应的物质基础、文化条件和主体素质来支撑，而且需要合理的体制、健全的法制和完善的机制来维系，其中任何一个要素的短缺，都将对政治建设产生瓶颈效应。同时，政治系统的各个要素也不是孤立存在的，它们在现实生活中构成了一个相互关联、相互制约、相互作用的有机整体。在各个要素之间，一定的关系取决于一定的结构，一定的结构依赖于一定的环境，关系、结构、环境的改变又需要人依据实际可能对政治发展战略作出科学的抉择和合理的安排。这就要求我们按照整体性的要求把体制改革与体系建设结合起来，按照有序性的要求把发展民主与健全法制结合起来，按照协调性的要求把保障权利与制约权力结合起来，按照包容性的要求把选举民主与协商民主结合起来，按照开放性的要求把吸收借鉴与保持本色结合起来，按照可控性的要求把推进改革与维护稳定结合起来。因此，中国特色社会主义政治建设要顺利展开，就必须运用系统的方法，科学把握各个要素之间的整体联系。

五　借鉴承续规律

无论在当今中国还是在当代世界，中国特色社会主义政治都是一个全新的概念。但这并不意味着中国特色社会主义政治可以隔断历史无中生有，也不意味着中国特色社会主义政治可以撇开环境一枝独秀。中国特色社会主义政治的创立和发展离不开对中华文化的汲取，离不开对人类文明的借鉴，离不开对社会主义建设历史经验的总结和承续。这是中国特色社会主义政治建设成就大业的客观条件和内在要求。

中华优秀传统文化作为中华传统文化的精华部分，凝结着中华民族最深沉的精神追求，包含着中华民族最根本的精神基因，代表着中华民族最独特的精神标识，是中华民族生生不息、发展壮大的丰厚滋养。中华民族之所以能够绵延五千年，繁衍生息、团结统一和存续发展，虽屡经磨难，却一次次衰而复兴、巍然屹立在世界东方，主要源于中华优秀传统文化讲仁爱、重民本、守诚信、崇正义、尚和合、求大同的内在力量。其中诸如刚直不阿的人格追求，厚德载物的博大胸襟，经世致用的实践理性，义利统一的价值取向，内圣外王的为政之道，载舟覆舟的民本情怀，天下一家的和谐思想，居安思危的忧患意识等；诸如刚健有为、自强不息的进取精神，革故鼎新、与时俱进的创新思维，天下兴亡、匹夫有责的爱国志向，崇德向善、见贤思齐的社会风尚，推己及人、仁爱好礼的公共美德，贫贱不移、威武不屈的浩然正气，真诚待人、信守承诺的正直品格等，这一切作为中华优秀传统文化的珍品，已经成为中华民族一脉相承、绵延不绝的精神依托，成为中国特色社会主义政治建设的深厚底蕴。

民本思想作为中国传统社会重要的文化资源，发端于商周交替之时，在传统社会政治制度发展及变更中一直发挥着重要作用。民本思想认为，人民是国家的根本，只有重视人民，爱护人民，国家才能太平，即所谓"民为邦本，本固邦宁"。孔子指出："民以君为心，君以民为本"，"君以民存，亦以民亡"的君与民互相依存的理论，其所主张的仁政学说，理论基础就是民本思想。孟子继而提出："民为贵，社稷次之，君为轻"的政治秩序理论，要求统治者具有"忧民之忧"及"与民同乐"的思想境界，建立恒产以保障民生，实行解民于倒悬的政治作为。荀子则形象地说明："君者，舟也；庶人者，水也。水则载舟，水则覆舟"，并提出"天之生民，非为君也；天之立君，以为民也"的立君为民观。唐朝初年，魏徵在上唐太宗疏中说："鱼失水则死，水失鱼犹为水也。"其中蕴含着这样的道理：统治者不能离开老百姓，离开老百姓的帝王必定是亡国之君；而王朝更替，天下易姓，老百姓仍然是老百姓。唐太宗李世民则从历史的教训中总结出"为君之道，必须先存百姓"的道理。在中国传统社会，民本思想反映了统治者与被统治者的依存关系，对维护君主的统治有着重要的指导作用，是君主确定统治方法的重要理论基础。尽管民本思想以实行君主专制统治为前提，与现代民主思想大相径庭，但其重民保民的合理内核仍然值得珍惜和借鉴。习近平总书记指出："江山就是人民、人民就是江山，打江山、守江山，守的是人民的心。"① 中国共产党坚持一切从人民的根本利益出发、全心全意为人民服务的宗旨，坚持相信群众、依靠群众的方针，坚持从群众中来、到群众中去的工作路线，坚持为中国人民谋幸福、为中华民族谋复兴的初心使命，这一切既宣示了我们党的根本立场和根本观点，又是对中国传统社会民本思想的创造性转化和创新性发展。

中国特色社会主义政治建设是在人类对政治问题理性思考和实践探索的正常轨道上演进的，它的发展除了本身所依据的社会条件外，还汲取了包括资本主义政治文明在内的人类政治文明有益成果，是在深刻反思人类历史上各种类型政治文明的基础上不断发展完善的。从人类政治文明发展看，民主、自由、平等、公正、法治反映了人类千百年来共同的价值追求。在西方，无产阶级和广大人民为了赢得真正的民主、自由、平等、公正、法治，同资产阶级进行了长期的艰苦卓绝的抗争。马克思主义经典作

---

① 习近平：《在庆祝中国共产党成立 100 周年大会上的讲话》，人民出版社，2021，第 11 页。

家只是批判资产阶级言行不一，利用民主、自由、平等、公正、法治等口号为本阶级的私利服务的虚伪性和欺骗性，但从来没有将其作为资产阶级的专利加以否定。有鉴于此，我们党不仅理直气壮地举起民主、自由、平等、公正、法治的旗帜，而且随着时代的发展，不断赋予其以崭新的内涵。习近平总书记指出："法治是人类文明的重要成果之一，法治的精髓和要旨对于各国国家治理和社会治理具有普遍意义。"① 这就要求我们在推进法治建设中，以科学的态度对待古今中外的各种法治文化，既要继承中国传统法律文化精华，又要借鉴西方法治文化有益成果，始终坚持以我为主、为我所用，认真鉴别、合理吸收。改革开放以来，我国立法中许多法律的起草都是综合借鉴国外相关规定的产物。一是在涉外事务立法上借鉴国外的相关立法，如罪刑法定、无罪推定等原则就借鉴了国外刑法、刑事诉讼法等。二是在国内事务立法上借鉴国外相关立法，如民法的公正、平等、自愿等原则就借鉴了德国民法典、法国民法典、日本民法典、瑞士民法典等。借鉴这些体现人类法治文明精华的法治文化为我所用，有利于我们更好地发挥自己的法治优势。

新时代中国特色社会主义政治建设与以往我们党领导的政治建设既一脉相承又与时俱进。新中国成立后，中国共产党领导人民进行社会主义革命和建设，不仅确立了社会主义生产关系，而且确立了工人阶级领导的、以工农联盟为基础的人民民主专政的国体，确立了人民代表大会制度的政体，确立了中国共产党领导的多党合作和政治协商制度、民族区域自治制度和基层群众自治制度等根本政治制度和基本政治制度，从而奠定了人民当家作主的经济基础、政治前提和制度保证。改革开放以来，中国共产党团结带领人民坚持从具体国情出发，稳步推进中国特色社会主义政治建设，成功开辟了中国特色社会主义政治发展道路，为当代中国政治发展确立了正确方向、开辟了广阔空间、展示了光明前景。中国特色社会主义政治发展道路的核心内容，就是坚持党的领导、人民当家作主和依法治国的有机统一。中国特色社会主义政治发展道路的制度框架，就是坚持人民代表大会制度、中国共产党领导的多党合作和政治协商制度、民族区域自治制度和基层群众自治制度。中国特色社会主义政治发展道路的客观要求，

---

① 《习近平谈治国理政》第 2 卷，外文出版社，2017，第 118 页。

就是积极稳妥推进政治体制改革，加强和改善中国共产党的领导，发展和完善社会主义政治制度，建设社会主义民主政治和法治国家。中国特色社会主义政治发展道路的价值取向，就是发展更加广泛、更加充分、更加健全的人民民主，依法维护人民合法权益、维护社会公平正义、维护国家安全稳定。

六 创新发展规律

中国特色社会主义政治具有无比的优越性和强大的生命力，但它并不是一诞生就完美无缺，一出现就一成不变，随着时代的发展和进步，中国特色社会主义政治也需要不断健全和完善。在新的时代条件下，我们党坚持党的基本理论、基本路线、基本方略，带领全党全国人民进行伟大斗争，建设伟大工程，推进伟大事业，实现伟大梦想，党和国家政治体制改革迈出重大步伐，中国特色社会主义政治制度日趋成熟和定型，国家治理体系和治理能力现代化在纵深发展中得到全面提升。我国政治建设取得的历史性成就和历史性变革，使国家政权建设理论和实践越来越丰富，中国特色社会主义政治发展道路越走越宽广，人民当家作主制度体系越来越健全，中国人民走自己道路的决心和信心越来越坚定。

在实际生活中，政治建设既是守正开新、革故鼎新、除旧布新的过程，也是贯彻新理念、应用新工具、健全新制度、完善新体制、形成新机制的过程，其实质就是创新发展。从贯彻新理念看，我们党明确提出"坚持创新发展、协调发展、绿色发展、开放发展、共享发展，是关系我国发展全局的一场深刻变革"。①把新发展理念贯穿政治建设全过程，在破解政治生活面临的突出问题上有新办法，在破解改革攻坚遇到的难点问题上有新举措，在破解人民群众关注的热点问题上有新作为，是实现政治建设创新发展的应有之义。从应用新工具看，互联网、大数据、云计算、区块链、人工智能等现代信息技术为解决新问题提供了有力手段，其核心功能是高效地收集信息和处理数据，从而显著提升人们在生产、管理、服务等活动中的效率，以便快速地应对千变万化的外部世界。而信息化作为国家治理体系现代化的重要标志，离不开政治建设创新发展所提供的技术手段

---

① 《习近平谈治国理政》第 2 卷，外文出版社，2017，第 200 页。

和运行模式。从健全新制度、完善新体制、形成新机制看，我们党以马克思主义政治理论为指导，总结古今中外国家政权建设的历史经验，提出全过程民主的重大理念，把选举民主与协商民主结合起来，把国家民主与社会民主衔接起来，把民主选举、民主协商、民主决策、民主管理、民主监督贯通起来，保证了形式民主和实质民主、直接民主和间接民主、过程民主和结果民主相统一。全过程人民民主通过人民群众的全过程参与，消除了西方"一次性民主"的弊端，有效防止了选举时漫天许诺、选举后无人问津的现象，使社会主义民主成为亿万人民真实可感的政治实践。

理论创新是社会发展和变革的先导。以习近平同志为核心的党中央坚持以马克思主义国家学说为指导，汲取我们党领导政权建设的历史经验，借鉴人类政治文明的有益成果，从我国独特的文化传统、独特的历史命运、独特的国情条件出发，提出了新时代的中国特色社会主义政治建设方略。其主要内容包括：党是最高政治领导力量，中国特色社会主义根本特征和最大优势是中国共产党领导；发展社会主义民主政治，完善社会主义协商民主，建设社会主义政治文明；积极稳妥推进政治体制改革，完善和发展中国特色社会主义政治制度，推动各项制度更加成熟更加定型；实行依法治国基本方略，坚持依法治国和以德治国相结合，建设中国特色社会主义法治体系和法治国家；坚持总体国家安全观，统筹发展和安全两件大事；完善党和国家监督体系，强化对权力运行的制约和监督；民心是最大的政治，正义是最大的力量，人心向背决定执政党的生死存亡等。① 新时代的中国特色社会主义政治建设方略作为习近平新时代中国特色社会主义思想的重要组成部分，创造性地发展了马克思主义国家学说，是中国特色社会主义在新时代创新发展的最新成果，把我们党对加强国家政权建设规律性认识提升到了新高度，为开辟中国特色社会主义政治建设新境界指明了前进方向，提供了根本遵循。

实践创新是社会发展和变革的结果。以习近平同志为核心的党中央明察历史、洞悉未来，深刻感悟天下大势，科学审视古今中外兴衰治乱规律，领导人民坚定不移走中国特色社会主义政治发展道路，推动发展全过

① 徐永军：《新中国 70 年国家政权建设的光辉历程、伟大成就和经验启示》，《中国人大》2019 年第 18 期。

程人民民主，使民主政治从价值理念转化为扎根中国大地的制度形态、治理机制和生活方式；完善和发展中国特色社会主义政治制度，推进国家治理体系和治理能力现代化，使新一轮改革呈现出全面发力、多点突破、蹄疾步稳、纵深推进的良好态势；全体人民通过各种途径、渠道和方式，就与切身利益密切相关的问题开展广泛协商，以此寻求社会各阶层、各群体意愿和要求的最大公约数，实现了社会主义协商民主广泛多层制度化发展；党和国家制定与实施重大方针政策，及时征求和听取各方面意见，最大限度吸纳民意、汇集民智、凝聚民力，为实现决策科学化民主化奠定了坚实基础；深入开展党风廉政建设，适时擘画国家监察体制改革蓝图，使党内监督与国家监察实现了有机统一。在以习近平同志为核心的党中央坚强领导下，中国特色社会主义根本政治制度、基本政治制度和重要政治制度不断完善，党的科学执政、民主执政、依法执政能力显著提高，服务政府、责任政府、法治政府和廉洁政府建设初见成效，公民的基本权利得到全面尊重和保障，为各阶层、各民族、各党派参政议政、表达诉求开辟了畅通的渠道。这一切使中国特色社会主义政治建设基础更加雄厚、道路更加宽广、力量更加强大、前景更加美好。

第二章　政治结构

政治结构是指政治系统内部履行特定功能的组织机构及其相对稳定的内部关系，是统治阶级为保证国家机器正常运转所采取的关于机构设置、权力配置及其相互关系等各项制度安排的总和。在一个国家中，政治结构受根本政治制度的决定和制约，反之，政治结构的合理与否也影响着根本政治制度的运行和巩固。政治结构的形式和内容通常在宪法中有明确的规定。以立法的形式确认各阶级、各民族、各党派在政治生活中所占有的地位和在法律上所享有的权利，已经成为世界各国的通例。

第一节　政治权力

政治权力既是一种政治能力，也是一种政治工具，它反映的是一种政治关系，即支配与服从关系。作为一种强制力量，政治权力是以国家为载体、为依托的，拥有政治权力并行使政治权力，是国家的根本特征。在阶级社会中，政治权力以国家机器为表现形式，以被统治阶级的服从为基本目的，是实现统治阶级意志和利益的一种手段。从历史发展进程看，政治权力曾给人类社会带来巨大的利益，也曾给人类社会造成深重的灾难，故人类政治生活不仅面临着政治权力分配问题，而且面临着政治权力控制问题。新时代完善权力运行制约监督机制的要旨，正在于解决这两个问题。

一　政治权力的基本内涵

权力随着国家的产生而产生，因而权力的概念是古老的。然而对于它的内涵至今尚未有一个得到人们普遍认同的表述。如果把众说纷纭的定义加以归纳，其要义就是权力主体通过把自己的意志强加于客体，使客体行为发生改变来实现自己的意志。① 这无疑切中了权力的要害。由此可以推论，既然权力能够支配客体，使客体服从，那么支配者与服从者双方一定都有意志，因而权力关系只能发生在人与人之间。由于这种支配无论是否得到被支配者的认可都必须服从，因而权力这种支配力量一定具有强制性。权力要实现这种支配上的强制没有一定的依托是不行的，只有凭借物质财富和暴力机器这样的资源，才能达到预期目的。由此可以得出结论，所谓权力，就是主体凭借某种资源对客体施加影响、调控和支配的强制力量。

权力是由不同要素构成的，如果将这些要素加以排列，可以形成一个简单的模型，得出一个简单的公式：权力＝支配意志＋强制力量，其中强制力量＝物质财富＋暴力机器。在这里，强制力量是权力的基础，支配意志是权力的灵魂。强制力量主要指物质财富和以物质财富为后盾的暴力机器，暴力机器不过是物质财富的转化形式。诚如马克思所说："政治权力只不过是经济权力的产物。"② 如果强制力量掌握在个人手里，那么与之相适应的支配意志就是个人的意志，由此形成的权力就是专制的权力；如果强制力量掌握在人民手里，那么与之相适应的支配意志就是人民的意志，由此形成的权力就是民主的权力。可见，强制力量在权力中具有决定的意义，谁掌握了强制力量，谁就掌握了权力本身，谁的意志就处于支配地位。因此，权力只能来源于对强制力量的占有——主权，或来源于强制力量占有者的委托——治权。

由于权力存在于广泛的领域，因而又可以分为不同的种类。从调整范围和对应关系看，主要有政治权力与经济权力或国家权力与社会权力。政治权力包括国家权力、政党权力和团体权力。国家权力是通过依照宪法和法律程序组成的政权机关的活动来实现的；政党和团体权力则是通过发挥组织领导作用、监督保证作用和参政议政作用来实现的。从某种意义上讲，政党和团体权力只是一种参与国家意志形成的权力，要使这种权力为

---

① 张光博认为：权力是一种强制性的社会力量，支配权力的主体利用这一力量驾驭客体并迫使客体服从自己（张光博主编《社会学词典》，人民出版社，1989，第153页）；马克斯·韦伯（Max Weber）认为：权力是一个人即使在被别人反对的情况下仍然具有以其意志左右他人行为的能力，是一种人对人的支配力量，支配与服从关系是权力关系的本质特征（〔德〕马克斯·韦伯：《经济与社会》（上卷），林荣远译，商务印书馆，1997，第81页）。

② 《马克思恩格斯全集》第12卷，人民出版社，1998，第80页。

整个社会所接受，还需要通过国家政权机关将其政治主张转化为国家意志。因此，国家权力在政治权力中始终处于中心地位，是政治权力的最高表现形式。由于社会领域不断拓展，社会分工日益细密，社会交往逐步扩大，各种权力关系也变得越来越复杂。为了使各种权力关系得以明确，并获得相对的稳定性，机构和职位的设置就必不可少。人们处于一定机构的某个职位上，就意味着掌握一定的权力，就可以合法地行使自己的权力。这种由组织机构赋予的，与特定的职位相联系的权力，就是人们通常所说的职权。职权与公职密切相连，若无公职，则无职权。这同时决定了公职人员对其职权只能行使，而不能占有和处置。公职人员一旦与职务相分离，便不再拥有此项权力。①

正如国家权力可以归结为政治权力，经济权力也可以归结为社会权力，属于社会权力的核心部分。作为经济主体基于对经济资源的支配权而派生的对政治生活的影响力和对社会生活的调控力，经济权力对政治权力产生着深刻的影响。在实际生活中，政治主体必须具有独立的政治人格，独立的政治人格又依赖于独立的经济关系。"正是由于生产资料掌握在许多个独立行动的人的手里这个唯一的缘故，才没有人来控制我们的全权，我们才能够以个人的身份来决定我们要做的事情。如果所有的生产资料都落在一个人手里，不管它在名义上是属于整个社会，或是属于独裁者，谁掌握这个管理权，谁就有全权管制我们。"② 对于社会成员来说，只有掌握了一定的经济资源，拥有了独立的政治人格，才能参与政治生活并制约国家权力。

二 政治权力的作用方式

政治权力的运行和作用具有明确的目标指向，它总是针对不同的客体发挥不同的作用，以便达到预期的目的。政治权力发挥作用的过程也就是政治权力主体利用各种手段影响、调控和支配政治权力客体，使政治权力的意志和能量转化为现实的过程。政治权力关系不同的性质决定了政治权力主体不同的作用方式。

---

① 王寿林：《权力制约和监督研究》，中共中央党校出版社，2007，第53～54页。
② 〔英〕弗里德里希·奥古斯特·冯·哈耶克：《通向奴役之路》，王明毅、冯兴元等译，中国社会科学出版社，1997，第101页。

1. 暴力的方式

暴力的方式是指权力主体直接运用暴力的手段施于权力客体的方式。这种方式通常作用于根本对立的政治力量之间，如势不两立的国家之间、民族之间、派别之间等。在没有根本利害冲突的政治力量之间，当矛盾激化而呈现对抗状态时，这种方式也可能被采用。暴力的方式是权力运用的极端方式，在实施中需要付出较大的代价。其主要包括战争冲突、武装起义、军事政变、武力镇压、恐怖袭击等。战争作为政治集团之间、民族之间、国家之间矛盾斗争的最高表现形式，是使用暴力手段对某种秩序的破坏与重建。从历史上看，战争既对人类文明的发展和进步起着催化和促进作用，又时刻威胁着人类自身的生存。德、意、日法西斯统治时期，悍然发动了人类历史上规模空前的世界大战，战场遍布四大洲，参战的国家和地区有 61 个，参战军队超过 1.1 亿人，军民死亡总数达 5120 多万人，直接军费开支 11170 亿美元，经济损失 40000 亿美元。[1] 因此，无论对于小国还是大国，战争和冲突都是一种灾难。

2. 威慑的方式

威慑的方式是指权力主体运用强制手段对权力客体的心理预期产生震慑作用的方式。这种方式通常作用于对立的利益关系之中。通过发挥震慑作用，使权力客体意识到违背权力意志的政治后果——肉体遭受痛苦，精神遭受折磨，甚至自由被限制，生命被剥夺，从而按照权力主体的要求作出相应的行为选择，以期达到降服权力客体的目的。这是权力的一种潜在作用方式。在实际生活中，经常采用的威慑方式主要有政治警告、政治威吓、政治恐怖、政治戒严等。为充分发挥刑罚对犯罪分子的震慑作用，我国实行保留死刑、严格控制死刑、逐步减少死刑等刑事司法政策。死刑是行刑者基于法律所赋予的权力，剥夺一个犯人生命的刑罚。死刑对严重危害他人和社会安全的犯罪分子予以处决，在严惩犯罪者、威慑犯罪企图者，安抚受害者亲属、保护公民的合法权益、维护社会的正常秩序等方面，具有特殊的作用。

3. 命令的方式

命令的方式是指权力主体通过明示自己的意志要求权力客体按照具体

---

[1] 《中国大百科全书·军事》，中国大百科全书出版社，2007，第 118 页。

指令行动的方式。这种方式简捷明快，便于操作，有利于提高效率，通常作用于根本利益一致的权力关系之中，尤其是同一组织内部的上下级关系之中。命令的方式是建立在权力客体令行禁止、绝对服从的基础之上的，以上有政策、下有对策，有令不行、有禁不止，阳奉阴违、口是心非的方式消极抵抗将受到应有的制裁。命令的方式主要表现为政治指令和行政命令。命令的特点通常表现在三个方面。一是强制性。命令是行政管理中最具强制性的行为，一经发布，受命者必须无条件地服从，并迅速而坚决地执行。二是权威性。上级机关对下级机关有着法定的权威性，命令则集中体现了发令机关的权威性。三是指令性。命令具有指挥下级机关或相关人员行动的功能，不管受命者思想上是否认同，行动上都必须与命令的要求保持一致。

4. 规范的方式

规范的方式是指权力主体通过制定或借助某些约定俗成的规范来规制权力客体行为的方式。规范的方式具体实施通常以权力意志为取向，以制度规范为准则，以强制力量为依托。规范的方式主要用于具有共同利益的政治关系之中，而制度规范本身就是共同利益的有机构成，因此，规范的方式只有在稳定的政治状态下才能得到有效运用。其特点在于权力主体与权力客体之间按照事先的约定行事，双方措置言行皆以规范为据。因此，这种方式对权力主体也有一定的约束作用。规范的方式主要有法律规范、制度规范以及纪律规范等。在实际生活中，规范的方式体现了法律面前人人平等的原则：公民平等地享有宪法和法律规定的权利，平等地履行宪法和法律规定的义务；任何人不得凌驾于宪法和法律之上，任何人不得超越于宪法和法律之外；公民在遵守法律上一律平等，公民在适用法律上一律平等；任何人不得强制公民承担法外义务，任何人不得强制公民接受法外处罚。

5. 说服的方式

说服的方式是指权力主体依据主导的价值理念和可行的实施方案与权力客体进行沟通并使其信服的方式。说服的方式通常作用于具有共同利益的权力关系之中，例如上级与下级的关系、干部与群众的关系等。这种方式在实施过程中需要一定的条件，其成功与否主要取决于权力主体所拥有的语言的力量、人格的力量以及方法的科学性、劝导的艺术性等因素。说服的方式是把人的思想作为对象来加以塑造的工作。人的思想具有高度的自主性，决定了对人的思想的塑造具有不同于对物的塑造的特点，即权力主体不能直接完成对权力客体的塑造，权力主体对权力客体的塑造是通过权力客体自身的积极反应来完成的。这就是说，要转变人的思想，提高人的觉悟，需要权力主体去说服，然而权力主体可以帮助一个人说透法理、说明事理、说通情理，却不能代替一个人觉悟，更不能代替一个人实践。因此，说服的方式实际上包含两个环节，一个是外在的引导，另一个是内在的觉悟。说服的目的能否实现及实现程度，取决于外在的引导能否转化为内在的觉悟及转化程度。

6. 奖励的方式

奖励的方式是指权力主体运用各种价值和资源对权力客体进行奖赏和鼓励的方式。奖励可以是物质的，也可以是精神的，通过奖励权力客体以往的行为来引导其今后的行为，以鼓舞或激励其按照预定的目标作为。这种方式主要作用于同一组织内部的上级与下级之间、干部与群众之间。奖励的方式以奖赏和鼓励为特征，是一种积极的权力作用方式。奖励的方式包括授以荣誉、付以酬金、委以重任等。奖励的方式作为一种激励机制，能够有效地作用于组织系统内部，对组织成员符合组织期望的行为具有强化作用，使组织机能处于一种积极的状态，并影响组织的生存和发展。充分发挥激励机制对组织成员行为的激励作用，要求权力主体准确把握组织成员的需要，并将满足组织成员需要的措施与组织目标的实现有机联系起来，坚持突出重点与照顾全面相结合、有形激励与无形激励相结合、公平合理与注重时效相结合、奖勤罚懒与奖优罚劣相结合的原则。

7. 处罚的方式

处罚的方式是指权力主体依据某种规范对权力客体的越轨行为予以惩戒和制裁的方式。这种方式旨在使权力客体承担由不当或不法行为造成的后果，以追究责任的方式纠正过失。处罚的方式是以权力主体对权力客体相关利益的剥夺为特征的，是一种消极的权力作用方式。这种方式对权力客体今后的行为具有较强的警示作用，是一种必不可少的权力手段。处罚的方式可以是物质的，也可以是精神的；可以是纪律的，也可以是法律的。在实际政治生活中，对于社会成员的自由权利和生命权利的限制或剥夺，只有社会公共权力才有其正当性和合法性。① 从对领导干部问责的相关规定看，处罚的方式主要包括以下几种。一是通报。进行严肃批评，责令作出书面检查、切实整改，并在一定范围内通报。二是诫勉。以谈话或书面方式进行诫勉。三是组织调整或组织处理。对失职渎职、危害较重，不适宜担任现职的，根据实际情况采取停职检查、调整职务、责令辞职、免职降职等措施。四是纪律处分。对失职渎职、危害严重，应给予纪律处分的，依照纪律处分条例追究相应责任。

三 政治权力的双重特性

同任何事物一样，政治权力也有自己的特性，包括强制性、等级性、整合性、工具性和有限性等固有特性以及扩张性、侵犯性、排他性、诱惑性和腐蚀性等衍生特性。这种特性使政治权力与其他社会现象区别开来，并呈现出独到的价值，同时也为强化权力制约监督提供了客观依据、提出了明确要求。

1. 政治权力的固有特性

按照马克思主义的观点，管理具有二重性：一方面，管理是由许多人进行协作劳动而产生的，是有效组织共同劳动所必需的，具有同社会化大生产相联系的自然属性；另一方面，管理又体现着生产资料所有者指挥劳动、监督劳动的意志，因而又具有同生产关系和社会制度相联系的社会属性。一切社会活动都需要管理，一切管理都离不开权力。管理的二重性不仅反映了管理的必要性和目的性，也使权力的本质特性得到了充分显现。

（1）强制性。权力作为主体影响、调控和支配客体的一种强制力量，是主体意志与物质载体的统一体，是精神力量与物质力量的结合体，因而它无须借助外部力量，只要凭借自身的力量就可以实施权力行为。换言之，权力以组织化实体、制度化规则以及合法化制裁手段为依托，影响、调控和支配他人，使他人的意志服从自己的意志，而且这种服从无须事先征得他人的同意。这就是说，谁掌握了权力，谁就掌握了对社会的支配力量。在各种权力中，国家权力的强制性特点最为明显，这是因为国家拥有军队、警察、监狱等合法的暴力机器，支配权力的主体能够利用这种力量

---

① 王浦劬等：《政治学基础》，北京大学出版社，2006，第 85~87 页。

驾驭客体并迫使客体服从自己。同时，国家权力通过各种方式明示自己的意志：什么是国家赞成的，是应当做的；什么是国家反对的，是禁止做的；什么是国家允许的，是可以做的。由此，人们能够从国家的意志中推断出国家的政策导向、价值取向和发展方向，使自己的言行与国家权力的指向保持一致。

（2）等级性。在实际生活中，由于权力总是存在于有序结构之中，因而居于不同层次的权力也就有了等级之别、大小之分，并沿着命令服从的轨迹发挥作用，呈现出自上而下单向运行的特点。在权力的等级序列中，上级以下级为自己存在的基础，权力主体以权力客体为自己存在的基础，但权力关系一旦形成，上级之对下级、权力主体之对权力客体就具有了相对独立的意义，并形成彼此之间的支配与服从关系。在我国政治生活中，干部是受人民委托，代表人民管理国家和社会事务的公仆，因而要对人民负责，受人民监督。然而当干部履行自己的职责时，同群众的关系又是领导与部属的关系，群众应该支持干部的工作，服从干部的领导。这种服从本质上不是对干部个人的服从，而是对人民意志的服从。领导与部属的关系，只是社会分工的不同，没有高低贵贱之分。如果干部只知道自己是领导者，忘记自己是人民公仆，把自己凌驾于人民群众之上，那就从根本上颠倒了自己与群众的关系，发展下去就会由人民公仆蜕变为骑在人民头上作威作福的老爷，从而为人民所抛弃。[①]

（3）整合性。权力之所以能够凌驾于社会之上，独立地执行政治统治和社会管理的职能，是因为它掌握着公共价值和资源。通过主导公共价值和资源的分配，权力主体或者给予权力客体一定的物质与精神利益，或者剥夺权力客体一定的物质与精神利益，以此迫使权力客体服从自己的支配、调控和影响。因此，权力能够使分散的社会力量一体化，使社会秩序维持在权力意志的范围之内。从我国实际看，随着经济社会的发展，社会利益关系日益分化，面对这种新情况新问题，确保社会制度连续，社会关系协调，社会取向一致，社会变革有序，是党和人民的根本利益所在，因而通过发挥权力的整合作用，对各种利益矛盾和冲突进行统筹协调，使之趋于平衡与和谐至关重要。所谓整合是指调整对象中不同构成要素之间的

[①] 王寿林：《社会主义国家权力制约论》，东北财经大学出版社，1993，第 69 页。

关系，使之达到有序化、统一化、整体化的过程。在实际生活中，统筹协调不仅是化解矛盾、消除冲突的重要方法，也是统一思想、协调行动、实现共同目标的有效途径。统筹协调的范围包括对政治管理主体内部关系的协调，对政治管理对象之间关系的协调，对政治管理主体与政治管理对象之间关系的协调。通过统筹协调实现利益整合，以此达到维护社会和谐稳定的目的。

（4）工具性。在各种社会因素相互作用的链条中，权力是作为主体达到一定目的的手段而存在的，因而其产生和运行总是与一定的目的相联系，这种目的既构成了权力自身的存在价值，又构成了权力运行的内在动力，使权力主体的支配意志不断转化为支配行为而施加于权力客体，以实现、维护和发展特定的利益。诚如经典作家所说："人们为之奋斗的一切，都同他们的利益有关。"[①] "政治权力不过是用来实现经济利益的手段。"[②] 那种与利益没有任何联系的权力在实际生活中是不存在的。如果说所谓"政"就是众人之事，治理众人之事就是政治，那么利益是众人之事的根本所在，治理众人之事重在协调各种利益关系。从这种意义上说，政治的实质就是对公共利益的权威性分配。千百年来，为了赢得和巩固政权，无数仁人志士绞尽了脑汁，无数英雄豪杰洒尽了鲜血。人们之所以为了政权不惜一切，是因为在政权的背后蕴含着一定的经济利益以及与经济利益相联系的政治利益，正是这种利益驱动着人们为赢得和巩固政权而不懈奋斗。在阶级社会中，国家权力是统治阶级利益的政治表现，是维护统治阶级利益的政治工具。

（5）有限性。各种权力都有其特定的时空界限和行使范围，无限的到处都适用的权力在现实生活中是不存在的。这种界限和范围或者是依据客体而确定，或者是依据职能而确定，或者是依据法律而确定。在特定的界限和范围之内，权力可以充分发挥其作用，一旦超出特定的界限和范围，权力就会失去合法的地位，失去应有的效力。在现实生活中，权力清单制度为权力的有限性做了最好的诠释。所谓权力清单制度，就是政府及其工作部门在对其所行使的公共权力进行全面梳理的基础上，依法界定每个部

---

① 《马克思恩格斯全集》第 1 卷，人民出版社，1995，第 187 页。
② 《马克思恩格斯选集》第 4 卷，人民出版社，1995，第 250 页。

门、每个岗位的职责与权限，然后将职权目录、实施主体、相关法律依据、具体办理流程等以清单方式进行列举，并公之于众，使隐性权力公开化、显性权力规范化，切实做到清单之外无职权。通过权力清单制度规范政府与市场的关系、政府与社会的关系，使政府对外的职责边界清晰；规范政府层级之间的关系、部门之间的关系，使政府对内的职责边界清晰；规范权力运行步骤、方式、次序和时限，使政府运行的职责边界清晰。政府及其工作部门实施行政管理、开展行政执法、提供行政服务，都要在法定范围内进行，切实杜绝权力越界行使。

2. 政治权力的衍生特性

权力除了具有强制性、等级性、整合性、工具性和有限性之外，还衍生着一定的扩张性、侵犯性、排他性、诱惑性和腐蚀性。在实际生活中，这两个方面不是截然分开、毫不相干的，而是如影随形，紧密地联系在一起，共同对权力的运行产生影响。

（1）扩张性。由权力的强制性所决定，掌权者在不受制约的情况下，往往会凭借已有的权力无限地扩张权力，竭力地聚敛权力。这种扩张和聚敛就是权力扩张性的表现。孟德斯鸠在揭示权力扩张性时指出，"越是有权力，就越是拼命想取得权力；正是因为他已经有了很多，因此要占有一切"。[①] 在实际生活中，尽管没有倡导和维护个人集权、个人专断的制度，但权力潜在的扩张性往往会自发地滋生出个人集权、个人专断。回顾世界社会主义发展史，一些党和国家由于对权力缺乏必要的制约和监督，曾多次出现过个人的权力不受限制，甚至凌驾于领导集体之上的状况。

（2）侵犯性。权力在作用层次和作用范围方面的无限扩张，必然要超越既定的界限，侵犯其他权力，甚至危及公民权利。因此，权力的扩张性和侵犯性是相伴而生的。由权力的侵犯性所决定，如果权力失去有效的制约，社会的公仆就有可能异化为社会的主人，人民的权力就有可能异化为压迫人民的工具，公共利益的代表者就有可能异化为公共利益的蚕食者。而要防止权力的异化，就必须强化对权力的制约监督。在实际生活中，侵犯公民权利的行为主要来自两个方面：一是国家权力的侵权行为；二是私人之间的侵权行为。保障公民权利的关键是杜绝国家权力的侵权行为。如

---

① 〔法〕孟德斯鸠：《罗马盛衰原因论》，婉玲译，商务印书馆，1962，第61页。

果国家权力能够有效地维护公民权利，私人之间的侵权行为就比较容易得到纠正；如果国家权力发生偏差而侵犯公民权利，私人之间的侵权行为就会愈演愈烈。因此，一要依法保障公民权利，对于公民在国家政治生活中的地位、同这种地位相适应的权利、行使权利所应遵循的程序、违反程序所应承担的责任，都要通过法律来确认，并通过国家强制力保证实施；二要保持国家权力与公民权利之间的平衡关系，使国家权力在保障公民权利的同时，能够受到公民权利的有效制约。①

（3）排他性。权力在特定的范围内，倾向于排除其他权力的介入。如果说权力的侵犯性是权力扩张在空间结构上的表现，那么权力的排他性则是权力扩张在时间结构上的表现，扩张的结果必然要排他，排他的过程也正是扩张的过程。罗素曾指出，爱好权力是一种强烈的动机，对于大多数人的行为所产生的影响往往超乎他们自己的想象。② 权力的排他性不仅可以导致终身制，甚至可以导致世袭制，以致把掌握权力的时间跨度延续到生命的最大极限，使权力的民主化和社会化步履艰难。从苏共的情况看，由于过度集权，国家和社会的一切权力都归于党，而党的领导人又从党的手中得到巨大的权力，以致党的集权变成了个人集权，个人集权变成了个人专断，最终形成党的领导人可以把个人意志凌驾于党和人民的意志之上的局面。由于过度集权，党的领导人大多实行终身制，其权力的交替凭借的不是制度，而是自然法则；其职务变动要么因自然死亡，要么因被迫下台，很少按既定的程序正常离任。党的其他高级职务，名义上是由选举产生，而实际上少数领导人的内定起着决定作用，从而使党管干部的原则变成了个别领导人一锤定音，使组织机构内部形成了相互依附的关系，使党的领导集体失去了制约监督党的领导人的实际可能。其中的深刻教训值得认真汲取。

（4）诱惑性。由多数人统治与少数人掌权的矛盾所决定，权力虽然同整个社会的公共需要和公共利益相联系，但它毕竟是由社会中少数人所直接掌握，因而又同掌权者的集团利益和个人利益相联系。在实际生活中，权力的运行过程也就是公共价值与资源的分配过程，分配公共价值

---

① 王寿林：《当代中国社会主义民主论》，中共中央党校出版社，2002，第37页。
② 〔英〕伯特兰·罗素：《权力论：新社会分析》，吴友三译，商务印书馆，1991，第189页。

与资源的过程就为一些处于近水楼台的人利用手中的权力谋取私利提供了机会和条件，因而权力对掌权者具有强烈的诱惑性。纵观中国历史，封建社会很早就建立了一套等级森严、尊卑有序的官位、官权、官员三位一体的官僚制度。在这种制度下，与通过创造活动来寻求财富积累的机会相比，政治权力能够更容易地获取财富。"三年清知府，十万雪花银"就是最好的写照。中国"升官发财"和"争权夺利"的成语，反映了权力和财富之间的内在联系。在"高官厚禄"的社会导向作用下，士人寒窗苦读的终极目标不是为了探求真理，而是"学而优则仕"。读书就是为了做官，做了官就什么都有了，正所谓"书中自有黄金屋，书中自有千钟粟，书中自有颜如玉"[①]。这种传统观念对人们思想的毒化作用不言而喻，它必然导致社会政治心理的扭曲，形成追求等级特权的心理定式。

（5）腐蚀性。一方面由于掌权者在分配社会资源中处于卖方市场的地位，别人往往有求于他们；另一方面由于权力本身就是作为一种资源而存在，能够给掌权者带来普通人所难以享有的地位、荣誉和利益，并可同其他资源进行交换，因而对人具有本能的自发的腐蚀作用，使人们以为有权就可以享有特殊利益，以致驱使人们竭力地角逐权力，拼命地争夺权力，从而使尔虞我诈、钩心斗角等官场上的腐败行为粉墨登场，兴风作浪。在权力对掌权者的腐蚀中，金钱又起了某种催化作用，这在市场经济条件下表现得尤为突出。市场经济以商品等价交换为基础，人与人之间的关系是通过物与物之间的关系来体现的，而金钱则是联系人与人之间关系的纽带。任何事物，无论其性质如何，在市场上都表现为量的差别，而金钱作为一般等价物，是衡量人的劳动成果的价值尺度。这样一来，无论人们对事物的价值作如何判断，只要处于市场关系之中，金钱就作为价值尺度左右着人们的行为。在金钱的作用下，掌权者心灵一旦发生扭曲，权力与金钱一旦联姻，腐败的滋生就会变成现实。一些领导干部在权力和金钱的诱惑下利欲熏心，利令智昏，与腐败同流合污，不仅自己身败名裂，而且给党和国家造成了无法挽回的损失。

---

① （宋）黄坚选编《详说古文真宝大全》，熊礼汇点校，湖南人民出版社，2007，第14页。

四 政治权力的正负效应

权力无论是作为政治上的强制力量，还是作为职权上的支配力量，都具有双向发展的可能性，它既可以被用来治国安邦，也可以被用来祸国殃民；既可以给人类社会带来巨大的利益，也能够给人类社会造成深重的灾难。因此，权力在实际运行中往往会产生两种截然不同的效果，即正效应和负效应。

1. 政治权力的正效应

社会是由众多人组成的一个有机整体，是人们之间交互作用的产物。就内容而言，它包含着经济、政治、文化等各个方面；就层次而言，它包含着理论、规划、操作等各个层次；就向度而言，它包含着过去、现实和未来等各个向度。因此，社会的存在和发展离不开有效的管理。权力的正效应，就是权力顺应时代的要求和人民的意愿，在正常的轨道上合理运行，推进社会经济政治文化事业的发展。确保国家稳定而高效地运转，实现社会发展合规律性与合目的性的统一，是文明需要权力、历史选择权力的根本原因，也是权力正效应的实质所在。正因为权力具有正效应，因而尽管不同的权力有着不同的运行目的，但在运用权力维护现存政治规范和理念的有效性与稳定性，增强民众对这些规范和理念的认同感；维护现存政治组织和机构的合法性与权威性，提高民众对这些组织和机构的信任度；缓解社会的利益冲突，维护社会的正常秩序；保证国家各项政策法令的顺利贯彻，促进社会的全面发展和文明的持续进步方面则是共同的。

改革开放以来，我国经济持续快速发展，经济总量跃居世界第2位，成为世界货物贸易第一大国、外汇储备第一大国，220多种主要工农业产品生产能力居世界第1位，高速铁路总里程、高速公路总里程和港口吞吐量居世界第1位。这些成就的取得与我们党在治国理政中所采取的一系列具体步骤是分不开的。一是坚持党的基本理论、基本路线、基本方略。在改革开放和社会主义现代化建设中形成基本理论、基本路线、基本方略，运用基本理论、基本路线、基本方略武装人民、指导实践、推动工作，是我们党实施政治领导的重要方式，也是建设富强民主文明和谐美丽的社会主义现代化国家的有效途径。二是坚持实践创新、理论创新、制度创新、文化创新。这既是我们党对社会主义建设规律的深刻揭示，又是对社会主义发展要求的准确把握。在当今时代，一个国家走在世界发展前列根本靠创新；一个民族屹立于世界民族之林根本也靠创新。创新兴则国家兴，创新强则国家强。创新已成为决定我国发展前途命运的关键、增强我国经济实力和综合国力的关键、提高我国国际竞争力和国际影响力的关键。三是坚持科学发展、和谐发展、文明发展。这是我们党通过总结国内外正反两方面历史经验作出的精辟概括。其要旨是实现经济、政治、文化、社会和生态文明全面发展，城乡、区域、经济社会协调发展，人、社会和自然永续发展的有机统一。我们党在治国理政中所采取的这些具体步骤，不仅开辟了一条中国特色社会主义道路，使中国大踏步赶上时代潮流，为中华民族伟大复兴迎来了光明前景，也为权力的正效应提供了一个经典范例。

2. 政治权力的负效应

从人类社会发展史看，任何社会的公共资源都是由公共权力来分配的。公共资源是一种稀缺资源，追之者众，得之者寡。取得公共资源的使用权，就意味着获得了相应的收益权。因此，无论是认识失误还是行为失范，无论是权力腐蚀还是金钱诱惑，都会使权力的运行偏离正常轨道，对社会发展和公共利益产生负面影响。权力的负效应，是指权力偏离正常的运行轨道，对公共目标和公共利益造成危害，阻碍社会经济政治文化事业的发展。权力的负效应又表现为两个方面：一是权力行使者把私人目标渗透到决策过程之中，引起权力的异变；二是权力的行使者把个人的好恶渗透到决策过程之中，导致决策的失误。权力异变和决策失误虽然性质不同，但两者都会对社会发展产生相应的破坏作用，其中作为权力异变的腐败对社会发展所产生的危害更为严重。

按照马克思主义的观点，人的本质与人的本性是不同的。人的本质是由特定的社会关系决定的，是人之所以为人的根据；而人的本性则是由人的肉体决定的，是人所固有的规定性，是决定着人的行为的原始根据。由于一个担任公职的官员同时是一个有血有肉的生命，一个存在七情六欲的生灵，一个具有食色本性的自然人，因而决定了他与其他人一样，都具有产生各种贪婪和欲望的潜质，不会因为担任了公职就自然变得神圣起来。从人类社会发展史看，无论任何国家、任何组织、任何个人，凡是权力不受制约监督，无不饱尝了苦果、受到了惩罚、付出了代价。无数事实向人们昭示这样一个真理：正如不应有绝对的自由，也不应有绝对的权力，凡是权力都应受到制约监督。在现实社会条件下，只有尚未建立起有效制约监督机制的权力，没有根本不必接受任何制约监督的特殊权力。为了减少乃至杜绝权力的负效应，人们从古到今对此进行了长期的追寻与探索。建立在这种追寻与探索基础上的马克思主义承认基于客观物质存在而产生的人的本性的存在，即人作为单独的个体和社会的成员所具有的自然属性和社会属性。由这些属性所决定，人既非天使也非野兽，如果是这两者之一，就根本不需要什么制约监督了。制约监督并没有使人成为天使的神奇法术，它只是在假定人性弱点的前提下，提供一种制度安排，使掌权者有充分的权力去增进公益，但要搞起腐败，便会被疏而不漏的法网缚住手脚。

第二节　政治权利

人民当家作主对于国家政权而言，就是一切权力属于人民；对于公民个人而言，就是充分享有包括政治权利在内的公民权利。中国特色社会主义民主政治确认和保障公民政治权利的基点，不仅在于公民的个体政治权利，而且在于公民的集体政治权利；不仅把公民政治权利的充分实现作为理想和目标，而且为公民政治权利的充分享有提供物质和法律保障。如果说公民权利是指公民在社会公共生活中所享有的权利，那么，公民政治权利则是指公民在社会政治生活中所享有的权利，主要包括政治自由、政治平等和政治参与权利。

一　政治权利的基本内涵

政治权利是公民依法参与并影响国家政治生活的权利，是政治权力对公民参与并影响国家政治生活的内在需求的确认和保障。因此，政治权利实质上是公民以法律认可为保障，以获取利益为目的，以行为自由为特征的一种法定政治资格。这表明，一方面，政治权利形成的基础是社会成员的共同利益，共同利益的特性对于政治权利具有基础规定性；另一方面，政治权利又是由政治权力确认和保障的社会成员的法定政治资格，这一过程是政治权力在社会成员法定资格上的还原，是政治权力以政治资格形式对于社会成员的让渡，是集中的公共力量对于分散的社会成员政治资格的确认。

习近平总书记指出："要依法保障全体公民享有广泛的权利，保证公民的人身权、财产权、基本政治权利等各项权利不受侵犯，保障公民的经济、文化、社会等各方面权利得到落实。"① 公民政治权利主要有五个方面。一是自由权。即公民在法律规定的范围内，按照自己的意志和利益进行思维和活动，不受外来约束、控制和妨碍的权利。公民的自由权通常由宪法规定和确认，主要包括人身自由、言论自由、出版自由、集会自由、结社自由、信仰自由等。二是参政权。除依法被剥夺政治权利者外，公民对于国家公职人员均有选举权和罢免权。三是请愿权。即公民可以请愿的方式向国家表达有关事项的意见和愿望的权利。这种权利是选举以外的表达民意的方式。四是防卫权。公民在其权利和自由受到侵犯时，在不能诉诸公共权力的场合下，享有全力排除任何形式侵害的权利。五是请求国家赔偿权。公民因国家公职人员在执行公务中的不法行为造成损害而要求国家赔偿的权利。这对于防止国家权力滥用起到一定的制约作用。

在日常生活中，人们对政治权力与政治权利往往不加区分地予以混用。其实，二者的区别是很明显的。政治权利是一种资格，而政治权力不仅是一种资格，而且是一种能力，是具备一定资格的主体要求客体作出一定行为的能力。二者的主要区别有六个方面。一是行为主体不同。政治权力主体是国家机关及其工作人员；政治权利主体是公民和法人。二是内部关系不同。在政治权力关系中，政治权力主体的政治地位是不等的；在政治权利关系中，政治权利主体的法律地位是平等的。三是价值取向不同。政治权力主体在行使政治权力时必须服务于公益，不得谋取私利；而政治权利是以获取利益为目的的，政治权利主体加入一定的法律关系中，正是为了获取合理合法的利益。四是对应范畴不同。政治权力与政治责任是一对范畴，政治责任制约着政治权力；政治权利与政治义务是一对范畴，政治义务制约着政治权利。五是明示程度不同。政治权利通常并不限于法律的规定，法律所规定的只是基本政治权利；而政治权力则严格以法律的规定为限，超出法律规定的权限即为非法。六是处置方式不同。政治权利主体在法律允许的范围内可以自由处置政治权利；而政治权力主体不能自由

---

① 《习近平谈治国理政》，外文出版社，2014，第 141 页。

处置政治权力，更不允许随便转让或放弃政治权力。

二　政治权利的地位作用

国家权力与公民权利是民主的基本内容，制约国家权力、保障公民权利是法治的本质要求。从公民权利和国家权力产生的法律渊源来看，公民权利是通过国家权力而获得法律确认的。从这种意义上讲，国家权力在先，法定权利在后，国家权力是法定权利的来源。从公民权利和国家权力产生的社会渊源来看，公民权利是公民创造的物质财富的转化形式，国家权力则是国家以法定形式提取公民创造的物质财富的转化形式。① 从这种意义上讲，不是国家权力产生公民权利，而是公民权利产生国家权力，国家权力来源于公民权利，统一于公民权利。这就决定了公民权利是目的，国家权力是手段；人民是国家的主人，国家机关工作人员是人民的公仆。国家权力确认公民权利，保障公民权利及其所体现的利益，正是公民权利产生国家权力的目的所在，正是国家权力存在的价值所在。从这种意义上讲，公民权利是衡量国家权力合法性的基本尺度。②

社会主义民主政治对于国家政权而言，就是一切权力属于人民；对于公民个人而言，就是充分享有公民权利。我国公民以工人、农民、知识分子为主体，既可以作为一个整体行使国家权力，也可以作为一个个体行使公民权利，通过言论、出版、集会、结社、游行、示威等形式和批评、意见、建议、申诉、控告、检举等方式约束国家权力，维护自身利益；通过选举、监督、罢免、协商、听证等各种途径参与国家经济、政治、文化和社会生活的决策与管理。人民对权力的享有是以公民对权利的享有为基础的，公民对权利的享有是人民当家作主、行使国家权力的重要标志，没有属于人民的公民权利，就没有属于人民的国家权力。在公民的各项权利中，政治权利居于核心和主导地位，如果公民政治权利得不到保障，那么人民当家作主就会在很大程度上被打了折扣。因此，社会主义政治制度要成为一种旨在优化人的生存环境，提高人的生活质量，使人受到的压抑最小、束缚最少，最有利于人的全面、自由、和谐、持续发展的政治制度，

---

① 童之伟：《公民权利国家权力对立统一关系论纲》，《中国法学》1995 年第 6 期。
② 王寿林：《当代中国社会主义民主论》，中共中央党校出版社，2002，第 36～37 页。

就必须切实保障公民的政治权利。

公民权利作为国家权力的来源和基础，是制约国家权力的根本力量和有效手段。社会主义改变了少数人对多数人的统治，但并没有改变少数人对多数人的管理。在社会主义条件下，人民当家作主并不意味着人民实际管理国家和社会事务，而在于人民对管理国家和社会事务的公共权力的支配和控制，这种支配和控制是通过行使公民权利实现的。由于广大人民作为国家的主人既广泛地享有公民权利，又牢牢地掌握国家权力，决定了人民有权选举自己的公仆，有权监督自己的公仆，有权罢免那些不称职、不胜任的公仆；决定了任何公仆，无论地位多高、权力多大，都必须服从人民的意志，维护人民的利益；只要违背了人民的意志，损害了人民的利益，就要受到应有的追究，承担相应的责任。正是通过公民权利的有效行使，广大人民"把国家由高踞社会之上的机关变成完全服从这个社会的机关"①，使公仆心中的天平切实回归到群众第一、人民至上这个正位上来。因此，公民权利的有效行使是人民当家作主的具体体现，也是国家权力合理运行的重要保证。

根据我国国情，保障公民的经济社会和文化权利是基础和根本，保障公民的政治权利是核心和关键。政治权利保障不了，经济社会和文化权利也不可能得到切实保障。因为公民既是自身权利的享有者，也是自身权利的维护者。这就是说，公民权利的真实享有，不仅需要国家的法律保障，也需要公民的自我维权。公民自我维权的有效手段就是政治权利，因而公民自我维权能否实现，关键取决于政治权利能否真实享有。这同时也表明公民政治权利的双重意义：一是实现政治参与；二是通过政治参与维护自身的经济社会和文化权利。换言之，公民经济社会和文化权利的有效保障离不开政治权利的真实享有。②

三 政治权利的实践要求

随着改革开放和现代化建设的深入，我国经济社会发展水平不断提高，客观上为公民政治权利的有效行使提供了基础和动力。这是因为经济

---

① 《马克思恩格斯选集》第3卷，人民出版社，1995，第313页。
② 王寿林：《权力制约和监督研究》，中共中央党校出版社，2007，第293页。

发展促进了社会分化，形成了社会利益主体多元化，各利益主体为谋求和维护自身利益，必然要想方设法影响政治过程；政府职能的转变，使人们切实感受到政府活动与自身利益密切相关，必然会更多地参与影响政府的构成和决策；我国基本扫除了文盲，实现了九年义务教育全覆盖，国民受教育程度的普遍提升，增强了人们的民主意识和参与能力；人们物质生活水平的提高，使其在时间和财力上具备了更多地参与政治生活的可能性。这就是说，社会经济政治文化的发展，不仅为保障公民政治权利提出了要求，也提供了条件。

1. 保障公民的知情权

保障公民的知情权即公民获得有关公共事务与公共权力运作信息的权利。知情权是公民的一项基本权利，是公民行使其他各项权利的基础。如果这一权利得不到保障，那么公民其他权利如参与权、选择权、监督权就无法正常行使。保障公民的知情权，客观上要求依法将国家机关的施政活动公布于众，使之广泛置于广大公民的关注之下。其主要内容是国家政务公开，即国家机关制定法律、设置机构、分配权力、安排人事等事务向广大公民公开；国家人格公开，即国家公职人员的施政活动向广大公民公开。其基本途径是开放国家机关的资料、档案，增强政府决策的透明度，并相应地建立重大情况通报制度、重大决策听证制度，通过具体制度来保障公民的知情权。同时，建立健全上下沟通机制，积极疏通和拓宽下情上达和上情下达的渠道，保证公民的意见能够被及时、准确地反映到国家机关中来。对于公民反映的重大问题和提出的重要意见，国家机关要认真办理，并将办理结果通报相关公民。

2. 保障公民的表达权

保障公民的表达权即公民向国家机关及其公职人员表达政治见解的权利。我国宪法对公民言论自由作出明确规定。所谓言论自由，即公民依法享有以口头和书面的形式在公开场合表达自己见解的自由。言论自由作为公民参政议政的前提条件，是公民政治权利的基本表现形式，是公民当家作主的重要实现途径。对于公民来说，参政议政既是一种权利，也是一种责任，因为国家政治决策所带来的一切后果终究要由公民来承担；公民既然有义务承担国家政治决策所带来的一切后果，就必定有权利参与国家的政治决策。为了切实保障公民的表达权，对于国家大政方针的制定和实施，应允许公民在相关会议和报刊上进行讨论，并允许发表不同意见；对于国家机关及其公职人员的活动，应允许公民依据客观事实提出批评意见。

3. 保障公民的参与权

保障公民的参与权即公民参与公共事务的决策与管理以及担任国家公职的权利。参与国家和社会事务的管理，是宪法赋予公民的正当权利和神圣义务。公民参与公共事务的决策和管理，是推进决策的科学化、民主化，增强国家生机活力的重要条件，也是公民行使政治权利的关键环节。这就需要采取多种形式和途径，拓宽公民参与公共事务的渠道，扩大公民参与公共事务的范围，使公民更加广泛地参与民主选举、民主协商、民主决策、民主管理和民主监督。凡是国家大政方针的提出和变更，重要文件的制定和出台，应事先向公民预告，广泛征集公民的意见。凡是国家作出与公民切身利益相关的决定，应事先向公民通报，认真倾听公民的呼声。公民既可以依照法定程序参与对经济、政治、文化、社会等方面公共事务的决策和管理，又可以通过民主选举的法定程序和竞争机制，使自己成为公共权力的行使者，以便作为国家公职人员直接介入公共权力的运作。

4. 保障公民的选择权

保障公民的选择权即公民选择国家和社会公共事务管理者的权利。公共事务作为个体集合而成的共同体的事务，既关系每一个个体，又不是纯粹的个人事务，客观上要求共同体中的一部分人作为代表具体行使公共权力以管理公共事务，这就存在一个对公共权力行使者的选择问题。选举作为公民选择权的一种制度安排，关涉国家政权机关的合法性，因为国家政权机关的权力归根到底来源于广大公民。为了使选举人的意志得到充分表达，应改革候选人的产生办法，明确规定自下而上的提名程序，任何公民只要符合条件都可以通过自我推荐、组织推荐或公民联名推荐的方式成为候选人。逐步扩大直接选举的范围和差额选举的比例。直接选举更能充分表达选举人的意志。目前从全国来看还不具备普遍实行直接选举的条件，但对于一些地区来说，实行直接选举的条件已经具备，应适时加以推行。完善差额选举，明确规定一切经过选举产生的职务都应当实行差额，并统一规定差额的比例。改进候选人的介绍办法，让候选人与选举人见面，使选举人更加全面地了解候选人；适当引进竞争机制，创造公平竞争的政治环境。

5. 保障公民的监督权

保障公民的监督权即保障公民对国家权力的运行实施监督的权利。监督权主要包括：批评建议权即公民对国家机关及其公职人员的权力行为提出异议并希望改进或提出建议并希望采纳的权利；检举揭发权即公民向执法执纪部门举报国家机关及其公职人员的违法违纪行为并要求查处的权利；罢免权即公民以共同意愿剥夺公职人员作为国家权力行使者的资格的权利；复决权即公民对国家机关的不当立法以公决的形式加以纠正的权利。根据我国政治生活的实际，为了保障公民监督权的有效行使，切实置各种滥用权力行为于灭顶之灾的汪洋大海，要定期开展民主评议活动，对评议中得票过少的领导干部不得继续留任，对违法乱纪的领导干部应及时予以罢免。

四　政治权利的制约关系

在实际政治生活中，政治权利与政治义务是不可分割的。在政治权利与政治义务之间，政治权利总是与一定的政治利益相联系，政治权利主体加入一定的法律关系中的目的，正是为了获得合理合法的政治利益。政治义务总是与一定的政治负担相联系，政治权利主体要想获得一定的政治利益，必须付出相应的政治代价。从实际政治生活看，没有无义务的政治权利，也没有无权利的政治义务。如果只有政治权利而没有政治义务，那就是政治特权；如果只有政治义务而没有政治权利，那就是政治奴役。在公有制社会中，政治权利与政治义务统一于每一个拥有政治权利的社会成员身上；在私有制社会中，阶级的分化使政治权利与政治义务相分离，这种分离几乎把一切权利赋予一个阶级，却几乎把一切义务推给另一个阶级。在这里，政治权利与政治义务只是在整个社会的意义上是统一的，即它以对立的方式统一于整个社会。

政治权利与政治义务的统一性通常体现在：第一，政治权利和政治义务是对应存在的。对于政治权利主体而言，特定政治权利主体的政治资格一经确认，就意味着该主体的政治权利和政治义务同时确立；对于政治权力主体而言，特定政治权利主体的政治资格一经确认，既表明该权利主体具有政治权利，又表明政治权力具有承认和尊重该权利主体政治权利的义务；对于其他政治权利主体而言，特定政治权利主体的政治资格一经确认，既表明该权利主体具有政治权利，也意味着其他政治权利主体具有承认和尊重该权利主体政治权利的义务。第二，政治权利与政治义务是互为条件的。政治义务是实现政治权利的基础，政治权利则是履行政治义务的前提。第三，政治权利与政治义务在量上是对等的，社会成员拥有多大的政治权利也就相应地承担多大的政治义务，社会成员承担多大的政治义务也就相应地拥有多大的政治权利。① 对于政治权利的制约关系，有两点需要明确：一方面，政治权利与政治义务在法律形式上是对等的关系，在法律取向上则是主从的关系，政治义务来源于、从属于、服务于政治权利，是保障政治权利充分实现的政治手段；政治权利是政治义务的目的、依据和界限，是设定政治义务的根本价值之所在。另一方面，政治权利不是绝对的，而是相对的，其限制标准就是对他人和社会的政治义务。强调政治权利与政治义务的有机统一，主要目的不在于限制政治权利，而在于通过这种限制更好地保障政治权利的实现。

在我国，公民在法律上既是权利的主体，也是义务的主体。我国宪法规定："任何公民享有宪法和法律规定的权利，同时必须履行宪法和法律规定的义务。"依照宪法规定，我国公民享有人身自由、宗教信仰自由和言论、出版、集会、结社、游行、示威的自由；公民的人格尊严、住宅、通信自由不受侵犯；年满 18 周岁的公民，不分民族、性别、职业、家庭出身、宗教信仰、教育程度、财产状况、居住期限，除依照法律被剥夺政治权利的人以外，都有选举权和被选举权；公民对任何国家机关及其工作人员都有提出批评、意见、建议的权利，对其违法失职行为都有提出申诉、控告或者检举的权利等。宪法在规定公民各项权利的同时，也相应地规定了公民的义务：遵守宪法和法律的义务，维护国家统一和全国各民族团结的义务，保守国家秘密、爱护公共财产、遵守劳动纪律、遵守公共秩序、尊重公共道德的义务，维护祖国的安全、荣誉和利益的义务，依照法律服兵役的义务，依照法律纳税的义务等。② 对宪法和法律规定的义务，公民必须忠实履行。是否依法行使权利、依法履行义务，是衡量一个公民素质

① 王浦劬等：《政治学基础》，北京大学出版社，2006，第 101 页。
② 《中华人民共和国宪法》，《人民日报》2018 年 3 月 22 日。

高低的基本尺度。

第三节　政治制度

政治制度作为政治控制的性质和政治统治的形式，既受各国社会经济基础的决定，又受各国具体国情条件、历史传统的影响。各国有不同的经济基础、不同的国情条件、不同的历史传统，因而也就有不同的政治制度。中国特色社会主义政治制度是我们党领导人民把马克思主义政治原理与中国政治实践相结合，总结世界社会主义政治建设的正反经验，借鉴中华政治文明优秀成果和人类政治文明有益成果，能够切实保证亿万人民当家作主、不断实现人民对美好生活向往、具有无比优越性和强大生命力的政治制度，不仅为当代中国创造出经济快速发展、社会长期稳定两大奇迹提供了坚实的制度保障，而且为人类探索建设更加美好的政治制度贡献了中国智慧和中国方案。

一　政治制度的基本内涵

习近平总书记指出："在一个国家的各种制度中，政治制度处于关键环节。"[①] 所谓政治制度，就是一定社会占统治地位的阶级或集团凭借国家政权进行政治统治和社会管理的规范体系。政治制度包括以下几个方面。一是国体，即国家政权的阶级实质。国体反映社会各阶级在国家中所处的地位，它包括各阶级在国家中所处的统治与被统治地位；各阶级在统治集团内部所处的领导与被领导地位。国家政权的性质与政治制度的性质是统一的，都是由在国家政权中占统治地位的阶级性质所决定。二是政体，即国家政权的组织形式。在国家政权中，占统治地位的阶级为了适应阶级统治的需要，总要根据一定的原则设立国家政权机构，并规定这些机构之间的权力关系。在国体与政体之间，国体决定政体，政体体现国体，政体及其相关机构组织与活动原则都是根据国体来确定的。三是国家结构形式，即国家政权内部中央与地方相互关系的形式，它是中央权力与地方权力关系在国家结构形式上的表现。各国统治阶级都是按照统治需要和本国国情

---

① 《习近平谈治国理政》第 2 卷，外文出版社，2017，第 288 页。

来确定中央权力与地方权力之间的关系，或采取单一制或采取复合制。四是国家机构设置。现代各国尽管性质和名称有所不同，但一般都设有立法机关、行政机关、司法机关三大系统。五是具体政治制度。统治阶级为行使政治权力而建立的具体政治制度，包括政党制度、选举制度、议会制度等。

二 政治制度的层次结构

中国共产党坚持以马克思主义为指导，把政治制度设计建立在对中国国情的准确把握上，建立在对共产党执政规律、社会主义建设规律、人类社会发展规律的自觉运用上，形成了中国特色社会主义政治制度。由于中国特色社会主义制度区分为根本制度、基本制度、重要制度，按照这种区分，中国特色社会主义政治制度由根本政治制度、基本政治制度、重要政治制度所组成。不同层面的政治制度具有不同的地位和作用，共同构成一整套相互衔接、相互联系的政治制度体系。

1. 根本政治制度

在我国政治制度体系中，根本政治制度是基本政治制度的上位制度，基本政治制度是根本政治制度的下位制度，基本政治制度是重要政治制度的上位制度，重要政治制度是基本政治制度的下位制度，上位政治制度统领和制约下位政治制度，下位政治制度支撑和服从上位政治制度。因此，根本政治制度在政治制度体系中处于支配地位、起着决定作用，是政治制度体系的基础和核心，反映了政治制度体系的本质和特征，是一种政治制度体系区别于其他政治制度体系的主要标志。如果用一座大厦来形容中国特色社会主义政治制度体系，根本政治制度、基本政治制度、重要政治制度就是中国特色社会主义政治制度的基石、梁柱和骨架，它们相互作用，共同支撑起中国特色社会主义的政治制度大厦。

为了保证人民当家作主，中国共产党根据巴黎公社的经验提出了这样一些原则：一是确立人民代表机关在整个国家权力体系中的最高地位，因为只有人民代表机关才能广泛反映全体人民的普遍意志，并使之以法律的形式表现出来，成为国家政治生活以及国家公职人员行使权力的基本准则；二是确立人民代表机关对其他国家机关的领导地位，其他国家机关只能在人民代表机关的监督和法律的约束下，行使人民委托的权力。作为这些原则的具体体现，人民代表大会制度是由全体人民选举产生的代表组成国家权力机关代表人民直接行使人民主权的一种政权组织形式，是我国根本政治制度，反映了国家的性质和中国特色社会主义制度的本质。习近平总书记指出："人民代表大会制度是坚持党的领导、人民当家作主、依法治国有机统一的根本制度安排。"① 人民代表大会制度之所以成为我国根本政治制度，是因为其作为一种政体，与我国工人阶级领导的、以工农联盟为基础的人民民主专政的国体相适应，实现了党的领导、人民当家作主和依法治国的有机统一，是人民当家作主的根本途径和最高实现形式，为中国特色社会主义制度奠定了坚实的政治基础。

2. 基本政治制度

基本政治制度作为政治制度体系中承上启下的主干，规定着国家政治生活的基本原则和基本内容。在中国特色社会主义政治制度体系中，基本政治制度包括中国共产党领导的多党合作和政治协商制度、民族区域自治制度和基层群众自治制度。

中国共产党领导的多党合作和政治协商制度是具有鲜明中国特色的社会主义新型政党制度。坚持共产党的领导是共产党与各民主党派合作的政治基础，一党执政与多党参政相结合是共产党与各民主党派合作的结构形式，人民政治协商会议是共产党与各民主党派合作的组织形式，长期共存、互相监督、肝胆相照、荣辱与共是共产党与各民主党派合作的基本方针。民族区域自治制度是在各少数民族聚居地方实行区域自治的社会主义新型自治制度，是符合中国国情的解决民族问题的正确选择。我国的民族区域自治是在国家统一领导下的自治，各民族自治地方都是中国不可分割的组成部分，各民族自治地方的自治机关都是中央政府领导下的一级地方政权，都必须服从中央集中统一领导。因此，我国的民族区域自治制度有利于把国家的集中统一与民族的自主平等结合起来，有利于把党和国家的路线方针政策与民族自治地方的具体实际结合起来，有利于加强各民族交往交流交融，促进各民族和睦相处、和衷共济、和谐发展。基层群众自治制度是人民群众依法直接行使民主权利、当家作主的基本制度形式，是发

---

① 习近平：《在庆祝全国人民代表大会成立60周年大会上的讲话》，人民出版社，2014，第6页。

展中国特色社会主义民主政治的重要基础。随着经济社会的发展进步，我国建立了以农村村民委员会、城市居民委员会和基层企业事业单位中的职工代表大会制度等为主要内容的基层民主自治体系。广大人民在基层群众自治组织中，依法直接行使民主选举、民主协商、民主决策、民主管理和民主监督权利，对所在基层组织的公共事务和公益事业实行民主自治，已成为当代中国最直接、最广泛的民主实践。

3. 重要政治制度

在中国特色社会主义政治制度体系中，重要政治制度是指建立在根本政治制度、基本政治制度基础上的政治体制、政治机制等。重要政治制度是由根本政治制度、基本政治制度派生而来的，是根本政治制度、基本政治制度的具体表现形式和实现形式。其中包括立法制度、行政制度、监察制度、司法制度、军事制度，选举制度、协商制度、决策制度、管理制度、监督制度、听证制度、评议制度，职务任期制度、办事公开制度、岗位轮换制度、责任追究制度，干部民主推荐、公开选拔、竞争上岗、择优任用制度，民主参与机制、法治规范机制、利益协调机制、权益保障机制，权力科学配置、规范运行、立体监控机制，等等。

在实际政治生活中，实现根本政治制度、基本政治制度所确定的基本原则，需要重要政治制度来确定相应的组织制度、管理权限、运行方式等。这些重要政治制度在我国政治生活各个方面发挥着举足轻重的作用，推动着我国社会主义民主法治建设稳步发展。同时，随着实践的发展，需要对重要政治制度中某些不合时宜的部分进行改革创新。如果重要政治制度不能随着实践的发展与时俱进，就有可能妨碍根本政治制度、基本政治制度的切实贯彻。这是因为根本政治制度、基本政治制度存在于重要政治制度之中，如人民代表大会制度存在于选举制度、立法制度、决策制度、监督制度等各项重要政治制度之中，正如一般存在于个别之中的道理一样，重要政治制度的成熟程度，标志着根本政治制度、基本政治制度的成熟程度。因此，完善根本政治制度、基本政治制度，必须从完善重要政治制度入手。

三 政治制度的主要特征

任何事物都具有本质和特征，中国特色社会主义政治制度也不例外。

作为决定事物性质、面貌和发展进程的根本属性，中国特色社会主义政治制度的本质就是党领导人民当家作主。作为本质的外在表现，中国特色社会主义政治制度的特征可以概括为：领导与执政相统一，民主与集中相结合，选举与协商相补充，效率与公平相协调，活力与秩序相一致。

1. 领导与执政相统一

坚持和加强党的领导，是党和国家的根本所在、命脉所在，是全国各族人民的利益所系、幸福所系。坚持和加强党的领导，是维护国家独立统一、社会和谐稳定的根本保证，是坚持人民主体地位、始终保持发展活力的根本保证，是有效驾驭国际局势、科学应对风险挑战的根本保证，是推进社会主义现代化、实现中华民族伟大复兴的根本保证，也是建设民主政治和法治国家的必然抉择。

中国共产党在国家政治生活中处于领导和执政地位，形成了相应的领导和执政方式。所谓领导方式，是指政党组织引导人民掌握和控制国家政权的体制、机制、途径和方法，它主要通过制定大政方针、提出立法建议、推荐重要干部、决定重大问题、开展思想教育、发挥模范作用来实现。所谓执政方式，是执政党掌握和控制国家政权以实现执政目标的体制、机制、途径和方法，它主要通过进入国家政权体系，主导国家政治生活来实现。在当代中国的政治生活中，中国共产党的领导权与执政权，全国人民代表大会的立法权、决定权、任免权、监督权，国务院的行政权，人民政协的协商权，国家监察委员会的监察权，最高人民法院和最高人民检察院的司法权，社会团体的自治权共同构成了当代中国的国家政权体系。在我国政权体系的运行中，共产党通过多党合作和政治协商制度，与民主党派共商国是，实现其领导权；通过人民代表大会制度，组织和支持人民当家作主，实现其执政权。人民政协是人民集体行使政治权利的政治组织形式，人民代表大会是人民集体行使国家权力的政权组织形式，二者在中国共产党领导下，形成了具有中国特色的政治运行机制：共产党通过人民政协使其主张成为社会各界的共识，又通过人民代表大会使其变为国家意志，然后通过国务院、国家监察委员会、最高人民法院和最高人民检察院组织实施，通过执政党、参政党和社会团体带头贯彻。从党在社会主义初级阶段基本路线的确立，到全面建设社会主义现代化国家宏伟蓝图的制定，我国所有重大的经济、政治、文化、社会、生态文明建设的目标、政策和举措，都是由中国共产党提出建议，经人民代表大会通过后上升为国家意志，并以法律法令的形式动员和组织全体人民贯彻实施的，从而有力地保证了改革开放和现代化建设事业的顺利推进。

2. 民主与集中相结合

中国特色社会主义政治制度的显著特征在于民主与集中相结合，并通过人民代表大会制度使之得到充分体现。所谓民主集中制，就是在民主的基础上高度集中与在集中的指导下广泛民主相结合。国家权力机关由人民选举产生，对人民负责，受人民监督，这表明了广泛民主；国家行政机关、监察机关、司法机关由权力机关产生，对权力机关负责，受权力机关监督，这又表明了高度集中。

民主集中制在不同国家机关的决策过程中，具体表现形式是不同的。一是在国家权力机关中，由于其组成人员是代表而不是施政官员，在议事过程中法律地位平等，没有行政上的隶属关系，因而对于一切重大问题必须经过充分讨论，然后进行表决，按照少数服从多数的原则集体作出决议，集体行使权力，这被称为集体负责制。二是在国家行政机关中，权力运行的基本方向是自上而下，权力的主客体关系是少数人对多数人的约束，因而对一切重大问题在进行充分民主讨论后，行政首长有权采纳正确的意见，作出最后决策，这被称为首长负责制。民主集中制通过这两种负责制从不同侧面得到了体现。民主集中制中的民主与集中是相辅相成的、有机统一的，二者相互依存、相互制约、相互作用、缺一不可。民主是集中的基础和源泉，集中是民主的体现和归宿。在民主与集中之间要保持平衡，就必须既反对只强调民主、否定集中的分散主义，又反对只强调集中、否定民主的集权主义；既切实保障公民的权利，又认真履行公民的义务；既坚持集体领导，又明确个人责任；既保护少数，尊重不同声音，又服从多数，遵守法规制度。作为一种制度，民主与集中总是与一定的管理职能相联系，只有按照少数服从多数的原则作出决策，并使之一体遵行，才能有效实施管理。因此，民主集中制一方面承认真理有可能掌握在少数人手里，允许少数人保留自己的不同意见；另一方面要求少数服从多数，以保证党和国家意志的统一与行动的一致。

3. 选举与协商相补充

按照通行的观点，民主一般可分为两种模式：一种是选举民主模式，另一种是协商民主模式。选举民主模式通常适用于国家内部民族、宗教、语言和文化传统基本相同的均质社会。协商民主模式通常适用于国家内部民族、宗教、语言和文化传统差异较大的异质社会。

所谓选举，就是人民按照自己的意志、法定的程序、自由平等的原则选举人民代表和国家公职人员的一种民主形式。从世界各国的情况看，选举主要有两大类：一是议会议员的选举，二是行政官员的选举。凡是根据选民投票来确定最终结果的选举，就是直接选举；凡是选民投票不能产生最终结果的选举，就是间接选举。选举的实质是人民交出自己的部分权力，并把它转移到自己所信任的代表手里，以委托他们直接管理国家和社会事务。"选举在民主政治中是国家权力运作的启动开关。"① 只有通过选举，公职人员才能获得合法掌权的资格。在我国，人民代表大会和其他国家机关之所以可以代表人民直接行使国家权力，原因就在于唯有人民代表大会直接获得了人民的权力委托，唯有其他国家机关间接获得了人民的权力委托。

所谓协商，就是人民内部不同阶层和群体围绕改革发展稳定的重大问题和涉及群众切身利益的实际问题，在决策作出之前和决策实施之中开展广泛商讨，努力形成共识的一种民主形式。经过多年的实践，我国协商民主形成了两种基本方式：一种是共产党同各民主党派的协商；另一种是共产党在人民政协同各民主党派和各界代表人士的协商。作为我国协商民主的专门机构，人民政协围绕团结和民主两大主题开展工作，在国家政治生活、社会生活和对外交往中，充分发挥社会主义协商民主的重要渠道作用。党和政府就大政方针以及经济、政治、文化、社会生活中的重要问题，在决策之前和决策实施之中通过人民政协进行协商，广泛听取各方面意见，集思广益，是实现决策科学化和民主化的重要环节。

4. 效率与公平相协调

当今世界，国家之间的竞争从表层上看是经济文化的竞争、科学技术的竞争，从深层上看则是社会制度的竞争，社会制度的优势才是带有根本性的优势，而效率与公平相协调正是社会制度优势的具体表现和生动体

---

① 张文显主编《政治与法治：中国政治体制改革与法制建设的理论思考》，吉林大学出版社，1994，第 198 页。

现。作为单位时间内完成的工作量，效率就是一定活动付出的代价与取得的成果之比。它在本质上表现为人的活动与其目的的关系，即人的活动在何种程度上达到了目的，或为达到某种目的耗费了多少劳动。一定活动达到了目的，创造了较多的价值，这种活动的效率就高；反之，效率就低。从我国政治制度运行的实际看，民主有利于科学决策，集中有利于提高效率。由于集中是建立在民主基础之上的，效率是建立在科学基础之上的，因而这种政治制度有利于经济社会又好又快发展。

公正即公平正义，是指对社会领域中制度和行为的合理性的一种道德认识和价值评价。其中，公平指的是一种合理的社会状态。衡量公平的尺度在于是否符合社会发展规律。正义指的是具有公正性、合理性的思想、行为和制度。衡量正义的尺度在于是否满足社会发展需要。在公平与正义之间，前者以自然和经济为尺度，具有合规律性；后者以社会和道义为尺度，具有合目的性，因而公平正义是合规律性与合目的性的有机统一。经过改革开放以来的发展，我国社会生产力水平显著提高，国内生产总值居世界第 2 位，对外贸易总额居世界第 1 位，220 多种主要工农业产品生产能力居世界第 1 位，高速铁路总里程、高速公路总里程和港口吞吐量均居世界第 1 位。与此同时，我国人民生活水平稳步提升，人均国内生产总值从 1978 年 156 美元增长到 2020 年 10000 多美元，已达到中等偏上收入国家水平；高等教育毛入学率 2020 年达到 54%，高出世界平均水平 15 个百分点；建成覆盖近 14 亿人的社会保障网，居民平均预期寿命 2020 年达到77 岁，高于世界平均水平。[①] 这些数字以雄辩的事实展示了效率与公平相协调的实在意义，显示了中国特色社会主义政治制度的显著优势和巨大潜力。

5. 活力与秩序相一致

按照马克思主义的观点，人是生产力中最活跃、最积极的因素，活力归根到底是作为物质产品和精神产品创造者的人的活力。因此，要增强人的活力，就要着力营造社会目标与个人利益的联系机制，充分调动人的积极性、主动性和创造性，使一切劳动、知识、技术、管理、资本的活力竞相迸发，一切创造社会财富的源泉充分涌流。在社会主义条件下，人民群

---

① 欧阳淞：《没有共产党就没有新中国》，《人民日报》2019 年 9 月 11 日。

众彻底摆脱了人身占有关系和人身依附关系，拥有自主的地位和独立的人格，能够以人的个性所固有的方式去生活，积极从事自由自觉的创造活动，从而成为自己的主人；社会主义事业从根本上说是人民群众自己的事业，社会主义生产的目的是不断满足人民群众日益增长的美好生活需要；社会主义政治制度与经济制度的有机结合，形成了各尽所能、按劳取酬，锐意进取、优胜劣汰的分配机制和竞争机制。这一切都有利于激发人民群众的创造活力，从而促进经济社会的快速稳步发展。①

人的活力的充分释放离不开秩序的有效维护。秩序通常指事物的有序状态，是自然进程和社会进程中所具有的某种程度的一致性、连续性和确定性的结构、过程和变化模式。它包含着行为秩序和状态秩序，也包含着经济秩序、政治秩序、文化秩序乃至生产秩序、工作秩序、生活秩序等。秩序的确立总是同规则的形成和实施紧密相连，因而它在一定程度上意味着社会行为的文明性、社会关系的稳定性、社会发展的连续性以及社会生活的安全性。② 民主法治作为我国政治制度的本质，不仅有利于激发人的活力，而且有利于维护社会秩序。在实际生活中，秩序通过明确的、普遍的规则，能够排除人为的、偶然的因素的干扰，为人们的社会活动提供稳定的预期，并根据这种预期合理选择自己的行为，从而实现人尽其力，物得其用，财宏其效，事竟其成。人类政治文明发展史表明，民主法治是实现国家长治久安的有效治理方式，是一种有利于激发社会活力、化解社会矛盾、达成社会和谐的制度安排。

四 政治制度的发展完善

中国特色社会主义政治制度具有无比的优越性，但它并不是一诞生就完美无缺，一出现就一成不变，随着时代的发展、社会的进步，中国特色社会主义政治制度也需要不断发展完善。发展完善人民当家作主的政治制

---

① 回顾新中国 70 多年发展历程，从一辆汽车、一架飞机都造不出来，到第一条铁路干线通车、第一辆国产轿车下线、第一颗原子弹爆炸、第一枚运载火箭发射、第一艘国产航母下海，从工业凋敝、农业萎缩、满目萧条、百废待兴到公路成网、铁路密布、西气东输、南水北调、高铁飞驰、信息畅通、巨轮远航、飞机翱翔，成为制造业第一大国。这些奇迹的创造无疑来自人的智慧、力量和不懈奋斗，但从根本上说，更是激发人的智慧、力量和不懈奋斗的制度使然。

② 《法理学》编写组编《法理学》，人民出版社、高等教育出版社，2010，第 79 页。

度，重点在于发展完善人民代表大会制度，发展完善中国共产党领导的多党合作和政治协商制度、民族区域自治制度、基层群众自治制度。

1. 发展完善根本政治制度

人民代表大会制度是我国的根本政治制度，体现了国家的性质和中国特色社会主义制度的本质。它植根于人民群众，具有强大的生命力；它代表广大人民的共同意志和根本利益，能够动员全体人民以主人翁的姿态投身国家建设，保证国家机关协调高效运转，维护国家统一和民族团结。发展完善人民代表大会制度，要求我们畅通人民通过人大行使国家权力渠道，确保人大及其常委会依法行使职权，健全人大组织制度、选举制度和议事规则，在提高人民代表素质的同时减少人民代表名额。

（1）畅通人民通过人大行使国家权力渠道。从实际情况看，我国民主政治建设取得了长足进步，但在公民权利保障方面仍然存在许多亟待解决的问题，如公民权利的保障制度还不够完善，公民政治参与的渠道还不够通畅，公民对公共权力运行实施有效制约监督的机制还不够健全，公民管理国家和社会事务、管理经济和文化事业的权利还没有得到充分行使。因此，要通过改革和创新，扩大公民有序政治参与，依法保障公民的知情权、参与权、表达权、监督权，依法保证全体社会成员平等参与、平等发展的权利；依靠人民的支持，倾听人民的意见，接受人民的监督，认真纠正工作中的失误；畅通社情民意反映和表达渠道，积极回应社会关切；善于统筹兼顾不同利益诉求，广泛凝聚社会共识，最大限度地调动积极因素、化解消极因素；密切人大代表同公众的联系，及时反映公众的呼声，科学汇集公众的智慧，切实维护公众的利益；各级人大及其常委会要支持和保证人大代表依法履职，充分发挥人大代表的作用。

（2）确保人大及其常委会依法行使职权。人大及其常委会的职权主要包括立法权、监督权、决定权、任免权四项权力。一是依法行使立法权，完善以宪法为核心的中国特色社会主义法律体系，加强重要领域立法，以良法保障善治；坚持科学立法、民主立法、依法立法，正确处理原则与细则、实体与程序、部分与整体、制定与执行、稳定与变革的关系，不断提高立法质量和效率。二是依法行使监督权，加强对法律实施的监督，保证行政权、监察权、审判权、检察权得到依法正确行使，保证公民、法人和其他组织合法权益得到切实保障；坚持有法必依、执法必严、违法必究，改进监督工作方式和方法，增强监督工作针对性和实效性。三是依法行使决定权，依据宪法和法律，讨论决定本行政区域内经济建设、政治建设、文化建设、社会建设、生态文明建设各方面的重大事项，更好发挥国家权力机关职能作用。四是依法行使选举权和任免权，严格依照法定职权和法定程序选举和任免国家机关领导人员、组成人员和工作人员，保证党组织推荐的人选成为国家机关领导人员；加强对人大选举和任命人员的监督，增强选举和任命人员的责任意识和公仆意识。

（3）健全人大组织制度、选举制度和议事规则。适应新形势新任务新要求，完善人大组织体系、工作机制、议事规则方面的法律制度，完善论证、评议、听证制度，完善报告、审议、批准、决定、调查、质询、选举、罢免、撤销等监督手段运用程序，完善对行政、监察、审判、检察活动的合法性和公正性的监督方式，使人大各项权力的行使有法可依，有章可循。以人大对司法机关的监督为例，目前我国司法实践中仍存在司法不公和徇私舞弊等腐败现象。对此，人大除了听取司法机关的工作报告，加强对司法机关的常规监督外，还应以集体、依法、事后的方式，加强对司法机关和司法人员滥用职权、侵害国家利益和公民权益的个案进行监督，包括对审判活动是否合法进行监督；对审判人员在审判活动中是否守法进行监督；对审判结果是否公正进行监督。健全适合国家权力机关特点、更好体现民主集中制原则、充满生机活力的组织制度和运行机制，使各级人大及其常委会成为全面担负起宪法和法律赋予的各项职责的工作机关，成为同人民群众保持密切联系的代表机关。

（4）在提高人民代表素质的同时减少人民代表名额。首先要提高人民代表素质。在我国，广大人民的权力归根到底是由人民代表直接行使的，人民代表政治素质高低、思想品德优劣、管理能力强弱，直接关系人民的权力能否得到正确有效的行使。在新的时代条件下，我国面临的亟待解决的社会问题日益增多，这些问题大多具有很强的专业性和技术性，缺少相应的知识和技能，就难以提出恰当的议案。要真正做到倾听人民的呼声，体察人民的情绪，反映人民的愿望，维护人民的利益，就必须提高人民代表的素质，实行人民代表专职化。因此，应改革和完善人大代表产生办法，把代表素质作为基础性要求，代表结构作为指导性要求，视情况适当灵活掌握。其次要减少人民代表名额。目前我国人大代表数量过多，既不便于开会，又不便于议事。应根据人民代表的广泛性和作用的有效性相统一的原则，压缩代表名额，减少官员比例，降低会议成本，提高会议效能。

2. 发展完善基本政治制度

（1）发展完善中国共产党领导的多党合作和政治协商制度。中国共产党领导的多党合作和政治协商制度是马克思主义政党理论与我国具体实际相结合的伟大创造，是社会主义民主政治制度的重要内容。这一政党制度是中国共产党与各民主党派在中国革命、建设和改革的长期实践中确立和发展起来的，是中国共产党同各民主党派风雨同舟、团结奋斗的政治成果，是当代中国的一项基本政治制度。在当今中国，民主党派是各自所联系的一部分社会主义劳动者、社会主义事业建设者和拥护社会主义爱国者的政治联盟。无党派人士是中国政治生活中的一支重要力量，主要指没有参加任何党派、对社会有积极贡献和一定影响的人士，其主体是知识分子。中国人民政治协商会议是中国人民爱国统一战线的组织，是中国共产党领导的多党合作和政治协商的重要机构，是中国政治生活中发扬社会主义民主的重要形式，是社会主义协商民主的重要渠道和专门协商机构，是国家治理体系的重要组成部分和具有中国特色的制度安排。[①] 人民政协围绕团结和民主两大主题开展工作，履行政治协商、民主监督、参政议政职能。贯彻长期共存、互相监督、肝胆相照、荣辱与共的方针，加强中国特色社会主义政党制度建设，健全互相监督等机制，完善民主党派中央直接向中共中央提出建议制度，完善支持民主党派和无党派人士履行职能方法，展现我国新型政党制度优势。发挥人民政协作为政治组织和民主形式的效能，提高政治协商、民主监督、参政议政水平，更好凝聚共识。完善人民政协专门协商机构制度，丰富协商形式，健全协商规则，优化界别设置，健全发扬民主和增进团结相互贯通、建言资政和凝聚共识双向发力的程序机制。

（2）发展完善民族区域自治制度。中国是一个统一的多民族国家，通过识别并由中央政府确认的民族有 56 个。其中汉族人口最多，其他 55 个民族人口较少，习惯上被称为少数民族。在处理民族问题方面，世界上多民族国家各有不同的制度模式，我国采用的是民族区域自治。民族区域自

[①] 中华人民共和国国务院新闻办公室：《中国新型政党制度》，《人民日报》2021 年 6 月 26 日。

治是在国家统一领导下，各少数民族聚居地方设立自治机关，实行区域自治。我国采用民族区域自治的办法解决民族问题，是根据本国的历史发展、文化特点、民族关系和民族分布等具体情况作出的制度安排，符合各民族人民的共同利益和发展要求。民族区域自治制度作为我国的一项基本政治制度，具有两个显著特征。一是维护国家统一。我国的民族区域自治是在国家统一领导下的自治，各民族自治地方都是中国不可分割的组成部分，各民族自治地方的自治机关都是中央政府领导下的一级地方政权，都必须服从中央集中统一领导。二是巩固民族团结。我国的民族区域自治不只是单纯的民族自治或地方自治，而是民族因素与区域因素、政治因素与经济因素、历史因素与现实因素的统一。要坚定不移走中国特色解决民族问题的正确道路，坚持各民族一律平等，坚持各民族共同团结奋斗、共同繁荣发展，保证民族自治地方依法行使自治权，保障少数民族合法权益，巩固和发展平等团结互助和谐的社会主义民族关系。坚持不懈开展马克思主义祖国观、民族观、文化观、历史观宣传教育，打牢中华民族共同体思想基础。全面深入持久开展民族团结进步创建，加强各民族交往交流交融。支持和帮助民族地区加快发展，不断提高各族群众生活水平。[①]

（3）发展完善基层群众自治制度。扩大基层民主，是发展中国特色社会主义民主政治的必然要求和重要基础。基层群众自治制度，是在党的领导下，基层群众通过一定的组织和形式，依法直接行使民主选举、民主协商、民主决策、民主管理、民主监督等各种权利的运行机制。目前，我国已建立了以农村村民委员会、城市居民委员会和基层企业事业单位中的职工代表大会制度等为主要内容的基层民主自治体系。广大人民在基层群众自治组织中，依法直接行使民主选举、民主协商、民主决策、民主管理和民主监督的权利，对所在基层组织的公共事务和公益事业实行民主自治，已成为当代中国最直接、最广泛的民主实践。村民自治是广大农民直接行使民主权利，依法办理自己的事情，实行自我管理、自我服务、自我教育、自我监督的一项基本制度，已成为当今我国农村扩大基层民主和提高农村治理水平的一种有效方式。城市居民委员会是我国城市居民实现自我

---

① 《中共中央关于坚持和完善中国特色社会主义制度 推进国家治理体系和治理能力现代化若干重大问题的决定》，《人民日报》2019 年 11 月 6 日。

管理、自我服务、自我教育、自我监督的基层群众自治组织，是在城市基层实现直接民主的重要形式。职工代表大会制度是职工通过民主选举，组成职工代表大会，实现职工对企业事业单位民主管理的基本制度。职工代表大会制度在实行民主管理、保障职工合法权益和推动企业发展等方面发挥了重要作用。要健全基层党组织领导的基层群众自治机制，在城乡社区治理、基层公共事务和公益事业中广泛实行群众自治，拓宽人民群众反映意见和建议的渠道，着力推进基层直接民主制度化、规范化、程序化。要全心全意依靠工人阶级，健全以职工代表大会为基本形式的企业事业单位民主管理制度，探索企业职工参与管理的有效方式，保障职工群众的知情权、参与权、表达权、监督权，维护职工合法权益。

3. 发展完善重要政治制度

监督制度作为中国特色社会主义政治制度体系中的一项重要政治制度，就是对权力运行实施监察和督促，以确保人民的权力真正用来为人民谋利益。在公共权力所有者与公共权力行使者处于相对分离的状态下，作为国家主人的广大人民能否对自己的公仆实施有效的监督，是衡量一种政治制度成熟程度的重要标志。因此，发展完善监督制度是发展完善重要政治制度的应有之义。

（1）优化监督结构。优化监督体系的框架结构，实现直接与间接相结合、横向与纵向相结合、同体与异体相结合、刚性与柔性相结合，目的在于为强化监督构建一个疏而不漏的网络。其中，直接与间接相结合，是就监督主体与对象之间的关系而言的。前者是公民以自己的权利直接监督掌权者，后者是公民将自己的权利凝结为人民权力间接监督掌权者。直接监督与间接监督是同人民的直接参与和间接参与相适应的。横向与纵向相结合，是就各种权力的纵横关系而言的。前者是同一层次不同性质权力之间的监督，后者是同一性质不同层次权力之间的监督。横向监督与纵向监督协调一致，形成合力，可以填补真空，堵塞漏洞，全面提高监督的整体效能。同体与异体相结合，是就权力系统内部与外部关系而言的。前者是同一系统内部各组成部分之间的相互监督，后者是不同系统之间的相互监督。在实际操作中，只要监督主体与客体处于同一系统之中，就属于同体监督，反之则属于异体监督。刚性与柔性相结合，是就不同监督手段之间的关系而言的。前者主要通过加强法治建设，用强制的手段迫使掌权者在行使权力时严格遵守各种行为规范；后者主要通过加强思想教育，使掌权者在社会舆论的调控下，依法合理用权。刚性监督与柔性监督尽管作用不同，但两者都不可偏废。

（2）改进监督方式。将现代信息技术融入权力运行过程，从而强化权力规则，规范权力程序，确立权力界限，公开权力信息，明晰权力责任，实现对权力运行全域全程监控、客观精准监控、即时同步监控。一是运用信息技术强化权力规则。把权力运行的制度要求嵌入信息程序之中，构建具有规范保障功能的信息化、网络化平台，以缩小制度设计与实际执行之间的落差，确保制度贯彻执行到位。二是运用信息技术规范权力程序。把受理、承办、批准、办结等事项固化为网络程序，实现网上审批、网上招标、网上采购、网上交易，使业务在阳光下操作、资金在网络上监管、风险在流程内控制、资源在市场中配置。三是运用信息技术确立权力界限。通过电子政务形成权力运行反馈机制，可以实时掌握违法违规、投诉举报等信息，提前识别目标，及时发现隐患，实现监管事项的全覆盖、监管过程的全记录、监管工作的可追溯、监管责任的可追究。四是运用信息技术公开权力信息。在列出权力清单的同时，让权力运行流程固化上网，依法将行政职权、行使依据、受理条件、办结时限、承办人员等相关信息放到政府门户网站，构建统一的电子政务平台，以此消除权力运行的暗箱操作，确保权力行使的合法性和合理性。五是运用信息技术明晰权力责任。运用信息技术公开政府及其工作部门的决策权、执法权、审批权等职责权限、法律依据、运行流程、工作时限、服务承诺和责任追究，以此推动各项职责的落实，在客观反映权力运行状况的同时，放大责任约束的功效。

（3）创新监督手段。大数据既是一类具有数据容量大、增长速度快、数据类别多等特征的数据组成的集合，也是一项能够对数量巨大、来源分散、格式多样的数据进行采集、存储和关联性分析的新一代信息系统架构和技术。大数据技术的应用使监督工作开始向网络延伸、向云端拓展、向数据深化，为增强监督体系效能注入了新的时代元素。将大数据技术运用于职务犯罪的侦查，改变了传统的、单一的侦查模式，促使侦查工作由传统型、粗放型、经验型侦查向现代型、精细型、专业型侦查转型。在职务犯罪侦查工作中涉及犯罪嫌疑人的银行存款、证券账户、车辆信息、房产信息、住宿信息、航空信息以及手机通话记录、地理位置轨迹等大数据，通过录像回放、信息对比、数据分析整合，可以精准识别对象目标，判断犯罪嫌疑人的财产状况以及财物流转、行踪轨迹、社会交往等方面的情况。针对其中的异常数据进行重点审计审核，在提审的过程中也能针对这些问题进行讯问，从而提高职务犯罪的预测和查办效能。同时，建立统一的监督体系信息平台，实现监督体系内部各部门之间的信息对接，不仅是一种信息数据的共享，也是一种信息数据的核对，对于提升办案质量和效率是一个有力的促进。而信息基础设施持续完善，网络宽带和存储设备持续增加，为大数据的存储和传播提供了物质基础；移动终端持续不断产生大量的数据，为大数据提供了重要的数据来源。

（4）聚焦监督重点。健全监督体系的目的在于规范权力的合理运行，有效遏制腐败的滋生蔓延。这就决定了哪里有权力运行，哪里就有权力监督机制；哪里腐败案件多发高发，哪里就是权力监督机制建设的重点。我们党对监督重点领域有着明确的界定，如人事任免、审批监管、执法司法、工程建设、资源开发、金融信贷、公共资源交易、公共财政支出等，其要旨是抓住人事任免权、政策制定权、审批监管权、执法司法权等关键点，合理配置权力，强化制约监督。实践表明，资源密集领域、改革滞后行业、监管薄弱环节、权力集中岗位往往是腐败案件多发高发的重灾区，也是权力监督机制建设的着力点。鉴于此，要深化干部人事制度改革，以民主推荐、公开选拔、竞争上岗、任前公示制度为主干，通过多方举荐、组织考核、集体决断、社会公示等环节，切实提高选人用人的公信度。通过引入市场竞争机制，创建统一的招标投标中心，对工程建设、土地使用权出让、产权交易和政府采购实行公开招标投标，并规范招标投标、交易、采购中心的监管制度与运行机制，切实与政府主管部门机构、职能、人员、财务四分开。实行财务统一核算制度，将一个部门预算内外资金统一纳入预算管理，全面反映部门各项财政性资金的收支情况，增强预算的完整性、公开性和透明度。对于管人、管钱、管物部门，实行四只眼睛的办事制度和岗位轮换交流制度。

第四节　政治体制

政治体制属于上层建筑，是由一定经济基础决定的。政治体制属于具体制度，是由一定社会的根本制度决定的。资本主义国家的政治体制是由资本主义私有制的经济制度和三权分立的政治制度决定的。社会主义国家的政治体制是由社会主义公有制为主体的经济制度和人民当家作主的政治制度决定的。作为具体制度，政治体制并不是简单地与根本制度相对应。一方面，一定社会在根本政治制度的基础上，可以有多种不同的政治体制，如在资本主义三权分立这一政治制度下，既有总统制国家，又有议会制国家；另一方面，根本制度是相对稳定的，具体制度则随着经济政治生活的变化而变化。

一　政治体制的内涵

党的十二大报告首次提出"政治体制"的概念，自那时起人们就开始对政治体制及相关问题展开研究。对于政治体制的内涵，一种观点认为，政治体制是一个国家政治制度得以运行和发挥作用的体制架构，涉及政治制度运行的组成体系、功能结构、工作机制和程序安排等具体内容。另一种观点认为，政治体制是指政治制度在政治生活中的表现形式和实现方式，主要包括党和国家的领导制度、组织制度、工作制度等方面的具体制度。还有一种观点认为，政治体制是比政治制度更为宽泛的概念，它涵盖国体、政体和政治规范，不仅包括政治制度，还包括政治权力行使的范围和方式。综合起来，政治体制是指以国家政权组织为中心的各种政治组织、政治结构、政治功能与政治行为规范的总和，包括与国家根本制度相适应的领导制度、组织制度、工作制度等具体制度和与国家机器正常运转相适应的组织形式、权限划分、活动方式和运行机制等具体规范。同政治制度相比，政治体制具有多样性和灵活性，对整个社会的政治、经济、文化生活的影响也更为直接。

二　政治体制的构成

政治体制作为一个国家政治权力的结构形式和运行机制，是人们探讨政治组织的体系、结构、权限划分及其相互关系时经常使用的概念。政治体制作为一个总体性概念，包括政治结构、政治规范、政治关系、政治设施、政治过程等方面，每个方面又由许多要素所组成，如政党体制、立法体制、行政体制、司法体制等。

1. 政党体制

政党是指建立在一定的阶级基础之上，代表一定的阶级、阶层或社会集团的利益，为掌握或影响国家政权，为实现自己的政治纲领和政治目标而奋斗的政治组织。政党在政治生活中的作用是：取得政治权力，支配利益表达过程；运用政治权力，控制利益整合过程；分享政治权力，参与利益分配过程。政党体制作为现代国家政治制度的重要组成部分，是指政党执掌、参与或影响国家政权的具体体制和运行机制。它包括两个方面：一是政党与国家政权的关系；二是政党之间的关系。政党为了实现其所代表的阶级或集团的利益，必须参与政治活动，以便支配和影响国家的政治决策。因此，任何政党总是以控制国家政权，取得执政地位，或分享国家政权，取得参政地位为目的的。不同政党的政治地位依其同国家政权的关系可划分为执政党、参政党和在野党。不同的政治地位为政党发挥作用提供了基础和依据。

由于历史传统、政治制度、阶级结构以及各种政治力量对比情况的差异，特别是选举制度的不同，世界各国的政党体制也呈现出不同的类型。根据政党体制的阶级本质，可分为资本主义政党体制和社会主义政党体制。根据政党体制的表现形式，可分为一党制、两党制、多党制和一党领导的多党合作制。资本主义政党体制作为西方国家政治制度的重要组成部分，是指通过选举，由几个资产阶级政党轮流执政或联合执政的一种政党体制。这种政党体制是与西方国家每隔几年举行一次大选，并由竞选获胜的政党出面组阁的政治制度相适应的。大选过后，议会制国家通常由在议会中占据多数席位的政党或政党联盟的领袖负责组织政府；总统制国家通常由在总统竞选中当选的总统负责组织政府。掌权的政党叫执政党，或称在朝党，未能入阁的政党叫反对党，或称在野党。在西方国家，法律允许代表不同利益的政党合法存在，任何一个合法存在的政党都有权参加执政的角逐，任何一个合法存在的政党都有适当的角色可以扮演，各政党无论其影响大小，人数多少，法律地位是平等的，理论上都存在执政的可能性。

西方政党在国家政治生活中处于重要的地位，如果说选举是西方政治制度的基石，议会是西方政治制度的象征，那么政党则是西方政治制度的中枢。其作用主要是操纵选举、控制议会、掌握政权或影响政府。每逢大选，各政党便活跃起来，通过组织竞选班子，筹集竞选经费，制定竞选纲领、选拔候选人员，左右舆论导向等方式控制和操纵选举，以便进而控制和影响议会。议会既是各政党的栖身之地，又是各政党的活动舞台。资产阶级政党一般以建立自己的议会党团的方式控制和影响议会。在议会制国家，某个政党控制了议会就掌握了组阁权，就可以成为执政党，该党的纲领便随之成为制定国家法律和政策的依据。在总统制国家，虽然在议会中取得多数席位的政党不一定是执政党，但却可以通过议会来影响和决定国家法律的制定，来影响和决定政府政策的实施及国家预算的分配，从而使该党的党纲和政策主张得以较大程度的实现。由于控制政府、取得执政地位是资产阶级政党活动的基本目标，因此，操纵选举并使本党候选人员当选，就成为各政党活动的主要内容和工作重心。在西方，无论是议会制还是总统制，政府都控制在执政党手中，政府首脑通常都由执政党的领袖来担任。这样，执政党往往把本党的决策变为国家的政策，将本党的政纲变为政府的施政纲领，从而实现其控制和影响国家政权的目的。

我国是以工人阶级为领导的、以工农联盟为基础的人民民主专政的社会主义国家，实行的是中国共产党领导的多党合作的政党体制。作为社会主义国家，我国广大人民的根本利益具有一致性，为了把广大人民组织起来当家作主，以实现自己的利益，客观上需要有一个坚强的政治核心来领导，这个政治核心就是中国共产党。中国共产党的领导是在中国革命、建设和改革的长期实践中形成的，是人民的历史选择，也是社会主义现代化建设的时代要求。在我国，共产党的领导地位具有合法性基础，它得到了广大人民的真心拥护、民主党派的一致认同，归根到底是共产党适应历史发展要求，在中国革命、建设和改革中作出无与伦比的卓越贡献的必然结果。作为社会主义国家，我国原有的剥削阶级已经消灭，但不同社会阶层和社会集团依然存在，这些社会阶层和社会集团之间不仅存在经济利益方面的差异，而且存在政治意向方面的不同，客观上需要一定的政治组织来代表他们的利益，反映他们的要求。这种政治组织就是民主党派。经过长期的革命洗礼、斗争考验，我国民主党派作为各自所联系的那一部分社会主义劳动者、社会主义事业建设者和拥护社会主义爱国者的政治联盟，已经成为中国共产党领导的、以社会主义劳动者为主体的、为社会主义现代化建设事业服务的一支重要的政治力量。民主党派与共产党的关系，既不是在朝在野的关系，也不是台上台下的关系，而是执政与参政之间通力合作的关系，是长期共存、互相监督、肝胆相照、荣辱与共的关系。由此形成了我国一党领导、多党合作的政党体制。这种政党体制同任何政党体制一样，是公民向国家表达政治意愿，对国家施加政治影响的重要工具，是公民行使结社自由权、政治参与权、意志表达权的具体体现，因而是我国社会主义民主政治制度的重要组成部分。

2. 立法体制

立法体制作为立法制度的重要组成部分，是由立法权、立法权运行和立法权载体诸方面的体系和制度所构成的有机整体。作为立法体制的核心，立法权就是为主权者所拥有，由特定的国家机关所行使，旨在制定、认可和变动规范性文件以调整一定社会关系的权力体系。简言之，立法权就是一定的国家机关依法享有的创制、修改、废止法律的权力。立法体制是静态和动态的统一，立法权是立法体制中的静态内容，立法权运行是立法体制中的动态内容，立法权载体的设置和活动则是兼具静态和动态两种状态的内容。

（1）立法体制的构成要素。立法体制由三要素构成。一是立法权的体系和制度，包括立法权的归属、立法权的性质、立法权的种类、立法权的构成、立法权的范围、立法权的限制、立法权之间的关系、立法权在国家权力体系中的地位、立法权与其他国家权力的关系等方面的体系和制度。二是立法权的运行体系和制度，包括立法权的运行原则、运行程序、运行方式等方面的体系和制度。所谓立法权的运行体系和制度，不仅包括提出、审议、表决、通过法案和公布法律等方面的原则、程序、方式，也包括提出法案前和公布法律后的所有与立法权运行相关的制度，如立法规划、决策、解释、备案、信息反馈、法律编纂过程中有关立法权运行的制度。三是立法权的载体体系和制度，包括行使立法权的立法机构的设置、组织原则、运行程序、活动方式等方面的体系和制度。

（2）立法体制的客观依据。首先，我国是人民当家作主的国家，法律是人民意志的凝结，由反映全体人民意志的最高国家权力机关——全国人大及其常委会行使国家立法权，统一领导全国立法，制定、变更反映国家和社会基本制度、基本关系的法律，使立法符合基本国情的要求。其次，我国幅员辽阔，人口众多，各地区、各民族经济文化发展很不平衡，不可能仅靠国家立法来解决各地复杂的问题。因此，适应国情需要，除了以国家立法作为统一标准来解决国家基本问题外，有必要在立法上实行一定程度的分权，让有关方面分别制定行政法规、地方性法规、自治法规和特区规范性文件等。最后，现阶段的我国，经济上实行以公有制为主体、多种所有制经济共同发展的基本经济制度，政治上实行民主集中制。经济、政治上的特点加上地理、人口、民族方面的特点以及各地区发展不平衡的特点，决定了国家在立法体制上必须坚持中央统一领导，充分发扬民主，使各方面都能参与立法。

（3）立法体制的基本特征。我国是工人阶级领导的、以工农联盟为基础的人民民主专政的社会主义国家，中国共产党是国家的领导核心，人民代表大会制度是我国的根本政治制度，这些因素决定了我国的立法权必须相对集中，不能过于分散，以利于维护国家法制的统一。同时，由于我国地域广阔，各地区情况千差万别，要发挥中央和地方两个积极性；我国是一个统一的多民族国家，少数民族聚居地方实行民族区域自治；我国正在进行经济体制改革和其他各项改革，需要不断完善法制等，这些因素又决定了我国的立法权不能过于集中，必须适应各种不同情况，充分调动各方面的积极性和主动性，促进改革发展稳定和社会主义民主法治建设。根据这些实际，宪法和法律确立的立法体制既是统一的，又是分层次的。所谓统一，即所有立法都必须以宪法为依据，不得同宪法相抵触；下位法不得同上位法相抵触；国家立法权由全国人大及其常委会统一行使，法律只能由全国人大及其常委会制定。所谓分层次，即在保证国家法制统一的前提下，国务院、省人大及其常委会和市人大及其常委会、自治地方人大、国务院各部委、省人民政府和市人民政府，分别可以制定行政法规、地方性法规、自治条例和单行条例。实践证明，这种立法体制是符合中国国情的。①

---

① 葛洪义主编《法理学》，中国人民大学出版社，2015，第158～159页。该书认为：我国形成了"一元两级多层次"的立法体制。所谓"一元"，是指我国的立法体制是以宪法为最高效力所形成的统一的国家立法权力体系，全国人民代表大会及其常委会的立法权高于其他任何国家机关的立法权，其他任何国家机关的立法权都必须服从全国人民代表大会及其常委会的立法权。所谓"两级"是指我国立法体制有中央立法和地方立法，地方立法权隶属于中央立法权的两级立法体制。中央立法在我国立法活动中居于主导地位，地方立法是中央立法的具体化，是中央集权下的地方立法。所谓"多层次"，是指中央和地方两级立法权又可以分成若干的层次和类别。下一层级的法律不得与上一层级的法律内容相冲突。中央立法包括最高国家权力机关、最高国家权力机关的常设机关、最高国家行政机关等立法层次。地方立法包括省级和省人民政府所在地的市，国务院批准的较大的市，民族自治区、州、县和特别行政区等各层次多类别的立法。

（4）立法体制的特色所在。同当今世界普遍存在的单一的立法体制、复合的立法体制、制衡的立法体制相比，我国现行立法体制独具特色。第一，在中国，立法权不是由一个政权机关行使，因而不属于单一的立法体制。第二，在中国，立法权由两个以上的政权机关行使，是指中国存在多种立法权，如法律立法权、行政法规立法权、地方性法规立法权，它们分别由不同的政权机关行使，而不是同一个立法权由几个政权机关行使，因而也不属于复合的立法体制。第三，我国的立法体制也不是制衡的立法体制，不是建立在立法、行政、司法三权既相互分立又相互制约的原则基础上，国家主席根据全国人大的决定公布法律，行政法规不得与人大法律相抵触，地方性法规不得与法律和行政法规相抵触，全国人大有权撤销与其所制定的法律相抵触的行政法规和地方性法规，这表明我国立法体制内部存在从属关系、统一关系、监督关系，不存在制衡关系。

3. 行政体制

行政体制作为国家政治体制的重要组成部分，是指国家行政机关机构设置、职权划分与运行机制等制度的统称。其主要内容包括职能定位、权力配置、运行规则和法律保障四个方面。其中，职能定位是基础，权力配置是核心，运行规则是关键，法律保障是手段。它们之间相互联系、相互作用，共同构成行政体制的总体框架。

（1）行政机关的职能定位。行政职能定位包括行政职能、行政作用、行政地位三个方面。职能是职责与功能的统一体。行政职能体现了公共行政的本质要求，是公共行政的核心内容，直接体现了公共行政的性质、方向、任务和作用。行政作用是行政机关管理国家和社会事务，为社会提供公共服务的价值所在。行政职能在行政体制中占有重要地位，是确定行政机关权力范围和基本任务的基础。这就是说，行政机关的活动内容和任务必须根据已经确定的职能来展开和进行，否则就有可能导致行政职能的越位、缺位和错位。为了避免行政职能的越位、缺位和错位，一个重要的手段就是科学合理地设定行政职能，为各级政府界定明确的权力范围和职责任务。随着社会的发展，如今公共行政不再仅仅指国家的职能、作用和活动，同时也指以向社会公众提供服务为宗旨的社会公共组织的职能、作用和活动。

（2）行政机关的权力配置。行政权力和行政职能是两个关系极为密切的范畴。行政权力和行政职能之间实际上是手段与目的关系；行政职能的设定为各级政府确定了工作的任务方向和价值目标，而行政权力则为各级政府完成任务创造了条件和途径。因此，行政权力的配置应与其职能紧密相连，行政机关无论拥有什么权力、多大权力，都应是其职能的反映。具体说来，行政权力的配置主要包括以下方面内容：一是行政权力在中央与地方各级政府之间的配置；二是行政权力在同级政府之间的配置；三是行政权力在同级政府内各部门之间的配置；四是行政权力在具体部门内各个机构之间的配置。与权力配置直接相关的是政府机构的设置。由于政府机构是行政权力的具体承担者，因而在行政机关内部应设置哪些机构，应赋予各类机构何种地位和权限，都要通过各个机构的权力配置来决定。

（3）行政机关的运行规则。运行规则是指行政权力的运行所要遵行的基本规则。行政权力的运行是行政权力在行政系统内部的运作过程，包括行政权力在上下级政府之间、同级政府之间以及本级政府内各部门之间的运行。行政权力的运行贯穿于行政权力行使的决策、执行、协调、监督等所有环节。行政权力的运行规则是引导、规范和制约行政权力运行的制度体系。如同体育比赛需要规范参赛选手的比赛规则、市场竞争需要规范各类市场主体的竞争规则一样，行政机关在行使行政权力时也需要一套运行规则的引导、规范和制约。由于行政权力的运行涉及人事、资金、工程项目等大量公共资源的配置和使用，因而行政权力的运行规则不可或缺。行政权力的运行规则主要以法律制度为基础，以法律原则、法律精神为内容的规则体系。这就是说，引导、规范和制约行政权力运行的应是一套公开、明确、科学的规则体系。

（4）行政机关的法律保障。行政法律保障就是以法律规则作为行政行为的基本依据，行政机关管理国家和社会事务必须由法律授权并依法进行。它包括三层含义：一是将法律作为行政管理的基本手段，依法实施对国家和社会事务的管理；二是依法规范行政管理活动，严格在法定职权范围内依法行使权力，既不失职也不越权；三是政策或行政命令与法律规则相抵触时，行政机关应执行法律规则而不是执行政策或行政命令。行政法律保障的本质要求是：行政机关实施行政管理、开展行政执法、提供行政服务必须在法律的规范和约束下进行，从而保证行政权力的运用符合人民的共同意志和根本利益。这一本质要求具体表现为：行政机构依法设立，行政权力依法获取，行政程序依法确立，行政行为依法作出，行政责任依法承担，行政范围依法界定。由此可见，法律保障与职能定位、权力配置、运行规则等环节一样，在行政体制中都发挥着十分重要的作用。

4. 司法体制

司法是社会公正的保障，是国家正义的化身，要让人们在每一个司法案件中都能感受到公平正义，就必须理顺司法体制，确保司法公正。司法体制作为国家法律制度的重要组成部分，是行使司法权的国家机关机构设置、职权划分、相互关系的体系的总和。换言之，司法体制是以司法为职能而形成的组织体系与制度体系的统称。

我国司法体制具有以下显著特点。第一，人民法院、人民检察院并列为司法机关。法院作为司法机关是世界各国通例。至于检察机关的性质，我国将其定性为专门的法律监督机关，负有维护法律尊严、保障法律统一实施的责任，因而属于司法机关。第二，审判权、检察权依法独立行使。我国宪法规定，人民法院依法独立行使审判权，人民检察院依法独立行使检察权，不受行政机关、社会团体和个人的干涉。这里所说的独立，一是指人民法院、人民检察院独立，而不是法官、检察官独立，有些案件要经过审判委员会或检察委员会讨论决定；二是指独立于行政机关、社会团体和个人，而不独立于执政党和权力机关。第三，人民法院、人民检察院、公安机关办理刑事案件，实行分工负责、互相配合、互相制约。第四，坚持党的领导。中国共产党是执政党，是领导中国特色社会主义事业的核心力量，司法机关必须毫不动摇地坚持党的领导。第五，司法机关对权力机关负责。我国的政体是人民代表大会制度，宪法规定国家行政机关、监察机关、审判机关、检察机关由人民代表大会产生，对它负责，受它监督。这与西方国家三权分立政治体制下司法权与立法权、行政权的分权制衡关系有着根本的区别。①

按照我国宪法和法律，司法机关的组织与活动必须遵循一定的原则，这些原则是司法工作特殊性和规律性的具体体现。一是司法统一原则。统一行使司法权——我国的审判权、检察权、侦查权、司法行政权由人民法院、人民检察院、公安机关、司法行政机关分别依法行使，其他任何机

---

① 王文惠编著《当代中国政治法律制度》，中国社会科学出版社，2018，第226～227页。

关、团体和个人都无权行使这些权力。统一适用法律——国家统一适用法律，任何公民如有违法犯罪行为，都无权逃避和抗拒司法机关的依法制裁。统一司法体制——人民法院和人民检察院直接向国家权力机关负责并报告工作，公安机关和司法行政机关通过国家行政机关向国家权力机关负责并报告工作。二是司法机关分工负责，互相配合，互相制约的原则。人民法院、人民检察院、公安机关和司法行政机关在分工负责的前提下，在互相配合、互相协作的基础上，互相制约、互相监督，保证国家法律正确实施。三是对公民适用法律一律平等的原则。对任何公民的合法权益，不分种族、性别、职业等，一律依法予以保护；对于任何公民的违法犯罪行为，无论其职位多高、功劳多大，都必须依法给予应得的惩罚。[①] 四是以事实为依据，以法律为准绳的原则。司法机关必须以确凿的证据和客观的事实行使自己的司法权，司法机关必须切实以国家法律为标准处理案件。五是独立行使审判权、检察权的原则。人民法院、人民检察院行使审判权、检察权，任何行政机关、社会团体和个人都无权干涉。六是便利公民诉讼的原则。司法机构的设置要便利公民；诉讼手续要简便，诉讼法规要通俗易懂。贯彻我国司法机关组织与活动的基本原则，目的在于保障独立司法，提高司法质量，实现司法公正。

第五节　政治机制

在实际政治生活中，政治体制与政治机制相辅相成、缺一不可，二者共同构成了政治制度的两大要素。其中政治体制是结构性、实体性要素，政治机制是功能性、程序性要素，政治体制决定政治机制的功能，政治机制反映政治体制的要求。如果说政治体制展现着一种政治结构关系，那么政治机制则展现着一种政治运作流程。

一　政治机制的内涵

"机制"一词原指机械的结构及其工作原理。19世纪的一些生物学家在生物学分析中率先引入机制的概念，用以指生命有机体的内部结构及其

---

① 杨文珠：《我国政治制度的基本构架》，《陕西社会主义学院学报》2004年第3期。

活动机理。后来，人类学家、社会学家和经济学家在各自研究中借用这一概念，泛指事物的内部结构及其运行规律。20 世纪以来，政治学家开始把机制引入政治分析，政治机制的概念已被政治学家普遍接受。所谓政治机制，就是政治系统之中政治结构、政治功能、政治生活的运行规则和运行程序的有机组合。它集中地反映着一个国家的政治状况，是人类政治生活赖以运行的基本条件。

政治机制是一个高度综合的概念，它既包含静态的结构，又包含动态的程序；既包含内在的关系，又包含外部的形态；既包含显性的制度，又包含隐性的规范。从外部形态看，政治机制由政治制度和政治程序两个部分构成，从而形成规范政治生活的基本框架：政治制度从静态上制约社会政治生活，政治程序则从动态上制约社会政治生活。从内部关系看，政治机制由政治结构和政治功能两部分构成，成为联结主体政治行为与社会政治事件的中介，成为社会政治生活的基本要件。传统社会的政治机制比较简单，其政治结构和政治功能的分化程度很低。现代社会的政治机制极为复杂，其政治结构和政治功能在高度分化的基础上实现高度综合。

二 政治机制的构成

政治机制外延上包含着丰富的内容，如权力运行机制、科学决策机制、民主参与机制、法治规范机制、权利保障机制、制约监督机制等。其中制约监督机制以其他政治机制为基础，又是对其他政治机制的一种综合，因而处于关键地位。构建科学有效的权力制约监督机制，就是从调整权力结构入手，按照决策、执行、监督的职能来配置权力，在保持决策权、执行权、监督权之间适度平衡的基础上，建立各项权力之间相互牵制、相互约束的关系，以便使任何权力都无法凌驾于其他权力之上独断专行，使任何人都不能无所顾忌地滥用权力。

1. 国家层面权力制约监督机制

在我国，政党组织、国家机关、社会团体之间在领导、管理、监督意义上的相互限制与约束，是权力制约监督的一种重要形式。执政党对国家机关和社会团体实行政治领导，同时接受国家机关的法律规范和社会团体的民主监督。国家机关对执政党实施法律规范和对社会团体实施行政管理，同时接受执政党的政治领导和社会团体的民主监督。社会团体对执政党和国家机关实施民主监督，同时接受执政党的政治领导和国家机关的行政管理。其中执政党对国家机关和社会团体实行政治领导是根本，国家机关对执政党的法律规范是关键。

党的十九届四中全会指出："中国共产党领导是中国特色社会主义最本质的特征，是中国特色社会主义制度的最大优势，党是最高政治领导力量。必须坚持党政军民学、东西南北中，党是领导一切的，坚决维护党中央权威，健全总揽全局、协调各方的党的领导制度体系，把党的领导落实到国家治理各领域各方面各环节。"① 这一重要论断科学揭示了中国共产党领导时间维度的唯一性和空间维度的全面性，高度概括了中国共产党在整个国家至上的领导地位和卓越的领导作用，充分表达了只有中国共产党才能肩负起带领中国人民实现中华民族伟大复兴的历史使命。在我国政治运行中，共产党通过政协使其主张成为社会各界的共识，通过人大使其主张成为国家的法律法令，又通过执行机关组织实施，通过党派团体带头贯彻，从而形成了党委领导、政府主导、民主协商、社会协同、公民参与、法治保障各个要素相互协调、密切配合的国家治理体系。因此，中国共产党是国家治理体系的核心和纽带，中国共产党领导是完善权力制约监督机制须臾不可离身的法宝。

加强党对国家机关和社会团体的政治领导，要求理顺党的组织同其他组织的关系，确保党的领导全覆盖。一是坚持党中央的集中统一领导。党中央对党和国家工作的全方位领导，涵盖了改革发展稳定、内政外交国防、治党治国治军等各领域各方面各环节，体现在统筹推进经济建设、政治建设、文化建设、社会建设、生态文明建设全过程。二是健全党对重大工作的领导体制机制。优化党中央决策议事协调机构，负责重大工作的顶层设计、总体布局、统筹协调、整体推进。其他方面的议事协调机构，要同党中央决策议事协调机构的设立调整相衔接，保证党中央令行禁止和工作高效。各地区各部门党的组织要坚持依规治党，完善相应体制机制，提升协调能力，把党中央各项决策部署落到实处。三是强化党的组织在同级组织中的领导地位。理顺党的组织同其他组织的关系，更好发挥党总揽全

① 《中共中央关于坚持和完善中国特色社会主义制度 推进国家治理体系和治理能力现代化若干重大问题的决定》，《人民日报》2019 年 11 月 6 日。

局、协调各方作用。在国家机关、群众团体、社会组织、企事业单位中设立党的组织，接受批准其成立的党委统一领导，定期汇报工作，确保党的方针政策和决策部署在同级组织中得到贯彻落实。加快在新型经济组织和社会组织中建立健全党的组织机构，做到党的工作进展到哪里，党的组织就覆盖到哪里。对全局工作通盘考虑、整体谋划，明确哪些是党委分内的工作，哪些是党委推动的工作，哪些是党委支持的工作，哪些是党委放手的工作，形成完善的工作机制。① 四是更好发挥党的职能部门作用。优化党的组织、宣传、统战、政法等部门职责配置，加强归口协调职能，统筹本系统本领域工作。规范设置党的派出机关，加强对相关领域、行业、系统工作的领导。完善党领导人大、政府、政协、监察机关、审判机关、检察机关、武装力量、人民团体、企事业单位、基层群众自治组织等制度，确保党在各种组织中发挥领导作用。完善党领导各项事业的具体制度，把党的领导落实到经济建设、政治建设、文化建设、社会建设、生态文明建设以及国防和外交各领域各方面。完善党和国家机构职责体系，把党的领导贯彻到党和国家所有机构履行职责全过程，推动各方面协调行动、增强合力。②

党和国家机关都是受人民委托，代表人民领导和管理国家与社会的，但两者在权力体系中执行的职能不同，党主要表达、反映、凝聚和捍卫人民的根本利益，而国家机关则以自己的管理活动具体实现人民的根本利益；党主要制定路线方针政策，而国家机关则在管理国家和社会事务中贯彻党的路线方针政策；党主要通过思想政治工作来影响群众，而国家机关则借助于具有强制力和约束力的国家法律、行政命令来支配、约束公众的行为。党与国家机关是政治上的领导关系，不是组织上的隶属关系。党的主张只有经过国家权力机关的审议，为国家权力机关所接受，才能变为国家意志，并要求各级国家机关、政党组织、社会团体和全体人民一体遵行。国家机关应自觉接受党的领导，并在符合广大人民根本利益的前提下，把党的路线方针政策变成国家意志加以贯彻。党组织和政府组织在领导制度上是不同的，党实行集体领导制，各级党委成员都只有一票的权

---

① 何毅亭：《中国共产党是最高政治领导力量》，《学习时报》2019 年 5 月 17 日。
② 《中共中央关于坚持和完善中国特色社会主义制度 推进国家治理体系和治理能力现代化若干重大问题的决定》，《人民日报》2019 年 11 月 6 日。

利，在决定重大问题时必须坚持少数服从多数，其核心是民主；对于各级政府来说，主要是执行国家权力机关的既定决议，其核心是效率。宪法明文规定实行行政首长负责制表明，当政府成员在重大问题上有分歧时，行政首长拥有最后决定权。因此，凡属行政机关和行政首长职权范围内的事，党委都不应干预。否则，宪法规定的行政首长负责制就会形同虚设，政府强有力的工作系统就难以建立起来。按照宪法规定，国家机关以全社会公认代表者的身份来处理国家事务，其制定的法律法规、作出的决议决定对自己所管辖范围内的政党组织、社会团体、企事业单位和全体公民皆有效力，党组织应模范遵守这些法规和决定，并成为全社会的表率。当党组织的政治主张与宪法和法律相抵触时，国家机关在坚持党的领导的前提下，有权向党组织提出质疑并依法要求修改或撤销。党的政治主张上升为国家意志的过程，也是国家权力机关对党进行制约监督的过程，党的政治主张总是以建议的形式向国家权力机关提出，这本身就是以承认和接受国家权力机关的制约监督为前提的；而国家权力机关对党的政治主张或表示赞成、或表示反对，或提出补充、或提出修改，这本身就是对党进行制约监督的具体体现。

社会团体对党政机关领导和管理活动所进行的监督，是中国特色权力制约监督模式的重要组成部分。社会团体监督体现了人民群众通过自治组织参与管理国家事务，监督国家活动的原则，对发展社会主义民主政治、建设社会主义法治国家起着重要的推动作用。在实际生活中，社会团体是把人民群众凝聚起来、与监督机关联系起来的桥梁和纽带。充分发挥社会团体对党政机关的制约监督作用，一是通过参与党的决策的形成过程，积极反映人民群众的意愿和要求，以保证党的决策建立在维护人民群众根本利益的基础之上；二是通过社会团体在人大中的代表，对将要上升为国家意志的党的主张提出支持、补充乃至修改意见，以避免党和国家的重大决策发生失误；三是通过社会团体在政协中的代表，积极参政议政，对党和政府的工作实施监督；四是通过社会舆论，对党政机关工作人员的施政活动进行监督。与此同时，党政机关在制定公共政策的过程中，凡涉及群众切身利益的事项，如土地征用、房屋拆迁、劳动就业、社会保障、文化教育、医疗卫生、环境保护等，都应通过社会听证、协商对话、媒体讨论、决策咨询等形式，让社会团体的代表参与其中，充分反映各方面群众的意见和呼声，以增强公共决策的民意基础，增强公共决策在满足群众需求方面的科学性和有效性。诚如托克维尔（Tocqueville）所言，一个由各种独立自主的社团组成的多元的社会，可以对权力构成一种"社会的制约"。[①]从民主政治发展的逻辑看，我国的社会团体既要在党的统一领导下按照各自的特点独立自主地开展工作，又要在维护全体人民共同利益的基础上，充分表达和自觉维护各自所代表的那一部分群众的具体利益。

2. 国家内部权力制约监督机制

我国宪法规定中华人民共和国的一切权力属于人民，人民通过人民代表大会行使自己的权力，由此便产生了人民代表大会权力机关的公法人格。权力机关意味着人民通过选举将公民权利转换成国家权力，并将其集中授予人民代表大会。人民代表大会由于其权力机关的性质，在国家政权体系中居于最高地位。这就使人民代表大会与其他国家机关的关系形成了单向的权力关系。同时，根据宪法对人大职权的规定和对国家权力的分工，人大还享有立法权，具有立法机关的公法人格。[②] 因此，人民代表大会的权力结构在法理上可以分为两个层次：基于权力机关而享有的统合的国家权力；基于职能分工而形成的具体的国家权力。后者又可以分为两个部分：一部分是人大直接行使的立法权、决定权、任免权、监督权；另一部分是人大授权组成其他国家机关行使的行政权、监察权、司法权等权力。这两部分权力同属于具体的国家权力。按照宪法规定，全国人民代表大会是我国最高国家权力机关，有权修改宪法和监督宪法实施；有权制定国家基本法律；有权选举或罢免国家领导人；有权审查和批准经济和社会发展规划以及规划执行情况的报告；有权审查和批准国家的预算以及预算执行情况的报告；有权撤销或改变国务院不适当的决定和命令；有权监督和保障司法机关依法独立行使职权。地方各级人民代表大会是地方各级国家权力机关，在该地区内依法行使地方国家权力。在我国，国家的行政机关、监察机关、审判机关、检察机关由权力机关产生，对权力机关负责，受权力机关监督。因此，加强国家权力制约监督机制建设，重点在于加强国家权力机关对行政机关、监察机关、审判机关、检察机关的制约监督。

---

① 〔法〕托克维尔：《论美国的民主》（上卷），董果良译，商务印书馆，1999，第67页。
② 程竹汝：《授权与监督：论完善人民代表大会制度的几个问题》，《学术月刊》2005年第6期。

　　在国家内部权力制约监督机制中，如果说权力机关的监督主要是一种宏观监督，其主要对象是执行机关，那么监察机关的监督则主要是一种微观监督，其主要对象是履行公共管理职责的公职人员。国家监察委员会和地方各级监察委员会作为实现党和国家自我监督的政治机关，同党的纪律检查机关合署办公，履行纪检、监察两项职责，是行使国家监察职能的专责机关，依法对所有行使公共权力的公职人员进行监察，调查职务违法和职务犯罪，开展廉政建设和反腐败工作，维护宪法和法律的尊严。国家监察工作严格遵守宪法和法律，以事实为根据，以法律为准绳；在适用法律上一律平等，保障当事人的合法权益；权责对等，严格监督；惩戒与教育相结合，宽严相济。国家监察工作坚持标本兼治、综合治理，强化监督问责，严厉惩治腐败；深化改革、健全法制，有效制约和监督权力；加强法治教育和道德教育，构建不敢腐、不能腐、不想腐的长效机制。各级监察委员会可向本级党的机关、国家机关、法律法规授权或者委托管理公共事务的组织和单位以及所管辖的行政区域、国有企业等派驻或者派出监察机构、监察专员。派驻或者派出的监察机构、监察专员根据授权，按照管理权限依法对公职人员进行监督，提出监察建议，依法对公职人员进行调查、处置。监察委员会对党的机关、权力机关、行政机关、监察机关、司法机关、人民政协机关、民主党派机关的公务员，以及参照公务员法管理的人员；法律、法规授权或者受国家机关依法委托管理公共事务的组织中从事公务的人员；国有企业管理人员；公办的教育、科研、文化、医疗卫生、体育等单位中从事管理的人员；基层群众自治组织中从事管理的人员；其他依法履行公职的人员进行监察。

　　与此同时，司法机关可以通过司法控制制约监督行政机关。司法控制的主体是司法机关，对象是行政机关，客体是行政机关或行政人员的具体行政行为，方式是行政诉讼。公民和法人认为行政机关和行政人员的具体行政行为侵犯其合法权益，有权向审判机关提起诉讼，审判机关有权依法进行司法审查。我国行政诉讼法不仅明确了司法权与行政权的关系，并赋予了审判机关对行政机关具体行政行为的司法审查权，而且明确了司法审查的对象、范围、内容、程序及标准，便于审判机关开展对具体行政行为的审查。司法审查的功能是：对具体行政行为合法性的审查；对具体行政行为所适用的行政规章和地方性规章的审查；对行政机关正确履行法定职权的审查；对行政机关履行审判机关判决、裁定情况的监督；对行政人员遵守政纪、法纪情况的监督。① 行政机关作出的具体行政行为证据不足，适用法律法规有误，违反法定程序，超越和滥用职权，行政处罚显失公正，审判机关可以判决撤销或变更。在审理行政案件中，审判机关认为行政人员违反政纪，应将有关材料移送其行政主管部门处理；认为有犯罪嫌疑，应将有关材料移送公安、检察机关侦查或起诉。由此可见，司法审查对于保障公民和法人的合法权益，促进行政机关依法行政具有十分重要的意义。

3. 政党内部权力制约监督机制

党的十九届四中全会指出："深化纪检监察体制改革，加强上级纪委监委对下级纪委监委的领导，推进纪检监察工作规范化、法治化。"② 从党的领导体制看，它是由党代会、党委会、常委会这三个层次所组成，其正常关系是党代会领导党委会，党委会领导常委会。

党的领导体制和监督体制改革的明确要求，是在实行党代会常任制的基础上，理顺党代会与党委会的关系，理顺党委会与纪委会的关系，将党的决策、执行和监督职能适当分开，并对决策、执行和监督机构在党内政治生活中的相互关系进行科学定位。其中确立决策权的统领地位是根本，确立执行权与监督权的平等地位是核心，确立监督权的相对独立地位是关键。按照这个思路改革党的领导体制和监督体制，党的权力机关为党的代表大会，其常设机关为党的代表大会常务委员会，由党的代表大会选举产生，对党的代表大会负责，受党的代表大会监督，实行集体领导制，以保证决策的科学。党的代表大会是同级党组织中的最高决策机关和最高监督机关，党的执行机关和监督机关由它产生，向它负责，受它监督。党的代表大会实行常任制，每届任期五年，每年至少召开一次会议。在党代会闭会期间，其常委会代行党代会的职权。党代会的主要职责是讨论并决定党的重大问题，制定党规党法，选举、监督、罢免党的主要领导成员，听取和审议党委会、纪委会的工作报告，裁决党的执行机关和监督机关发生争议的重大事宜，向国家政权机关提出立法建议、推荐重要干部等。

---

① 尤光付：《中外监督制度比较》，商务印书馆，2003，第 236 页。

② 《中共中央关于坚持和完善中国特色社会主义制度 推进国家治理体系和治理能力现代化若干重大问题的决定》，《人民日报》2019 年 11 月 6 日。

党的执行机关为党的委员会。其常设机关为党的委员会常务委员会，由党的委员会选举产生，对党的委员会负责，受党的委员会监督，实行首长负责制，以保证执行的效率。在党委会闭会期间，其常委会代行党委会的职权。党委会的主要职责是具体贯彻执行党的路线方针政策，组织实施上级党组织和同级党代会及其常设机构的决议、决定，领导所属工作部门完成预定任务，任免所属工作部门的主要干部等。纪委会作为由党的代表大会选举产生、向党的代表大会和上级纪委会负责的党内专门监督机构，受党的代表大会的委托，实施对党的执行机关的监督。纪委会的常设机关为党的纪律检查委员会常务委员会，由党的纪律检查委员会选举产生，对党的纪律检查委员会负责，受党的纪律检查委员会监督，实行首长负责制，以保证执行的效率。在纪委会闭会期间，其常委会代行纪委会的职权。纪委会与党委会地位平等，组织独立，承担着对党委会实施专门监督的职责，以防止执行权的滥用。与此同时，赋予纪委会对党委会重大决策的参与权，对党委会干部任免的审议权，对党委会重要文件的评阅权，对党委会各项工作的监督权，对党委会相关问题的核查权。纪委会内部自成一体，实行垂直领导，其干部配备、经费来源和福利待遇等由纪委会系统统一管理；其领导成员未经同级党代会或上级纪委会的同意，不得在任期内随意调动。实行党代会常任制，既可以理顺党代会与党委会的关系，又可以理顺党委会与纪委会的关系，有利于强化党内制约监督，也有利于发挥党代会作为党的各级组织最高决策机关和最高监督机关的作用。

4. 政府内部权力制约监督机制

党的十九届四中全会指出："以推进国家机构职能优化协同高效为着力点，优化行政决策、行政组织、行政监督体制。"① 这就要求我们通过适当分解决策权、执行权、监督权，使决策职能、执行职能、监督职能由不同部门相对独立行使，做到决策更加科学，执行更加高效，监督更加有力，目的在于形成各项权力之间既相互制约又相互协调的权力结构和运行机制，以便有效防止权力滥用及腐败现象的滋生。

行政机关的决策权在行政首长及常务会议。行政首长负责制作为由各

---

① 《中共中央关于坚持和完善中国特色社会主义制度 推进国家治理体系和治理能力现代化若干重大问题的决定》，《人民日报》2019 年 11 月 6 日。

级政府及其所属部门的首长对本政府或本部门的工作负全面责任的制度，是指重大事务在集体讨论的基础上由行政首长定夺，日常行政事务由行政首长决定，行政首长独立承担行政责任的一种行政领导制度。同时，行政首长负责制也是民主集中制的一种形式。行政首长负责制并不意味着行政首长可以独断专行或者滥用职权。行政机关或行政部门的重大问题，要由相应的行政会议来决定。按照民主科学决策的要求，在建立专家咨询制度、社会听证制度的基础上，将包括规则制定权、规划制定权、标准制定权、政策制定权在内的决策权集中由行政首长及常务会议直接行使。决策权统一，是规则统一的充分条件，是决策科学的必要条件，是避免政出多门的前提条件。[①] 行政机关的执行权在各个行政部门。按照经济调控部门、市场监管部门、社会管理部门和公共服务部门的职责定位，合理确定行政部门各自的权责范围和职能重点，坚持一件事情原则上由一个部门负责，确需多个部门管理的事项，明确牵头部门，分清主次责任，健全行政部门之间的协调配合机制，形成行政合力，提高行政效率。由此使行政职能部门由过去集决策、执行、监督于一体的机构，变为单一的执行机构。行政机关的监督权在监察机关派驻或者派出机构。行政机关监督部门的设立，不需要与决策和执行部门相互对应，只需要利用现有的监督资源，在行政部门之外建立一套独立的监督体系即可。这样一套监督体系，就是各级监察机关。各级监察机关可按照职能相近、业务相关、工作量相当的原则，向所管辖区域内的行政部门派驻或者派出监察机构。其主要职能是调查职务违法和职务犯罪，开展廉政建设和反腐败工作，维护宪法和法律的尊严。其主要职责是监督、调查、处置：一是对公职人员开展廉政教育，对其依法履职、秉公用权、廉洁从政以及道德操守情况进行监督检查；二是对涉嫌贪污贿赂、滥用职权、玩忽职守、权力寻租、利益输送、徇私舞弊以及浪费国家资财等职务违法和职务犯罪进行调查；三是对违法的公职人员依法作出政务处分决定；对履行职责不力、失职渎职的领导人员进行问责；对涉嫌职务犯罪的公职人员，将调查结果移送人民检察院依法审查、提起公诉；向监察对象所在单位提出监察建议。[②] 各级监察机关及其派驻

① 石佑启、陈咏梅：《法治视野下行政权力合理配置研究》，人民出版社，2016，第250～251页。
② 《中华人民共和国监察法》，《人民日报》2018年3月27日。

135

或者派出监察机构有权列席行政部门的会议，审查行政部门的文件，向行政部门提出质询，要求行政部门纠正违法行为，提请罢免行政部门中的工作人员，将严重违法案件移交司法机关处理，在媒体上公布行政部门的违法事实和处理结果等，促使行政机关依法履行职责。与此同时，在行政机关内部，通过行政控制加强层级监督。行政控制的主体是上级行政机关，对象是下级行政机关，客体是行政机关或行政人员的具体行政行为，方式是行政复议，即行政机关根据公民和法人的申请，对于被认为侵犯其合法权益的具体行政行为是否合法进行审查，并作出相应的决定。行政复议的特点是：复议机关是作出引起争议的具体行政行为的上级行政机关；复议对象是行政争议；复议的前提是行政机关的具体行政行为被行政相对人认为侵犯其合法权益。行政复议制度是维护公民和法人合法权益，监督行政机关依法行政的一项重要制度。

5. 社会内部权力制约监督机制

作为社会的重要组成部分，现代公司是现代国家的一个缩影。一般来说，公司权力可以分为所有权、决策权、管理权和监督权。我国公司法对这四项权力做了明确界定，它们分别由股东会、董事会、经理层和监事会行使。股东是构成现代企业制度的原始要素。董事会是公司法人治理结构的中心。经理人员受聘于董事会，作为董事会意志的代理人负责公司的日常经营。监事会作为公司专职监督机构，代表股东对董事会和经理人员进行监督，有权制止经营者违反公司利益的行为。公司法人治理结构是一套完整的制度安排，包含着公司内部组织机构所形成的制约监督机制和公司外部生存环境所形成的影响调控机制两个组成部分，其功能是在所有者与经营者之间合理配置权力、公平分配利益以及明确各自职责，建立有效的激励和制衡机制，从而提高公司运营效率，实现公司经营目标，进而满足股东的利益诉求。所谓公司法人治理结构，是指公司作为一个独立的法人实体，为保证其正常运行，以股权为基础建立起来的内部组织系统及其相互关系的运作体系。

作为现代企业制度的组织架构，规范的公司法人治理结构通常分为四个层次。第一层是股东大会。谁对公司投了资，谁就成为公司股东。股东拥有所有权所附加的权利，如投资受益权、重大决策权和经营者选择权。公司的发端和最终控制权在股东大会，股东通过股东大会来表达自己的意志。第二层是董事会。董事会作为公司的常设机构，是股东大会议决事项的执行机构，它代表股东对公司的日常事务进行决策和管理。董事会的主要职责是决定企业发展战略、技术创新战略和市场营销战略，掌握各类信息，把握营销动态，做好投资决策，规避金融风险，而把企业日常经营活动交给经理人员去管理。第三层是总经理。作为董事会选定的代理人，其权力受董事会委托范围的限制，但在董事会授权范围内，总经理有权对公司的日常事务作出决策和行使管理权，董事会不能随便干预。第四层是监事会。监事会作为公司的常设机构，代表股东对董事会和总经理的行为进行监督，以保证股东意志的贯彻实施。四层结构都具有各自的内部组织系统，加上彼此之间的相互制约关系，便构成了统一的公司法人治理结构。与传统企业领导体制相比，分权制衡是公司法人治理结构最显著的特征。完善公司法人治理结构，就是按照现代企业制度的模式，规范公司股东会、董事会、经理层和监事会的权责，形成权力机构、决策机构、管理机构和监督机构之间的制衡机制，以实现股东会对董事、监事的监督，监事会对董事、经理的监督，董事会对经理的监督。

在现实生活中，权力制约监督机制只是权力运行机制的重要组成部分而不是全部，权力制约监督机制的直接目的是防止和矫正权力异变与决策失误，而权力运行机制的直接目的则是保证党和国家大政方针的有效贯彻，保证中国特色社会主义事业的顺利发展。很明显，要达到这个目的没有权力制约监督机制不行，仅有权力制约监督机制也不行。因为权力制约监督机制能够也仅能够在防止和矫正权力异变与决策失误意义上间接地保证权力运行机制目标的实现。因此，权力运行机制具有主动性，权力制约监督机制具有从动性，权力制约监督机制的目标要服从服务于权力运行机制的目标，为权力运行机制目标的实现保驾护航。

第三章　政治功能

政治功能是事物内部固有的功用和效能，它是由事物内部要素结构决定的，是一种存在于事物内部相对稳定的机制。在政治体系运行中，政治功能和政治作用是两个既相互联系又相互区别的概念。政治功能是事物本身所具有的属性，而政治作用是事物与外部环境发生关系时所产生的效能，是政治功能的外化。政治功能是对事物自身而言的，政治作用是对自身以外的对象而言的。政治功能是一种潜在的政治作用，政治作用则是一种表现出来的政治功能。

第一节　政治选举

政治选举是从统治者候选人中选择统治者，是一种自下而上的选择。政治选举的对立面是政治委任。政治委任是由统治者选择统治者，是一种自上而下的选择。从世界各国的情况看，政治选举主要有两大类：一是议会议员的选举，二是行政官员的选举。凡是根据选民投票来确定最终结果的政治选举，就是直接选举；凡是选民投票不能产生最终结果的政治选举，就是间接选举。

一　政治选举的含义

政治选举是人类历史上影响最深、流传最广的民主形式。没有自由平等的选举，就没有现代民主政治。政治选举是人民运用自己依法拥有的选举权来推举人民中间的优秀分子代表人民行使国家管理权的行为。换言之，政治选举是人民按照自己的意志、法定的程序、自由平等的原则通过投票的方式选举人民代表和国家公职人员的过程。其实质是人民交出自己的部分权力，并把它转移到自己所信任的代表手里，以委托他们直接管理国家和社会事务。只有通过政治选举，公职人员才能获得合法掌权的资格。在我国，人民代表大会和其他国家机关之所以可以代表人民直接行使国家权力，原因就在于唯有人民代表大会直接获得了人民的权力委托，唯有其他国家机关间接获得了人民的权力委托。

政治选举具有特定的功能。第一，政治选举是民主政治的基础。其最直接最主要的功能是产生特定公职人员，组成国家机构的决策中枢，然后再由这些公职人员创制规则，制定政策，决定政治权力配置，任命工作人员具体执行政策、提供公共服务、管理社会生活等。特定公职人员的产生过程实际上也是公共权力的授予过程，它决定由哪些政治组织或政治人物来执掌政权。第二，政治选举是政治参与的渠道。任何政治组织或政治人物要上台执政，都必须提出得到多数选民认可的政治主张，从而促使其尽可能广泛地联系广大选民，倾听选民的呼声，了解选民的意愿。由于政治选举是周期性的，这就使执政者在制定政策时不能漠视选民的利益，否则将可能在新一轮选举中下台。[1] 第三，政治选举是国家政权取得合法性的重要途径。在国家政治生活中，任何政权都必须解决合法性问题，唯其如此才具有使公民服从其统治的权威。政治选举形式上由全体公民共同参与、多数票决，其结果可以视为人民意志的体现。政权经由政治选举产生，就在程序上获得了人民的同意，能够被普遍接受和认可，进而自觉服从其统治。[2] 第四，政治选举为国家政权的和平转移提供了制度保障。在民主条件下，政权的转移通常是通过选举的形式实现的，因而避免了政治上的流血斗争，有助于保持社会相对稳定。第五，政治选举有助于选民对公职人员的制约监督。政治选举的存在意味着公职人员的可选择性，选民对于不称职、不胜任的公职人员能够及时撤换，从而防止各种腐败现象的滋生蔓延。第六，政治选举是社会多元利益的调节器。对各种政治力量而言，政治选举提供了相对公平的竞争机会，胜利者进入政权体系，获得了实现其利益的权力，失败者的利益诉求也在公开选举中获得了充分表达。政治选举就像一个安全阀，周期性地释放社会的不满，缓解社会的冲突，

---

① 黄卫平、邓杰文、林铿：《政治选举的功能、原则与局限》，《人大研究》2009年第12期。
② 伍俊斌：《现代公民政治参与的主要形式分析》，《黑龙江社会科学》2012年第3期。

避免因诉求表达渠道不畅而引发动乱。

二　政治选举的特点

我国的政治选举集中体现在人民代表大会的选举制度中。人民代表大会选举制度的特点主要体现在：第一，人民代表大会制度是全体人民的选举民主制度。我国不仅在法律上规定全体人民都享有选举权与被选举权，而且在选举实践上也涵盖了社会的绝大部分阶层和利益群体，这是资产阶级选举民主所不能企及的。我国选举法规定：全国人民代表大会的代表，省、自治区、直辖市、设区的市、自治州的人民代表大会的代表，由下一级人民代表大会选举。不设区的市、市辖区、县、自治县、乡、民族乡、镇的人民代表大会的代表，由选民直接选举。第二，人民代表大会制度是国家财力保障的选举民主制度。资产阶级选举民主的弊端之一是社会成本高企，消耗经费巨大，实际上把广大劳动人民阻挡在选举民主的高墙之外，使选举民主沦为富人的专利。我国的人民代表大会制度采取国家承担选举费用和开支的做法，并对参加选举的投票人与候选人给予适当的误工补贴，从财力上保障了选举民主的公正性，也有效地激发了人民群众参加选举活动的积极性。第三，人民代表大会制度是有利于团结合作的选举民主制度。我国人民代表大会制度的一个典型特征是人民代表大会与常务委员会的结合，专职代表与兼职代表的结合。人民代表大会制度保障选举民主的真实性与广泛性，确保人民代表能够代表人民的利益，反映人民的意志，常务委员会则保证了选举民主实践和运行的效率。①

人民代表大会选举制度的优势主要体现在以下几方面。第一，有利于按照人民的意志和要求选择人民代表和公职人员，并赋予权力机关和公职人员以政治合法性。第二，有利于人民监督权力行使者行使权力，确保权力按照人民的利益和意志运行，有利于防止权力垄断、权力滥用，真正实现权为民所用，利为民所谋。第三，有利于广泛真实平等行使公民权利，使选举成为公民有序政治参与的重要渠道，同时，有利于增强公民的权利意识、强化公民的民主观念、提高公民的参政能力。第四，有利于广泛凝聚民意，缓解不同社会群体之间的矛盾，促进社会和谐。由此可见，我国宪法

---

① 《政治学概论》编写组编《政治学概论》，高等教育出版社、人民出版社，2020，第138页。

和法律框架下的政治选举是国家政治制度的重要内容。政治选举的核心要义是一种国家政治制度，是我国人民代表大会制度的重要内容。人民通过自由平等的政治选举，组建各级人民代表大会，代表人民行使管理国家的权力，从而实现了权利向权力转移、权力对权利负责。由此，通过人民代表大会的制度安排，把人民当家作主的人民民主权利与国家政治权力紧密结合起来，把人民主体地位与国家政治制度紧密结合起来，把人民主权原则具体落实到国家政治运行之中。人民代表大会制度作为国家政权的根本组织形式，从政体上实现了人民民主权利与国家政治权力的统一，充分体现了中华人民共和国的一切权力属于人民的根本原则，有力地保证了全国各族人民依法实行民主选举、民主协商、民主决策、民主管理和民主监督，享有宪法和法律规定的广泛的民主权利。因此，建立在自由平等基础上的政治选举，是实现人民当家作主权力的根本制度安排，是发展全过程人民民主的重要制度渠道。

诚然，选举民主不是万能的，仅仅依靠票决不可能完全解决国家治理中大量涉及人民群众切身利益的问题。因此，发展全过程人民民主，不仅需要完备的选举制度规则，确保选举过程的公平性与公正性，而且需要广泛的民主参与机制，依靠民主协商的力量共同解决人民群众关注的各种实际问题。中国特色社会主义民主开辟了人民参与国家治理和社会政治生活的两种基本形式：一是选举民主；二是协商民主。选举民主的核心在于公平竞争，协商民主的核心在于广泛参与。只有通过各种制度化协商平台使人民群众经常地广泛地参与民主选举、民主协商、民主决策、民主管理和民主监督，才能既充分激发人民群众有序参与国家治理和民主政治建设的热情，提升运用有序民主参与力量解决实际问题的能力，又有效防止和克服民主参与渠道不畅而导致的某些过激参与行为。从这种意义上说，选举民主与协商民主这两种民主形式相辅相成、相得益彰，共同构成发展全过程人民民主的强大制度力量。[①]

第二节　政治决策

决策作为管理活动中最基本的活动，就是从客观实际出发，通过对各

---

① 包心鉴：《全过程人民民主的特质与优势》，《时代主人》2021 年第 11 期。

种问题的解决方案进行论证、优选而作出抉择的过程。我国改革和建设事业所取得的成就，总是与正确的决策相联系，如何保证党和国家各项重大决策正确无误，是中国特色社会主义政治建设的一项重大课题，而解决这一课题的必由之路，就是努力实现政治决策的科学化、民主化、制度化。

一　政治决策的含义

所谓政治决策，就是政治管理主体为实现一定的政治利益而对社会政治生活的重大问题作出决断的过程。具体来说，政治决策就是国家、政党、政治团体及其领导人员等政治管理主体在政治实践中，为实现一定的政治利益而对社会政治生活的重大问题选择和确定解决方案的系统化、程序化过程，包括选择和确定社会政治活动的方向、目标、原则、手段、途径和步骤等。如果说政治领导是整个政治管理行为的核心，那么，政治决策则是全部政治管理行为的基础，对政治管理具有决定性作用。因为政治决策所解决的是各个阶级、阶层、政党、团体以及公民之间相互利益关系问题，是社会政治、经济和文化建设发展中的重大问题，在很大程度上决定着政治管理的正确与错误、成功与失败。

政治决策的基本要素包括：政治决策的主体，是一定国家中的政党和整个国家政治体系；政治决策的对象，是关系国家发展的重大问题；政治决策的内容，主要由国家发展的目标和实现目标的具体设想两大方面构成，其中目标居于主导地位，其实质上是政党和国家政治体系所确定的阶级意志和国家利益。当今的政治决策范围随着政治活动的日趋复杂而空前扩大，概括地说政治决策的范围包括四个方面。一是政治性决策。政治体系的主要决策活动，包括统战政策、国防政策、外交政策的制定。二是经济性决策。包括经济政策、就业政策、税收政策、财政政策的制定。三是社会性决策。包括人口政策、教育政策、民族政策、福利政策、治安政策的制定。四是科学技术性决策。包括环境保护政策、工程技术政策、资源能源政策的制定。

二　政治决策的要求

改革开放以来，我国经济社会发展总体上是健康的，但决策中的失误问题仍不容忽视，盲目投资、盲目建设的问题依然存在。从实际情况来看，一些领导干部对重大问题不做调查研究，往往在没有进行充分论证的情况下就做出决策。解决盲目决策的问题，客观上要求我们切实推进政治决策的民主化、科学化、制度化。新时代既充满难得的机遇，更充满严峻的挑战，对推进政治决策的民主化、科学化、制度化提出了更高的要求，其题中应有之义就是建立决策系统，确立决策原则，完善决策程序，健全决策制度。

1. 建立决策系统

决策系统主要包括信息系统、咨询系统、决断系统和反馈系统。依据现代决策理论，咨询和决断是决策系统的两个主要环节，分别由咨询机构和决策者来承担。面对复杂多变的客观世界、飞速发展的科学技术以及知识的积累和信息的膨胀，当今时代重大决策已非少数领导者的"多谋善断"可以胜任，于是便出现了以现代科学技术为手段的专门从事决策研究、提供谋略方案的专家咨询系统——思想库、智囊团。著名的美国兰德公司、布鲁金斯研究院、斯坦福国际咨询研究所以及伦敦国际战略研究所、日本野村综合研究所等就是其中的代表。这些机构的研究人员都是各领域具有权威的专家，他们掌握的信息绝大部分不是来自政府部门，而是开展独立研究的结果。这种机构的优势在于，它能够比较客观地作出判断，只根据研究结果确定方案，很少受官僚系统的左右，因而可以最大限度地减少决策失误。

现代社会治理涉及环境保护、医疗卫生、教育就业、经济政策和市政管理等重大决策，具有很强的综合性、专业性、技术性，需要专家介入决策方案的咨询、论证、评估、优选等过程。因此，实现科学决策离不开咨询机构的作用，而发挥咨询机构的作用又离不开咨询研究的独立性。咨询研究的独立性主要表现在：咨询结论不以决策者的意志为转移。对于决策者来说，可以不同意咨询机构提出的观点，甚至否定咨询机构得出的结论，但不能强迫咨询机构违心地改变观点，修正结论，也不能干涉研究人员的具体工作。确保咨询研究的独立性，关键在于正确认识和处理咨询机构与决策者之间的关系。现代决策系统具有功能分化、结构制衡的特征，决策核心系统与决策咨询系统是相互独立、相互依存和相辅相成的。咨询机构为决策者提出的决策问题提供分析论证，体现为一种服务关系；咨询机构作为由知识广博、经验丰富、富于创造精神的专家学者组成的知识信息综合体，对一些事关全局的重大问题进行分析、预测和跟踪研究，形成有创见的新观点、新认识，对决策者形成新的决策提供指导，体现为一种指导关系。由决策分工所表现出来的咨询机构与决策者的这种关系，要求咨询机构既不能"越位"，代替决策者进行决策，也不能"错位"，把自己等同于秘书班子，只是按照决策者的意图进行论证，而应当对决策者指定的问题进行独立的研究，并提出高质量的研究报告，既对决策者的决策提供服务，同时又对决策者形成新的决策提供指导。①

2. 确立决策原则

确立决策民主化原则，由传统的依靠个人智慧和经验的决策，转到现代的依靠集体智慧和经验的决策上来，在决策时不仅要依靠决策班子的智慧和经验，而且要依靠各领域专家学者的智慧和经验。确立决策科学化原则，在科学理论指导下，采取科学方法，按照科学程序，运用现代科学技术手段对复杂的社会现象和自然现象进行系统的、全面的考察和分析，并对其中各种因素之间的相互联系和影响进行综合研究，在此基础上选出优化方案。确立决策制度化原则，以法律制度的形式把决策活动具体化、条文化、规范化，明确规定决策者在决策活动中的行为规则以及违反规则的惩戒措施，确保决策活动在法律制度的轨道上合理运行。按照民主化、科学化、制度化决策原则的要求，在进行战略性、全局性、风险性决策时，未充分发扬民主，广泛征求社会各界的意见时，不应匆忙决策；未深入调查研究，全面掌握各种变量时，不应匆忙决策；未对方案进行科学性可行性论证时，不应匆忙决策；未向专家咨询并得到可供选择的方案时，不应匆忙决策；未对多种方案进行比较优选时，不应匆忙决策；未对决策后果进行充分的评估时，不应匆忙决策。诚然，降低风险不是回避风险，审慎决策不是拖延决策。在经济全球化条件下，由于市场竞争十分激烈，内外环境复杂多变，难以预测的因素增多，决策面临的风险增大，是回避风险还是面对风险并有效地应对风险，对每个决策者来说都是一个严峻的考验。一般来说，决策获得的效益与决策面临的风险之间具有一定的关联性，因而在决策时要对效益和风险做仔细的权衡。效益大而又没有风险，这在现实中是不存在的。效益大但风险更大，超出了主客观条件的承受能力，这也是不足取的。只有那种效益大而风险也比较大，但却没有超出主

---

① 郭济主编《政府权力运筹学》，人民出版社，2003，第245～246页。

客观条件可控范围的决策，才是最佳决策。

3. 完善决策程序

任何决策都要有一定的程序。所谓程序就是操作规程和时序，通常由方式、步骤、顺序、时限四个要素所构成。科学化的决策程序是对决策规律的反映，是对决策经验的总结，是保证决策顺利进行的必不可少的条件。它大体包括以下五个步骤。一是调查研究，发现问题。调查研究是手段，发现问题是目的。所谓问题就是应有现象和实际现象之间存在的差距。通过深入实际，调查研究，最大限度地搜集和占有信息，以便发现问题，提出课题，为决策目标的确立打下基础。二是确定目标，多方论证。所谓目标就是根据预测所期望达到的结果。有了目标，决策各个环节的工作才会有一致的取向。目标确定后，要把典型研究与系统分析结合起来，从不同角度、不同侧面进行价值性、可行性论证，为编制方案提供依据。三是拟制方案，评估选择。在多方论证的基础上，依据搜集的信息，从不同角度编制各种不同的备选方案，然后广泛听取各方面的意见，通过评估测算，反复研究，或从中选取其一，或使之综合成一。四是全面权衡，适时出台。在决策作出后，要全面权衡其利弊得失，力求决策实施效益最高，代价最低。五是跟踪反馈，修改完善。决策者的认识不是一次完成的，优化的方案也不会尽善尽美，加之实践中还会出现新情况、新问题，都需要对原方案进行调整，因而决策付诸实施后，应保持反馈回路畅通，及时搜集实施中的各种信息，并对所做抉择进行评估，一旦发现遗漏，及时采取补救措施，使决策不断完善。

4. 健全决策制度

决策制度是防止个人拍板和决策失误的重要保证，目的在于建立公众参与、专家论证和集体决断相结合的决策机制。这些制度主要包括以下几种。一是公众参与制度。对涉及经济和社会发展全局的重大事项，要广泛征询意见，充分进行协商和协调；对专业性和技术性较强的重大事项，要认真开展专家论证、技术咨询、决策评估；对同群众利益密切相关的重大事项，要实行公示、听证等制度，扩大人民群众的参与度，使决策既符合客观实际，又有坚实的群众基础。二是专家咨询制度。科学的决策是专家的系统论证与领导者的正确决断的有机结合。重大问题的决策，必须充分发挥各方面专家的作用，对有关数据资料和复杂情况进行全面分析综合，找出问题的内在联系以及在不同条件下发展变化的多种可能性，从不同角度对各种方案进行充分的论证，为优化选择提供科学依据。三是集体决策制度。重大问题的决策，必须由决策机构集体讨论，按照一人一票的原则投票表决，决不能由个人或少数人匆忙拍板。只有依靠集体的经验和智慧，才能保证决策的正确无误和有效贯彻，即使出现失误也比较容易得到纠正。四是个人负责制度。重大决策一经作出，就要具体落实到个人负责组织实施，力求克服职责不清、互相扯皮、贻误时机、逃避责任的现象。如果说集体决策的实质是以民主的方式解决决策中的重大问题，以减少失误，那么个人负责的实质则是以分工的方式解决执行中的常规问题，以提高效率。这就要求我们在决策和执行之间作出明确的界定，并采取不同的治理之道：对于决策必须发扬民主，对于执行必须实行法治。五是监督反馈制度。对重大决策的原则、程序和制度的执行情况进行监督，对重大决策的实施情况跟踪反馈，一旦发现问题，及时予以补救和调整。六是责任追究制度。公共决策实际上是在一种委托代理关系中展开的。如果决策出现失误，造成资源浪费和经济损失，决策者必须承担相应的政治、经济、法律和道义责任，这是现代法治国家一条基本准则。因此，要在明确界定决策责任主体和责任界限的基础上，推行决策失误引咎辞职、经济赔偿和刑事处罚制度，依法惩治决策失误行为。同时，健全纠错机制，通过科学的程序有效纠正错误，并把决策失误造成的损失减少到最低限度。

第三节　政治管理

人类社会政治发展的历史表明，政治管理的利害得失，不仅对于政治统治的安危治乱具有决定意义，而且对于整个社会的兴衰成败也具有深远影响。因此，加强和改善政治管理，是政治主体维护政治统治的有效途径，是社会成员满足自身利益的客观需要，也是人类文明发展进步的重要杠杆。

一　政治管理的含义

政治主体为了解决社会利益矛盾，实现社会共同利益要求，必须承担社会公共职能，实施对社会的协调与控制，这一行为就是政治管理行为。

所谓政治管理，是指政党、国家机关和社会政治组织为了维护特定的政治秩序和达到特定的政治目的对社会政治生活进行指导、协调、规范和控制的政治行为。政治管理涉及社会公共政治生活各个方面，包括政治管理的主体、客体、目的、手段和职能等多层含义。政治管理的主体，是在社会上占统治地位的阶级；政治管理的客体，是属于国家有权管辖范围内的一切人和物；政治管理的目的，是实现统治阶级的利益；政治管理的手段，是统治阶级所建立的政权机关和暴力机器等强制力量；政治管理的职能，是维护政治统治，提供社会服务，解决社会矛盾，促进社会发展。

政治管理的过程，是把政治权力制约关系转化为实际社会结果的过程。在这一过程中，政治权力主体协调、规范和解决不同利益矛盾和冲突，实现社会共同利益的行为，体现为具体的公共职能的承担和公共事务的处理。因此，具体的公共事务就成为政治管理活动的实际内容。从政治管理实践看，对于社会公共职能的承担和公共事务的处理，在社会政治生活中表现为对于人、财、物、信息等各种要素的管理。其中，政治管理的基本内容是对于社会成员及其相互关系的管理，是对于社会成员利益要求的确认、实现、发展、维护和协调，对于政治管理行为对象其他要素的管理，都是围绕着对于社会成员的利益要求和利益关系的管理而配置和实施的。就此而言，政治管理的基本内容是对于社会政治生活中的人的管理，是对于社会成员及其相互关系的组织、指导、规范、协调和监督。

政治管理的本质是政治主体以实现公共利益和协调不同利益矛盾的方式实现政治主体的利益要求。作为政治主体的行为，政治管理与政治统治一样，出发点都是实现政治主体的利益要求。剥削阶级社会政治管理的出发点是实现、维护和发展剥削阶级的利益要求，社会主义社会政治管理的出发点是实现、维护和发展无产阶级和广大人民的利益要求，但政治管理实现这种利益要求的方式与政治统治行为不同。首先，它是通过实现特定的社会共同利益来实现政治主体的利益要求的。这就是说，尽管不同社会政治形态中社会共同利益的含义不同，但其中都包含着政治主体的利益要求，因此，实现特定的社会共同利益，同时也是在实现政治主体的利益要求。其次，政治主体是通过协调不同的利益矛盾，规范以此为基础形成的各种社会政治力量来实现其利益要求的。在实际政治生活中，这种协调和规范为实现政治主体的利益要求提供了条件。①

二　政治管理的作用

根据政治管理的本质要求，作为政治主体的重要政治行为，政治管理对于维护国家和社会的正常秩序，维护法律制度的尊严和权威，维护和保障公民的基本权利，保证社会政治生活安定祥和，促进政治经济健康发展，都具有十分重要的作用。

1. 维护政治统治

稳定的政治统治和良好的社会秩序是政治管理的基础和前提，也是政治管理的作用和目标所在。在具体实践中，政治管理主体总是通过宣传和论证现行政治统治和社会秩序的必要性和合理性，指导和激励社会成员拥护和支持现行政治统治和社会秩序。在必要情况下，政治管理主体还通过监督、干预、惩戒等方式限制和阻止那些反对现行政治统治和社会秩序的言行，以维护现行政治统治和社会秩序。在社会政治生活中，政治管理对于政治主体地位的维护和强化具有重要作用。围绕政治主体的地位和利益，政治管理与政治统治之间相互促进、相得益彰。如果说政治统治建立的政治权威与服从关系是政治管理得以运作的必要条件，那么，政治管理则是政治统治得以实施的必要基础。因此，政治管理强化着特定政治权力的统治。在政治统治的权力基础方面，政治管理通过承担社会职能和发展社会经济丰富政治权力的构成要素，通过协调利益矛盾化解政治权力的削弱因素，从而强化政治权力的整体力量。在政治统治的社会基础方面，政治管理通过社会资源的配置和政治生活的组织整合政治力量，通过社会共同利益的实现扩展政治力量，从而强化政治统治的社会基础。在政治统治的公共职能基础方面，政治管理通过承担公共职能和实现公共利益，巩固政治统治和强化政治权威。在政治统治的心理基础方面，政治管理通过实现社会共同利益、满足社会成员共同利益需求促进社会成员的政治认同，通过协调和解决社会利益矛盾，弱化社会成员的抵触心理。因此，政治管理是政治统治得以强化的坚实基础。

---

① 王浦劬等：《政治学基础》，北京大学出版社，2006，第136页。

2. 调节利益关系

在实际生活中，社会矛盾是普遍存在的，而且往往是一定经济关系所制约的利益关系的反映，因而社会矛盾说到底是人们之间的利益矛盾，化解社会矛盾就是要化解人们之间的利益矛盾。政治管理的责任就是根据社会利益关系的变化，协调和解决不同利益之间的矛盾，以避免和消除政治危机和社会动荡。在历史和现实中，政治管理的主体总是积极主动地对政治权力、经济利益的分配进行协调，保证统治阶级的政治权力和经济利益在优先实现的基础上，能够兼顾其他社会成员的政治要求和经济利益，使社会不同的利益主体各得其所、各安其位，避免阶级之间、利益集团之间产生剧烈的矛盾和冲突，从而保持社会的稳定和政治的发展。我国是社会主义国家，人民的根本利益是一致的，但在经济与社会之间、城市与乡村之间、沿海与内地之间、生产与消费之间、人文与自然之间还存在利益矛盾。在当今的我国，调节利益关系重在统筹城乡、区域、经济社会发展，促进城乡一体、区域协同、经济社会并重，不断增强发展的整体性和均衡性。统筹城乡发展，就是正确处理工业与农业、城市与农村、市民与农民的关系，使城乡在协调互动中实现共同繁荣。统筹区域发展，就是充分发挥各个地区优势，逐步缩小地区之间差距，实现各个地区共同发展。统筹经济社会发展，就是在推进经济发展的同时，更加注重社会事业发展，不断增强人民群众获得感、幸福感、安全感。社会成员物质文化和精神需求的不断满足，是社会生活有序运行和正常发展的必要前提，政治管理实现和发展社会利益的过程，就是不断满足社会成员的物质和精神需求的过程，因此，只有政治权力有效履行政治管理职能，才能使社会生活有序运行和健康发展。同时，政治管理通过对政治权力和社会生活的组织，通过对政治权力与社会成员、社会成员相互之间关系的规范，通过对政治权力主体和社会成员行为的约束，使社会生活按照既定的社会政治规则运行，保证社会政治生活的有序开展。由此可见，政治管理是在社会利益实现、社会关系规范和社会行为约束的意义上保证着社会的有序运行。

3. 促进经济发展

政治管理不只限于社会政治活动方面，它还对经济发展予以积极的指导和协调。政治管理不仅要为政治统治服务，也要为巩固政治统治的经济基础服务。只有这样，才能充分发挥政治管理的功能。虽然政治管理不直接涉及具体的经济活动，但它通过政治指导和协调等方式促进有利于政治统治的经济基础的发展壮大，保障经济持续健康发展。其具体表现有三。一是维护基本经济制度。在社会主义中国，政治管理的主体总是积极维护公有制为主体、多种所有制经济共同发展，按劳分配为主体、多种分配方式并存的社会主义市场经济体制的基本经济制度，以此保证公有制经济在国民经济中的主导地位，从而为人民当家作主奠定稳固的经济基础。作为我国社会主义初级阶段的一项基本经济制度，公有制为主体根本区别于生产资料私有制，为克服生产社会化与生产资料私人占有之间的根本冲突提供了可能，从而使社会生产的主要目的能够服从人民的根本利益；多种所有制经济共同发展根本区别于单一的生产资料所有制结构，适应社会主义初级阶段生产力性质和发展要求的多样性，为社会主义与市场经济的有机结合创造了可能。① 二是维护现行经济政策。在现阶段的中国，政治管理的主体总是积极维护改革开放的经济政策，以此保证国民经济持续快速健康发展，从而为人民当家作主提供雄厚的物质基础。通过改革开放，我国成功地实现了从高度集中的计划经济体制到充满活力的市场经济体制、从封闭状态到全面开放的历史转折，推进了从经济基础到上层建筑的一系列深刻变革，形成了全方位宽领域多层次的对外开放格局。三是制定相应的路线方针政策，为经济活动确定目标和任务，使经济运行沿着正确的方向发展。② 我国从计划经济向市场经济的转型中，既注重发挥市场这只"看不见的手"的作用，以解决"政府失灵"的问题，又注重发挥政府这只"看得见的手"的作用，以解决"市场失灵"的问题，从微观和宏观两个方面促进经济平稳发展。从理论上讲，社会主义市场经济成功地破解了公有制和市场经济相结合的世界性难题；从实践上看，社会主义市场经济体制使我国的经济保持了持续快速增长。总之，政治管理以政治权力的强大力量和政治权威的有利条件，牵动着经济的发展和社会的进步；政治管理以政治规划和政治引导，规定着经济发展和社会进步的正确方向；政治管理通过实现社会共同利益和规范社会不同利益，使社会成员获得需求的满足，从而产生新的需求，使经济社会获得持续不断的发展动力。因此，政

① 刘伟：《坚持和完善中国特色社会主义基本经济制度推动现代化经济发展》，《北京大学学报》（哲学社会科学版）2020年第1期。
② 邓元时、李国安主编《政治科学原理》，重庆大学出版社，2003，第254~256页。

治管理在实现政治权力的同时，也促进经济的发展和社会的进步，从而使政治权力与市场机制、社会自组织机制一起，成为人类社会发展的基本方式。

4. 提供公共服务

政治管理的一项重要职能就是提供公共服务。提供公共服务就要建立健全基本公共服务体系。所谓基本公共服务体系，是指以政府为主导、以社会团体和民间组织为补充的供给主体为公民提供基本公共服务而形成的有关服务内容、服务形式、服务政策等制度安排。公共服务的属性在于它的公共性和普及性。公共服务的范围比较广，根据经济社会发展的水平高低和政府建设的能力大小而定，基本上包括公共教育、公共卫生、公共文化等社会事业，也包括公共交通、公共通信等公共产品和公共设施建设，还包括解决人的生存、发展和维护社会稳定所必需的社会就业、社会分配、社会保障、社会福利、社会秩序等社会制度建设。这些公共产品和公共服务的提供，是政府调控城乡之间、地区之间、社会成员之间收入差距、促进社会公平正义、保障社会安定有序的制度性手段和机制。从中国实际看，基本公共服务体系存在的问题，主要体现在基本公共服务总量不足、要素短缺和布局失衡上。强化基本公共服务体系，需要在解决这些方面具体问题上下功夫，包括大力发展教育、科学、文化、卫生、体育等各项社会事业，满足人民群众多样化生活需求；规范市场经济秩序，强化食品、药品、卫生监管，保障人民群众健康安全；加强道路、电力、通信、供水等公共设施建设，不断改善城乡居民生活条件；等等。基本公共服务均等化作为完善基本公共服务体系的目的所在，通常指政府为社会成员提供基本的、与经济社会发展水平相适应的、能够体现公平正义原则的、大致均等的公共产品和服务，是人们生存和发展基本条件的均等化，主要内容包括：基本民生性服务，如社会救助、养老保险等；公共事业性服务，如公共教育、公共卫生、公共文化等；公益基础性服务，如公共设施、环境保护等；公共安全性服务，如生产安全、社会安全、国防安全等。推进基本公共服务均等化，是坚定不移走共同富裕道路的重要体现，是缩小城乡之间、区域之间、社会群体之间公共服务水平差距，使改革发展成果惠及全体人民的重要基础，是加快形成科学有效的社会治理体制，确保社会既充满活力又和谐有序的重要保障，也是政治管理重要作用之所在。

第四节　政治协商

在我国社会主义条件下，众人的事情由众人商量，以寻求全社会意愿和要求的最大公约数，是人民民主的真谛所在。我国的政党制度以合作、参与、协商为基本精神，以团结、民主、和谐为本质属性，具有政治参与、利益表达、社会整合、民主监督和维护稳定的重要功能，实现了执政与参政、领导与合作、协商与监督的有机统一，是人民当家作主的重要实现形式和社会主义协商民主的重要制度载体。[①] 在讨论和处理国家大政方针和统一战线内部的重大问题时，党和政府不是轻率地作出决定，而是交由社会各界广泛讨论，平等协商，在充分交换意见的基础上达到政治上的基本一致。政治协商是我国人民政协的重要功能，也是我国决策体制的一大特点和优势。

一　政治协商的含义

政治协商就是对于国家大政方针和统一战线内部的重大问题，在决策之前共同磋商和反复讨论，以取得共识的过程。这是发扬社会主义民主、协调各个方面关系、促进决策民主化科学化的一种重要方式。其基本特点有三。一是在协商过程中尊重少数的意愿，不把自己的意见强加于人，不简单地采取多数票决，更不是武断地压服少数，追求形式上的一致。二是政治协商不强求认识上的统一，可以是共同的协议，也可以求同存异，允许保留不同的意见。三是参加协商的各党派、各人民团体、各界代表人士，都有国家宪法赋予的自由和平等权利，在宪法规定的共同的政治基础上，可以自由商讨国家大事。

政治协商的基本原则体现在以下几方面。一是以宪法为最高权威。政治协商强调协商主体之间的政治平等，为此必须确立共同的权威。在民主政治条件下，所有政治力量都必须在宪法的框架内活动，尊重和遵守宪法。二是以制度为基本平台。政治协商是一种制度化的过程，必须把不同

---

① 中华人民共和国国务院新闻办公室：《中国新型政党制度》，《人民日报》2021年6月26日。

组织之间对不同问题的协商建立在完善的制度平台上。从这种意义上讲，政治协商关键是制度建设。三是以共存为基本前提。政治协商的产生源于社会的多元化，因而政治协商的实施，不是以削弱社会多元力量为前提，而是以增强社会多元力量共存的基础为前提。四是以合作为基本取向。在市场经济与民主政治的框架下，政治协商的主体都有着独立存在的现实基础与制度空间，这就决定了政治协商的主体从根本上说，都是一个独立的利益单元。从不同利益出发的政治协商主体之间要建立正常的关系，就必须以合作为基本价值取向。五是以参与为基本动力。参与互动就是社会力量参与政治体系，政治力量参与社会生活。六是以对话为基本手段。对话作为协调多元利益关系的手段，要求主体相互尊重、信息相互对称、权利相互对等，以推动相互交流、彼此沟通，达到协调、平衡和合作之效。①

二 政治协商的特点

按照通行的观点，民主通常可分为两种模式：一种是选举民主模式，另一种是协商民主模式。协商民主是适合中国国情、具有鲜明中国特色的制度安排，是我国社会主义民主政治的特有形式和独特优势。所谓协商民主，就是以公共利益为目标，以公民参与为主体，以公共协商为核心，以平等理性为保障，通过对话、讨论、妥协与交流，形成合法决策的一种民主形式。

协商作为我国政治制度的重要组成部分，在民主政治生活中发挥着十分重要的作用。加强社会主义协商民主建设，充分发挥社会主义协商民主的独特优势，有利于扩大公民有序政治参与，更好实现人民当家作主的权利；有利于促进科学民主决策，推进国家治理体系和治理能力现代化；有利于化解矛盾冲突，促进社会和谐稳定；有利于保持党同人民群众的血肉联系，巩固和扩大党的执政基础；有利于发挥我国政治制度优越性，增强中国特色社会主义道路自信、理论自信、制度自信和文化自信。

党的十九届四中全会指出："坚持和完善中国共产党领导的多党合作和政治协商制度。""发挥人民政协作为政治组织和民主形式的效能，提高政治协商、民主监督、参政议政水平，更好凝聚共识。完善人民政协专门

---

① 何增科等：《中国政治体制改革研究》，中央编译出版社，2004，第 137~138 页。

协商机构制度，丰富协商形式，健全协商规则，优化界别设置，健全发扬民主和增进团结相互贯通、建言资政和凝聚共识双向发力的程序机制。"① "在人民内部各方面广泛商量的过程，就是发扬民主、集思广益的过程，就是统一思想、凝聚共识的过程，就是科学决策、民主决策的过程，就是实现人民当家作主的过程。"② 协商民主突破了以往把民主限定在选举环节的理念，将民主拓展到决策环节，从而拓宽了人们对民主过程的理解；促进了参与者之间的政治互动与合作，降低了民主政治的成本，提高了民主治理的水平，增进了公共政策的合理性和合法性。诚如习近平总书记指出："在中国社会主义制度下，有事好商量，众人的事情由众人商量，找到全社会意愿和要求的最大公约数，是人民民主的真谛。"③

我国社会主义民主政治是协商民主与选举民主相结合的民主政治。选举民主与协商民主作为民主政治的两种模式，都是人类政治文明发展的优秀成果。二者既有共同的特征，也有不同的表现形式。选举民主是政治主体通过投票表决的方式表达意愿和要求的一种民主模式，协商民主是政治主体通过沟通磋商的方式表达意愿和要求的一种民主模式。以自由平等协商讨论的形式产生公共政策，而不仅仅通过选举把公共政策制定权交给精英人物，是协商民主与选举民主的最大区别。与选举民主相比，协商民主的最大优势，就是可以有效维护社会弱势群体的利益，使之与强势群体一道共享经济社会发展成果。因此，协商民主深化了民主的内涵、拓展了民主的渠道、丰富了民主的实践，画出了当代中国最大同心圆。在实际政治生活中，选举民主与协商民主都是党领导人民有效治理国家、保证人民当家作主的重要制度设计，二者相互补充、相得益彰，共同构成中国特色社会主义民主政治的制度特点和独特优势。

三 政治协商的方式

在我国，政治协商的渠道和方式是多方面的，既有政协内的协商，也

---

① 《中共中央关于坚持和完善中国特色社会主义制度 推进国家治理体系和治理能力现代化若干重大问题的决定》，《人民日报》2019 年 11 月 6 日。

② 习近平：《在庆祝中国人民政治协商会议成立 65 周年大会上的讲话》，人民出版社，2014，第 14 页。

③ 《习近平谈治国理政》第 2 卷，外文出版社，2017，第 292 页。

有政协外的协商。政协内的协商主要是通过政协全体会议、常务委员会议等各种会议进行。政协外的协商主要是共产党与各民主党派、无党派人士的协商，具体形式有民主协商会和专题座谈会等。经过多年的实践，我国的政治协商形成了两种基本方式：一种是中国共产党同各民主党派的协商；另一种是中国共产党在人民政协同各民主党派和各界代表人士的协商。在政协内外，各界人士就国家一些重大问题进行政治协商，已成为中国特色社会主义民主制度的重要组成部分。

协商在我国不仅有制度保障，而且有组织载体，这个组织载体就是人民政协。人民政协是以中国共产党和各民主党派、各人民团体为基础组建的，是中国共产党领导的多党合作和政治协商制度的组织形式，也是各党派、各人民团体、各界代表人士政治协商、民主监督、参政议政的重要场所。凡是党制定大政方针、人大立法、政府采取重大措施，事先都以不同方式进行协商，充分倾听各方面意见，然后作出决定。在决策实施过程中，人民政协通过考察，集中各方面的意见，向有关部门提出建议，使决策更加完备，贯彻更加有力。协商的基本程序是：各级政协主席会议根据党委、人大、政府、各民主党派、各人民团体的提议，安排协商活动，并决定协商的形式和参加协商的范围。政协主席会议认为需要协商的问题，也可以建议有关部门将问题提交政协协商，并根据情况邀请有关方面负责人参加会议，听取有关部门就提交协商的问题作出说明，经协商形成的各种意见和建议，由政协办事机构归纳整理，按规定的程序审定后，以正式文件的形式送达有关方面，在有关方面认真研究处理后，将其结果以书面形式作出答复。

作为我国协商民主的专门机构，人民政协充分发挥社会主义协商民主的重要渠道作用，紧扣改革发展献计献策，努力为改革发展出实招谋良策；坚持广泛凝聚实现中华民族伟大复兴的正能量，全面贯彻党的民族政策和宗教政策，加强同海外侨胞、归侨侨眷的联系，加强同各国人民、政治组织、研究机构等友好往来；坚持推进履行职责能力建设，不断提高调查研究能力、联系群众能力、合作共事能力。协商民主与群众利益密切相连，涉及群众利益的大量决策和工作发生在基层。各地区各部门在实际工作中注重按照协商于民的要求，大力发展基层协商民主，努力做到凡是涉及群众切身利益的决策都要充分听取群众意见，通过各种方式同群众进行协商，做好上情下达、下情上传工作，切实保证人民依法管理自己的事务。同时，以构建程序合理、环节完整的社会主义协商民主体系为目标，着力加强相关制度机制建设，使协商全面落实于各项决策作出之前和决策实施之中，使决策和工作更加顺乎民意、合乎实际。

第五节　政治监督

监督作为遏制权力滥用、权力腐败的有效途径和手段，就是对权力的监察和督促。这里的监察和督促，就其对权力正常运行所发挥的作用而言，是一种功能；就其组织结构、运行方式和基本功能及其相互关系而言，又是一种机制。由此可见，在保障权力依法合理运行层面上，任何一种监督都具有很强的政治性质，都属于政治监督。

一　政治监督的含义

政治监督就是在国家治理过程中，监督主体为保证监督对象在所担负职权范围内依法合理行使公共权力而对其行为进行监察和督促的各种活动。从实际情况看，由于受主客观方面多种因素的影响，尽管国家机关及其工作人员在行使公共权力时，原则上都奉行为人民服务的宗旨，然而实际上并不是其所制定的方针政策和具体措施都能准确反映人民的利益。即使每个国家机关及其工作人员都力求忠实于人民的利益，也难免出现失误。因为人民利益的实现是一个复杂的过程，任何国家机关及其工作人员在这一过程中都面临着主观与客观相脱节的可能。一旦出现失误，仅依靠其自身很难得到及时纠正。这就使人民往往为此付出过于沉重的代价。诚如列宁所说，仅仅依靠领导者的"信念、忠诚和其他优秀的精神品质，这在政治上是完全不严肃的"。[①] 因而国家机关及其工作人员要把人民利益作为自己全部活动的基点和归宿，就必须严格依法办事、依法用权，自觉接受各方面的制约和监督。

在现实生活中，不少领导干部认为监督是出难题、挑毛病、找岔子、捆手脚，体现出对权力二重性的认识不足。黑格尔曾经指出："有人以为，

---

① 《列宁选集》第 4 卷，人民出版社，1995，第 679 页。

当他说人本性是善的这句话时，是说出了一种很伟大的思想；但是他忘记了，当人们说人本性是恶的这句话时，是说出了一种更伟大得多的思想。"① 这里所谓的人性本恶，并不是说人普遍都是恶人，而是说人的行为在原始的意义上受情感欲望的支配。在习惯于人性本恶的社会，人的尊严感并不会因为社会地位的提升而发展到神经兮兮的程度。有的官员以为自己是由于德才兼备才被提拔到领导岗位的，已经获得了一种免于被他人批评和监督的权利。在官员的尊严绝对不容冒犯的地方，也就失去了批评和监督的环境。许多人正是因为头脑中埋下了这样的种子，以致最终结出了人生的苦果。

二 政治监督的构成

党和国家监督体系，是在党的集中统一领导下的党内监督、国家监督和社会监督相互贯通、融为一体的监督体系。具体来说，是以党的领导为核心，以人大监督和民主监督为依托，以党内监督和监察监督为主责，以司法监督和审计监督为保障，以群众监督和舆论监督为基础的监督体系。健全党和国家监督体系，其要旨是整合各种监督形式，推进纪律监督、监察监督、派驻监督、巡视监督统筹衔接，注重纪检、监察、审判、检察、公安等执纪执法机关之间的协调配合，把监督关键人、监督关键事、监督关键处、监督关键时结合起来，使各种形式的监督分工明确，步调协同，信息共享，优势互补，形成合力，使领导干部无论职位多高、权力多大，都能置身于党和人民的监督之中。

1. 党内监督

党内监督是党的各级组织和党员依据党章和其他党内法规以及国家法律对党的领导机关和领导干部以及每个党员进行的监察和督促。党内监督是党的各项权力正确运行的根本保证，是加强和规范党内政治生活的重要举措。其任务是确保党章党规党纪在全党有效执行，维护党的团结统一，切实解决党的领导弱化、党的建设缺失、党的观念淡漠、组织涣散、纪律松弛等问题，保证党的组织充分发挥领导核心和战斗堡垒作用，保证全体党员充分发挥先锋模范作用，保证党的领导干部忠诚干净担当。

---

① 转引自《马克思恩格斯选集》第 4 卷，人民出版社，1995，第 237 页。

在我国，党的监督体系由以下五个方面所构成：一是党作为人民利益的代表者，必须密切联系人民群众，自觉接受人民群众的民主监督；二是党作为政治组织，必须在宪法和法律范围内活动，自觉接受国家机关的法律监督；三是党作为执政党，必须尊重参政党的意见和建议，自觉接受参政党的党际监督；四是党作为社会有机体的组成部分，必须承担社会责任，自觉接受新闻媒体的舆论监督；五是党作为组织严密的政治集团，必须建立健全自我约束机制，自觉加强党内监督。这五个方面对于确保党的各项权力的合理运行都起着至关重要的作用，其中党内监督起着决定的作用，对其他方面的监督具有示范效应。

加强党内监督，要建立健全党中央统一领导，党委全面监督，纪律检查机关专责监督，党的工作部门职能监督，党的基层组织日常监督，党员民主监督的党内监督体系。党委在党内监督中负有主体责任，党委书记是第一责任人，党委常委会委员和党委委员在职责范围内履行监督职责。党的各级纪律检查委员会要履行监督执纪问责职责。党的工作部门要加强职责范围内党内监督工作。党的基层组织要监督党员切实履行义务，维护和执行党的纪律。党员要积极行使党员权利，加强对党的领导干部的民主监督。党内监督没有禁区、没有例外，党内不允许有不受制约的特殊权力，也不允许有不受监督的特殊党员。各级党组织要把信任激励同严格监督结合起来，使领导干部做到有权必有责、有责要担当，用权受监督、失责必追究。党内监督要依规依纪进行，强化自上而下的组织监督，改进自下而上的民主监督，发挥同级相互监督作用。坚持党内监督和党外监督相结合，增强党在长期执政条件下自我净化、自我完善、自我革新、自我提高能力。对涉及违纪违法行为的举报，对党员反映的问题，任何党组织和领导干部都不准隐瞒不报、拖延不办。坚持无禁区、全覆盖、零容忍，党内决不允许有腐败分子藏身之地。① 在充分发挥党内监督的主导作用的同时，"推进纪律监督、监察监督、派驻监督、巡视监督统筹衔接"②，使党内形成一个系统配套、行之有效的制度网络，形成一个自律与他律、自觉与规范相统一的机制链条。

① 《中国共产党第十八届中央委员会第六次全体会议公报》，《人民日报》2016年10月28日。
② 《中共中央关于坚持和完善中国特色社会主义制度 推进国家治理体系和治理能力现代化若干重大问题的决定》，《人民日报》2019年11月6日。

2. 人大监督

人大监督就是人大及其常委会按照宪法和法律规定的形式和程序，对由自己产生的国家行政机关、监察机关、审判机关、检察机关及其组成人员的工作以及宪法和法律的实施情况所采取的审查、督促、纠正和处理的强制行为。按照我国宪法和法律的规定，权力机关对执行机关实施监督，依其行为本身的性质，可以分为法律监督和工作监督。

法律监督是人大及其常委会依法对行政机关、监察机关、审判机关、检察机关和下级国家权力机关执行宪法和法律的情况进行监督。法律监督的基本形式是审查规范性文件，对法律实施情况进行检查，对违法行为进行处理。根据监督对象的不同，可以把法律监督分为两个方面：一是全国人大及其常委会对于被认为同宪法和法律相抵触的国务院的行政法规、决定和命令，国务院各部委的命令、指示和规章，省级人大及其常委会的地方性法规和决议，以及省级人民政府的决定、命令和规章进行监督；地方各级人大及其常委会对于被认为同宪法、法律、行政法规、地方性法规以及上级和本级人大及其常委会的决议相抵触的同级行政机关的决定、命令和规章，以及下级人大及其常委会的决议进行监督；二是全国人大及其常委会对于被认为同宪法和法律相抵触的审判机关、检察机关的司法批复、解释以及对有关案件的判决、裁定和决定进行监督；地方各级人大及其常委会对于被认为同宪法、法律、行政法规、地方性法规以及上级和本级人大及其常委会的决议相抵触的同级审判机关、检察机关的批复，有关案件的判决、裁定和决定进行监督。

工作监督是人大及其常委会依法对行政机关、监察机关、审判机关、检察机关的行政工作、监察工作、审判工作和检察工作是否符合宪法和法律，是否符合国家政策，是否符合上级和同级人大及其常委会的决议，是否符合人民群众的根本利益进行监督。其中对政府工作的监督是人大工作监督的重点。对于政府工作涉及国家经济、政治、文化和社会生活方面的重大变革，如经济体制改革、政府机构改革、人事制度改革；涉及公民政治权利和经济利益方面的重大举措，如工资的调整、币值的变动；涉及人民群众普遍关心的重大问题，如住房、医疗、就业、教育投资、环境治理、社会保障等，人大及其常委会都要通过法定程序及时了解和掌握真实情况，并以事实为依据，以法律为准绳实施跟踪监督。工作监督的基本形式：一是审议行政机关、监察机关、审判机关、检察机关的工作报告；审批经济和社会发展规划以及财政预算的报告；检查经济和社会发展规划的执行情况；检查财政预算的执行情况并听取决算结果的报告；审批经济和社会发展规划以及财政预算的调整变更；二是通过调查、质询、评议，对行政机关、监察机关、审判机关、检察机关的工作进行监察和督促，并对以权谋私、违法失职的工作人员予以撤职或罢免。

3. 民主监督

民主监督的主要形式是党际监督。党际监督是指作为参政党的各民主党派对作为执政党的共产党进行的监督。互相监督是由共产党执政地位决定的，也是由民主党派参政地位决定的。在改革开放和长期执政的条件下，互相监督的重点是参政党对执政党的监督。中国共产党处于执政地位，领导着拥有 14 亿人口的大国，很需要听到不同声音，接受来自各方面的监督。

民主党派的监督贯穿于参政议政之中，其主要内容包括：国家宪法与法律、法规的实施情况；中共中央与国家机关制定的重要方针政策的贯彻执行情况；国民经济和社会发展规划及财政预算执行情况；国家机关及其工作人员在履行职责、遵守法纪、为政清廉等方面的情况。民主党派的参政地位，使之可以及时发现问题，及时反馈信息，及时引起各方面对问题的警觉、关注和纠正；可以有效防止重大决策失误的发生，并减少失误、减轻失误所带来的损失。因此，充分发挥民主党派的监督作用，对于加强和改善共产党的领导，推进社会主义现代化建设具有十分重要的意义。

从实际情况看，虽然执政党与参政党合作的基本方针是长期共存、互相监督，党的历代领导人一再强调互相监督主要是让民主党派监督共产党，让民主党派唱对台戏，但由于执政党成员中不少人缺乏听对台戏的胸怀和雅量，参政党成员中不少人缺乏唱对台戏的勇气和胆识，互为补充的对台戏总是难以唱起来。习近平总书记指出："勇于接受批评、改进工作，是有信心、有力量的表现。""对各种意见和批评，只要坚持党的基本理论、基本路线、基本方略，就要让大家讲，哪怕刺耳、尖锐一些，我们也要采取闻过则喜的态度，做到有则改之、无则加勉。"① 实践表明，执政党

---

① 习近平：《在中央政协工作会议暨庆祝中国人民政治协商会议成立 70 周年大会上的讲话》，人民出版社，2019，第 8 页。

听对台戏的胸怀和雅量以及民主党派唱对台戏的勇气和胆识不是自然形成的，其基本前提是要有唱对台戏的环境、机制和保障。监督的环境——民主党派要勇于坚持正确的意见，既做共产党的挚友，又做共产党的诤友；共产党要有海纳百川的胸怀，广开言路，广求良策，精心打造民主团结、生动活泼的政治局面。监督的机制——允许民主党派在宪法和法律的范围内，对于一些重要问题提出不同方案或不同意见，对于与民主党派相关问题的决定，可由共产党与民主党派联合作出，以促进决策的民主化和科学化。监督的保障——将民主党派的监督制度化、规范化、程序化，使监督有法可依、有章可循。

4. 监察监督

新中国成立初期，政务院设有人民监察委员会。政务院改为国务院后，人民监察委员会改为国家监察部。1959 年监察部被撤销。1987 年第六届全国人大常委会第十八次会议决定，恢复并确立国家行政监察体制，设立中华人民共和国监察部。2018 年第十三届全国人大第一次会议审议通过了宪法修正案，设立中华人民共和国国家监察委员会，监察部并入国家监察委员会。

监察机关是行使国家监察职能的专责机关。推进国家监察体制改革，整合行政监察、预防腐败和检察机关查处贪污贿赂、失职渎职及预防职务犯罪等工作力量，组建国家、省、市、县监察委员会，作为国家反腐败工作机构，同党的纪律检查机关合署办公，加强党对反腐败工作的集中统一领导，构建集中统一、权威高效的国家监察体系，实现对所有行使公共权力的公职人员监察全覆盖。制定国家监察法，依法赋予监察委员会职责权限和调查手段，对监察权行使的方式方法、审批程序、时限要求等作出严格规范，明确监察委员会调查终结的职务犯罪案件由检察机关依法采取强制措施、提出公诉，检察机关有退回监察委员会补充调查、自行补充侦查、作出起诉决定等权力，明确监察委员会采取技术调查等调查措施，按照规定交有关机关执行，形成相互制衡机制。这是确立中国特色社会主义监督体系的创制之举，有利于确保"任何国家机关及其工作人员的权力都要受到制约和监督"。[①]

---

① 习近平：《在庆祝全国人民代表大会成立 60 周年大会上的讲话》，人民出版社，2014，第 11 页。

按照宪法和法律规定，国家监察委员会是最高监察机关，由全国人民代表大会产生，负责全国监察工作。地方各级监察委员会由本级人民代表大会产生，负责本行政区域内的监察工作。国家监察委员会对全国人民代表大会及其常务委员会负责，并接受其监督。地方各级监察委员会对本级人民代表大会及其常务委员会和上一级监察委员会负责，并接受其监督。国家监察委员会领导地方各级监察委员会的工作，上级监察委员会领导下级监察委员会的工作。监察委员会依法履行监督、调查、处置职责：一是对公职人员开展廉政教育，对其依法履职、秉公用权、廉洁从政从业以及道德操守情况进行监督检查；二是对涉嫌贪污贿赂、滥用职权、玩忽职守、权力寻租、利益输送、徇私舞弊以及浪费国家资财等职务违法和职务犯罪进行调查；三是对违法的公职人员依法作出政务处分决定；对履行职责不力、失职渎职的领导人员进行追责；对涉嫌职务犯罪的人员，将调查结果移送人民检察院依法审查、提起公诉；向监察对象所在单位提出监察建议。监察委员会依法独立行使监察权，不受行政机关、社会团体和个人的干涉。①

5. 司法监督

司法监督是对法律实施中严重违反国家法律的情况所进行的监督，以防止和纠正执法不严、司法不公、徇私枉法等问题的发生。广义的司法监督主体是国家司法机关即审判机关和检察机关。审判机关的监督是指上级法院对下级法院、最高人民法院对各级人民法院的审判工作进行监督；通过审理行政案件，对行政机关具体行政行为的合法性进行审查。检察机关的监督是指依法对立案、侦查、审判、刑罚执行和监管活动的检察，对诉讼活动全程进行监督。狭义的司法监督主体仅指国家检察机关，通常人们所讲的司法监督主要是就国家检察机关的监督活动而言的。检察机关的法律监督权包括立案监督、侦查监督、审判监督和执行监督。立案监督主要是针对公安机关应立案而未立案的情况提出纠正意见。侦查监督指检察机关依法对公安等机关的侦查活动是否合法进行的监督。审判监督主要是对于人民法院已经发生法律效力的判决和裁定，如果发现确有错误，检察机关有权按照审判监督程序提出抗诉。执行监督主要指检察机关对刑事判决

① 《中华人民共和国监察法》，《人民日报》2018 年 3 月 27 日。

执行的监督，包括对执行死刑的临场监督，以及对监狱执行情况的监督。

司法监督具有不同于其他方面监督的显著特点。首先，司法监督是一种专门性监督。司法监督的专门性突出表现在两个方面。一是司法监督的权力是专门的。司法监督权作为国家权力的一部分，由检察机关专门行使，司法监督是检察机关的专门职责。检察机关如果放弃对严重违反法律的行为进行监督，就是失职。二是司法监督的手段是专门的。按照宪法和法律的规定，检察机关进行司法监督的手段是由法律规定的。如对刑事犯罪提起公诉以及对诉讼过程中违反法律的情况进行监督等，都是只有检察机关才有权使用的监督手段。其次，司法监督是一种程序性监督。法律对检察机关的司法监督规定了一定的程序规则，这些程序规则可能因监督的对象不同而有所不同。如对刑事犯罪提起公诉有提起公诉的程序，对人民法院已经生效的判决、裁定提起抗诉有提起抗诉的程序，纠正违法有纠正违法的程序。程序性的另一含义是司法监督的效果在于启动追诉程序或者救济程序。对于严重违法构成犯罪的，司法监督的功能是启动追诉程序，提请有权审判的法院进行审判；对于构成违法的，司法监督的功能是提请对行为人有管辖权的主体追究责任；对于违反法律的判决、裁定或决定，司法监督的功能是提请作出决定的机关启动救济程序予以纠正。最后，司法监督是一种事后性监督。只有当法律规定的属于法律监督的情形出现以后，检察机关才能启动司法监督程序，实施监督行为。司法活动、行政活动、国家工作人员的职务活动中可能出现的各种违法行为，在程度上是不同的，只有在违法行为达到一定程度之后，检察机关才能启动司法监督程序实施监督。

6. 审计监督

审计监督是指专职机构和专业人员依法独立对相关单位的财政财务收支的真实、合法、效益进行审核、评价的监督活动。审计按照审计主体的不同，可以分为国家审计、内部审计和社会审计。国家审计是指国家审计机关依据有关法律法规，对国家行政机关、企事业单位的财政财务收支及经济活动效益实施独立、公正的审核和评价的一种专业性活动。根据我国审计法的规定，我国审计机关依照法律规定独立行使审计监督权，不受其他行政机关、社会团体和个人的干涉。其目的是通过审计，让公众了解政府取之于民的财富是否真正用之于民，人民的公仆是否真正执政为民，以便加强廉政建设，维护财经法纪，促进增收节支，保障国民经济健康发展。

充分发挥国家审计对权力的制约监督作用，要求我们创新审计思维，拓展审计视野，建立科学有效的审计运行机制。首先，以财政审计为龙头，统领各项审计工作，形成一个中心，两头延伸的审计格局。一个中心即以预算执行的真实性、合法性和效益性为中心；两头延伸即前头向预算编制的科学性、合理性以及财政性资金的筹集、管理过程延伸；后头向财政性资金的流向、用途及效益方面延伸，加强对与公共需求相关的公共性、公益性基础设施项目资金的审计监督，防止由于决策失误造成的严重损失浪费。其次，加强对重点领域、重点部门、重点项目和重点资金的审计监督。在全面履行审计职能、防止审计死角和监督空白的基础上，根据不同时期的具体情况，集中力量，选择重点部门和单位、重点项目和资金以及社会普遍关注的热点和难点问题进行重点审计。最后，推行和完善审计公告制度。通过新闻媒体，对一些以权谋私的典型案件适时进行曝光，不断增强审计结果的公开性和透明度，让社会各界通过对审计结果的关注，参与到权力制约监督中来。

从审计实践看，国家审计机关在运用法定审计权力获取经济信息后，客观公正地形成审计信息，并以审计信息独有的价值内涵，通过国家权力监督部门在权力制约监督机制中发挥作用。而经济领域中的违法犯罪是当今我国腐败现象的基本特征。据有关部门统计，经济案件占所有案件总数的70%以上，而且大案要案多，违法犯罪手法呈智能化发展趋势，案件隐蔽性强，潜伏期长。然而，凡是经济领域中的违法犯罪活动，一般都要通过资金往来和账目反映出来，因此，审计机关在审计过程中，通过采取适当的技术手段，便可查出贪污、行贿、偷税漏税、化公为私以及损失浪费等经济违法犯罪行为，掌握大量的第一手资料，及时发现腐败案件的线索和信息。国家审计信息作为一种客观公正的、可供发掘的、可作证据的信息资源，是权力制约监督机制的重要工具，对于遏制和约束权力腐败行为具有不可替代的作用。

7. 群众监督

群众监督作为一种权利监督，是指公民通过批评、建议、申诉、控告、检举、揭发等形式对国家机关及其工作人员进行的监督。其实质是公民运用宪法和法律赋予的权利，对国家机关及其工作人员的权力行为实施监察和督促。习近平总书记指出："要拓宽人民监督权力的渠道，公民对于任何国家机关和国家工作人员有提出批评和建议的权利，对于任何国家机关和国家工作人员的违法失职行为有向有关国家机关提出申诉、控告或者检举的权利。"[①]

权利之所以能够制约监督权力是由其特定功能决定的，权利具有制约监督权力的根本性、基础性、广泛性、多样性等功能优势。从监督的主体看，我国 14 亿人口中，绝大多数都是群众。人民群众以工人、农民、知识分子为主体，分布在全国 200 多个行业，300 多种职业中。从监督的客体看，上至中央党政机关的领导干部，下至基层部门的工作人员都处于群众监督之中。从监督的内容看，涉及经济、政治、文化、社会等各个领域和各个方面。从监督的权利看，人民群众享有与主人地位相称的各项公民权利，既能把代表人民利益的公仆推上政治舞台，又能把那些违背人民利益的公仆从政治舞台上撤换下来。从监督的形式看，人民群众通过社会听证、协商对话、民主评议、决策咨询、媒体讨论、信访举报等形式对国家机关及其工作人员的监督，是防范和惩治一切滥用权力行为的有效手段。因此，人民群众是反腐败斗争的基本力量。

从实际情况看，我国的群众举报已逐步演化为一项专门的制度，受理群众举报已成为纪检、监察机关一项经常性工作。纪检、监察机关本着依靠群众、方便举报的原则，专门设立了举报中心，受理人民群众和机关、团体、企事业单位对国家机关及其工作人员违纪违法行为的举报。举报中心上下一体，覆盖全国，实行统一受理、归口办理、分级负责、上级举报中心指导下级举报中心的活动原则。举报中心对电话、面谈、信函等各种形式的举报，认真受理并记录在案；对受理的举报线索，进行初查；对受理的要案线索，派专人管理，认真核查，及时提出处理意见，并报相关领导批阅；对需要移送其他部门处理的线索，则在规定的时间内完成移送程序。为了加强群众监督，要健全便利、安全、高效的举报机制。所谓便利，就是创造必要的举报条件，通过设立举报站、举报箱、举报电话、举

---

① 习近平：《在庆祝全国人民代表大会成立 60 周年大会上的讲话》，人民出版社，2014，第 11～12 页。

报网址等多种渠道，使群众随时随地都能进行举报。所谓安全，就是使举报人的权益受到有效保护。受理机关要严格遵守保密规则，确保举报人的相关信息不泄露。所谓高效，就是对群众的举报线索进行认真调查核实，该立案的立案，该侦查的侦查，绝不能不理不睬。同时，对于群众的举报要热情接待，认真分析，妥善处理，尽量给群众一个满意的答复，不能抱冷漠态度，更不能置之不理。在实际操作中，群众的举报不可能百分之百准确，有的是事实，有的可能与事实有出入，有的甚至可能完全不是事实。对于符合事实的，要认真加以查处；对于不符合事实的，也要耐心细致地做好说服工作，切忌简单处置，更不能以诬告等罪名加以压制。[①]

8. 舆论监督

舆论是指经由大众传媒反映出来的公众对公共政策、公共生活和公众人物的意见体系。它作为社会意识的特殊表现形式，反映着一定阶级、阶层、社会集团的利益、愿望和要求，因而通常在具有一致利害关系的社会群体中容易形成共同的舆论。舆论的形成需要相应的条件，如存在某个涉及人们共同利益的问题或事件；有许多人对这个问题或事件发表意见；在这些意见中必有一种倾向性意见；这种倾向性意见会直接或间接地对社会产生影响。在权力制约监督的各种手段中，舆论通过新闻媒体的广泛传播，以其辐射面宽、透明度高、时效性强、威慑力大的特点而居于重要地位，发挥重要作用。所谓舆论监督，就是依靠社会舆论的力量对公共权力所实施的监察和督促。舆论监督作为一种重要的社会监督形式，由舆论监督的主体、客体和媒介三要素组成。舆论监督主体是运用一定的传播工具对各种权力行为实施监督的人民群众。舆论监督客体是接受舆论监督的党政机关及其工作人员。舆论监督媒介即传播工具，主要指报刊、广播、电视、网络。

舆论监督作为权力制约监督体系的重要组成部分，是新闻工作的重要职责、人民群众的参与途径、党政机关改进工作的有效手段，要求新闻媒体必须善于观察思考，审时度势，从党和政府明令禁止和人民群众深恶痛

---

① 倪寿明主编《建立健全教育、制度、监督并重的惩治和预防腐败体系十讲》，中央文献出版社，2005，第204页。

绝的结合点寻求舆论监督的突破口，以便取得良好的监督效果。随着信息技术的飞速发展，网络以其公开、透明、快捷的特性已成为舆论监督的新手段，在揭露、曝光和追查各种腐败行为中发挥重要作用。网络的即时性使舆论监督更为快捷。网络新闻不是以日为单位，而是以时或分为单位，这种监督的时效性是传统媒体所无法比拟的。网络的交互性为舆论监督提供了更为广泛的群众基础。

党的十九届四中全会指出："坚持和完善党和国家监督体系，强化对权力运行的制约和监督。"① 各种监督形式之间分工明确，但不是各自为政、单打独斗，而是步调协同，信息共享，优势互补，形成合力。在国家监察委员会成立以前，纪检、监察、审判、检察、公安、审计等执纪执法机关之间就存在着协调配合关系。纪检机关对违反党纪的党员作出相应的党纪处分，对涉嫌犯罪的党员移送司法机关处理；监察机关对于违反政纪的人员作出相应的政纪处分，对涉嫌犯罪的人员移送司法机关处理；公安、审计机关在履行职责过程中发现有违纪违法行为的人员，根据情况分别移送司法机关或纪检、监察机关处理；审判、检察机关在履行职责过程中发现有违反党纪政纪的犯罪嫌疑人，将有关材料移送纪检、监察机关处理。在国家监察委员会成立以后，国家监督体系内的各个国家机关在权力制约监督方面各有侧重，国家权力机关居于统领地位，代表人民行使广泛的国家监督权，重点是对由自己产生的国家执行机关的监督；监察机关是依法行使国家监察权的专责机关，其监察对象覆盖所有行使国家权力的公职人员；检察机关和审判机关在国家监督体系中同监察机关工作实现无缝对接，贯穿从调查到起诉、从起诉到审判的整个过程，形成了职务犯罪案件由监察机关负责进行调查、检察机关根据监察机关调查结果依法提起公诉、审判机关对职务犯罪案件独立审判的权力结构和格局。民主监督、群众监督、舆论监督的主体不是权力机关，也不是执纪执法机关，没有对违纪违法的组织、机关、团体及其公职人员的处置权，但他们的监督同样重要，通过对相关事件和人员的批评、谴责、检举、揭发，不仅可以形成强大的舆论震慑力量，而且有助于推动相关组织、机关、团体对问题的整

---

① 《中共中央关于坚持和完善中国特色社会主义制度 推进国家治理体系和治理能力现代化若干重大问题的决定》，《人民日报》2019 年 11 月 6 日。

改，对涉事人员的处置。由此可见，在国家监督体系中，不同监督形式只有既充分发挥各自的优势，又相互配合、密切协同，才能实现在空间上衔接、在时间上紧扣、在功能上互补，以便对各项权力实施有效的制约和监督。

第六节 政治制约

作为政治制约的实质和核心，权力制约就是人们基于对权力的特性及其正负效应的认识而建立起来的一种限制与约束关系。其要旨是使权力体系中各权力机构之间、各权力机构内部不同部门之间、各权力机构不同层级之间以及各权力机构运行的不同环节之间形成既相互限制和约束，又相互配合和支持的权力结构与运行机制。

一 政治制约的本质要求

权力制约是通过一定的机制发挥作用的。机制是不同主体之间相互联系和相互作用的方式，表现为一种动态过程。在实际生活中，权力制约机制之所以具有限制与约束权力的功能，是由其内在的本质要求决定的。换言之，权力制约机制只有符合其内在的本质要求，才能达到预期的目的，否则就是有名无实的、徒劳无益的。

1. 主体的独立性

制约主体依法独立行使制约权，不受其他任何机关、组织和个人的非法干涉。制约作为一种外在的强制，表现为主体对客体的限制和约束，客观上要求制约主体具有超脱的利益和超然的地位，只向赋予其制约权的组织负责，独立行使自己的职权。如果将制约主体的生存空间置于对方的控制之下，那么制约主体就会蜕变为权力的附庸，制约就会失去应有的效力。从制约机构的设置看，通常有两种方式：一种是设置在权力中心的内部，受权力中心的节制，这种体制可称为从属型体制；另一种是设置在权力中心的外部，实行自成一体的垂直领导，这种体制可称为独立型体制。两种体制各有利弊。从属型体制的优点是制约机构受权力中心的直接控制，对权力中心的诉求能够及时回应。其致命缺陷是容易受权力中心的利益牵制。例如，对于权力中心采取不法手段谋取私利的行为，制约机构往往无能为力。[①]

2. 对象的公开性

依法公开国家的政治事务和施政活动，使之广泛置于广大人民的关注之下。由于暗箱操作藏污纳垢，大量的腐败行为都是在信息高度垄断的情况下进行的，因而确保权力合理行使，必须让权力在阳光下运行。腐败现象之所以猖獗，很大程度上是利用了信息的不对称，解决这个问题的根本举措就是信息公开，把国家机关与公众利益密切相关的立法活动、政策制定、财政预算、公共开支以及工作规则、办事程序、审批条件、收费标准等信息公布于众；对公开的政务信息，公众有权查阅，国家机关应为公众查阅提供便利条件。只有权力信息公开，使之处于众目睽睽之下、众口评说之中，才能使优秀人才显露才华，得到重用；使贪婪之辈无处藏身，受到制裁。如果决策与施政不公开，公众不能及时了解真情，那么选举就失去了基础，监督就失去了前提，罢免就失去了依据，制约监督就会形同虚设。因此，应强化这样一种观念：公开是常态，保密是例外。与此同时，疏通和拓宽下情上达和上情下达的渠道，保证人民代表能够准确表达选民的意志，社会团体能够充分反映群众的意见，新闻媒体能够及时传递民众的意愿，各方面的呼声能够顺利地反馈到国家机关中来。

3. 关系的对等性

对权力的赋予与对权力制约的赋予对应对等。按照这个要求，只要赋予掌权者以一定范围和强度的权力，就应同时赋予制约者以相应范围和强度的权力，使权力与所承担的责任对应，与所受到的约束对等。腐败现象之所以猖獗，在很大程度上是利用了权力的不对称，解决这个问题的根本举措就是强化制约权。实践表明，权力随意行使，没有制约不行；制约者处于被制约者单方面支配和控制之下，没有与被制约者对等的地位和权力也不行。在制约关系上，普通公民与国家机关工作人员的平等在于，前者有权依法对国家机关工作人员进行监督，后者有权依法对普通公民实施管理；监督机关与执行机关的平等在于，二者共同对权力机关负责，各司其职，各行其权，相互没有组织上的隶属关系。

---

① 王明高等：《中国新世纪惩治腐败对策研究》，湖南人民出版社，2002，第206页。

4. 手段的强制性

制约主体的活动具有权与法的强制力量作保证。确定权力的行使界限不仅要有一定的规范，而且要有强制力量作为实施规范的坚强后盾。权力之间是互为界限的，缺乏以强制力量为实施保证的规范很难对权力起到约束作用。由于权力总是作为一种强制力量而存在，制约如果离开了同样的强制，就会变得软弱无力。只有以权与法的强制力量为手段，才能迫使制约对象无论愿意与否都能接受制约主体的约束，才能保证制约主体不管制约对象愿意与否都能正常行使其职权。在实际生活中，权力总是作为一种体现主体意志的强制力量而存在的，要使制约收到实效，就必须以同样的强制力量与之相抗衡。法律之所以能够有效地约束权力，是由法律规范的特性决定的。法律规范由行为模式和法律后果两个部分所构成。行为模式是指法律为人们的行为所提供的标准，通常分为三种情况：可以这样行为即授权性规范；必须这样行为即命令性规范；不许这样行为即禁止性规范。法律后果是指人们具有法律意义的行为在法律上所应承受的结果，通常分为两种情况：一种是肯定性法律后果，指行为人按照法律规范的行为模式的要求行为，从而导致的一种积极的结果；另一种是否定性法律后果，指行为人违反法律规范的行为模式的要求行为，从而导致的一种消极的结果。法律规范之所以能够约束权力，是因为法律是权力的规矩和依据，当法律与权力发生矛盾时，权力必须服从法律。

二 政治制约的作用机理

权力制约的目的是建立决策权、执行权、监督权既相互制约又相互协调的权力结构和运行机制，从体制上改变权力过分集中、不受制约的状况。权力制约作为一种机制，是由分权、制衡两个环节所构成，以解决权力的界限、权力的关系问题。

1. 分权

权力和责任是对等的，一个组织机构拥有过多的权力，是很难承担起相应的责任的。只有把国家治理责任分配给不同的主体，使每个主体由无限责任变为有限责任，才能保证国家治理责任的真正兑现。这样一来，按照权责一致的准则，将权力分解和分配到国家管理的各个部门、各个层面、各个环节就成为必然的抉择。从某种意义上讲，国家权力结构的分化与功能的专门化是人类政治文明发展进步的一个重要标志。分权是权力制约的前提。所谓分权，就是依其职能对国家权力进行划分和分配。其实质是优化权力结构，使权力关系明晰化、规范化。实行分权不仅要界定不同职能的权力，而且要界定不同层级的权力和不同环节的权力，依法明确各种权力的地位、职责和权限，以实现权力的合理配置；依法明确各种权力的行使规则、程序和界限，以保证权力的合理运行；依法确立各种权力之间的沟通方式和制约关系，以促进不同权力之间的互补与牵制。[①] 正因为国家权力体系中存在不同性质的权力，这些权力拥有大致平衡的力量，这种平衡的力量由宪法和法律加以确认，权力制约机制才得以建立。

实行分权的客观依据是人们在管理国家方面适应社会分工的需要而进行的权力分工，这对于仍然存在社会分工的社会主义国家来说同样是适用的。我国的一切权力属于人民，人民的权力集中于人民代表大会，即使如此，国家的行政权、监察权、审判权、检察权仍然由人大授予其他国家机关分别行使。分权通常包括以下四个相互联系的方面：一是国家与社会之间的分权；二是中央与地方之间的分权；三是政党与政府之间的分权；四是组织机构内部职能、层级、环节、岗位和人员上的分权。

2. **制衡**

分权是实现权力制约的必要条件，但不是充分条件。只有明确不同权力的各自权限并使之相互平衡，不使其中任何一种权力拥有超乎其他权力之上的特权，才能在国家权力结构内部形成一种自我调控机制，达到以权力制约权力的目的。因此，制衡是权力制约的实质。所谓制衡，就是通过职能分解、机构分设和人员分工，实现对权力的赋予与对权力制约的赋予对应对等，以便当一种权力偏离正常轨道时，与它相对应的权力能够自行予以制止。制衡包括以立法、行政、监察、司法、审计等国家权力制约国家权力，以人民群众、社会团体、新闻媒介等社会权力制约国家权力。在我国，制衡具有两种含义：一是在授权意义上一种权力对另一种权力的限制与约束，如权力机关对执行机关的限制与约束；二是在授权既定的前提下一种权力与另一种权力在领导、管理、监督意义上的相互限制与约束，如政党组织、国家机关、社会团体之间的相互限制与约束。

---

① 王寿林：《权力制约和监督研究》，中共中央党校出版社，2007，第 157~159 页。

在实际生活中，权力是主体意志与物质载体的统一体，是精神力量与物质力量的结合体，是主动的；法律制度是被动的，其本身并不能使自己发挥作用，它必须以一定的强制力量为支撑、为依托才能发挥作用。按照马克思主义的观点，法律制度是由国家强制力保证实施的统治阶级的意志。离开了一定的强制力量，法律制度就会变成一纸空文。而能够支撑法律制度发挥作用的强制力量主要来自权力。由于法律制度制约的是权力，依托的也是权力，如果政治体制内部权力高度集中，缺乏必要的分权，那么当一种权力与法律制度产生冲突时，又何来另一种权力支撑和保证法律制度贯彻执行呢？可见，法治在形式上是以法律规范权力，实质是以权力制约权力。① 我们党反复强调，必须围绕授权、用权、制权等环节，完善及时发现问题的防范机制、精准纠正偏差的矫正机制、强化责任担当的问责机制，把制度的笼子扎紧扎牢，这一切都离不开权力。

三 政治制约的主要途径

坚持以权利制约权力、以法律制约权力、以权力制约权力、以责任制约权力等多种模式综合运用，实现由着力治标向着力治本转变，由注重遏制向注重防范转变，由单项治理向综合治理转变，由外部监督向内部制约转变，使制约和监督相互补充并形成合力，是完善权力制约机制的必然抉择。

1. 以权利制约权力

公民权利是公共权力的来源和基础，对于公共权力的根本制约来自公民权利。在间接民主的条件下，人民当家作主并不意味着人民实际管理国家和社会事务，而在于人民对管理国家和社会事务的公共权力的控制，这种控制是通过行使公民权利实现的。由于广大人民作为国家的主人既广泛地享有公民权利，又牢牢地掌握国家权力，决定了人民有权选举自己的公仆，有权监督自己的公仆，有权罢免那些不称职、不胜任的公仆；决定了任何公仆，无论地位多高、权力多大，都必须服从人民的意志，维护人民的利益；一旦违背了人民的意志，损害了人民的利益，就要受到应有的追究，承担相应的责任。以权利制约权力，就是以公民的选举罢免权、批评

---

① 王寿林：《科学配置权力是制度建设的核心》，《检察日报》2014 年 3 月 11 日。

建议权、检举揭发权等公民权利制约国家权力。这种制约是通过权力的委托、权力的控制、权力的收回这些环节实现的。

（1）权利委托权力。权力的委托即人民运用自己手中所掌握的选举权来推举人民中间的优秀分子代表人民行使国家的管理权。它是人民按照自己的意志、法定的程序、自由平等的原则选举人民代表和国家公职人员的行为。

鉴于人民的权力归根到底是由人民代表直接行使的，人民代表政治素质高低、品德优劣、能力强弱直接关系到人民的权力能否得到正确有效的行使。因此，为了提高人民代表的政治素质和管理能力，在坚持德才标准的前提下，有条件地把竞争机制引入我国的选举制度是大有必要的。其一，竞选有利于保证选出的代表具有充分的代表性。一般来说，选举必须具备两个条件：选举人自主选择和候选人自由竞争。简言之就是差额和竞选。没有差额的选举不是真正的选举，没有竞选的差额不是真正的差额。差额选举比等额选举优越，最根本的一条就在于差额选举给选民提供了自主选择的可能性。只有把差额同竞选结合起来，才能保证选出的人民代表具有充分的代表性和坚实的民意基础。[①] 其二，竞选有利于提高人民代表的素质。通过竞选，人民代表候选人在选民和选举单位面前公开自己的政治观点、参政能力以及当选后的工作设想，回答选民的提问，倾听选民的呼声，这将使选民和选举单位在对候选人德才状况充分了解的基础上进行比较选择，举优汰劣，从而保证把最优秀的人才推选出来。其三，竞选有利于选民和选举单位对当选代表的监督。当选代表在竞选过程中对选民和选举单位所做的承诺和保证，将成为衡量其日后工作的参照标准，成为选民和选举单位对其进行监督的重要依据。

（2）权利控制权力。权力的控制即人民运用自己手中所掌握的监督权来调控人民公仆在政治舞台上的活动，以确保权力运行的取向朝着人民复归。其实质是公民运用宪法和法律赋予的权利，对国家机关及其工作人员的权力进行监察和督促。按照我国宪法规定，我们国家的一切权力属于人民，党政机关领导干部的权力来自人民，其与人民的关系既是公仆与主人的关系，也是受托与委托的关系，因而其全部工作都要接受人民的制约。

---

① 王寿林：《当代中国社会主义民主论》，中共中央党校出版社，2002，第 140 页。

从我国国家权力机关对行政机关的监督看，其主要内容和形式有五。一是制定宪法和法律，明确规定行政机构的设置、行政职权的范围、行政活动的原则，使国家行政活动在宪法和法律范围内进行。二是审议政府工作报告，审批国民经济和社会发展规划以及国家财政预算和决算。三是通过调查、质询、批评、建议等形式，对国家行政活动进行监督，敦促国家行政机关工作人员严格依法办事。四是加强对宪法和法律实施情况的监督，依法撤销国家行政机关制定的同宪法和法律相抵触的行政法规以及决议、决定或命令。五是受理公民的申诉和控告，有效保障公民的合法权益。国家权力机关若发现行政机关存在有法不依、执法不严等问题，可对其领导人提出质询，并将有关情况公布于众，造成强大的舆论压力，促使其改进工作；若发现行政机关存在严重违法失职渎职等行为，可立案并成立特别调查委员会进行调查，并根据调查结果追究有关领导人员的法律责任。其中，对国民经济和社会发展规划以及国家财政预算的审批都是在行政机关实施以前完成的，属于事前监督；对行政机关的日常工作进行调查、质询、批评、建议，属于事中监督；对行政机关执行权力机关的决议、决定情况的审议只有在实施以后才能进行，属于事后监督。把事前监督、事中监督、事后监督衔接起来，使之覆盖行政权力运行的全过程，有利于加强调控，堵塞漏洞，确保行政权力运行自始至终清正廉洁、协同高效。

（3）权利收回权力。权力的收回即人民依法运用自己手中所掌握的罢免权来对那些违反宪法和法律，不称职、不胜任的公职人员在其任期届满前将其罢免。这是人民和人民代表机关对人民代表和政府官员所实施的一种制裁措施，是公职人员承担自己行为责任的一种强制形式。其实质是人民牢牢掌握决定公仆政治命运的权力，并剥夺那些不称职、不胜任的公仆作为其政治代表的资格。

从民主机制的运行过程看，选举权、监督权和罢免权是一个不可分割的有机整体，罢免权实际上是选举权和监督权的自然延伸，是对选举权的一种保护，是对监督权的一种强化。它赋予选民以重新选择的权利，是选民对选举结果重新审视的重要途径。

2. 以法律制约权力

法律是权力运行的规矩和依据。与思想作风相比，法律内容具体，形式统一，规定明确，表述严谨，对于必须做什么、可以做什么、禁止做什么都有明确的规定，便于人们以此为据调整自己的行为。党的十九届四中全会指出："推进机构、职能、权限、程序、责任法定化，使政府机构设置更加科学、职能更加优化、权责更加协同。"① 以法律制约权力，就是以国家宪法和法律制约国家权力。通过宪法和法律对权力的等级、界限、效力，行使的程序、规则、责任等作出明确规定，确保各项权力都在法治的轨道上合理运行。其实质是依法为权力划定职责、权限和相互关系，使权力与法律结成一体，由法律支配，在法律范围内行使，从而成为合法的权力。

（1）权力行使的主体合法。权力行使的主体合法，要求国家权力的主体由法律设定或由权威机关依法授予，实施权力行为的机关必须具有相应的主体资格，能以自己的名义独立承担法律责任。只有具备权力主体资格的机关实施的权力行为才是合法有效的。

法律之所以能够有效地约束权力，是因为它具有两个显著特征：一是法的普遍性，即法律中包含着一种普遍性的允许、命令和禁止人们如何行为的规则和标准；二是法的至上性，即法律在最高和终极的意义上具有规制和裁决人们行为的力量。法的普遍性要求任何权力都要受到法律约束，任何权力都要纳入法治轨道，不允许存在法律以外的权力、过分集中的权力、不受制约的权力，任何组织、机构、单位和个人都必须在宪法和法律的范围内活动，整个社会都必须在法治的轨道上合理运行。这就需要有完备的法律。但仅有完备的法律还不足以实现对权力的有效制约，因为它会遇到各种各样的挑战，包括来自权力的挑战。为了使法律在各种挑战面前仍然能够得以贯彻，就必须以法的至上性来保证。在法与权的关系中，法是人民意志的凝结，体现和象征着主权，与主权是同一的。因此，法与权的关系实际上是权与权的关系。在这两个权中，既然一个代表主权，另一个必定代表治权。这样，法与权的关系就可以转换成主权与治权的关系。在这里法与权哪个大、哪个小便一目了然了。法的至上性要求任何政党组织、国家机关、社会团体和公民个人都不得凌驾于法律之上，任何政党组

---

① 《中共中央关于坚持和完善中国特色社会主义制度 推进国家治理体系和治理能力现代化若干重大问题的决定》，《人民日报》2019 年 11 月 6 日。

织、国家机关、社会团体和公民个人违犯法律都要受到应有的追究。

（2）权力行使的内容合法。法治国家的一条公理，就是对公民来说，法无禁止即可为；对国家机关来说，法无授权不可为。这就要求当权力行为涉及公众的权利、义务以及对这些权利、义务的影响或处理时，均应符合法律规定和公共利益，未经法律授权，不得擅自行权。法律为各种权力设定了界限，权力行使必须具有法律依据，在法定的职权范围内运行；权力行为的作出必须具备法律规定的事实理由，没有事实理由的权力行为同样是无效的。权力行使的内容合法不仅是对国家权力机关、行政机关、司法机关的要求，也是对国家监察机关的要求。国家监察机关必须始终坚持依法依纪查办腐败案件，做到事实清楚、证据确凿、定性准确、处理恰当、手续完备、程序合法。严格规范举报、受理、初核、立案、调查、审理、处分、执行、案件监督管理等各个环节，坚持文明规范办案，保障被调查人员的人身权、财产权、辩护权、申诉权等合法权益。

由于我国幅员辽阔，各地情况千差万别，法律法规的规定不可能穷尽一切可能。因此，任何行政部门都具有一定的自由裁量权。行政自由裁量权是指行政主体在法律事实要件确定的情况下，在法律授权范围内，依据公正合理原则，自行判断行为条件、自行选择行为方式、自行作出行政决定的权力。换言之，行政自由裁量权是国家赋予行政机关在法律规定的幅度和范围内所享有的一定选择余地的权力处置。其实质是行政主体依据一定的制度标准和价值取向进行行为选择的过程。行政自由裁量权是行政权力的重要组成部分，是行政主体提高行政效率所必需的权限，也是现代行政管理的内在要求。为了规范行政自由裁量权，明晰行政许可、行政处罚、行政强制、行政征收、行政检查等执法行为裁量标准，行政主体应以规范性文件的形式对本部门执行的法律、法规、规章规定具有裁量幅度的各种执法行为的裁量范围、种类、标准、条件、方式、时限予以合理细化量化，促使模糊规定明确化、宽泛幅度具体化、执法标准客观化，以此规范行政裁量行为，从根本上消除人为因素造成的自由裁量的随意性，确保行政裁量的公平公正。

（3）权力行使的程序合法。程序就是操作规程和时序。构成程序的基本要素包括行为的步骤和方式以及实现这些步骤和方式的时限和顺序。一般来说，程序公正是实体公正形成的过程，实体公正是程序公正形成的结果，程序公正与实体公正是互为条件的。在实际生活中，程序公正是保障实体公正的前提，没有程序公正难有实体公正。以分配蛋糕为例，并不是蛋糕分配得绝对平均才符合公正，只要由切割蛋糕的人最后领取自己的一份，即可认为这种分配符合公正。对于权力行为来说，只有严格遵守法定程序，才能保证结果公正。否则，不仅结果公正难以保证，还会导致权力行为无效。

决策和用人是行使权力的两个重要环节，也是确保权力行使程序合法的关键所在。党的十九届四中全会指出："健全决策机制，加强重大决策的调查研究、科学论证、风险评估，强化决策执行、评估、监督。"① 决策程序作为决策规律的反映和决策经验的总结，大致包括以下五个步骤。一是公众参与。涉及公众切身利益或对其权利义务有重大影响的决策事项，在决策方案形成后，要公开方案征求公众意见，并可以通过媒体采访、专家解读等形式对公众普遍关注的内容进行解释和说明。二是专家论证。对专业性、技术性、综合性较强的重大决策事项，应组织专家或专业机构对决策方案的合法性、必要性、可行性、科学性和可控性进行论证。三是风险评估。对可能危及经济效益、生态环境、社会稳定和公共安全的重大决策事项应进行风险评估。对决策事项的主要风险源、风险点进行排查，判断决策条件的成熟程度和总体风险的可控程度，并提出预防、控制和应对风险的具体措施。四是合法性审查。决策机关应将决策方案及相关材料交由相关的法律机构进行合法性审查，未经合法性审查或经审查不合法的，不得提交集体讨论。法律机构的合法性审查应包括决策的主体、权限、依据、内容、程序等方面。五是集体讨论决定。决策事项通常由决策机关集体讨论决定。由于行政机关实行首长负责制，行政首长在集体讨论基础上具有最终决定权，如果行政首长作出的决定与多数人意见不一致，应说明理由并如实记录在案。

严格的干部任用程序，是防止个人拍板和用人失察的重要条件。在干部选拔任用工作中，要坚持自下而上推荐、职能部门考察、党委集体决策的程序，通过多级把关，确保选人用人的质量。一是动议。党委及其组织部门按照干部管理权限，根据工作需要和领导班子建设实际，提出启动干

---

① 《中共中央关于坚持和完善中国特色社会主义制度 推进国家治理体系和治理能力现代化若干重大问题的决定》，《人民日报》2019 年 11 月 6 日。

部选拔任用工作意见。其中组织部门综合有关方面建议和平时了解掌握的情况，对领导班子进行分析判断，就选拔任用的职位、条件、范围、方式、程序等提出初步建议。初步建议向党委主要领导成员报告后，在一定范围内进行酝酿，形成工作方案。二是民主推荐。党委及其组织部门根据配备领导班子和选拔任用干部的需要，按照规定的条件、范围、程序和要求，组织有关方面人员推荐领导干部人选。民主推荐的方式主要有两种：一种是会议投票推荐，另一种是个别谈话推荐。三是考察。党委及其组织部门根据干部管理权限，按照规定程序和方法，对确定的考察对象进行全面了解和客观评价，为干部的选拔任用提供依据。在考察过程中，应根据干部选拔任用条件和不同领导岗位的职责要求，以工作实绩为重点，全面考察对象的德能勤绩廉。四是党委讨论决定。讨论决定领导干部选拔任用，党委必须有 2/3 以上成员到会，并保证与会成员有足够时间听取情况介绍、充分发表意见。在民主讨论的基础上，采取举手或投票等方式进行表决，以党委成员超过半数同意形成决定。五是任职。实行领导干部任前公示制度。公示期不少于五个工作日。公示结果不影响任职的，办理任职手续。实行领导干部任职试用制度，试用期满后，经考核胜任现职的，正式任职；不胜任的，按原职级安排工作。[①]

3. 以权力制约权力

完善以权力制约权力的机制，需要对权力进行科学分解，对权力关系进行科学定位，理顺不同职能、不同层级、不同环节权力之间的关系，优化权力结构和权力流程，以便对权力要素实施全方位制约，对权力运行实施全过程监控。

（1）纵向上分权制衡。纵向上分权制衡，包括中央与地方之间的分权制衡，地方与基层之间的分权制衡，上级与下级之间的分权制衡。按照纵向上分权制衡的要求，实行分级决策、分级审批、分级管理，让权力尽可能低位运行，使权力能够受到各方面的监控；明确规定各个层级的职责权限，严格按照权力层级开展工作，在通常情况下，上级无权越级行使下级的权力，下级对于越级交办、违规操作等现象应予以抵制；对于越级交办的特殊情况，应有明确的法律依据，并对越级交办的事项进行登记，以便

---

① 鲁敏主编《当代中国政府概论》，天津人民出版社，2019，第 198～199 页。

为下级抵制上级越级交办、违规操作的事项提供法律和制度保障。构建正职总揽、副职分管、集体领导、民主决策的权力运行机制，合理确定主要领导干部掌握的权力、管理的事项、负有的责任。对于干部人事、财务管理、工程建设、行政审批、物资采购、土地转让、矿产开发、产权交易等具体工作，由领导班子副职分管，主要领导干部则把主要精力放在全局掌控和宏观把握上，并加强对相关决策执行情况的监督检查，由此使主要领导干部的权力得到相应制衡。

（2）横向上分权制衡。横向上分权制衡，包括国家与社会之间的分权制衡，政党与政府之间的分权制衡，决策、执行、监督之间的分权制衡。在国家整体的层面上，科学配置政党组织、国家机关、社会团体的权力，使彼此之间在领导、管理、监督的意义上形成双向的制约关系。在政党内部的层面上，科学配置党代会、党委会、纪委会的权力，党代会处于统领地位，对党委会和纪委会实行单向制约；党委会和纪委会处于平等地位，彼此之间实行双向制约，其中党委会在管理的意义上制约纪委会，纪委会在监督的意义上制约党委会。在国家内部的层面上，科学配置权力机关、行政机关、监察机关、司法机关的权力，权力机关处于统领地位，对行政机关、监察机关和司法机关实行单向制约；行政机关、监察机关和司法机关处于平等地位，彼此之间实行双向制约，其中行政机关在管理意义上制约监察机关和司法机关，监察机关和司法机关在监督意义上制约行政机关。在行政机关内部的层面上，实行决策权、执行权、监督权适当分开，以便切实解决自我立规、自我执行、自我监督的问题。其中决策权在行政首长及其所主持的常务会议，执行权在各个行政部门，监督权在监察机关派驻机构。派驻机构作为监察机关在行政机关中设立的常驻机构，代表派出机关履行监察职责，受派出机关领导，对派出机关负责，实施对驻在单位的行政机关及其领导干部的监督。

（3）环节上分权制衡。环节上分权制衡，包括审查与批准、决定与执行、承办与监管之间的分权制衡。对政府投资项目实行投资、建设、使用、监管分离；对公共资源交易实行主管、办理、评审、监督分离；对行政处罚事项实行调查、决定、执行分离；对财政专项资金实行评审、决定、绩效评估分离。从优化权力流程入手，按照分段操作、流水作业的规程配置权力，合理划分资源密集岗位的权限，将一个岗位的多项权力分解到几个岗位，将一项权力的几个环节分解由多人经办，把制约的措施融入权力分段配置的全过程，使各项权力之间形成相互制约的链条，切实从源头上斩断腐败，从流程上剔除腐败，从结果上卡住腐败。

4. 以责任制约权力

现代民主以间接民主为特征，这意味着由人民代表而不是由全体人民直接管理国家和社会事务。在人民代表与全体人民之间、在执行机关与权力机关之间，都存在一个受权与授权的关系，这种关系使民主政治必然表现为责任政治。受权者必须向授权者负责，并接受授权者的制约。

（1）责任赋予。公职人员的权力和责任是同一事物的两个方面，在接受人民赋予的权力的同时，必须承担相应的责任。实行追责制的一个基本前提，就是按照权责一致的要求，合理匹配权力与责任的关系，通过层层责任分解，使之具体落实到每一层级和每一岗位。因此，以责任制约权力同样存在一个权力结构问题，需要科学配置同一层级不同性质的权力以及同一性质不同层级的权力，需要确立决定与执行分离、执行与监管分离等多种职权分工格局，形成合理的权力运行机制和有效的权力制约机制，并赋以相应的责任，使权力与责任结合在一起，使各种权力行为都成为行使法定权力、履行法定责任的行为，使掌权者在主观上明确、在客观上承担由行使权力所产生的各种后果，以便促使其以高度负责的精神审慎地运用权力。公职人员只有牢固树立责任意识和风险意识，兢兢业业、勤勤恳恳，切实做好本职工作，才能不辱使命，负重致远。

（2）责任担当。实践昭示我们，要使公职人员很好地担负起主动责任，就必须按照谁决策谁负责的原则，建立并落实决策责任制，对超越权限、违反程序决策造成重大损失的，依法追究决策者的责任。要使公职人员很好地担负起被动责任，就必须依法查处各种失职行为，使失职行为者受到应有的制裁。失职行为是以不作为的方式消极对待本应由自己行使的法定权力的行为。其实质是对党和人民的事业缺乏高度的责任心和使命感，使持有的权力与担负的责任相脱节。失职行为主要有两类：一类是过失性质的，如玩忽职守；另一类是故意性质的，如不给好处不办事。其中影响最坏的还是后者，因为它不仅是一种失职行为，同时也是一种危害深远的腐败行为。

公职人员的责任包括道德责任、政治责任、法律责任。道德责任同道德义务相联系。道德责任是公职人员在一定社会关系中所应选择的道德行为和所应承担的道德义务，以及对自己行为过失及其不良后果所应承担的道义责任。公职人员的行为只要与社会的道德标准相冲突，即使并没有违犯法律，也要承担相应的责任。政治责任同政治义务相联系。寻求民众意志和利益的最大公约数，制定符合民意的公共政策，并推动这些公共政策的贯彻执行，是公职人员分内之事、应尽之责。政治责任就是公职人员的分内之事以及没有做好分内之事所应承受的谴责和制裁。公职人员的行为若有损于公众利益，就要承担政治责任。法律责任同法律义务相联系。法律责任是指公职人员对其违法行为所应承担的带有强制性的法律后果。法律责任表示一种因违反法律上的义务关系而形成的责任关系，是由国家强制力保证实施的。公职人员在行使职权过程中，超越法定权限、违反法定义务，对相对人造成严重侵害，必须承担相应的法律责任。同时，公职人员严重失职渎职，相关管理部门也要承担选人用人不当、监督检查不力的连带责任。

（3）责任追究。追责制作为对党政机关及其公职人员行使权力的不良后果予以责任追究的制度，其实质是通过各种形式的追责，规范和约束党政机关及其公职人员的权力行为，以达到人民的权力真正用来为人民服务的目的。

完善追责制的一项重要内容，就是优化追责主体。所谓追责主体，就是由谁来追责。以追责主体为参照，追责可分为来自党政机关内部的同体追责和来自党政机关外部的异体追责。在我国，对官员追责实行的主要是一种同体追责，如政府部门内部上级对下级的追责。完善追责制的另一项重要内容，就是完善发现问题、纠正偏差、精准追责机制。[1] 其中包括政务信息公开机制、责任事故报告机制、监督机关查处机制、公民政治参与机制、新闻媒体曝光机制、责任后果评估机制等。只有完善相关追责机制，切实将行使权力的责任落到实处，才能激励公职人员不断改进工作。

建立国家机关工作人员重大决策终身责任追究制度，是党的十八届四中全会明确提出的要求。终身追责制的含义是，国家机关工作人员实施违法行为或其他失职情形时，即使已经调职、离职甚至退休，仍要对其行为负责。

---

[1] 《中共中央关于坚持和完善中国特色社会主义制度 推进国家治理体系和治理能力现代化若干重大问题的决定》，《人民日报》2019 年 11 月 6 日。

四 政治制约的基本功能

众所周知，一辆机车要有动力系统、传动系统、工作系统、制动系统；一个国家要有咨询系统、决策系统、执行系统、监控系统。机车没有制动系统，一旦偏离轨道，就会有着倾覆的危险；国家没有监控系统，一旦出现失误，就会因得不到及时纠正而酿成灾难性后果。可见，权力制约监督作为一种功能，如同机车上的制动器，是对权力正常运行的维护和保障，是对权力偏离正轨的防范和矫正，因此，它不是对权力的削弱，而是对权力的补充，不是对权力的抵消，而是对权力的完善。这种补充和完善，正是权力制约监督基本功能之所在。

（1）导向功能。引导权力始终按照人民的意志合理运行。作为权力运行的实际操作者，领导干部生活在人民群众之中，其行使权力的过程既是在不同层次、不同范围内与人民群众发生联系的过程，也是接受人民群众制约监督的过程。在办事权限公开、办事依据公开、办事过程公开、办事结果公开的基础上，建立健全有效的制约监督机制，使民主选举制度、竞争上岗制度、任前公示制度、群众评议制度、信任投票制度规范化、程序化，不仅可以形成能者上、庸者下，得民心者上、失民心者下的选择机制，而且可以使领导干部充分感悟到人民的力量与权威，引导其忠实地按照人民的意志办事，真正把人民群众的情绪作为第一信号，把人民群众的需要作为第一选择，把人民群众的利益作为第一考虑，把人民群众的满意作为第一标准，全心全意为人民服务，使其心中的天平回归到群众第一、人民至上这个正位上来，使各级领导岗位成为优秀人才施展才华、造福人民的广阔舞台。这可谓制约监督的导向功能。

（2）防范功能。预防和遏制滥用权力的行为发生发展。解决腐败问题和治病一样，预防代价较小，效果较好；事后治理代价较大，而且也不易根治。通过法规制度严格规定掌权者必须做什么、应当做什么、允许做什么、禁止做什么，以指导掌权者的言行举止，使其能够预测到自己权力行为的利害得失，由此达到治患于已然，防患于未然之效。这可谓制约监督的防范功能。①

---

① 王寿林：《权力制约和监督研究》，中共中央党校出版社，2007，第94～95页。

（3）矫正功能。对偏离正轨的权力行为予以及时的矫正和补救。权力制约监督机制的存在意味着掌权者的可选择性，这一点虽然不能保证掌权者一定精明、贤明、清明，但却可以矫正其腐败，并在其腐败时予以撤换；缺乏有效权力制约监督机制的弊端并不在于掌权者一定腐败，而在于其腐败时不能按预定的程序及时予以撤换。实行离任审计制度、责任追究制度、职务罢免制度的目的，正在于及时矫正权力腐败。权力制约监督机制的存在还意味着决策的可修正性，这一点虽然不能保证决策完全正确，但却可以保证错误的决策一经发现便得到及时纠正，由此灵敏反馈，使之逐步趋于正确；缺乏有效权力制约监督机制的弊端并不在于每次决策都错误，而在于出现错误时，不能按预定程序及时予以纠正。实行决策咨询制度、科学评估制度、信息反馈制度的目的，正在于及时纠正决策失误。因此，要有效遏制腐败现象的发生，防止重大决策的失误，就必须建立健全权力制约监督机制。这可谓制约监督的矫正功能。

（4）惩戒功能。对滥用权力的行为及其责任者予以必要的制裁。有效的制约监督必然以严明的法纪与之相适应。如果对腐败行为不能予以及时而必要的惩治，总是让其得逞或只付出微不足道的代价，那事实上就等于在鼓励这种行为。[1] 因此，无论什么人，只要违反了党纪，就要受到党纪处分；违反了政纪，就要受到政纪处分；违犯了法律，就要受到法律制裁。让那些想涉足腐败的人望而却步，涉足了腐败的人付出代价，在政治上身败名裂，在经济上倾家荡产，在思想上追悔莫及，决不允许腐败分子从违法违纪行为中得到好处。依法依纪惩治腐败分子，可以对抱有腐败动机的人发挥三个方面的威慑作用：一是使其恐惧名誉地位的丧失；二是使其恐惧既得利益的丧失；三是使其恐惧人身自由的丧失。[2] 由此使掌权者形成不敢腐败的心理约束，以期达到有效遏制腐败的目的。同时，通过查办案件，不仅使违法违纪者得到应有的惩处，以遏制腐败现象滋生蔓延的势头，还可以针对案件中暴露出来的倾向性问题，及时制定防范措施，堵塞漏洞，铲除腐败现象滋生蔓延的土壤和条件。这可谓制约监督的惩戒功能。[3]

---

① 韩东屏：《论腐败的发生与防治》，《晋阳学刊》2001年第1期。
② 凌海主编《反腐败方略研究》，中国方正出版社，2002，第14页。
③ 王寿林：《权力制约和监督研究》，中共中央党校出版社，2007，第96~97页。

第四章 政治环境

政治环境是影响和制约一定政治体系和政治行为的背景条件，是不以人们意志为转移的客观因素的总和。政治环境要素主要包括政治关系、政治秩序、政治生态、政治文化、政治传统等。政治环境分析揭示政治环境与政治现象之间特定的关系，从而考察政治现象的产生原因、发展规律和变化趋势。政治系统与政治环境之间的作用和影响是双向的，政治主体对于政治环境既可以适应，也可以改造。

第一节 政治关系

人们在政治生活中处于什么地位、发挥什么作用、对社会政治进程产生什么影响，归根结底是由他们在社会经济生活中的地位决定的。如在经济上占统治地位的个人或集团与处于被统治地位的个人或集团在政治上就不可能有真正的平等关系。这就是说，社会的政治关系总是与经济关系相适应的。如社会主义的经济关系必然产生社会主义的政治关系，社会主义的政治关系必然反映社会主义的经济关系。因此，一定的政治关系取决于一定的经济关系，并为一定的经济关系服务。

一 政治关系的基本概念

在人类利益关系中，包含着内在的矛盾性。一方面，任何利益都与特定的个体相联系，都有着得以实现的内在要求；另一方面，任何利益又只有在社会关系中，通过一定的社会途径才能得以实现。利益的这种实现要求的个体性和实现途径的社会性，是利益的基本矛盾，它们构成了利益的二重性。利益的这种二重性，形成了社会利益关系。利益关系是政治权力和政治权利形成的基础，并且规定了政治权力和政治权利的功能。而政治权力关系和政治权利关系则是人们以强制力量和合法资格的方式在社会公共生活中实现其利益的途径。

政治关系是人们在政治生活中基于政治利益而形成的以政治权力和政治权利分配为特征的社会关系。它是政治角色之间的相互作用和影响，是阶级社会中人们政治活动的必然产物。政治关系包含着三个层面的关系：第一，政治关系首要的和基本的是利益关系，这是由人们的需要产生的，由特定的社会经济关系决定的利益关系；第二，人们为了实现自己的利益要求，在社会利益关系基础上结成特定的社会政治力量，并在这种力量对比关系中形成了政治权力关系；第三，在社会利益关系基础上形成的、由政治权力确认和保障的社会成员主张共同利益的法定资格，构成了政治权利关系。[①] 由此可见，政治关系是一个庞大而复杂的政治系统，由众多错综复杂的政治网络所组成。在这个网络中最重要的有阶级关系、民族关系、政党关系、国家关系等。其中每一种重要政治关系都表征着政治系统的性质与状态。政治关系一经形成，就反过来制约人们的政治行为。

政治关系是围绕国家公共权力而形成的一整套关系体系，属于社会关系的一部分，是阶级关系在政治上的反映。首先，政治关系具有历史性，是随着阶级和国家的产生而出现，随着阶级和国家的消亡而退出历史舞台的。其次，政治关系具有普遍性，即社会上每个人都处于一定的政治关系之中，如人民群众组织的各种政治团体，参与的各种政治活动，开展的各种政治斗争，完成的各种政治任务，建立的各种政治机构，解决的各种政治问题等都包含着政治关系。最后，政治关系具有多样性，这是与政治主体的多样性联系在一起的，如各政党之间的关系、各阶级之间的关系、各民族之间的关系、各国家之间的关系，以及领袖、政党、阶级、群众、民族、国家之间围绕着国家权力和利益而建立的各种关系。政治关系是人类社会政治的本质内容，其他政治现象则是政治关系的具体表现形态。政治关系既有由法律明文规定的，也有按传统习惯俗成的。政治关系既反映一定的经济关系，又体现一定的阶级关系。政治关系的发展变化，必然表现为人类社会政治的发展变化。

---

① 王浦劬等：《政治学基础》，北京大学出版社，2006，第 42 页。

二 政治关系的基本特征

政治关系与其他社会关系相比，具有三个基本特征。首先，政治关系是政治角色之间的相互关系，这种政治角色既包括个人，如公民、政治家、政府官员，也包括集体，如国家、政党、政府机关、政治团体等。其次，政治关系是个人和团体在社会政治生活中结成的相互关系，在社会政治生活之外发生的任何关系都不是政治关系，即使是国家之间的关系也不例外，如国家之间的经济贸易就不属于政治关系而是经济关系。最后，发生政治关系的直接动因是一定的政治利益。① 利益关系是政治关系的基础，也是人们结成政治权力关系和政治权利关系的直接动因。

除此之外，中国特色社会主义政治关系还具有以下三个基本特征。首先，政治主体的平等性。政治关系是政治主体的相互关系，政治主体的性质直接影响政治关系的性质。在我国，政治主体是由劳动者组成的，劳动者在本质上是平等的，因此，中国特色社会主义政治关系是以平等为显著特征的。在社会主义条件下，全体劳动者对生产资料的占有形式虽然存在差异，但在不同的占有形式中劳动者与生产资料之间的关系仍是平等的。与此同时，社会主义国家是由平等的劳动者通过社会主义民主制度的运行而确立的，作为政治主体的劳动者在政治权利、政治参与、政治生活中形成了广泛平等的政治关系。虽然具体的政治主体在国家政治生活的不同领域中确实居于不同地位、具有不同功能、发挥不同作用，但他们之间并不存在高低贵贱之分。因此，政治主体平等是中国特色社会主义政治关系的首要特征。其次，基本关系的和谐性。政治关系的形成和发展源于经济关系，是特定经济关系的集中表现。中国特色社会主义政治关系的基础是社会主义公有制，因而在目的、结构与内容上始终保持着根本利益的一致性和基本经济关系的相容性，使得当代中国政治关系始终保持着稳定与和谐。当然，由于经济形式以及生产资料占有关系的差异性，作为共同利益具体载体的政治关系也无法彻底摆脱特定利益之间的博弈。在特定利益影响下，不同的政治关系必然产生一定程度的矛盾性和冲突性。围绕相关的矛盾和冲突，需要通过利益协调机制或者矛盾调解机制来解决。只有这

---

① 《中国大百科全书·政治学》，中国大百科全书出版社，1992，第490页。

样，社会主义社会才能保持一种相对稳定的和谐状态。最后，调整方式的科学性。中国特色社会主义政治关系是动态发展的，其之所以能够在发展进程中保持稳定、逐步完善并最终达到和谐状态，主要原因就在于能够自觉地进行自我调整。一方面，作为社会主义国家，中国的政治关系主体是和谐的政治关系，解决政治关系以及由此所表现出来的其他社会关系中的矛盾和问题，有利于其不断增强内在的稳定性和外部的和谐性。另一方面，在社会主义初级阶段，既得利益仍然会以利益集团的形式不断固化，甚至阻碍政治关系的自觉调整。因此，党必须勇于自我革命。历史表明，中国共产党人善于将自我革命和社会革命结合起来，在政治关系本身出现问题时，能够有理有力地通过各种途径和方式扭转乾坤，推动中国特色社会主义政治关系向前发展。[①]

三　政治关系的基本结构

政治关系的基本结构是一种由不同权力主体相互联系而形成的相对稳定的结构模式。作为政治关系的基本结构，正确处理国家与社会、政党与政府、中央与地方、执政与参政、国内与国际的关系，包括两个层面的问题：一是科学界定国家与社会、政党与政府、中央与地方、执政与参政、国内与国际的内涵；二是合理把握国家与社会、政党与政府、中央与地方、执政与参政、国内与国际之间的关系。

1. 国家与社会

如果说国家是以强制力量为依托，以政治权力为手段，以统治秩序为经纬的公共利益关系的总和，那么社会则是以市场经济为基础，以契约关系为纽带，以人格独立为特征的私人利益关系的总和。换言之，国家是对公共活动领域的一种抽象，其调节的范围主要是公共活动领域；社会是对私人活动领域的一种抽象，其调节的范围主要是私人活动领域。二者的主要差异表现为：国家作为公共活动领域，其权力是政治关系的集中体现；社会作为私人活动领域，其权利是经济关系的集中体现。国家作为政治活动领域，其权力以强制力量为依托，表现为纵向的支配关系；社会作为经

---

① 亓光：《政治关系：中国特色社会主义政治话语的基础性议题》，《社会科学战线》2019年第5期。

济活动领域，其权利以契约关系为纽带，表现为横向的平等关系。

国家与社会一经分离，就存在互动关系。从国家的角度看，它对社会的作用主要表现在两个方面：一是国家承认社会的独立性，并为社会提供制度性保障；二是国家对社会进行必要的干预和调控，为社会活动确立对人人普遍适用的法律规则，对社会自身无力解决的矛盾或冲突进行协调。一般来说，社会的独立性并不否认国家干预的必要性，而是强调国家干预必须具有一定的限度。一个社会如果离开了国家，就不会有稳定、秩序、财产和安全的保障。从社会的角度看，它对国家的作用也主要表现在两个方面：从消极的意义上说，社会具有制约国家的力量，使自己免受国家的超常干预；从积极的意义上说，社会的发展培育了多元利益主体，这些主体发展到一定程度，便会以各种方式参与政治，表达利益。正是在这种意义上，社会的发展为民主政治和法治国家建设奠定了坚实的基础。

国家与社会的关系，是指国家与各种社会组织、社会团体以及社会成员之间的关系。托克维尔主张划定"公共生活"与"私人生活"的界限，用他自己的话说，就是"给社会权力规定广泛的、明确的、固定的界限，让个人享有一定的权利并保证其不受阻挠地行使这些权利"。在托克维尔看来，如果社会中个人的活力不能得到保障，国家自身的活力最终也将不复存在。"永远记住一个国家当它的每个居民都是软弱的个人的时候，不会长久强大下去，而且决不会找到能使由一群胆怯和萎靡不振的公民组成的国家变成精力充沛的国家的社会形式和政治组织。"① 托克维尔的观点对于我们正确认识和处理国家与社会的关系具有一定的启发意义。正确处理国家与社会的关系，首先必须认清国家与社会的界限。由国家、政治、政府的紧密联系和社会、经济、市场的紧密联系所决定，国家与社会、政治与经济的界限又可以归结为政府与市场的界限。正像在国家与社会、政治与经济的关系中社会决定国家、经济决定政治一样，在政府与市场的关系中，市场处于基础的地位，是第一性的，政府处于从属的地位，是第二性的；市场决定政府，是政府的行为依据和服务对象，政府适应市场，是市场的调控力量和安全保障。

与市场经济相适应的政府应当是有限政府，即在规模、职能、权力和

---

① 〔法〕托克维尔：《论美国的民主》（下卷），董果良译，商务印书馆，1988，第880页。

行为方式等方面受到法律明确规定和社会有效制约的政府。其一，政府行为只发生在公共领域，而不发生在私人领域，政府不能代替个人处理私人事务。其二，政府规模并非越大越好，官员数量也并非越多越好。因为政府是不能直接创造财富的，政府在从事公共管理、提供公共物品的同时，必然要以民众的赋税作为代价。政府规模越大，就要越多地从社会提取财富，政府的膨胀必然带来赋税的增加，带来社会负担的加重。其三，有限政府本身不是一个固定不变的单一程式，而是一个发展变化的概念。随着市场经济的发展和科学技术的进步，将会出现许多政府过去没有遇到，而社会又无法自行解决的问题，这就要求扩大政府职能以适应环境的变化。而社会的发展又使得一些原来无法解决的问题迎刃而解，这就要求削减政府职能。因此，要随着环境的变化不断地对政府职能进行适应性调整。①

在现实生活中，从来没有也不可能存在不与任何经济发生联系的政治，也没有同任何政治都割断联系的经济，差别仅在于这种联系的表现形式是直接的还是间接的。在自我运行的范围之内，限制政府的作用是市场经济正常运行的必要条件；在自我运行的范围之外，发挥政府的作用同样是市场经济正常运行的必要条件。因为市场无法满足社会对公共产品的需要；市场保证不了社会公正；市场克服不了自身所带来的消极后果；市场保证不了社会经济的稳定发展。市场存在的缺陷，是政府对经济积极作用的依据，是政府存在的理由。党的十九届四中全会指出："完善政府经济调节、市场监管、社会管理、公共服务、生态环境保护等职能，实行政府权责清单制度，厘清政府和市场、政府和社会关系。"② 在市场经济条件下，政府应履行的基本职能主要有五个方面。一是经济调节，即对社会总需求和总供给进行总量调控，并促进经济结构的调整和优化，保持经济快速协调持续发展。二是市场监管，即依法对市场主体及其行为进行监督和管理，维护公平竞争的市场秩序，形成统一、开放、竞争、有序的现代市场体系。三是社会管理，即通过制定社会政策和法规，依法管理社会事务，规范社会组织，化解社会矛盾，调节社会分配，维护社会公正、社会秩序和社会稳定。四是公共服务，即加强城乡公共设施建设，发展社会就

---

① 杨宏山：《当代中国政治关系》，经济日报出版社，2002，第284~286页。
② 《中共中央关于坚持和完善中国特色社会主义制度 推进国家治理体系和治理能力现代化若干重大问题的决定》，《人民日报》2019年11月6日。

业、社会保障和教育、科技、文化、卫生、体育等公共事业，为社会公众提供优质高效的公共产品和服务。① 五是生态环境保护，即统筹人口、经济、国土资源、生态环境，构建科学合理的城市建设格局、农业发展格局、生态安全格局和自然岸线格局，促进生产空间集约高效、生活空间宜居适度、生态空间山清水秀，形成先进的生态文化、完善的生态制度、发达的生态经济、适度的生态生活和良好的生态环境，建设生产发展、生活富裕、生态良好的文明社会。

我国体制改革的取向是促进国家与社会的结构性变革，进而实现经济市场化和政治民主化，而国家与社会的结构性变革又依赖于政府的推动；市场和社会中介组织是政府调节经济和管理社会的主要手段，而市场和社会中介组织的发育又依赖于政府的扶持。这就决定了政府在体制转换过程中扮演着制度设计者、资源调动者、变革推动者、利益协调者等多重角色。正因为如此，实现国家与社会二元化过程，并不意味着政府已成为多余。实现国家与社会二元化的实质是重新置社会以本位地位，重新置社会发展以自然历史过程，政府只能依据社会发展的自然历史过程为社会提供服务，而不能把自己的意志强加于社会，使其偏离这一过程。随着国家与社会、政治与经济的分离，社会要接受政府转移的那部分权力，填补政府在管理上留下的空白，因此，社会自身也需要有一个自行调节、更新、重组自身结构与功能的发育和成熟的过程。这一过程的实质是经济文化的发展过程，市场机制的完善过程，多元利益的形成过程，契约规则的健全过程，主体素质的提高过程，自治能力的增强过程。只有这一过程完成了，国家与社会、政治与经济的二元化才能真正实现，一个自主的、健全的、与国家形成适度平衡和良性互动关系的社会才能真正建立起来。

2. 政党与政府

政党是指建立在一定的阶级基础之上，代表一定的阶级、阶层或社会集团的利益，为掌握或影响国家政权，为实现自己的政治纲领和政治目标而奋斗的政治组织。现代政治是政党政治，政党是国家政治生活的核心，执政党执掌国家政权是世界各国的通例。但在表现形式上，因政党与国家产生的先后不同而存在两种类型：第一种是国家先于政党建立，政党基于

---

① 范恒山：《着力推进政府行政管理体制改革》，《经济研究参考》2006 年第 1 期。

政权有序运作的需要而得以形成和发展，政党与国家是一种寄生关系，只有在竞选中获胜的政党才能成为执政党，并通过其党员代表执掌国家政权，资本主义国家的政党制度即属此类。第二种是政党先于国家建立，政党领导人民推翻旧政权，建立新国家，国家的性质取决于政党的性质，政党与国家是一种共生关系，领导人民夺取政权的政党直接执掌国家政权，社会主义国家的政党制度即属此类。①

正确处理政党与政府的关系，首先要认清领导与管理的区别。这种区别表现在以下几个方面。一是实施对象不同。领导对象是人，管理对象既包括人，也包括物。二是隶属关系不同。领导与被领导的关系不一定都是组织上的隶属关系，而管理与被管理的关系则一定是组织上的隶属关系。三是基本职能不同。领导职能主要是政治性的，在于组织和动员民众，在民众和国家政权之间建立政治沟通机制；在于进行利益表达和整合，通过正常渠道向国家机关提出立法建议和输送领导成员。而管理职能既包括政治性的，也包括经济性、文化性和社会性的，对经济政治文化社会建设实施具体的、全面的调控。四是利益关系不同。领导对象与领导者所代表的利益是一致的，正因为领导者所引导的方向符合其利益，人们才愿意跟着走，成为领导的对象。而作为管理对象的人，有的与管理者所代表的利益相一致，有的则不一致甚至根本对立，但无论什么人，只要处于管理者有权管辖的范围内，都是管理的对象。五是实施手段不同。领导与管理都以服从为前提，但有两种不同的服从：一种是自愿的服从，另一种是被迫的服从。对领导的服从只能是自愿的服从，对管理的服从则既包括自愿的服从，又包括被迫的服从。因此，实施领导的手段是说服加引导，实施管理的手段是说服加强制。由此可见，实施领导的手段完全适用于管理，但实施管理的手段却不完全适用于领导。如果运用强制手段，通过发号施令去实施领导，那就意味着把领导变成了管理。②

正确处理政党与政府的关系，其次要认清政党与政府的职能、职权和职责。一是政党与政府的职能：党领导国家机关，组织国家机关，执掌和调控国家政权。党的职能主要是为国家机关提出基本理论、基本路线、基

① 袁曙宏：《党依法执政的重大理论和实践问题》，《国家行政学院学报》2006年第1期。
② 杨曼军：《关于共产党的领导》，《社会科学论坛》1990年第6期。

本方略、制定发展战略、作出重大决策、推荐重要人选,以指导国家机关的活动。国家机关的职能主要是通过立法、行政、监察和司法活动治理国家,管理社会。党与国家机关是政治上的领导关系,不是组织上的隶属关系。二是政党与政府的职权:党对国家机关发挥政治领导作用,掌握国家的领导权;党对国家机关发挥组织保证作用,掌握国家的执政权。国家机关掌握国家的立法权、行政权、监察权和司法权。党的执政权是通过国家机关来体现的,党不能撇开国家机关,直接行使国家的立法权、行政权、监察权和司法权,也不能随意干预国家立法、行政、监察和司法机关的工作。三是政党与政府的职责:党的主要职责是探索社会发展的客观规律,总结建设和改革的实践经验,提出符合中国国情的路线方针政策和政治主张,通过发挥党员的先锋模范作用以及对国家机关的监督保证作用,确保党的路线方针政策和政治主张的贯彻执行。国家机关的主要职责是,通过立法机关使党的主张和人民的意志成为国家法律,通过行政机关执行法律,通过监察机关监督执法,通过司法机关惩治违法。

由此可见,党和国家机关的性质与职能不同,组织形式与工作方式也不同。国家机关是一套公共权力体系,它以国家机器的强制力量为依托,以全社会公认代表者的身份从事经济、政治、文化、军事、外交等各方面的立法、行政、监察和司法活动。政党则是由共同的目标和利益聚集起来的、由本阶级先进分子自愿结合起来的政治组织,它依靠共同的理想、严密的组织和自觉的纪律来维系,以执掌政权并通过自己的纲领和主张领导政府为其政治活动的主要内容。这就要求我们"不断加强和改善党的领导,善于使党的主张通过法定程序成为国家意志,善于使党组织推荐的人选通过法定程序成为国家政权机关的领导人员,善于通过国家政权机关实施党对国家和社会的领导"。①

历史的经验昭示我们,我国的国家政权是人民当家作主的政权,党作为中国特色社会主义事业的领导核心,作为人民国家的执政党,是历史的选择、人民的选择。因此,国家政权不能脱离党的领导,否则就会改变性质、迷失方向。这就意味着"处理好党政关系,首先要坚持党的领导,在

<hr>

① 习近平:《在庆祝全国人民代表大会成立60周年大会上的讲话》,人民出版社,2014,第6~7页。

这个大前提下才是各有分工，而且无论怎么分工，出发点和落脚点都是坚持和完善党的领导"。[①] 中国共产党是领导党和执政党，党的领导地位和执政地位是紧密联系在一起的。在我国，党政关系实际上是党和人民的关系，也是血肉不可分割的关系。

3. 中央与地方

中央与地方的关系，是具有隶属关系的中央与地方国家机关在行使中央权力和地方权力时依照法律或传统所形成的权利义务关系。其核心是以一定利益关系为基础并体现一定利益关系的权力结构。任何权力的背后都包含着利益的分配与驱动，国家权力也不例外。在通常情况下，中央政府是国家利益的代表者，地方政府是地方利益的代表者。因此，中央与地方的关系实质上是国家利益与地方利益的关系。能否合理配置纵向权力，正确处理各种利益关系，直接关系到国家的政治稳定和社会的协调发展。

合理配置纵向权力结构，首先必须明确中央政府和地方政府的权力来源。在民主和法治的条件下，中央政府和地方政府的权力都来自人民的授权。中央政府的权力来自全国人民代表大会的授权。地方政府的权力一是来自地方人民代表大会的授权，二是来自中央政府的授权，中央政府的授权是对地方政府既有权力的确认和特定权力的委托。人民通过制定宪法分别设立最高国家权力机关和地方国家权力机关，并把国家权力分别授予中央政府和地方政府。

从我国的实际来看，中央与地方的关系主要有以下特点。一是结构上的领导与隶属关系。中央政府领导地方政府，地方政府隶属中央政府。地方政府是中央政府的下属机构，其各项权力受中央政府统辖。二是职能上的分工与协作关系。中央政府统管全国的事务，其职能具有整体性和普遍性；地方政府主要管理地方上的事务，其职能具有地方性和特殊性。中央政府对国家事务进行宏观决策，地方政府则负责具体实施中央的决策。中央政府对国家事务进行全面管理，地方政府则很少涉及外交和国防事务。中央政府与地方政府之间既相互依存又相互合作。三是职权上的集权与分权关系。中央政府同地方政府是一种统一领导、适当分权的关系，即从总体上

---

① 中共中央宣传部编《习近平新时代中国特色社会主义思想学习纲要》，学习出版社、人民出版社，2019，第 70 页。

讲属于集权制，而这种集权制又是以承认地方的一定自主权为前提的。①

发挥中央和地方两个积极性，必须合理划分中央政府与地方政府的权力。中央政府与地方政府的权力包括三个方面：一是中央专有权力；二是地方专有权力；三是中央与地方共有权力。与此相适应，事权也可分为三类。一类是由中央政府管理的事项，如国防、外交、安全、金融、海关、省际行政区划以及控制少量关系国计民生和国家安全的大型国有企业、基础设施、重要资源等。一类是由地方政府管理的事项，如制定本地区经济社会发展规划；为本地区提供公共产品和服务；举办教育文化卫生事业；维护本地区的社会秩序和安全稳定；调节本地区各方面的分配关系；发展与各地区之间的合作关系等。一类是中央政府与地方政府共管事项，如教育、税收、环境保护、社会保障等方面就需要中央和地方共同负担、通力合作。在此基础上，划清立法、财政、人事权限，实现事权、立法权、财政权、人事权四权统一，并明确各自的责任。凡是宜由中央政府管理的事项由中央政府设置垂直部门统一管理，凡是宜由地方政府管理的事项由地方政府设置相应部门统一管理。

党的十九届四中全会指出，理顺中央和地方权责关系，加强中央宏观事务管理，赋予地方更多自主权。② 中央政府除负责国防、外交、全国性的事务外，主要负责对国民经济的宏观调控。宏观经济是反映全局的整体的经济活动，因而涉及宏观经济总量平衡和结构调整的权力不能层层分解。宏观经济调控权，包括全国性的产业政策和经济布局、收入分配政策、财税政策、货币的发行、基准利率的确定、汇率的调整和利率的调整，以及涉外经济政策等，必须集中在中央。这是保证经济总量平衡、经济结构优化和全国市场统一所必需的。地方政府作为中央政府的代理和地方利益的代表，其主要职责是在国家宏观调控的框架内，因地制宜地促进本地区经济和社会的发展。具体包括运用计划和市场两种手段引导地方资源优化配置，发挥区域经济优势，促进地区经济发展，统筹规划和组织地区性基础设施建设和优势产业发展，促进地区之间经济交流和合作；为本地区内企业的生产经营和正常运行创造良好的外部条件；运用地方资金和

① 杨宏山：《当代中国政治关系》，经济日报出版社，2002，第241页。
② 《中共中央关于坚持和完善中国特色社会主义制度 推进国家治理体系和治理能力现代化若干重大问题的决定》，《人民日报》2019年11月6日。

其他地方性收入，发展本地区的文化教育和社会保障事业等。

合理划分中央与地方的权力，发挥中央与地方两个积极性，其实质是在国家权力纵向结构上实行分权与制约的体制。只有实行分权，并通过宪法和法律对属于中央与地方的权力作出明确规定，才能有效防止中央侵犯地方合法权益，才能充分发挥中央与地方两个积极性。所谓国家权力纵向结构实行制约，则集中表现为中央与地方权力的相互监督。中央在依法维护地方权力的前提下，应对地方权力进行有效的监督，如撤销地方制定的同宪法和法律相抵触的地方性法规和决议，改变或撤销地方的不适当的决定和命令，用经济的方式即税收返还、定额补助及专项拨款等转移支付的方式促进地方加快发展等。与此同时，地方在依法维护中央权威的前提下，应对中央权力进行有效的监督，如有权要求中央尊重地方的合法权益，有权依法决定本行政区域内的重大事项和依法管理本行政区域内的行政工作，中央对此不应加以干涉。

4. 执政与参政

政党关系是一个国家的各个政党在领导、控制、组织或参与国家政治生活的过程中形成的，以特定的政治权力和政治利益分配为内容的政治关系。中国共产党领导的多党合作和政治协商制度作为适合我国国情的政党制度，是中国人民政治智慧和政治经验的科学结晶，是社会主义政治文明的重要体现，也是正确处理我国政党关系的制度保证。我国实行共产党领导、多党派合作，共产党执政、多党派参政的政党制度，同一些国家实行的一党制或多党制有着明显的区别。我国宪法明确规定：中国共产党领导的多党合作和政治协商制度将长期存在和发展。坚持和完善共产党领导、多党派合作，共产党执政、多党派参政的政党制度，是坚持中国特色社会主义政治发展道路的本质规定，也是加强执政与参政之间相互制约和监督的内在要求。

在民主政治条件下，尽管社会各方面的意见都可以充分地表达出来，但任何社会都无法保证所有这些意见都能够在政策转换中被平等地考虑。因为一项政策往往只是多种选择中的一种。因而在利益表达之后，还需要有一种利益整合机制，以便将分散的意见转化为集中的、系统的意见，从而形成有限的、可操作的若干选项。这种利益整合机制通常是以政党为主、利益集团为辅的政治机制。政党政治是现代政治的基本特征，它通过对社会纷繁复杂的意见和要求进行初级整合，并通过执掌或影响国家政权而将整合后的意见转化为公共政策。这种机制一方面满足了公众对政治参与的渴求，另一方面又克服了因意见分散而带来的混乱局面，可以说是现代社会民主与秩序双重要求相结合的产物。由于在一个社会中，主要的政党不过一两个，尽管它们能有效地进行利益整合，却无法包罗万象。而利益集团恰好弥补了政党的不足，它通过对那些分散的、局部的利益进行次级整合，将其纳入政治体系之中，从而使公共政策能够更全面地反映社会利益的多样性。

我国是以工人阶级为领导的、以工农联盟为基础的人民民主专政的社会主义国家，实行共产党领导的多党合作的政党制度。作为社会主义国家，我国广大人民的根本利益具有一致性，为了把广大人民组织起来当家作主，以实现自己的利益，客观上需要有一个坚强的政治核心来领导，这个政治核心就是中国共产党。中国共产党的领导是在中国革命和建设的长期实践中形成的，是人民的选择、历史的必然，也是社会主义现代化建设的客观要求。这就是说，中国共产党的领导和执政地位具有合法性。这种合法性一是建立在革命合法性的基础之上。"没有共产党就没有新中国"的客观逻辑成为中国共产党领导和执政的历史基础；二是建立在社会主义合法性的基础之上。"只有社会主义能够救中国"的客观逻辑成为中国共产党领导和执政的现实基础。党的领导和执政地位之所以具有合法性，之所以得到广大人民的真心拥护、民主党派的一致认同，归根到底是中国共产党代表中国先进生产力的发展要求，代表中国先进文化的前进方向，代表中国最广大人民的根本利益，在中国革命和建设中作出无与伦比的卓越贡献的必然结果。

我国各民主党派在中国人民的革命斗争中有着光荣历史和重要贡献，在反对帝国主义、封建主义和官僚资本主义的共同目标下，与中国共产党结成了团结合作、相互支持的政治联盟。中华人民共和国成立后，民主党派在中国共产党的领导下，参加国家政权和各项建设，对社会主义事业发展起着重要的推动作用，已经成为各自所联系的一部分社会主义劳动者、社会主义事业建设者和拥护社会主义的爱国者的政治联盟，是接受中国共产党领导、同中国共产党通力合作的亲密友党，是进步性与广泛性相统一、致力于中国特色社会主义事业的参政党。民主党派与共产党的关系，既不是在朝在野的关系，也不是台上台下的关系，而是执政与参政之间通力合作的关系。由此形成了我国一党领导、多党合作的政党制度。这种政党制度同任何政党制度一样，是公民向国家表达政治意愿，对国家施加政治影响的重要工具，是公民行使结社自由权、政治参与权、意志表达权的具体体现，因而是我国社会主义民主政治制度的重要组成部分。

中国共产党领导的多党合作制是具有鲜明特点的政党制度。其一，坚持共产党的领导是共产党与各民主党派合作的政治基础。中国共产党是中国特色社会主义事业的领导核心，也是多党合作的领导核心。共产党的领导主要是政治领导，即政治原则、政治方向、重大方针政策的领导，它一是体现在共产党的政治主张通过法定程序变成国家意志，从而形成对各民主党派活动的法律规范上；二是体现在共产党通过党与党之间的政治协商，以自己的正确主张统一各民主党派的认识上。其二，一党执政与多党参政相结合是共产党与各民主党派合作的结构形式。共产党是执掌国家政权的执政党，领导、组织和支持人民当家作主，依法管理国家和社会事务，管理经济和文化事业，维护和实现广大人民的根本利益；各民主党派是与共产党通力合作的参政党，参加国家政权，参与国家大政方针和国家领导人选的协商，参与国家事务的管理，参与国家方针、政策、法律、法规的制定执行。其三，在宪法和法律范围内活动是共产党和各民主党派合作的活动原则。共产党依法执政，各民主党派依法参政，共同享有在宪法和法律范围内的政治自由、组织独立和法律地位平等。同时，共产党和各民主党派都负有维护宪法尊严、保证宪法实施的职责，都负有保卫国家安全、维护社会稳定的责任。其四，"长期共存，互相监督，肝胆相照，荣辱与共"是共产党与各民主党派合作的基本方针。共产党尊重各民主党派的参政权利，各民主党派维护共产党的执政地位。共产党在执政中加强同各民主党派的协商，各民主党派在参政中加强对共产党的监督，相互在协商与监督中达到政治合作的目的。其五，共同致力于社会主义现代化事业是共产党与各民主党派合作的奋斗目标。民主党派成员具有开阔的政治视野，对改革开放高度认同；具有广泛的社会联系，对国情民情能够深刻体察；具有忧国忧民的光荣传统，对国家的治乱、民族的兴衰怀有强烈的责任感和使命感，因而能够与共产党一道，在社会主义和爱国主义两面旗帜下，共同为实现祖国统一和民族复兴大业而奋斗。

5. 国内与国际

按照通行的观点，国内社会是指一个国家内的各种行为主体为实现自身利益而相互作用所形成的有机整体。国际社会是指世界范围内的各种行为主体为实现各自利益而相互作用所形成的有机整体。在中国特色社会主义道路上实现现代化，国内要有一个安定团结的政治局面，国外要有一个和平的国际环境和良好的周边环境。在当今时代，任何国家的发展都不可能离开整个世界的发展孤立地进行，而整个世界的发展必然会对一个国家产生深刻的影响。我国是一个发展中大国，要使自己尽快发展起来，既离不开独立自主，也离不开对外开放。只有把国内国际两个大局统筹起来，妥善处理我国同国际社会的关系，才能有效驾驭各种复杂局面。因此，要以维护国家利益为最高准则，把国内发展与对外开放统一起来，既立足于自己的发展，又善于从国际形势和国际条件的变化中把握发展方向、用好发展机遇、掌握发展全局，从而为我国发展营造良好的国际环境。

从国际国内形势的相互联系中把握发展方向。当今时代，国际国内形势的相互联系日趋紧密。我国作为一个发展中的社会主义大国，有着十分特殊的国情，又是在极为复杂的国际环境中推进民族复兴大业。改革开放以来，我国发展取得举世瞩目的成就，经济实力、科技实力、国防实力和综合国力稳步提升，已经成为世界第二大经济体、第一大货物出口国和第一大外汇储备国。同时应当看到，我国社会主义初级阶段的基本特征和根本任务并没有改变。就人均国内生产总值而言，目前我国人均 GDP 只有美国的 1/6、日本的 1/4，与高收入国家相比，还有一定差距。① 因此，要把握国家发展的正确方向，必须在把握国情上下功夫，深入研究社会主义初级阶段基本国情及其发展的阶段性特征，清醒认识我国改革开放和现代化建设的发展进程；必须在观察世界上下功夫，密切关注世界政治、经济、科技、文化、军事、外交等领域的新变化，准确判断国际形势发展的总体走向。在此基础上，把国际国内两个方面因素结合起来思考，科学把握两者之间的内在联系和相互作用，以便制定出既符合中国国情又符合时代趋势的发展方略，不断把中国特色社会主义事业推向前进。

从国际国内条件的相互转化中用好发展机遇。当今我国发展仍然处于

---

① 张占斌：《实现现代化必须坚持以经济建设为中心》，《中国党政干部论坛》2022 年第 2 期。

重要战略机遇期，但机遇和挑战都有新的发展变化。当今世界正经历百年未有之大变局，新一轮科技革命和产业变革深入发展，国际力量对比深刻调整，和平与发展仍然是时代主题，人类命运共同体理念深入人心。同时，国际环境日趋复杂，不稳定性不确定性明显增加，新冠肺炎疫情影响广泛深远，经济全球化遭遇逆流，全球能源供需状况深刻变革，国际经济政治格局复杂多变，世界进入动荡变革期，单边主义、保护主义、霸权主义对世界和平与发展构成威胁。我们要抓住机遇、发展自己，就必须审时度势、趋利避害，把有利的国际条件转化为有利的国内条件，充分利用当今世界总体和平的环境加快国内发展，充分利用各国人民创造的优秀文明成果推动民族复兴；把有利的国内条件转化为有利的国际条件，努力以中国的发展促进世界的发展，以中国的稳定促进世界的稳定，不断营造良好的外部环境。只有这样，才能有效利用我国发展的重要战略机遇期，顺利实现建设富强民主文明和谐美丽的社会主义现代化国家的宏伟目标。

从国际国内因素的综合作用中掌握发展全局。当今时代，中国对世界的影响不断提升，世界对中国的影响也在不断加深。一方面，我国国际影响力和营造外部环境的能力逐步增强，另一方面，国际环境对国内大局的作用也在加大。因此，综合考虑国际因素与国内因素之间的相互影响，是掌握我国发展全局，顺利推进改革开放和现代化建设的必要条件。面对复杂多变的国际局势，面对一些国家的霸权主义和强权政治，我们必须统筹发展和安全，积极主动、未雨绸缪，做好经济、政治、外交和军事全方位斗争的准备，同一些国家的经济打压、政治围攻、文化浸染进行坚决斗争，有效防范化解各种重大风险挑战。这就要求我们必须注意国际因素的国内效应，密切关注来自国际上的各种风险，积极采取防范和应对措施，防止外部因素干扰和影响我国发展大局；必须注意国内因素的国际影响，密切关注国际社会对我国国内政策和国内问题的反映，妥善回应国际社会的关切，使我国发展获得更多的国际支持，在深刻变动的国际格局中始终处于主动地位。

第二节　政治秩序

在实际政治生活中，秩序是同无序相对立而存在的。无序所表明的是事物无规则性和非连续性的状态，其表现则是从一种事态到另一种事态的不可预测性。秩序则是事物的有序状态，是自然进程和社会进程中所具有的某种程度的一致性、连续性和确定性的结构、过程和变化模式。

一　政治秩序的基本内涵

人类社会是人与人结合的产物，由于人类群体存在利益的差异和冲突，如何使这种差异和冲突保持在一定秩序的范围内，就成为人类生存和发展所必须解决的问题；以便实现社会关系的稳定性、社会行为的规则性、社会进程的连续性、社会生活的安全性。在社会生活中，秩序价值通过明确的普遍的规范，能够提高人们在社会活动中的行为预期，为社会主体的自由创造提供必要的制度保障和可靠的法律保障。秩序包含着行为秩序和状态秩序，也包含着政治秩序、经济秩序、文化秩序乃至生产秩序、工作秩序、生活秩序等。其中政治秩序是指人们依据法律制度与政治共识开展政治活动的一种有序状态。

良好政治秩序具有三个特点。一是个人利益和公共利益的协调与一致。这是良好政治秩序的主要特点和核心内容。政治秩序建设所面临的一个关键问题，就是根据一定的政治理念处理个体利益、群体利益与公共利益之间的关系，使之达到某种相互协调与和谐一致的状态。二是政治秩序和政治生活的稳定与安全。建立良好政治秩序的基本目标是实现政治稳定。秩序、稳定与安全是紧密联系在一起的。一个政治秩序良好的社会不仅是一个政治稳定的社会，而且在人与人、人与物之间的关系中建立了一种安全机制，以保障人身安全和财产安全。三是政治运行的规范化与程序化。这是良好政治秩序的显著特点和重要内容。政治规范包括政治制度规范和政治法律规范等，也包括政治习惯、政治传统、政治道德和政治意识。政治规范要担负起建立和维护政治秩序的功能，就必须建立在公平正义等价值理念的基础之上，合理地分配和调整各种政治利益。

建立和维护政治秩序的目的是保持政治稳定。政治稳定就是国家政治体系的各个系统、各个层次之间保持相对协调和平衡，政治生活呈现连续发展和有序运作的状态，它包括政治体系的稳定、政治结构的稳定、政治过程的稳定。政治稳定可以分为静态政治稳定和动态政治稳定两大类型。

静态政治稳定是指政治体系在结构和功能上保持相对静止的状态，排斥改革，不求发展，并通过强制的手段维持现存政治秩序。它的基本特征是：以政治稳定为目的，为稳定而稳定，反对政治体系进行重大改革，社会处于停滞状态；政治体系对外封闭，排斥外来文化，社会阶级结构僵化，缺少社会流动；社会和政治周而复始地回到原点，形成社会和政治停滞状态。动态政治稳定是指政治体系在结构和功能上与政治环境保持动态平衡的状态，以实现自身的发展并维持良好的政治秩序。它的基本特征是：以专门的机构和人员保证政治体系与政治环境的开放和交流，并根据环境的变化对自身的结构和功能进行适应性调整；政治体系输出的政治产品能够充分反映各阶级、各阶层、各群体的利益，当社会发生矛盾时，能够有效地进行沟通，以协调和化解矛盾；根据不同的时空条件，对政治体系的不合理部分进行经常性调整，以发展为目的，为发展而稳定。[①]

现代政治稳定是动态政治稳定。动态政治稳定是一种理想的政治稳定，是最高层次的政治稳定，是具有适应性的政治稳定，是发展与稳定的共生状态。其主要特点是把稳定理解为过程的动态平衡，并通过持续不断的调整来维持新的平衡。动态政治稳定的实质是不断打破现状，用新的平衡代替旧的平衡，使秩序由静止的状态变成过程的状态。这种稳定不单纯追求政治稳定，不以社会发展缓慢为代价保持政治稳定，而是在社会经济政治文化的发展中寻求稳定，为了发展还可以允许一定范围内的不稳定现象存在。从现代化的进程看，社会发展是绝对的、无条件的，社会稳定是相对的、有条件的。因为现代化进程必然伴随着经济结构的变革，经济结构的变革又必然引起利益结构的调整与变动，引起阶级阶层的分化与重组，从而使社会原先处于平衡状态的利益格局被打破，并从中析离出新的利益群体来。这样一来，各种利益关系之间的摩擦和碰撞便在所难免。在动态政治稳定的条件下，政治体系虽然存在局部的不稳定现象，但其政治格局始终保持着牢固的稳定性。从某种意义上说，正是允许局部不稳定现象的存在，才有可能避免全局的不稳定。因此，动态政治稳定又是全局稳定和局部不稳定的有机统一。

---

① 邓元时、李国安主编《政治科学原理》，重庆大学出版社，2003，第 426 页。

二 政治秩序的实践要求

政治秩序不是自然形成的，已经形成的政治秩序也不是一劳永逸、一成不变的。政治秩序的建立和维护，都需要付诸长期的艰苦的努力。完善科学有效的舆论引导机制、矛盾调解机制、权力运行机制、权益保障机制，是新的时代条件下建立和维护政治秩序的实践要求。

1. 完善舆论引导机制

当今时代，网络舆论的影响越来越大，已经成为社会舆论的重要组成部分。与传统媒体舆论相比，网络舆论在真实、直接、及时反映民意方面更具代表性。由于网络传播具有开放性、交互性以及传播速度快、影响范围广等优势，其舆论形成具有自发性、快捷性、多元性等特征。同时，由于受部分网民自身素养等因素的影响，网络舆论往往又会呈现一定的盲目性。网络上各种思想意识、价值观念、生活准则、道德主张都可以找到立足之地。国内外一些敌对势力和别有用心的人，还利用网络散布政治谣言欺骗网民、误导舆论。因此，网络上的信息良莠并存、鱼龙混杂，既有思想健康的红色信息，也有混淆视听的灰色信息，还有粗俗不堪的黄色信息，更有以我为敌、恶毒攻击的黑色信息。这表明，正确引导网络舆论不仅是准确汇集民情民意的内在要求，也是维护社会政治秩序和政治稳定的应有之义。

（1）社会热点问题的舆论引导。社会热点是一段时间内受到社会普遍关注的问题，是舆论引导工作的一个难点，需要进行科学分析、正确回答、有效引导。加强对社会热点问题的网络舆论引导，重点在于引导人们正确认识我国的基本国情，正确处理国家、集体、个人三者的利益关系，使人们理性看待问题，不能把个别问题说成整体问题，把局部问题说成全局问题，防止片面性和盲目性、简单化和绝对化。对群众中存在的对党和政府工作的意见，对由现实利益问题引发的不满，要及时设置议题，积极进行疏解，避免积少成多、激化矛盾、酿成重大事端。

（2）重大突发事件的舆论引导。当今，社会舆论环境复杂多变，重大突发事件频繁发生，加剧了人们思想情绪的波动。镇定与恐慌、理性与冲动、事实与谣言、积极态度与消极情绪同时出现，各种思想认识相互交织，无论是以公开的信息满足人民群众的知情权，还是以有效的引导增强人民群众的安全感，都需要第一时间掌握社会舆论的走向和特点。对于重大自然灾害、重大安全事故、重大刑事案件等突发事件做好舆论引导工作，关系到社会稳定和人心安定，关系到党和政府的威信，关系到中国的国际形象。对重大突发事件的舆论引导要坚持及时准确、公开透明、有序开放、有效管理、正确引导的原则，第一时间发出权威声音，让真相跑在谣言前头，为牢牢掌握舆论引导的主动权赢得先机。① 坚持团结稳定鼓劲、正面宣传为主，唱响主旋律、弘扬正能量。构建网上网下一体、内宣外宣联动的主流舆论格局，建立以内容建设为根本、先进技术为支撑、创新管理为保障的全媒体传播体系。

（3）健全网络综合治理体系。要充分发挥互联网宣传科学真理、传播先进文化、塑造美好心灵、倡导科学精神、弘扬社会正气的作用，就必须牢牢把握正确的网络舆论导向，坚持顾全大局、服务中心、唱响主旋律、打好主动仗的方针，积极为经济社会的发展营造氛围、凝聚人心、汇集人气。为此，要建立健全网络综合治理体系，加强和创新互联网内容建设，落实互联网企业信息管理主体责任，全面提高网络治理能力，营造清朗的网络空间。由于主要新闻媒体在社会和公众中具有较高的公信力，当人们要在网上获得新闻信息时，总是把传统媒体网站、官方新闻网站和重要的门户网站作为主要的选择。主流媒体既是维护公民知情权的重要社会力量，发挥着信息传播主渠道作用，也是有效引导社会舆论的排头兵。②

（4）提高网络舆论引导能力。提高网络舆论引导能力，巩固壮大主流思想舆论，是宣传思想工作的重要任务。做好舆论引导工作，要把握好时、度、效。时，就是把准舆论引导的最佳时机，什么问题第一时间报道，什么问题观察后续发展再报道，都要有精准的时间概念。度，就是把准舆论引导的区间数量，什么问题在全国报道、什么问题在地方报道，什么问题一次报道、什么问题跟踪报道、什么问题淡化报道、什么问题强化报道，都要掌握好分寸火候。效，就是把准舆论引导的实效质量，既要尊重受众的参与权、知情权，回应民众的关切，又要善于因势利导，引导民众正确认识事实真相，确保取得最佳舆论引导效果。

① 董云虎：《舆论引导工作要把握好"时、度、效"》，《求是》2013年第20期。
② 王凤英：《网络舆论的特征及引导机制探析》，《社会主义论坛》2009年第4期。

2. 完善矛盾调解机制

在新的时代条件下，正确处理人民内部矛盾仍然是党和国家政治生活的主题。因此，对现实生活中的人民内部矛盾问题必须高度重视，既要研究人民群众最关心、最紧迫的现实问题，又要研究关系人民群众长远的、根本的利益问题；既要研究人民群众的共同利益问题，又要研究不同群体的特定利益问题。畅通和规范群众诉求表达、利益协调、权益保障通道，健全人民调解、行政调解、司法调解联动体系，完善社会矛盾预防调处机制，努力将矛盾化解在基层。

（1）利益协调的方法。在社会主义市场经济条件下，运用经济手段来调节与经济利益相关的矛盾问题，运用经济政策和社会保障政策来调整国家、集体、个人之间的经济利益关系问题，是解决当今社会人民内部矛盾的基本方法。统筹协调各种利益关系，必须充分考虑不同地区、不同行业、不同群体的利益要求，切实找准绝大多数群众共同利益和不同方面群众特定利益的结合点，使发展所带来的利益增量为绝大多数群众所共享。一是统筹协调个人利益和集体利益。这是增进个人幸福和确保社会正常运行的内在要求。个人利益和集体利益在根本上是一致的。只有实现人民群众的个人利益，才能调动每一个人的积极性，促进整个社会的发展；只有壮大和维护集体利益，实现个人利益才会有切实的保障。二是统筹协调局部利益和整体利益。局部利益和整体利益是相对而言的。统筹协调局部利益和整体利益，主要是统筹协调地区利益、部门利益、行业利益与国家利益的关系，使地区利益、部门利益、行业利益与国家利益同步发展。三是统筹协调当前利益和长远利益。既要注重经济社会的当前发展，努力实现维护发展人民群众的现实利益，又要注重经济社会的未来发展，努力实现维护发展人民群众的长远利益。

（2）民主协商的方法。运用对话会、恳谈会、听证会等多种形式，就某些重要问题和重要决策进行通报和协商，是新时代拓宽民主渠道，使各方面意见和要求得到及时反映和沟通，使社会矛盾得以疏导和化解的一个重要方法。民主协商在政治上具有如下功能。一是沟通和交流信息。通过协商的形式通报情况，听取意见，共商国是，既可保证党和政府的施政意图及时输出，又能保证其输出后得到迅速而真实的信息反馈，从而有利于各方面沟通思想，加深了解，消除分歧，取得共识。二是减少和缓解矛盾。通过协商的形式拓宽言路，能够充分吸纳各方面的意见和建议，使人民群众的民主权利得到有效行使，参政议政作用得到充分发挥，既有助于尊重多数人的正确意见，又有助于照顾少数人的合理要求，从而使各种社会矛盾和冲突减少到最低限度。三是维护和促进稳定。通过协商的形式，使人民群众意见有处诉，建议有处提，使党政机关能够及时听到各方面的呼声和不满，合理的可以采纳，不妥的可以解释，从而有利于防止政治心理失重和政治情绪失控，使安定和谐的政治局面得到维护和促进。

（3）组织调解的方法。通过村民委员会、居民委员会和企事业单位中的调解组织，依照国家法律和政策，对民间纠纷的当事人进行说服教育、规劝疏导，促使纷争得以消除。组织调解在我国社会政治生活中越来越显示出重要作用，是缓解矛盾、增进和谐的有效方法。在组织调解中，要掌握正确分析问题的思路、方法和原则，对领导和群众之间的矛盾，要多从领导方面找原因；对反复出现、久拖不决的矛盾，要多从政策制度上找原因；对涉及范围广，对立程度大的矛盾，要多从内部因素和外部因素相互关联上找原因。同时，注意把政治问题和实际问题区别开来，把某些群众的一时迷失与敌对分子的蓄意破坏区别开来。实践表明，只有准确把握社会心态、群众情绪，积极主动向当事人说透法理、说明事理、说通情理，做到以法为据、以理服人，才能既解开法结，又解开心结，达到定分止争的目的。

（4）思想教育的方法。对于人民内部一些思想认识问题，要通过教育引导的方法加以解决，对于一些是非曲直问题，要采取批评与自我批评的方法加以澄清。这是提高主体素质，理顺社会情绪，化解人民内部矛盾的主要方法。由于人们生活环境、社会阅历、知识结构、思维素质、价值取向、认识水平等方面各不相同，对同一事物的关注点、洞察力存在明显差异，人们的认知过程及其结论往往千差万别、大相径庭，出现一些思想认识问题实属常态。同样的事情、相似的处境，有的人仅看到表象，有的人却能看透本质；有的认识符合客观实际，有的认识偏离客观实际。即使对于一些明显的是非问题，不同的人也会产生片面的或错误的认识。对此，只要不是别有用心的刻意为之，都应当加强正面引导，用真理说服人、真知启迪人、真情感化人，通过耐心细致的思想工作，使之重新回到正确的轨道上来。一般思想认识问题即使存在错误，影响的范围也比较小，通常需要通过说服教育、批评劝导的方式来解决，甚至在一定时间内允许保留意见，让其有一个自我认识、逐步提高的过程。有些认识问题与某些实际问题联系在一起，有时为了解决认识问题，需要同时解决实际问题，以便达到春风化雨、点滴入土之效。

（5）法律规范的方法。通过遵守和执行各项法律制度，加强对社会生活各方面的管理，将公民的行为严格限定在法律秩序的范围之内。从社会现实看，人的思想总是处于矛盾的产生与解决的交替运动之中，因而在开展思想教育的同时，还需要辅之以严格的法律制度规范，使人们懂得在不同的条件下可以做什么、应该做什么、必须做什么、禁止做什么。在思想教育与法律规范之间，法律是规范人的社会活动的行为准则，是控制人的越轨行为的最后屏障；思想是提升人的精神境界的内在力量，是抑制人的不良行为的心理防线。只有把思想教育引导与法律规范约束有机结合起来，才能在出现思想波动的情况下，依然保持正常的工作秩序和生活秩序。

3. 完善权力运行机制

在实际生活中，权力运行机制与权力制约机制是同一过程的两个方面。因此，设计权力运行机制同时要考虑权力制约机制。完善权力运行机制，就是使权力运行具有严明的规则、规范的程序、公开的信息、明确的责任，以便使人民能够有效地驾驭权力。

（1）严明的规则。法规制度是权力运行的规矩和依据。通过法规制度对权力的等级、界限、效力，行使的规则、程序、责任等作出明确规定，并从体制上保证其有效实施，从而减少权力行使的盲目性和随意性，确保权力运行合理合法，是依法治国的内在规定。其实质是依法为权力划定职责、范围和相互关系，使权力与法律结成一体，在法律范围内运行，从而成为合法的权力。这就要求国家机关必须在宪法和法律授权的范围内活动，并依照宪法和法律管理国家和社会事务，不得与宪法和法律相抵触。国家机关的权力行为必须具有宪法和法律依据，没有宪法和法律授权，不得增加公民的义务，不得剥夺公民的权利。在宪法和法律允许作出自由裁量的场合，其自由裁量不得超出宪法和法律规定的范围与界限。对滥用权力所造成的损害必须依法予以补偿，并追究违法人员的责任。

根据法规制度建设的客观规律和实践经验，使权力运行具有严明的规则，必须正确处理以下关系。一是原则与细则的关系：在法规制度建设中，原则与细则密不可分，但从总体上看，短板主要是细则。人的行为总是具体的，法规制度疏于空泛、失之抽象，就难以达到规范行为的目的。二是实体与程序的关系：实体与程序构成法规制度的两个基本要素，二者相辅相成，缺一不可。离开程序性规则，实体性规则就只能停留在条文上，不可能转化为实际行为准则。三是部分与整体的关系：法规制度建设既要重视基本制度又要重视具体制度，既要重视实体规则又要重视程序规则，既要重视单项设计又要重视整体规划，以充分发挥法规制度的整体效能。四是制定与执行的关系：法规制度是一种以行为为调整对象的规范体系，它通过严密的规则、严格的程序和严明的纪律来约束人的行为，因而在设定上要明确惩戒措施，使任何违规行为都将受到应有的制裁。五是稳定与变革的关系：法规制度要经过一定的机关、通过一定的程序制定和修改，因而具有较强的稳定性。同时，法规制度还具有较强的时效性，需要根据时代的发展变化，对法规制度进行科学审视，当立则立、需改则改、该废则废，以便最大限度地保持法规制度的生机活力。

（2）规范的程序。程序就是操作规程和时序。一般来说，权力的合法性意味着权力的正当性。权力的正当性包括这样四层含义：一是权力存在理由的正当性；二是权力主体资格的正当性；三是权力运行程序的正当性；四是权力治理活动的正当性。由此可见，程序是体现权力合法性的重要方面。构成程序的基本要素包括行为的步骤和方式以及实现这些步骤和方式的时限和顺序。步骤是实现程序的若干必经阶段；方式是实施行为的方式方法，两者构成程序的空间表现形式。同时，实现程序还需要有一定的时限，需要有一定的顺序。时限和顺序构成程序的时间表现形式。程序就是以步骤、方式、时限、顺序为要素构成的行为过程，是空间形式和时间形式的统一。①

程序具有规范公共权力，维护社会正义的功能。从某种意义上说，法治就是程序之治，依法办事就是依照程序办事。② 如果说实体是内容，程序是形式，那么程序是为实体服务的。同时，程序本身自有其内在的价值。例如，在作出对公民权利不利影响的决定前听取利害关系人的意见，

---

① 王寿林：《权力制约和监督研究》，中共中央党校出版社，2007，第172页。
② 张文显：《法治的文化内涵——法治中国的文化建构》，《吉林大学社会科学学报》2015年第4期。

体现了对公民权利的尊重；禁止以任何形式的暴力获取证据，体现了人道主义精神对公民尊严的维护；重大决策作出前听取专家的意见，体现了程序理性的要求；在规定的时限内对公民的疑问作出答复，体现了行政效率的诉求；等等。在实际生活中，实体的公正通常要以程序的公正来保证。在公共项目的实施具有竞争性和选择性的情况下，由于其存在巨大的利益差别，不存在绝对的优先标准，因而仅靠实体规则还不能完全解决腐败问题。此时，程序规则对于防止腐败来说必不可少。这就是说，对于配置公共资源这类公共决策，应按照一定的民主投票程序、拍卖招标程序来决定。这样一来，要做成腐败交易就必须买通多数，从而使腐败的成本和风险大大增加。这是民主机制对于腐败的遏制作用之所在。①

（3）公开的信息。确保权力合理行使，必须让权力信息公开。这是防止权力失控、决策失误、行为失范的有效途径。因此，要完善党务、政务、司法和各领域办事公开制度，扩大公开范围，创新公开形式，深化公开内容，凡是群众普遍关注的事项、涉及群众切身利益的事项、容易发生腐败问题的事项，都要做到及时公开。

党的十九届四中全会决定提出："坚持权责透明，推动用权公开，完善党务、政务、司法和各领域办事公开制度。"② 党务公开关乎党务工作的透明度以及党员的知情权。目前党务公开的程度不够，党员对党内事务知情不多、参与很少、监督有限，党员的知情权、参与权、选择权、监督权往往被虚置。其中知情权是党员的一项基本权利，是党员行使其他各项权利的基础。如果这一权利得不到保障，那么党员的参与权、选择权、监督权就无法正常行使。保障党员知情权的基本途径就是破除党务神秘化，增强党务透明度，使之广泛置于党员的关注之下。各级党组织应公开党内办事规则和决策程序，运用会议、文件、媒体等形式，及时向党员通报党代表大会的决议、党组织对重大问题的决策，不断扩大党员了解和参与党内事务的途径。应建立健全上下沟通机制，积极疏通和拓宽党内下情上达和上情下达的渠道，保证党组织和党员的意见能够及时、准确地反映到上级党组织中来。应规范先党内、后党外的做法，为党员主体作用的充分发挥

---

① 王明高等：《中国新世纪惩治腐败对策研究》，湖南人民出版社，2002，第211～212页。
② 《中共中央关于坚持和完善中国特色社会主义制度 推进国家治理体系和治理能力现代化若干重大问题的决定》，《人民日报》2019年11月6日。

提供多维的信息平台和参与空间。党务公开对于政务、司法公开具有导向性、示范性作用，党务公开的发展程度直接影响政务、司法公开的发展程度。因此，要以党务公开为先导，促进政务、司法公开，推动厂务、村务、居务公开，并完善各领域办事公开制度。

让权力在阳光下运行是建设廉洁政府的重要条件。2007 年国务院公布了《政府信息公开条例》，按照以公开为原则、保密为例外的精神，对政府信息公开的范围和主体、方式和程序、监督和保障等作出明确规定，除涉及国家秘密和依法受到保护的商业秘密及个人隐私等事项外，其余一切行政信息都被纳入公开之列，从而使政府机关与公众利益密切相关的立法活动、政策制定、财政预算、公共开支以及工作规则、办事程序、审批条件、收费标准等行政信息如实公布于众，重点公开财政预算、公共资源配置、重大建设项目实施、社会公益事业建设等信息，使行政机关在办事权限公开、办事依据公开、办事过程公开、办事结果公开的基础上，能够接受人民群众的有效监督。2015 年国务院办公厅印发政府信息公开工作要点，要求各级政府和部门推进行政权力清单公开、财政资金信息公开、公共资源配置信息公开、重大建设项目信息公开、公共服务信息公开、国有企业信息公开、环境保护信息公开、食品药品安全信息公开、社会组织和中介机构信息公开。党的十八大以来，在职能转变、作风转变等一系列举措的推动下，我国在打造透明政府上全面提速：各级政府加大行政审批、行政许可、行政处罚等信息公开力度，阳光行政越来越成为一种新气象；各级政府预算决算、部门预算决算、财政审计结果和整改等公开力度逐步加大，阳光财政越来越成为一种新规矩；各级政府通过各种媒体及时、全面、准确发布政务信息，阳光问政越来越成为一种新趋势。这既保障了人民群众的知情权、参与权和监督权，又在一定程度上遏制了行政权力的滥用，标志着政府工作迈向信息开放的新时代。

公开权力信息对于司法机关来说，就是严格履行宪法和法律规定的公开审判职责，坚持以公开促公正、以透明保廉洁，建立审判流程公开、裁判文书公开、执行信息公开平台，为推进司法公开创造条件；通过司法公开，有效遏制司法不公、司法腐败等问题，确保司法公正、廉洁、高效。从实际情况看，司法制度很多，但最根本的有两个：一个是独立审判制度，另一个是公开审判制度。所谓独立审判，是指审判活动依法独立进行，不受任何干涉。所谓公开审判，是指审判活动除涉及国家秘密、个人隐私和未成年人犯罪的案件之外，一律公开进行。正因为这两个司法制度具有根本性，才成为我国司法活动的两个基本原则。因此，独立与公开是对立统一的关系。独立就是不受干扰，但不是独断专行、恣意妄为，为此就必须公开审判，使独立的司法活动接受社会的监督。没有监督的司法必定是专横的司法，而司法专横与司法腐败有着天然的联系。例如，对案件受理不受理以是否有利可图为标准，案件如何裁判以当事人"表示"的多少为标准，判案快慢以关系远近为标准。司法的运行一旦走上了利益驱动的轨道，就注定要走向腐败。为了使社会能够监督审判，必须实行公开审判制度，让所有的审判活动都在众目睽睽之下进行，防止暗箱操作。为此，要实行审判的全程公开，从立案到审理，从听证到认证，从判决到文书都要公开。由此将法院的审判活动置于当事人、律师和公众的监督之下，以法官展现在当事人、律师和公众面前的形象以及公正的裁判结果，赢得社会对司法的信任。

（4）明确的责任。权力关系本质上是一种责任关系。掌权者拥有什么权力，就意味着必须承担什么责任；拥有多大的权力，就意味着必须承担多大的责任。这就是权责一致原则。公共权力是为实现和维护公共利益而设定的，它的存在本身就意味着一种责任。换言之，当一个人被授予了权力，同时也就被赋予了责任。由于权力与责任如影随形，因而无论何种权力主体，只要启动了权力，就应承担相应的责任。[1] 如果掌权者享有权力却又不需对权力行为的后果负责，那实际上就等于助长权力滥用。

民主政治作为一种责任政治，不仅为公职人员的权力提供了合法性依据，而且为公职人员的行为设定了规范性责任。责任作为一个政治概念，具有双重含义。一是指本职范围内的事。公职人员必须自觉履行宪法和法律明确规定的各项职责。这是一种主动责任，公职人员如果没有履行这种职责，即是违法。公职人员必须对公民的正当诉求作出及时回应。这是一种被动责任，公职人员如果没有对公民的正当诉求作出及时回应，就是失职。[2] 二是指没有做好本职范围内的事而应承担过失的责任。公职人员对

---

[1] 孙笑侠：《法治国家及其政治构造》，《法学研究》1998年第1期。
[2] 黄卫平、汪永成主编《当代中国政治研究报告Ⅲ》，社会科学文献出版社，2004，第18～19页。

权力的不当行使或疏于行使，违反法律法规，侵犯公民的合法权益，必须承担相应的否定性后果，其中包括道德责任、政治责任和法律责任。

在权力运行过程中，权力与责任存在明显的差异：权力的倾向是扩张性的，而责任的倾向是收缩性的；权力相对于掌权者是主动的，而责任相对于掌权者是被动的。因此，要保证权责一致，就必须实行追责制。追责制是国家机关工作人员未履行自己的职责或者在履行自己职责的过程中滥用权力、违反规定的职责和义务时，由特定主体追究其责任，令其承担某种后果的一种责任追究制度。包括决策追责、绩效追责、廉洁追责等。其特点是谁的责任谁承担，重点追究负有直接领导责任者的责任；其要旨是赏罚分明，通过强化追责，唤醒责任意识，激励担当精神，倒推责任落实；其原则是坚持公开透明，坚持权力与责任对应对等，坚持政治和道义层面的追责与法律和纪律层面的追责互相衔接；其举措是以立法的形式细化党政领导干部的权责，不仅列出明细的权力清单，同时开出明确的责任清单，以此将追责主体、追责对象、追责类别以及追责方式等纳入法治化轨道。

4. 完善权益保障机制

在社会主义条件下，国家确认和维护人权的基点，不仅在于公民的政治权利，而且在于公民的经济社会和文化权利；不仅在于个体人权，而且在于集体人权；不仅把人权的充分实现作为理想和目标，而且为人权的充分实现提供物质和法律保障。保证人民依法享有广泛的权利和自由，尊重和保障人权，既是社会主义民主政治的基本内容，也是社会主义法治国家的重要标志。

（1）完善社会权益保障机制。社会保障是社会发展的减震器、社会公平的调节器、社会稳定的平衡器，是民生保障的托底工程。完善社会保障机制，就是完善以社会保险、社会救助、社会福利为基础，以基本养老、基本医疗、最低生活保障制度为重点，以慈善事业、商业保险为补充的社会保障机制。切实解决人民群众关心的问题，让改革发展成果更多、更公平、更实在地惠及人民群众，既是维护改革发展稳定大局的客观需要，也是保障和改善民生的应有之义。作为现代国家重要的社会经济制度，社会保障制度通过集体投保、个人投保、国家资助、强制储蓄等办法筹集资金，对生活水平达不到最低标准者实行救助，对失去劳动能力者提供基本生活保障，以满足公民在年老、疾病、伤残、失业、遭遇灾害、面临生活困难时的特殊需要。社会保障制度主要包括以下几种。一是社会保险制度。由国家依法建立的使劳动者在年老、患病、伤残、生育和失业时，能够从社会获得物质帮助的制度。二是社会福利制度。由国家或社会在法律和政策范围内向全体公民普遍提供资金帮助和优化服务的制度。三是社会救济制度。国家通过国民收入的再分配对因自然灾害或其他经济社会原因而无法维持生计的社会成员给予救助，以保障其最低生活水平的制度。四是社会互助制度。民间组织对部分劳动者的帮助，主要是解决政府政策规定之外仍需获得外界帮助的实际困难。① 其目的是使经济社会发展成果惠及全体人民，让全体人民都过上体面而有尊严的生活。

（2）完善文化权益保障机制。保障人民文化权益，关键在于加强公益性文化建设。一是加大政府对公益性文化建设投入，加快建立覆盖全社会的公共文化体系。中央和地方财政对文化的投入增幅不低于同级财政经常性收入的增长幅度。国家设立文化发展专项资金和基金，重点扶持公益性文化事业发展。保证一定数量的中央财政转移支付资金和新增文化经费主要用于农村文化建设。制定相应税收政策，鼓励社会力量捐助和兴办公益性文化事业。二是完善公共文化服务网络。以大型公共文化设施为骨干，以社区和乡镇基层文化设施为基础，加强图书馆、博物馆、文化馆、美术馆、电视台等公共文化基础设施建设。② 在县有图书馆、文化馆的基础上，基本实现乡镇有综合文化站，行政村有文化活动室。三是着力建设一批公共文化的重点工程。优先安排关系群众切身利益的文化建设项目，建好村村通广播电视工程。四是推进基层文化建设，保障农民和城市低收入群体的基本文化权益。改善农村及中西部地区公共文化基础设施条件，使城乡的文化设施、服务网络和文化产品基本满足居民就近便捷享受文化服务的需求。采取政府采购、补贴等措施，保障和实现城市低收入居民、农民工等群众的基本文化生活需求。坚持以人民为中心的工作导向，完善文化产品创作生产传播的引导激励机制，推出更多群众喜爱的文化精品。完善城

---

① 王寿林：《从社会主义本质的高度认识共同富裕问题》，载唐立军主编《马克思主义中国化》第八辑，社会科学文献出版社，2019，第136页。

② 《中共中央关于构建社会主义和谐社会若干重大问题的决定》，《人民日报》2006年10月19日。

乡公共文化服务体系，优化城乡文化资源配置，促进基层文化惠民工程扩大覆盖面、增强实效性。

（3）完善环境权益保障机制。环境权是环境法律关系的主体享有适宜生活环境以及合理利用环境资源的基本权利。首先，环境权的保护对象是人类环境整体，包括自然环境和人文环境，也包括各环境要素所构成的环境系统的功能和效应。其次，环境权的享有主体是整个人类，包括公民、法人及其他社会组织，即凡是生活在地球上的人都拥有环境权。由于人类只有一个地球，地球上的环境资源既属于当代人也属于后代人，决定了环境权的主体既包括当代人也包括后代人。当代人的发展要给子孙后代以平等、持续的生存发展机会。最后，环境权的主要内容包括环境资源利用权——环境权的核心在于保障人类世世代代对环境的永续利用，以获得满足人类生存和经济社会发展需要的必要条件。环境状况知情权——公民对自身、本国乃至世界的环境状况具有获得相关信息的权利。环境侵害援助权——公民的环境权益受到侵害后向有关部门请求保护的权利。① 从我国发展的特征看，资源约束、成本约束和环境约束日益突出，要实现可持续发展，就必须依靠科学技术进步和产业结构调整，实现经济增长方式的根本转变，从单纯追求发展数量和当代人利益的传统发展模式向注重发展质量和后代人福祉的可持续发展模式转变，合理开发和利用自然资源，切实保护和建设生态环境，不断提高经济增长的质量和效益，走低投入、高产出、少排放的新型工业化道路，促进一方经济、一方人口、一方水土协调发展，让人民喝上干净的水，呼吸清洁的空气，吃上放心的食物，为子孙后代留下优良的发展条件和充裕的发展空间。

（4）完善司法权益保障机制。一是确立惩罚犯罪与保护人权并重的司法理念。根据国家尊重和保障人权的宪法精神，人民法院在依法惩治犯罪的同时，更加重视保护无辜和保障被告受公正审判的权利。坚持罪刑法定的原则，排除非法证据，反对有罪推定，杜绝刑讯逼供，清理超期羁押成为人民法院落实保护人权原则的重要举措，被告的人格尊严和依法未被剥夺的政治权利和财产权利受到尊重和保护。二是司法领域人权保护范围逐步扩大。随着以人为本、司法为民等一系列司法理念的落实及司法救助制

---

① 张晓玲主编《人权理论基本问题》，中共中央党校出版社，2006，第 196~197 页。

度和刑事案件被害人救助基金的建立，我国在刑事司法领域人权保护的范围逐步扩大，不仅包括无辜者和犯罪嫌疑人，而且包括刑事案件的被害人。刑事案件的被害人或其亲属不仅在参与刑事附带民事诉讼时能够得到法律援助和司法救助，生活确有困难的还可享受救助金，使被害人的损失降到最低限度。为确保弱势群体依法行使诉讼权，切实解决打不起官司的问题，人民法院修订完善了司法救助制度，对老年人、残疾人、未成年人、下岗职工等依法实行诉讼费减免缓。三是公开审判制度不断完善，有力地促进了司法公正。司法公正的前提是公开审判。人民法院根据依法公开、及时公开、全面公开的原则，扩大了公开审判的范围和内容，积极履行在立案条件、法律文书、诉讼费用等方面的告知义务，并建立了案件办理情况查询机制。公开审判制度从庭审公开开始，逐步拓展到庭审直播、加强裁判文书的说理论证、裁判文书上网发布以及合议庭少数意见公开等方面。透明度的提高促进了审判质量的提升，有效地确保了司法公正的实现。

第三节　政治生态

政治生态作为各类政治主体生存和发展的环境，是指一定政治系统内部政治制度、政治文化、政治生活等要素之间以及政治系统与外部环境之间相互制约、相互作用所形成的政治状态，是一个社会或一个领域政治生活状况的集中反映，是党风、政风、社会风气的综合体现。政治生态一经形成，就会对社会成员的政治行为和价值取向产生直接的作用和影响。

一　政治生态净化的背景

当今时代，世情、国情、党情发生了深刻变化，加强和改进党的建设面临许多前所未有的新情况、新问题、新挑战，执政考验、改革开放考验、市场经济考验、外部环境考验是长期的、复杂的、严峻的。精神懈怠的危险、能力不足的危险、脱离群众的危险、消极腐败的危险，更加尖锐地摆在我们面前。古今中外无数事实表明：执政基础最容易因腐败而削弱，执政能力最容易因腐败而降低，执政地位最容易因腐败而动摇。因此，在新的时代条件下，能否有效防治腐败，关乎人心向背，关乎党和国家的生死存亡，是一个带根本性的重大问题。

从党内政治生态看，我们党具有坚强有力、奋发有为的领导核心，具有富于牺牲精神的党员干部队伍，具有正确的思想路线、政治路线和组织路线，具有严密的组织系统和严明的组织纪律，具有健全的自我更新和自我净化机制，能够及时清除各种消极腐败现象。与此同时，由于一度出现管党不力、治党不严问题，党内还存在许多亟待解决的矛盾和问题：一些党员干部政治信仰出现严重危机，一些地方和部门选人用人风气不正，形式主义、官僚主义、享乐主义和奢靡之风盛行，特权思想和特权现象普遍存在，政治问题和经济问题相互交织。在实际生活中，一些党员干部党性不纯、作风不正，信念动摇、意志衰退，精神懈怠、工作消极，有令不行、有禁不止，独断专行、颐指气使，弄虚作假、欺上瞒下，拉帮结派、人身依附，贪污受贿、腐化堕落。一些党员干部在权力、金钱、美色诱惑面前乱了方寸，利欲熏心，利令智昏，不仅自己身败名裂，而且给党和国家造成了无法挽回的损失，严重影响了党的形象和威信，严重损害了党群干群关系，严重败坏了党风、政风和社会风气。

二 政治生态净化的对策

办好当今中国的事情，关键取决于党，取决于党的领导水平、执政能力和思想作风、组织纪律。习近平总书记指出："我们要加强和规范党内政治生活，严肃党的政治纪律和政治规矩，增强党内政治生活的政治性、时代性、原则性、战斗性，全面净化党内政治生态。"[①] 我们党作为一个有着 9600 多万名党员、在一个拥有 14 亿多人口的大国长期执政的党，决定了净化党内政治生态，不仅直接关系党的命运，而且直接关系人民的命运、社会主义国家的命运。形势的发展、事业的开拓、人民的期待，都要求我们通过净化党内政治生态，保持和发展党的先进性和纯洁性，提高各级党组织的创造力、凝聚力和战斗力，使党始终走在时代前列，始终保持蓬勃生机和旺盛活力，始终成为中国特色社会主义事业的坚强领导核心。

自然生态要山清水秀，政治生态同样要山清水秀。净化党内政治生态，营造良好从政环境，必须做到治国必先治党，治党务必从严，切实提

---

① 习近平：《在庆祝中国共产党成立 95 周年大会上的讲话》，人民出版社，2016，第 23 页。

高党员干部拒腐防变能力。从严治党是我们管党治党的重要原则，是在改革开放和现代化建设条件下加强党的建设的基本方针，也是净化党内政治生态的必由之路。坚持从严治党，就是在党内政治生活中讲党性，讲原则，弘扬正气，反对邪气——思想作风严；就是严格按党章办事，按党的制度和规定办事——制度规范严；就是对党员干部特别是领导干部严格要求、严格教育、严格管理、严格监督——组织管理严；就是严格执行党的纪律，坚持纪律面前人人平等，执行纪律没有例外——纪律约束严。坚持从严治党，就要从思想源头抓起，着力强化严的意识、树立严的标准、采取严的举措、养成严的习惯，使从严治党成为领导干部的管理精要、党员群众的行动自觉，切实贯彻落实到党的建设的方方面面。从严治党的要旨在于坚持问题导向，针对政治意识不强、政治立场不稳、政治能力不足、政治行为不端等突出问题，严明党的纪律，严整党的作风，严肃党内生活，严惩党内腐败，实现党自我净化、自我完善、自我革新、自我提高，使党员干部经受住长期执政的考验，过好权力关；经受住市场经济的考验，过好金钱关；经受住改革开放的考验，过好美色关。

针对党内政治生态存在的问题，以习近平同志为核心的党中央从制定和落实中央八项规定破题，坚持从中央政治局做起、从领导干部抓起，发挥头雁效应改进工作作风。中央政治局坚持每年召开民主生活会，听取贯彻执行八项规定情况汇报，开展批评和自我批评。党持之以恒纠治不正之风，反对特权思想和特权现象，狠刹公款送礼、公款吃喝、公款旅游、奢侈浪费等现象，刹住了一些多年肆行的歪风，纠治了一些多年未除的顽疾。党坚持惩治震慑、制度约束、提高觉悟一体发力，坚持无禁区、全覆盖、零容忍，坚持重遏制、强高压、长震慑，以猛药去疴、重典治乱的决心，刮骨疗毒、壮士断腕的勇气，坚定不移打虎、拍蝇、猎狐，通过多管齐下清除腐败分子。党坚持思想建党和制度治党同向发力，用党的创新理论武装全党，教育引导党员干部特别是领导干部从思想上正本清源、固本培元，筑牢信仰之基、补足精神之钙、把稳思想之舵。党贯彻新时代组织路线，突出政治素质要求、树立正确用人导向，坚持德才兼备、以德为先，坚持五湖四海、任人唯贤，坚持事业为上、公道正派，强化党组织领导和把关作用，纠正选人用人上的不正之风。党要求各级领导干部解决好世界观、人生观、价值观问题，珍惜权力、管好权力、慎用权力，自觉接受各方面监督，确保党和人民赋予的权力始终用来为人民谋幸福。

经过十年来的不懈努力，全面从严治党的引领和保障作用得到充分发挥，党的自我净化、自我完善、自我革新、自我提高能力得到显著增强，管党治党宽松软状况得到根本扭转，反腐败斗争取得压倒性胜利并全面巩固，党在革命性锻造中更加坚强，风清气正的党内政治生态逐步形成和发展。同时应当看到，只要存在腐败问题产生的土壤和条件，反腐败斗争就一刻不能停。因此，全面从严治党永远在路上，党的自我革命永远在路上，必须持之以恒推进全面从严治党，以零容忍态度反腐惩恶，坚决查处政治问题和经济问题相互交织的腐败，坚决治理政商勾连破坏政治生态和经济发展环境问题。深化整治权力集中、资金密集、资源富集领域的腐败，切实惩治群众身边的腐败，着力惩治新型腐败和隐性腐败。深化反腐败国际合作，一体构建追逃防逃追赃机制。深化标本兼治，加强新时代廉政文化建设，教育引导广大党员干部清清白白做人、干干净净做事，永葆共产党人的政治本色。

第四节　政治文化

政治文化是政治关系在人们心理上和精神上的反映，是人们在长期社会政治生活中形成的相对稳定的政治认知、政治情感、政治动机、政治态度、政治思想的总和，是通过政治行为表现出来的政治共同体的基本政治倾向。政治文化与政党、政府、政治组织等实体结构相对应，构成政治体系的主观要素；与社会经济政治状况密切相关，并对政治稳定和发展产生重要影响。

一　政治文化的形成

政治文化是作为一种观念形式而存在的，是人们对社会政治关系的反映，属于社会政治意识形态，因此，特定政治文化的性质是由特定政治关系决定的。在阶级社会中，政治文化具有鲜明的阶级性，而民族、阶层、集团等也会在政治文化中打下深刻的烙印。政治文化作为一种社会意识形态，又具有相对独立性。一方面，它不是机械地随着特定政治关系变化而变化，而是可以通过观念的形式保留下来；另一方面，它对于社会政治关系和政治生活具有心理上和精神上的支配作用。

政治文化可以传习，它通过各种政治社会化媒介和途径实现传习，从而使自身得以延续。对于一个社会来说，政治社会化就是政治文化的传播过程。政治社会化的主要途径：家庭对人的成长进步具有基础性影响，是政治社会化的第一个途径。学校是人走向社会的专门化学习和训练场所，因而是传播文化的专门机构，是具有系统性的政治社会化途径。电视、广播、报纸、杂志等大众传播工具是现代社会政治社会化的重要途径。各种政治、经济、社会组织，如政党、国家机关、社会团体等同样具有政治社会化功能，因而也是政治社会化的重要途径。特定的政治符号如国旗、国徽、国歌等，在社会政治生活中具有重要的象征意义和代表意义，对于政治文化的传播也起着重要作用。

中国特色社会主义政治文化，是人们对中国特色社会主义政治道路、政治理论、政治制度、政治生活形成的主流的、稳定的观点和看法。具体包括三个层次。一是对中国特色社会主义的政治认知，即人们对中国特色社会主义政治道路、政治理论、政治制度、政治生活所形成的代表性、公正性的认识。二是对中国特色社会主义的政治情感，即人们基于家庭、学校、社会教育及个人亲身体验所形成的对中国特色社会主义政治道路、政治理论、政治制度、政治生活的亲切感、认同感。三是对中国特色社会主义的政治认同。在政治认知、政治情感的基础上，人们基于理性思考达到对中国特色社会主义普遍的肯定的认识与看法，并形成追求国家强大的政治目标，深化改革开放的政治共识，实现美好生活的政治期待，共享发展成果的政治要求。这三个层次凝结在一起，共同构成中国特色社会主义的政治气质和政治品格，共同作用于当代中国的政治运行过程，为中国特色社会主义事业提供理论支撑和价值指导，使中国特色社会主义事业长盛不衰，永葆活力。

作为中国特色社会主义政治文化的重要内容，党内政治文化是我们党在长期政治实践中形成的、能够体现并影响党组织和党员政治行为的精神因素。具体来说，就是以马克思主义为指导、以中华优秀传统文化为基础、以革命文化为源头、以社会主义先进文化为主体、充分体现中国共产党党性的文化。党内政治文化不是自然产生的，而是由党组织和党员在政治实践中培育的，其形成是一个长期的、渐进的过程，一旦形成就具有相对稳定性，并对政治生活产生潜移默化的影响。党内政治文化是政治生活的灵魂，直接影响着政治生活的质量和水平。党内政治文化事关党的形象，决定着党组织和党员的价值取向和行为方式，影响着党组织和党员的发展完善和成长进步。良好的党内政治文化，有利于始终保持党的先进性和纯洁性，增强党员对党的认同感和忠诚度，增进人民群众对党的信任感和支持度，使党的形象不断得到优化，进而转化为重要的执政资源。发展积极健康、富有生机活力的党内政治文化，需要从多方面着手，其中思想教育是基本方式，制度建设是根本环节，品行修养、知识学习、文化熏陶是重要路径。

二 政治文化的要素

政治文化作为社会政治生活的观念形态，是社会政治意识同人们政治生活相互作用的产物。就其构成要素而言，政治文化一般包括政治认知、政治情感、政治动机、政治态度、政治思想等要素，这些要素各有特点和作用，在政治文化形成和发展过程中作为不可或缺的环节，互相联系、互相依存，共同构成政治文化的有机整体。

1. 政治认知

政治认知是政治主体根据以往的政治知识和经验对于政治生活中各种政治事件、政治人物、政治活动以及政治现象等方面的认识和判断、理解和把握，是一个政治主体、客体及环境等因素相互作用的心理过程。现有的政治概念系统决定了政治主体对政治认知过程具有方向性和选择性，即在现有政治概念的基础上去比较、分析新的政治信息，并决定是否将其纳入认知过程。由于个人的社会阅历、所处的社会地位、所受的教育程度等不同，政治认知在性质和程度上总是存在一定差异，使人们形成不同的政治取向以及对同一政治目标采取不同的政治态度。按照认识发展的常规，政治认知过程又分为政治知觉、政治印象和政治判断三个环节。政治知觉是社会成员对于认知客体如政治制度、政治人物和政治活动的不同属性、不同方面及其相互关系的综合反映，其结果是形成对某一客体的整体观念。政治印象是政治主体在政治知觉的基础上对认知客体的整体反映，其结果是在头脑中形成一种较为固定的记忆。政治判断是政治主体在政治知觉、政治印象的基础上对认知客体的评价和推论。在现实政治生活中，具有一定智力水平和认知结构的人，通过不同程度的政治实践，在政治环境的刺激下，对各种政治现象必然要产生一定的心理反应，从而形成较为稳定的直观印象。在政治认知过程中，人们不仅会获得各种各样的政治知识，而且还会形成一定的政治认同意识。政治知识是社会成员从事政治活动、选择政治行为的必要认识基础，政治认同意识是社会成员形成政治归属感的认识前提。因此，政治认知过程对于整个政治文化的形成具有基础意义。

2. 政治情感

政治情感是政治主体以政治认知为基础，在政治生活中对政治体系、政治活动、政治事件和政治人物等方面所产生的内心体验和感受，是伴随社会成员的政治认知过程所形成的对于各种政治客体的好恶之感、爱憎之感、亲疏之感、信疑之感等心理反应的统称。[①] 政治情感由两个心理层面所构成。第一个层面是处于较低层次的政治情绪，即社会成员在政治生活中根据其政治期望和需求的满足程度而产生的主观体验，分为积极、肯定的情绪体验如愉快、喜悦、满意等和消极、否定的情绪体验如痛苦、恐惧、忧愁、愤怒等两种。政治情绪带有较多的生理性和原始性，具有短暂、不稳定、难以控制的特点。第二个层面是处于较高层次的政治感情，即社会成员在对政治关系的认知过程中产生的一种复杂而又稳定的心理体验，例如，对祖国和民族的热爱之情、对领袖和英雄的敬仰之情等。[②] 政治感情是一种高级的精神活动，具有持续、稳定、易于控制的特点。政治情感的形成过程基本上属于自发的过程，因为社会成员在完成政治认知过程时，对认知对象会自然而然地产生某种心理体验和感受。诚然，社会成员对认知对象的心理体验和感受的内容即政治情感的取向与其当时的心境密切相连。政治情感作为政治文化形成的重要环节，是政治生活的情感纽带，也是政治动机的情感基础和动力来源。

3. 政治动机

政治动机是指激励并维持政治主体的政治活动以达到一定政治目标的内在动力，它隐藏在人们政治行为的背后，是促使人们采取政治行动的内

---

① 马文辉：《论"政治文化"的实质与属性》，《政治学研究》1996 年第 4 期。
② 王浦劬等：《政治学基础》，北京大学出版社，2006，第 254 页。

心起因。政治动机是由外在的政治影响和人们的社会政治心理倾向等因素决定的，是建立在人们意识到进行某种政治活动的原因和预期达到的目的基础上的。政治动机作为一种心理过程，由社会成员的利益需求和政治目标两个方面所构成。社会成员的利益需求是指社会成员对其物质文化等缺乏状态的心理反应以及所形成的欲求。社会成员的政治目标是指对于能够满足其利益需求的政治途径和条件的综合反映，是对政治权力、政治权利以及政治制度、政治行为等的比较选择。政治动机是构成社会成员政治行为的直接动因。社会成员在认知和感受社会政治生活的过程中，由于受到外部环境和其他因素的刺激，往往会自觉不自觉地产生某种利益需求，并将这种利益需求与政治生活紧密地联系起来，把一定政治权力、政治权利以及政治制度、政治行为等看作满足这种利益需求的条件，从而确立某种政治目标。当一定政治权力、政治权利以及政治制度、政治行为可以满足这种利益需求时，社会成员就会采取相应政治行动。因此，社会成员的利益需求向政治目标转化，便形成了驱动其政治行为的内在政治动机。

4. 政治态度

政治态度指一定的阶级、集团或个人对待政治问题的立场、观点、方法及其行动表现。政治态度是社会成员在政治认知、政治情感、政治动机基础上，对一定的政治事务所形成的相对稳定的综合性心理反应，表现为对一定政治权力、政治制度或肯定或否定，或赞成或反对的倾向状态，是政治行为的准备阶段和重要环节。按照马克思主义观点，人们的社会存在决定人们的社会意识。因此，政治态度从根本上说，是由人们在社会经济中所处的地位及其所代表的阶级利益决定的。在阶级社会中，政治态度有着明显的阶级性。在判断人们的政治态度时，应根据人们对于政治事务所表现出来的立场、观点、方法和行动进行全面的、历史的、实事求是的考察分析，归根结底要看其言行代表哪个阶级的利益，反映哪个阶级的要求。与其他政治文化构成要素相比，政治态度有着自己的特点。其一，政治态度是特殊的政治文化要素。它不是心理反应本身，而是对心理反应的一种规定。政治态度是由政治认知成分、政治情感成分和政治动机成分构成的。这三种成分的不同组合和配置便构成了政治态度的不同内容。其二，政治态度是综合性的政治文化要素。它既不是与其他心理要素并列存在的，也不是在其他心理过程中形成的，而是其他心理要素形成以后的心理结果。当政治心理活动表现为特定的政治态度时，它已不是某一心理要素的单纯表现，而是一种包括政治意识、政治价值和政治信仰在内的系统而定型的信念体系。政治态度在政治心理过程中具有十分重要的地位，是政治文化转换为政治行为的必经环节，政治态度的倾向决定了政治行为的选择取向。[1] 从我国实际看，自鸦片战争起，英勇不屈的中国人民为救亡图存而奋起抗争，但由于种种原因，这些斗争都没有改变中华民族的悲惨命运，没有完成反帝反封建的历史任务。在民族存亡续绝之际，是中国共产党领导人民找到了一条正确的革命道路，从根本上改变了中华民族的命运；是中国共产党领导人民找到了一条正确的建设道路，实现了中华民族的沧桑巨变。近代以来的历史反复证明，只有中国共产党领导，才能有效维护国家的主权、安全和发展利益，在独立自主的基础上实现不同利益关系的正确协调；才能把党的历史使命、国家的发展前景、民族的复兴伟业与人民的幸福生活紧密联系在一起，集中体现我国广大人民对美好未来的向往和追求；才能使全体人民紧密团结起来，为着共同理想、共同目标、共同事业而共同奋斗。因此，坚持中国共产党领导是中国历史逻辑、实践逻辑和政治逻辑发展得出的必然结论，也是当代中国人民最鲜明的政治态度。

5. 政治思想

政治思想是一定历史时期人们在对社会政治生活进行系统思考的基础上形成的政治观念、政治学说和政治理想。政治思想作为一种政治观念，是具有一定行动取向、能够激发和指导人们政治行为的政治观点和政治信念体系；政治思想作为一种政治理论，是人们关于社会政治生活的系统认识以及在这种认识基础上形成的概念、范畴、原理体系；政治思想作为一种政治理想，是人们对政治体系和政治过程未来目标指向的设定。在社会政治实践中，我们党坚持以马克思主义国家学说为指导，总结我国社会主义政治建设的历史经验，借鉴人类政治文明的有益成果，坚定不移走中国特色社会主义政治发展道路，形成了适应我国国情和发展要求的国家政权

---

① 《政治学概论》编写组编《政治学概论》，高等教育出版社、人民出版社，2020，第220～221页。

建设理论。这一理论主要内容包括：党是最高政治领导力量，加强党对一切工作的领导，不断改进党的领导方式和执政方式；坚持人民当家作主，不断发展全过程人民民主，保证人民依法实行民主选举、民主协商、民主决策、民主管理和民主监督，享有广泛的权利和自由；实行依法治国基本方略，坚持依法治国和以德治国相结合，建设中国特色社会主义法治体系和法治国家；健全党和国家监督体系，让人民监督权力，让权力在阳光下运行；积极稳妥推进政治体制改革，完善和发展中国特色社会主义政治制度，推进国家治理体系和治理能力现代化；坚持总体国家安全观，统筹发展和安全两件大事，始终保持社会和谐稳定；等等。这一理论科学回答了建设什么样的国家政权、怎么样建设国家政权等重大问题，创造性地发展了马克思主义国家学说，把我们党对加强国家政权建设规律性的认识提升到了新高度，为开辟中国特色社会主义政治发展新境界指明了前进方向，提供了根本遵循。

三 政治文化的发展

政治文化是政治心理的文化支撑，是政治制度的理性基础，是政治行为的价值准则，是政治环境的本质规定，是政治各个环节的灵魂和向导。政治文化具体体现在反映社会主义民主和法治内在要求的政治心理、政治态度、政治信念、政治价值之中。作为一种观念形态，政治文化是同人分不开的。人既是政治文化的创造者，也是政治文化的承载者。因此，政治文化建设是以人为中心的主体工程。

建设与政治发展要求相适应的政治文化，体现在各个层面。在政治心理层面，通过教育引导、舆论宣传、文化熏陶、实践养成，使政治制度和政治机制在人们心目中形成心理积淀，使政治思想和政治思维在人们头脑中打下深刻烙印。这是政治文化建设的基础。在政治制度层面，维护中国特色社会主义政治制度，发展中国特色社会主义政治制度，使中国特色社会主义政治制度更加成熟更加定型，这是政治文化建设的关键。在政治行为层面，贯彻落实民主、自由、平等、公正、法治，营造崇尚社会主义民主和法治的政治氛围，展示弘扬社会主义民主和法治的政治价值，这是政治文化建设的重点。在政治环境层面，把政治教育纳入精神文明创建内容，坚持政治文化与机关文化、校园文化、企业文化、乡村文化、社区文化有机结合，不断提高领导干部、公职人员、全体人民的政治素养，这是政治文化建设的核心。推进政治文化建设，要善于挖掘古今中外政治文化资源，弘扬中华传统政治文化以民为本、天下为公、缘法而治、刑无等级等思想精华；发挥现代信息技术作用，打造技术先进、传输快捷、覆盖广泛的政治文化载体平台；注重政治实践的教育引导作用，使政治文化内化为素质，见诸于行动；着眼公民合法权益的保障，让人们从听得懂的良法和看得见的善治中，获得对政治制度和法律制度的内心遵从。由此，使公众对于政治的认同感和亲切感逐步增强，政治能力和政治素质逐步提升，遵纪守法的要求逐步内化为思想观念，凝聚成价值取向，从而为社会主义民主政治和法治国家建设奠定坚实的思想文化基础。

建设与政治发展要求相适应的政治文化，使政治文化成为一种社会呼唤、一种主体需求、一种理性行为，要求我们在建设社会主义民主政治和法治国家的基础上，不断完善中国特色社会主义政治理念、政治原则、政治制度体系，正确处理领导与执政、管理与治理、权利与权力、权利与义务、权力与法律、权力与责任的关系，自觉坚持党的领导、人民主权、法律至上、制约权力、保障权利的政治原则，坚定崇尚民主、自由、平等、人权、公正、文明、秩序、效率、和谐、发展的政治价值，在政治心理层面、政治制度层面、政治行为层面、政治环境层面采取有效举措，通过长期不懈的努力，使中国特色社会主义政治文化不断丰富和发展，使全体人民不断健全政治心理，端正政治态度，筑牢政治信念，珍惜政治价值，真正成为中国特色社会主义民主和法治的忠实崇尚者、自觉遵守者、坚定捍卫者。

第五节　政治传统

一个国家政治传统的形成与演变，是社会经济、政治、文化各方面因素在长期的历史进程中相互作用、相互渗透的结果，一旦形成便对人们的政治意识、价值取向和行为方式产生广泛而深远的影响。在阶级社会里，政治传统具有鲜明阶级性和民族性，进步的政治传统对社会发展起着推动作用，落后的政治传统对社会发展起着阻碍作用。

一 政治传统的基本含义

人们的思想观念和生活习惯总是在历史传统的渊源上浮动的。传统作为历史发展继承性的表现，是指从历史延续和传承下来的思想、道德、文化、制度以及行为方式等，对人们的社会行为具有无形的影响和制约作用。政治传统是在社会政治文明不断演化中逐步形成的反映国家特质和民族风貌的一种政治形态，是对历史上影响深远的各种政治思想、政治制度、政治文化的统称。

中华民族有着几千年悠久而厚重的历史，其传统文化积千年之精华、蓄百世之流芳，源远流长、博大精深。中华民族之所以能够绵延5000年，繁衍生息、团结统一和存续发展，虽屡经磨难，却一次次衰而复兴、巍然屹立在世界东方，主要源于中华优秀传统文化的内在力量。例如天下一家的和谐思想、经世致用的价值取向、达观向上的宽广胸怀、威武不屈的浩然正气、以民为本的治世之道、舍我其谁的担当精神、与时俱进的创新品格、厚德载物的人格追求等。这种力量对于形成和延续中华文明，对于形成和丰富中华民族精神，对于形成和巩固中华民族团结统一，对于激励中华儿女维护民族独立、反抗外来侵略，对于推动中国社会发展进步、促进中国社会和谐稳定，都发挥了重要的作用。

中国共产党成立以来，历经硝烟弥漫的战争岁月，激情燃烧的建设时期，波澜壮阔的改革征程，从小到大、由弱变强，积累了丰富的历史经验，形成了优良的政治传统，其中包括实事求是、独立自主、依靠群众、艰苦创业、勇于斗争、自我革命等主要内容。这些历史经验和政治传统作为党和人民共同创造的宝贵精神财富，饱含着智慧和勇毅，凝结着奋斗和牺牲，是经过实践检验、人民检验、历史检验的智慧结晶，是历史逻辑、理论逻辑、实践逻辑有机统一的科学真谛，深刻揭示了党和人民事业不断取得胜利的重要保证，揭示了党始终立于不败之地的力量源泉，揭示了党始终掌握历史主动的深层原因，揭示了党永葆先进性和纯洁性、始终走在时代前列的正确途径。这些历史经验和政治传统把苦难辉煌的过去、日新月异的现在、光明远大的未来贯通起来，深刻揭示了中国共产党领导的历史必然性、马克思主义中国化的科学真理性、中国特色社会主义道路的唯一正确性，既是解读中国共产党人内心世界的精神密码，也是赢得中国革命、建设和改革事业的胜利基因，为全党和全国人民继承传统、开创未来注入了强大的精神动力。

二 政治传统的主要内容

中国共产党波澜壮阔的发展史，是领导中国人民为完成民族独立、国家富强两大历史任务的实践奋斗史、理论探索史和自身建设史。在长期的革命、建设和改革的实践中，党和人民不仅创造了举世瞩目的辉煌成就，而且形成了自己特有的彪炳千秋、世代相传的政治传统。

1. 实事求是

中国共产党成立后，在对待马克思主义这个重大问题上，存在两种截然不同的态度。教条主义将马克思主义经典著作当作万古不变的圣经，当作脱离实际的教条，可以随意抽取个别词句和个别结论生搬硬套，以经典作家关于特定历史时期特定历史事件的结论来解决当前发生的独特而复杂的问题。这种做法看起来是取到了真经，实际上是抛弃了马克思主义具体问题具体分析活的灵魂。与之相反的是实事求是，即把马克思主义基本原理与中国具体实际相结合，通过实践科学认识和准确把握具体事物的特殊本质及其发展的特殊规律，用中国化的马克思主义指导中国革命、建设和改革实践。从实际情况看，我们党对中国革命道路，对社会主义改造道路，对中国特色社会主义道路的开辟，都是以实事求是为基础的。正是坚持实事求是的思想原则和科学精神，我们党才制定了正确的理论和路线方针政策，找到了适合中国国情的发展道路，引导中国革命、建设和改革事业不断从胜利走向胜利。

实践昭示我们，马克思主义作为科学真理，其基本原理的实际运用，随时随地都要以当时的历史条件为转移。这就意味着马克思主义一旦落脚现实世界，成为一个国家无产阶级政党的理论基础和行动指南，就必须回答和解决当时当地的实际问题。而一个国家无产阶级政党要成功地实践马克思主义基本原理，就必须将这一原理与本国实际相结合，用新的实践、新的内容、新的语言来丰富和发展马克思主义。那种一切言行都要先看本本上有没有，本本上有的就一句也不敢改，本本上没有的就一步也不敢迈的人，是不可能成为马克思主义者的，真正的马克思主义者无不是根据时代提出的新课题新要求，对马克思主义有所丰富、有所发展、有所创造、有所前进。在 100 年的奋斗历程中，中国共产党人用实事求是这把钥匙，深刻认识中国国情，正确判断时代特征，科学制定目标任务，打开了中国社会发展的一个个关键节点，开启了马克思主义中国化的一个个崭新境界。在新的时代条件下，我们党把科学社会主义基本原则与中国国情相结合，使社会主义普遍规律呈现出鲜明的民族特色，在世界社会主义低潮中创立了独到的中国模式；把社会主义与市场经济相结合，借助市场和政府两种手段配置资源，在世界经济低谷中书写了亮丽的中国答卷；把独立自主与对外开放相结合，通过构建国内与国际双循环的发展格局，为国际社会应对逆全球化思潮提供了有效的中国方案。如果没有超越经典的政治勇气，没有立足国情的科学精神，没有实事求是的理论品格，党就不可能领导人民在艰难曲折的奋进中华丽转身、创造奇迹。

2. 独立自主

世界上没有放之四海而皆准的发展模式，也没有一成不变的发展道路。历史条件的多样性，决定了各国选择发展道路的多样性。坚持独立自主，要求我们既不妄自尊大也不妄自菲薄，既虚心学习借鉴国外的有益经验，又坚定民族自尊心和自信心，无论过去、现在和将来，我们都要坚定不移走自己的路，坚持中国的事情必须由中国人民自己作主张、自己来处理，把中国发展进步的命运始终牢牢掌握在自己手中。这种独立自主的探索和实践精神，这种坚持走自己的路的坚定意志和决心，是我们党全部理论和实践的立足点，也是党和人民事业不断从胜利走向胜利的内在要求。

坚持独立自主是中华民族的优良传统，是中国共产党和中华人民共和国立党立国的重要原则，是我们党从百年奋斗历程中得出的宝贵经验。无产阶级革命是国际性的事业，需要各国无产阶级互相支援。但完成这个事业，首先需要各国无产阶级立足于本国，依靠本国力量和人民群众的共同努力，把马克思主义的基本原理同本国的具体实践相结合，把本国的革命和建设事业不断推向前进。在中国这样一个经济文化落后的东方大国进行革命和建设，决定了我们只能走自己的路。因此，中国共产党一贯强调，我们的方针要放在自己力量的基点上，通过自己的努力探索适合中国国情的发展道路。从党成立伊始，我们就坚持不唯书、不唯上、只唯实，通过实践探索出一条农村包围城市、武装夺取政权的革命道路。新中国成立以后，无论遇到什么困难，我们都没有动摇过独立自主、自力更生的决心，都没有在任何外来压力面前屈服，表现了中国共产党和中国人民大无畏的豪情壮志和豪迈气概。我们坚持独立自主，也尊重别国人民独立自主。适合本国特点的革命和建设道路，只能由本国人民自己来探索和开辟，任何人都无权把自己的模式强加于人。实践表明，中国共产党和中国人民扎根中国广袤沃土、吸纳人类文明成果、独立自主地实施国家发展战略是完全正确的。像我们这样的发展中大国，只有主要依靠自己的力量，依靠亿万人民的聪明才智，才能稳步推进革命、建设和改革事业。否则，革命、建设和改革都不可能取得成功，赢得了胜利也不可能巩固和发展。

3. 依靠群众

按照马克思主义观点，人类社会发展归根结底是由物质资料生产发展决定的，物质资料生产方式制约着整个社会发展进程。在历史发展的长河中，人民群众是物质资料生产的主体，因而是社会历史的主体，是社会历史的创造者，具有无穷的智慧和创造力。中国共产党人把马克思主义关于人民群众创造历史的基本观点运用于具体工作中，形成了独具特色的群众观点和群众路线，坚持一切从人民利益出发、全心全意为人民服务的宗旨，坚持一切相信群众、一切依靠群众的方针，坚持从群众中来、到群众中去的工作路线，坚持为中国人民谋幸福、为中华民族谋复兴的初心使命。党团结带领人民进行革命、建设和改革，根本目的就是不断将中国人民对美好生活的追求和向往变为现实。为此，无论面临多大风险和挑战，无论付出多大牺牲和代价，都没有丝毫动摇过。

人民是推动中国社会发展进步的根本动力，离开人民去理解我们党的成功，便无法洞察包含在历史必然之中的逻辑，无法把握蕴藏在传奇背后的力量，无法解读中国革命以弱胜强的奥秘。从实际情况看，我们党正是依靠人民的支持，才领导中国革命取得了胜利，并成为执政党；正是依靠人民的拥护，才成为中国特色社会主义事业的领导核心，并被载入宪法。因此，倾听人民群众呼声，反映人民群众意愿，集中人民群众智慧，接受人民群众监督，始终保持同人民群众的血肉联系，既是我们党区别于其他政党的显著标志，也是我们党跳出历史周期率，获得长期执政最广泛的群众基础和最深厚的力量源泉。在新的时代条件下，我国经济体制深刻变革、社会结构深刻变动、利益格局深刻调整、思想观念深刻变化，人们思想活动的独立性、选择性、差异性、多变性显著增强，但人民群众作为国家主人的政治地位没有变，全心全意为人民服务这一党的根本宗旨没有变。坚持群众观点和群众路线，始终保持党同人民群众的血肉联系，始终做人民的忠实公仆，是我们党的优良传统和政治优势，也是我们党赢得人民群众支持和拥护、永远立于不败之地的政治根基。

4. **艰苦创业**

艰苦创业是中国共产党人的政治本色，是中国共产党在长期革命、建设和改革过程中形成的优良传统，是一种不畏艰难，奋发图强，为国家和人民的利益乐于奉献的顽强拼搏精神。民主革命时期，在帝国主义、封建主义和官僚资本主义的统治下，中国革命的条件极其艰险。革命斗争之所以能够坚持到底并取得胜利，很重要一条就是依靠党与人民团结奋斗、同甘共苦，始终保持乐观向上、艰苦创业的精神状态。艰苦创业是中华民族的传统美德，自古以来就是我们民族精神的重要内容，成为后人继往开来、成就伟业的不竭动力。艰苦创业也是我们党的精神特质，中国共产党人作为中华民族优秀儿女，合乎逻辑地继承了中华民族的优良传统，并通过实践描绘了一幅为争取民族独立和国家富强而奋斗的壮丽画卷。

古往今来，一个国家、一个民族在崛起过程中，凭借的都是艰苦创业、接续奋斗。实践表明，事业越伟大，越充满艰难险阻，越需要艰苦创业。艰苦创业在中国共产党领导人民实现民族独立和人民解放的奋斗历程中，在成千上万的革命先辈身上得到了充分体现。艰苦创业在中国共产党领导人民实现国家富强和人民富裕的奋斗历程中，从各行各业的社会主义劳动者和建设者身上得到了发扬光大。今天，我们要建设富强民主文明和谐美丽的社会主义现代化强国，要不断追求和向往更加美好的生活，就必须弘扬艰苦创业精神，具有精益求精、追求完美的职业品格，忠于职守、爱岗敬业的工作态度，吃苦耐劳、锐意进取的精神风貌，迎难而上、开拓创新的使命担当，以强烈的事业心和使命感，兢兢业业、尽职尽责，在平凡的岗位上创造出不平凡的业绩。艰苦创业作为一种积极健康的生活态度、思想作风和职业操守，是实现党的政治路线、历史使命和奋斗目标的重要保证，是成就中国特色社会主义伟大事业弥足珍贵的动力源泉。

5. **勇于斗争**

社会是在矛盾中发展的，事业是在斗争中前进的。我们党是在内忧外患中诞生、在磨难挫折中成长、在攻坚克难中壮大的，一诞生就铭刻着斗争的烙印，一路走来就是在斗争中求得生存、获得发展、赢得胜利的过程。回顾百年的奋斗史，顽强拼搏战胜日本侵略者，英勇无畏推翻国民党反动派，向死而生打败世界头号强敌，靠的是浴血奋战、艰苦卓绝的伟大斗争。自力更生改变积贫积弱，奋发图强造出大国重器，全面实现最广泛最深刻的社会变革，奠定当代中国发展进步的制度前提和物质基础，靠的是披荆斩棘、自立自强的伟大斗争。推进改革开放新的伟大革命，开创和发展中国特色社会主义事业，成功应对一系列重大风险挑战，中华民族迎来从站起来、富起来到强起来的伟大飞跃，同样靠的是勇立潮头、奋勇搏击的伟大斗争。

中华民族是历经磨难、不屈不挠的伟大民族，中国人民是勤劳勇敢、自强不息的伟大人民，中国共产党是敢于斗争、敢于胜利的伟大政党。新时代进行具有许多新的历史特点的伟大斗争，就是在实现中华民族伟大复兴的进程中，中国共产党和中国人民在国内国际两个大局中必须应对和破解的重大挑战、重大风险、重大阻力和重大矛盾；就是面对前进道路上的各种矛盾问题和风险挑战，中国共产党团结和带领全国各族人民以敢于斗争、善于斗争的精神，为维护国家的核心利益和人民的根本利益，为建设富强民主文明和谐美丽的社会主义现代化强国，为实现中华民族伟大复兴的中国梦而顽强奋斗、艰苦奋斗、不懈奋斗。因此，我们所进行的伟大斗争，是以遵循社会发展规律、维护人民根本利益、实现党的历史使命为基础、为取向的，要求我们正视矛盾、直面问题，在推动事物发展转化中发挥主观能动作用，因而这种斗争蕴含着知难而进的勇气，愈挫愈勇的坚韧，扭转局势的能力。其目的是以斗争求和平、以斗争求发展、以斗争求合作、以斗争求共赢，进而推动中华民族伟大复兴中国梦的圆满实现。

6. 自我革命

中国共产党的百年奋斗史，展现出一代又一代共产党人顽强拼搏、不懈奋斗的壮丽画卷，支撑着中华民族从站起来、富起来到强起来的历史飞跃，创造了东方古国凤凰涅槃、浴火重生、伟大崛起的人间奇迹，蕴含着中国共产党人接续奋斗的精神纽带。我们党之所以能够在现代中国各种政治力量的反复较量中脱颖而出，之所以能够历经岁月洗礼越发朝气蓬勃、饱经磨难考验依然初心如始，之所以能够始终走在时代前列、成为中国人民和中华民族的主心骨，根本原因就在于我们党始终保持自我革命精神。

　　从百年的战斗历程看，我们党既有许多成功的经验，也有许多失误的教训。然而，党所出现的失误最终都是依靠自己的力量纠正的，从而表明我们党是一个勇于开拓、革故鼎新、锐意进取的党，是一个不畏艰险、久经考验、坚定成熟的党，也是一个坚持实事求是、善于总结经验、郑重对待错误的党。每当处于历史的紧要关头，我们党总能直面错误，勇担责任，拨乱反正，力挽狂澜。对大革命失败的反思，催生了武装反抗国民党反动派的战略方针；对反围剿失利的检讨，形成了把握中国革命战争规律的科学认识；对"大跃进"错误的总结，凝结成社会主义建设的宝贵经验；对"文化大革命"的否定，开创了改革开放和社会主义现代化建设的崭新局面。因此，从历史发展进程中，既要看到我们党所创造的辉煌成就、所建立的不朽功勋、所积累的宝贵经验，也要看到我们党纠正错误的决心、吸取教训的勇气、走出困境的力量。

　　我们党作为中国工人阶级的先锋队，代表中国亿万人民的根本利益，没有任何自己特殊的利益，这是我们党勇于自我革命的底气所在、自我监督的底色所在。自我革命是实现自我监督的内生动力。勇于自我革命，必然勇于自我监督，不掩饰过错、不回避问题、不文过饰非，始终秉持赶考的意识，坚持答卷人的定位，保持刀刃向内的勇气，不断冲破陈旧观念的束缚、僵化体制的羁绊、既得利益的阻滞，不断实现对自身局限的突破和超越，有效应对长期执政、改革开放、市场经济、外部环境的严峻考验，使党在革命性锻造中更加坚强。从这种意义上讲，勇于自我革命，以自我净化革除自身病毒、以自我完善提升整体形象、以自我革新培育创造活力、以自我提高增强担当本领，形成以伟大自我革命引领伟大社会革命的高度自觉，是中国共产党的鲜明品格和最大优势，是我们党区别于其他政党的显著标志，是百年大党历经沧桑依然风华正茂的内在根据。

第五章　政治发展

　　政治不是凝固的僵化的体系，而是一个动态的发展的历史过程。政治发展指的是人类政治体系在结构上日趋合理，在功能上日趋完备，由低级到高级的前进上升过程。就其本质而言，政治发展是在利益关系发展变化的基础上，政治权力和权力关系、政治权利和权利关系、政治权力和政治权利相互关系的发展变化。政治发展包括政治体系基本性质、组织制度、运行机制的变革和完善，政治行为性质、意向、方式的改变和调整，政治文化价值取向、情感动机、思维模式的变化和演进。政治发展通常采取两种基本方式，即政治革命和政治改革，政治革命是政治关系的质变方式，其标志是政治权力的变更和转移。政治改革则是政治关系的量变方式，其特征是政治制度的完善和发展。

第一节　政治民主

　　作为政治文明的产物，民主早在原始社会就已经萌生，然而政治意义上的民主则是人类进入阶级社会以后的事情。从奴隶社会到封建社会，社会形态依次更替，但留给民主生长的制度空间却十分有限。资本主义社会基于自身发展需要，以民主制取代了君主制，这在民主发展史上是一个巨大的进步，然而坐落在不平等的经济基础之上的民主大厦，表面上冠冕堂皇，实质上依然没有超越少数人统治多数人的历史局限。而能够超越这一历史局限的是社会主义民主。社会主义民主与资本主义民主都是建立在市场经济基础之上，都讲自由、平等和人权，都实行选举制和任期制，都实行法治。社会主义民主与资本主义民主的根本区别不在于这些具体制度上，而在于耸立二者之上的经济基础、政治基础和价值取向。

一 政治民主的含义

2000 多年前，古希腊人希罗多德第一次把人民和权力组合在一起，创造了民主一词。人民作为一个社会历史范畴，通常是指以其存在和活动推动历史发展、促进社会进步的阶级、阶层和社会集团。可见，人民既有量的规定性，即社会成员中的多数人；又有质的规定性，即一切对社会历史发展起推动作用的人。权力作为一个社会政治范畴，就是凭借某种物质力量对人的一种强制性的支配。可见，权力内在地包含着统治的属性。而民主其义如其文，就是人民和权力的结合，即人民的权力、多数人的统治。换言之，民主就是按照人民的意志和法定的程序管理国家和社会事务的制度。

按照马克思主义的观点，民主就是人民主权、人民意志的实现，就是人民自己创造、自己建立、自己规定国家制度，并运用这种国家制度决定自身事务，因此，民主的实质就是人民当家作主。在这里，按照人民的意志管理国家和社会事务与管理国家和社会事务的组织形式是民主不可缺少的两个方面。其中人民的意志是民主的内容、民主的本质；人民意志的表达和实现方式则是民主的形式、民主本质的体现。在民主政治发展史上，只有社会主义民主才是人民主权、人民意志的真正实现，才能确保人民当家作主。这种社会主义民主，就是全体人民在生产资料公有制的基础上当家作主，以不同形式管理国家和社会事务的制度。其中人民的意志是民主的内容，人民意志的表达方式则是民主的形式。

民主既然作为一种国家制度，就必然存在对人的支配与管理；国家制度既然采取一种民主形式，其支配与管理就只能依据人民的意志。衡量一个国家是否民主，可以从三个方面来把握：一是国家权力归谁所有，二是国家运行由谁管理，三是国家取向为谁服务。其中国家权力归谁所有起决定作用，它决定国家运行由谁管理、取向为谁服务。在通常情况下，如果国家权力归人民所有，运行由人民管理，所有者和管理者是统一的，那么国家运行的取向只能是人民。如果国家权力归人民所有，但运行是由人民的公仆代表人民实施管理，那么国家运行的取向既可能是人民，也可能是人民的公仆。如果是后者，那就意味着人民的公仆发生了蜕变，变成了人民的主人。因此，在所有者和管理者处于分离的状态下，作为国家主人的广大人民能否对自己的公仆实施有效的制约监督，是衡量一种民主制度成熟程度的重要标志。

民主是中国人民百年追求与梦想，也是中国人民经过艰苦卓绝的斗争赢得的胜利成果，其中蕴含着近代以来无数仁人志士的思索和追求，凝结着千千万万革命先烈的奋斗和牺牲，承载着一代又一代中国共产党人的理想和信念。中国人民之所以能够共同享有人生出彩的机会，共同享有梦想成真的机会，共同享有同祖国和时代一起成长与进步的机会，从根本上说就是自己当家做了主人。民主是党的生命之根，是社会主义的力量之源，是我们须臾不可离身的法宝。我国的国体是人民民主专政，我国的政体是人民代表大会制度，我们党和国家的组织原则是民主集中制，中国特色社会主义的共同理想是建设富强民主文明和谐美丽的社会主义现代化国家，这里都包含着民主。我们党多次强调：党内民主是党的生命，人民民主是社会主义的生命。由此可见，民主对于我们党和国家来说，可谓生死与共，血肉相连。

二　政治民主的原则

社会主义民主原则是社会主义民主的本质规定和内在要求，是社会主义民主实践的理论升华和经验总结，是指导民主建设的基本准则，是调整民主关系的基本依据，是评价民主行为的基本尺度，因而在社会主义民主政治生活中处于枢纽的地位，具有普适的性质，起着规范的作用，对于社会主义民主建设的顺利展开具有重要的指导意义。

1. 主权与治权原则

我国宪法规定，中华人民共和国的一切权力属于人民。人民行使国家权力的机关是全国和地方各级人民代表大会。人民通过选举产生自己的代表，由自己的代表组成全国和地方各级人民代表大会，产生各级国家执行机关。在社会主义条件下，人民不仅是社会财富的主人，而且是国家权力的主人，掌握着国家的主权。政府是人民的公仆，受人民的委托管理国家和社会事务，掌握着国家的治权。

主权原则明确了国家权力的来源和归属问题，是民主首要的基本的原则，是民主的基石和灵魂。它具有四重属性。一是主体的唯一性。即人民是国家权力的主人，由人民选举产生的人民代表机关是唯一代表人民行使国家权力的机关。这体现了主权不可转让的原则。二是地位的至上性。即人民在国家政治生活中处于至上的地位，从而决定了代表人民行使国家权力的人民代表机关处于至上的地位，其他国家机关都要由它产生、向它负责、受它监督。这体现了主权不可抗衡的原则。三是内容的完整性。即国家的一切权力属于人民，国家的立法权、行政权、监察权、司法权都要受人民或人民代表机关的支配。这体现了主权不可分割的原则。四是过程的一贯性。即国家主权任何时候都要由人民或人民代表机关行使，其他国家机关任何时候都不能取代人民或人民代表机关的地位。这体现了主权不可中断的原则。

治权原则派生于从属于主权原则，是主权原则的标志和确证。它也具有四重属性。一是治权的受托性。政府的权力来自于人民，受托于人民，并可由人民随时收回，因而其一切权力行为都要对人民负责，为人民服务，受人民监督。二是治权的从属性。政府作为人民的公仆，没有自己独立的意志和特殊的利益，其唯一的权力就是执行人民的意志，谋求人民的利益。三是治权的可分性。政府权力是一个具有不同结构和功能的有机整体，人民将治权委托给不同的机关，使之在各自的职权范围内分工执掌政府权力，不仅不会对人民主权构成损害，相反还有助于提高管理效能，遏制权力腐败。四是治权的有限性。政府的权力是有限的，不是无限的，它只能存在于一个由宪法和法律严格限定的范围之内。一旦超出了法定的范围，政府的权力就失去了合法的地位，失去了应有的效力。

2. 开放与竞争原则

开放是民主政治的基本特征和显著标志，是人民群众参与国家管理和国家机关联系人民群众的重要渠道和有效途径。它主要表现在三个方面。第一，政治职位开放。政治职位与公职和公益紧密相连，因而为公众所有。谁担任公职，成为公仆，取决于公众意志。在公众意志面前，在就职机会面前，人人平等。第二，政治决策开放。国家在作出重大决策前，对于决策的目标、实现目标的可行性方案、各方案在成本收益方面的优劣比较应向公众说明，并在公众的参与下作出合理的抉择。第三，政治信息开放。国家机关制定法律、设置机构、分配权力、安排人事以及国家机关工作人员施政活动等信息向人民开放。

民主政治的一项重要功能就是实现对政治资源的优化配置。政治资源包括政治权力、政治利益、政治荣誉等内容，其核心是政治权力。因此，政治资源的优化配置重点在于政治权力的优化配置。实现政治权力优化配置的有效途径就是选举。这一过程通常是采取竞争的方式进行的。竞争作为一种社会现象，是指人与人之间、群体与群体之间为争夺一个共同目标而展开的正当活动。它具有这样一些特征。一是竞争目标的同一性。目标不同不可能形成竞争关系，只有目标相同才能形成竞争关系。二是竞争主体的多元性。单一主体不可能形成竞争关系，只有多元主体才能形成竞争关系。三是竞争程序的确定性。竞争程序在先，竞争结果在后，程序具有确定性，结果具有不确定性。四是竞争目标的排他性。竞争的一方夺取了目标，就意味着其他各方失去了目标。五是竞争活动的有序性。竞争的机会公平，规则公正，过程公开。六是竞争各方的相容性。竞争的目的是夺取目标而不是消灭对方，各方无论谁胜谁负都可和平共处。

3. 多数与少数原则

由于人们生活条件不同，社会阅历不同，利益取向不同，认识水平不同，人民内部出现意见分歧往往是难以避免的。在这种情况下，由于受交易成本等因素的制约，事事取得一致通过既不可能也不必要。按照少数服从多数的原则通过表决作出决定，以保持社会整体上的步调一致便成为合理的选择。在这里，多数决定的权威性不仅来自即时多数的意志，而且来自少数也能够接受的共同的民主规则，来自全体社会成员对这些规则的广泛共识。因而民主之为民主，绝不意味着多数人对少数人的任意支配，也不意味着少数人对多数人的盲目服从，它是在正视利益分化、利益多元的前提下，遵循少数服从多数的原则和程序，为和平解决利益冲突，促进社会稳定发展提供一种文明的机制。

4. 法治与程序原则

民主与法治存在天然的联系。民主的基本内涵是人民当家作主，通过法定程序行使管理国家和社会事务的权力，而法治的基本精神正是依照体现人民意志的法律来治理国家。民主蕴含着平等，法治则把平等转化为在法律面前人人平等的原则，并通过具体的制度使之易于操作。民主意味着自由，法治则把自由加以明示，又通过义务和责任把自由与秩序统一起来。民主昭示着人权，法治则把人的应然权利确认为法定权利，从而为人权的真实享有提供法律保障。民主与法治同舟共济，相辅相成。民主只有以法治为依托，才具有可靠的保障，才不致被随意废止；法治只有以民主为基础，才具有至上的权威，才不致被随意逾越。因此，民主政治只能是法治政治。一个民主制度完善的国家，必然是法律制度健全的国家。

民主政治与专制政治最大的区别在于，专制政治是国家主权归君主一人所有，政治决策由君主一人独裁，君主可以随意行使权力，不需任何程序加以约束；民主政治是国家主权归人民所有，人民从事选举、监督、罢免的过程，也是国家权力产生、运作、更迭的过程，这一切都要有相应的民主程序加以规范。所谓民主程序就是民主的操作规程和时序。它通常由方式、步骤、顺序、时限四个要素所构成。程序昭示民主是一种理性的、文明的、有序的活动，其运行必须以法定的、可供遵循的规程和时序为依据。人民意志只有通过法定程序才能表达和确认，国家权力只有通过法定程序才能产生和更迭，资源的配置、信息的沟通、失误的纠正、冲突的解决只有通过法定程序才能有效进行和顺利实现。法定程序一旦生效，不能轻易改变，否则就被视为对民主制度的违背和破坏，就要受到相应的法律制裁。

三 政治民主的演进

社会主义国家政权的本质是人民当家作主。人民依照宪法和法律，通过各种途径和形式管理国家和社会事务，管理经济和文化事业，是人民当家作主的生动体现。按照政治学原理，国家管理是社会上占统治地位的阶级为了实现本阶级利益，运用国家政权的力量对全社会进行调控和整合的过程。一切国家管理都具有这样几个共同的特征：管理的主体，都是在社会上占统治地位的阶级；管理的客体，都是属于国家有权管辖范围内的一切人和物；管理的目的，都是为了实现统治阶级的利益；管理的手段，都是统治阶级所建立的政权机关和暴力机器等强制力量。一切国家管理都具有这样几个共同的职能：政治统治职能、社会管理职能、社会服务职能、社会平衡职能。

中国特色社会主义民主政治是中国共产党把马克思主义基本原理与我国具体实际相结合，在科学总结世界社会主义各国政治建设的经验教训、批判地借鉴人类政治文明有益成果基础上的伟大创造，是我们党带领全国人民英勇奋斗、艰辛探索几十年取得的重大成果。"我们的国家治理体系和治理能力总体上是好的，是有独特优势的，是适应我国国情和发展要求的。"① 中国特色社会主义民主政治的核心内容是人民当家作主；本质特征是党的领导、人民当家作主和依法治国的有机统一；实践要求是民主与集中相结合、票决与协商相补充、效率与公平相统一、活力与秩序相协调。中国特色社会主义民主政治是与公有制为主体、多种所有制经济共同发展的经济基础相适应的政治制度；是以工人、农民、知识分子为主体，包括一切爱国的阶级、阶层在内的具有最为广泛社会基础的政治制度；是植根中国社会，符合中国国情，既坚持社会主义基本原则，又具有鲜明中国特色的政治制度，为加快推进社会主义现代化、实现中华民族伟大复兴奠定了稳固的政治基础。诚如习近平总书记指出："一个国家的政治制度决定于这个国家的经济社会基础，同时又反作用于这个国家的经济社会基础，乃至于起到决定性作用。"②

政治制度优劣的衡量标准，主要看它是否适合本国国情、体现本国特色，有利于国家统一稳定，有利于社会发展进步，有利于人民富裕幸福。所谓本国特色，就是一个国家自然地理、历史传统、经济文化、社会制度方面所呈现的基本面貌和基本特点。从政治上看，中国特色主要体现在两个方面：在政治制度上广泛民主与高度集中相结合；在政党制度上一党领导与多党合作相结合。这种特色是由我国既具有统一的国家政权、统一的发展道路、统一的领导力量、统一的指导思想，又具有不同的社会主体、不同的经济形式、不同的政治意愿、不同的文化需求这一基本国情决定的。这表明，中国特色社会主义民主政治是博大的、宽宏的、兼容的，既可以保证中央政令统一，保证党和国家的决策部署得到迅速有效的贯彻执行，有利于形成全国一盘棋的强大社会动员力，有效应对前进道路上的各种风险和挑战，又可以统筹兼顾不同民族、不同党派、不同阶层、不同群体的利益，有利于尊重多数人的正确意见，照顾少数人的合理要求，使各种利益得到正确反映和合理协调；既可以充分调动各方面的积极性和创造性，又可以使这种积极性和创造性得到正确引导和有效发挥，为促进我国的经济发展、政治进步、文化繁荣、社会和谐、生态美丽

---

① 《习近平谈治国理政》，外文出版社，2014，第105页。
② 习近平：《在庆祝全国人民代表大会成立60周年大会上的讲话》，人民出版社，2014，第19页。

服务。

在我国政治生活中，人民民主生动地体现在人民当家作主的各环节和全过程。我国人民依法实行民主选举、民主协商、民主决策、民主管理、民主监督，这五个环节扩大了人民有序政治参与，集中反映了全过程民主的具体形式。民主选举通过直接选举和间接选举，产生各级人民代表大会代表，组成国家权力机关并产生国家执行机关，保证了人民切实当家作主。以第十三届全国人大代表为例，在县乡直接选举、省市间接选举的基础上，35 个选举单位共选出 2980 名全国人大代表。民主协商坚持有事好商量，众人的事情由众人商量，保证了人民的意愿和要求得到充分表达。[①]党的十八大以来，共有 190 多件次法律草案向社会公开征求意见，约 110万人次提出了 300 多万条意见建议。据有关部门统计，民法典草案先后 10次公开征求意见，征集到各方面意见 100 余万条，是通过民主协商推进立法的典范。[②] 民主决策以民主集中制为准则，广泛征求和充分听取各方面意见，凝聚人民群众智慧，形成最大共识，保证了决策科学有效。党的十九届四中全会决定的产生就是例证。在起草文件之前，中共中央就向各地区各部门征集了 109 份意见建议；起草过程中多次通过书面的形式或召开会议征求意见，共收到修改意见 1948 条；全会召开期间和闭幕以后，起草组对代表们在会上提出的意见又进行了研究和吸收，力求最大限度地反映全党的意志。[③] 凝聚了全党全国人民智慧的《中共中央关于制定国民经济和社会发展第十四个五年规划和二〇三五年远景目标的建议》，就是历经两次中央政治局会议、三次中央政治局常委会会议、两次起草组会议、七场问计座谈会，收集超过 101.8 万条网民建议之后的成果。[④] 民主管理根据宪法赋予人民的各项权利，保证了人人都有参与管理国家和社会事务的机会和渠道。按照我国法律规定，各类基层组织都要通过一定形式组织成员参与民主管理。在党政机关、企事业单位和其他社会组织，工会都要定期组织召开职工代表大会，对事关职工利益的重要事项进行研究磋商，提

---

① 中共中央宣传部理论局编《中国制度面对面：理论热点面对面》，学习出版社、人民出版社，2020，第 62 页。
② 乐玉成：《民主好不好人民最有发言权》，《人民日报》2021 年 12 月 20 日。
③ 中共中央宣传部理论局编《中国制度面对面：理论热点面对面》，学习出版社、人民出版社，2020，第 63 页。
④ 汪洋：《从高票通过中读懂"全过程民主"》，《中国人大》2021 年第 7 期。

出意见建议；在社区和农村，通过召开居民和村民代表大会，决定和管理辖区范围内的公共事务和公益事业。民主监督按照宪法赋予人民的监督权利，保证了人民群众对各级国家机关和公职人员提出意见、批评和建议。在我国政治生活中，中国共产党作为国家政权体系的最高政治领导力量，通过多党合作和政治协商制度使其主张成为社会各界的共识，通过人民代表大会制度使其主张成为国家的法律法令，又通过执行机关组织实施，通过党派团体带头贯彻，通过人民群众全程参与和监督。以上五个环节，环环相扣，内在统一，形成全过程民主的完整链条，为实现人民对美好生活的向往和追求提供了有力保障。

第二节　政治规范

政治规范是统治阶级以国家名义制定，用以维护和调整社会政治关系的基本准则。它是政治制度的有机组成部分，也是一定统治秩序得以维持的基本条件。政治规范通常包含以下内容：规定政治统治的性质和原则，调整统治阶级与人民大众的关系以及统治阶级的内部关系；规定政治体制及其运行机制，调整政府机构之间、政治团体之间的政治关系；规定政治主体及其政治行为，维持现存的政治秩序。政治规范作为社会规范的一部分，是社会规范的主导和核心，可以表现为明确的法律法规，也可以表现为约定俗成的惯例。因此，政治规范的实质在于法治。

一　法治的基本概念

法治作为一种与人治相对立的治国原则、制度与方略，就是以民主政治为基础，以权力制约为根本，以权利保障为取向，以良法善治为标志的国家治理机制、活动方式和秩序状态。其实质是良好的法律获得普遍的遵守，即良法与善治的有机统一。所谓良法，就是反映人民意志、保障公民权利、维护公平正义、促进和谐稳定的法律，就是反映客观规律、体现国情民情、符合规范要求、便于遵守执行的法律。所谓善治，既是指一种治理模式，即运用良法治国理政，实现民主治理、依法治理、科学治理，也是指一种秩序、一种状态、一种结果，即通过运用良法治国理政，实现人民安居乐业、社会安定有序、国家长治久安。① 因此，法治是民主、自由、平等、人权、文明、秩序的完美结合，是人类政治文明发展的内在要求和必然结果。

法治和人治作为截然不同的治国之道，反映的是治理国家的基本原则而不是具体方法。法治和人治都需要人的作用，但前者是受法律约束的人，是个人权威服从法律权威的人；后者则是可以凌驾于法律之上的人，是不受法律约束的人。同时，法治和人治都需要法的作用，但前者是治国的依据，处于至上的地位；后者是治国的工具，处于从属的地位。与此相适应，法治和人治都以治为价值取向，但前者强调众人之治，重在治吏；后者强调一人之治，重在治民。诚然，实行法治并不否定人的作用。法总是要由人来制定，由人来实施；法律秩序总是要由人来确立，由人来维护，离开了人何谈法治。问题在于如何处理个人意志与人民意志的关系。法治强调法的权威，正是因为法是人民意志的体现；法的权威高于个人的权威，正是人民的权威高于个人的权威的体现。只有维护法的权威，才能在法治的轨道上充分发挥个人的作用，才能确保个人不至违背人民的意志和利益自行其是。有鉴于此，所有人都要严格依法办事，不允许有任何超越宪法和法律之上的特权存在。如果个人凌驾于宪法和法律之上，就意味着在宪法和法律之上还有更高的意志存在，这种意志不管来自何方，都昭示着人治而不是法治。

二 法治的主要原则

作为一个历史范畴，法治在不同的时代、不同的国度，具有不同的社会内容，然而它所倡导的法律至上、权力制约、司法独立、人权保障的原则却是一以贯之的。因此，尽管适应市场经济发展的要求，资本主义国家开了法治之先河，但它并非为资本主义所独有。作为人类共同创造的文明成果，法治原则资本主义可以运用，社会主义也可以运用。资本主义与法治相结合虽是一个历史的进步，但由于其经济关系和政治关系不平等，使蕴含着自由、平等、人权的法治常常被置于尴尬的境地。社会主义与法治相结合，既使社会主义找到了治国安邦的最佳方略，又使法治找到了充分

---

① 冯玉军：《全面依法治国新征程》，中国人民大学出版社，2017，第38页。

实现其价值的可靠依托，从而在人类法治史上树立了一块崭新的界碑。

1. 法律至上原则

法律至上是法治原则的核心。宪法和法律的至上性，意味着宪法和法律在最高和终极的意义上具有规范和裁决人们行为的效力，任何个人或组织都不能超乎其外、凌驾其上。我国的宪法和法律是党领导国家权力机关制定的，反映了广大人民的共同意志和社会发展的客观规律，具有普遍的效力和至上的权威，因而国家的各项权力都要由宪法和法律赋予，按宪法和法律行使，受宪法和法律规范。宪法和法律至上包括三层含义：一是在整个社会规范体系中，宪法和法律居于至上的地位，其他任何社会规范都不能与宪法和法律相冲突；二是相对于公共权力而言，宪法和法律居于至上的地位，任何权力的拥有和行使都必须具有宪法和法律依据并接受宪法和法律约束；三是所有社会成员都必须自觉遵守宪法和法律，积极维护宪法和法律尊严，任何组织或个人都不能享有超越宪法和法律之外、凌驾于宪法和法律之上的特权。

2. 独立司法原则

作为一项重要原则，独立司法主要包括三项规则：其一，行使审判权的专属性规则，国家的审判权只能由国家的审判机关行使，其他任何机关都不得行使该项权力；其二，行使审判权的合法性规则，审判机关在行使审判权时，必须而且只能服从宪法和法律，这既是审判机关的权利，也是审判机关的义务；其三，行使审判权的自主性规则，法官或者由法官组成的审判组织独立行使审判权，不受任何机关、团体和个人的干扰、影响和控制。① 对于下级法院裁判中的错误，上级法院只能根据当事人的上诉或申请，依照上诉程序、再审程序或监督程序予以纠正，而不能随意干涉。"法官除了法律就没有别的上司。"② 只有保持独立司法，使法官依法独立审判，不屈从于任何权势和压力，才能保障法定程序的顺利实现，做到以事实为依据、以法律为准绳，在裁判过程中严格依法办事，准确适用法律。

3. 制约权力原则

法治国家的一个重要特征，就是法律的权威高于一切，任何组织和个

---

① 张恒山等：《法治与党的执政方式研究》，法律出版社，2004，第154页。
② 《马克思恩格斯全集》第1卷，人民出版社，1995，第180~181页。

人都不得违反法律，整个国家和社会生活都必须在法律的范围内运行。法律的作用主要包括两个方面：一是保障公民权利；二是制约国家权力。法律制约国家权力，就是依法明确各种权力的地位、职责和权限，以实现权力的合理配置；依法明确各种权力的行使规则、程序和界限，以保证权力的合理运行；依法确立各种权力之间的沟通方式和制约关系，以促进不同权力之间的互补与牵制。由于法律是人民意志的凝结，因而依法治国就是依照人民的意志治国；治国的过程也是权力运行的过程，因而依法治国也就是依据体现人民意志的法律制约权力的过程。这就要求国家制定完备的法律，法律充分体现人民的意志，具有最高的权威和至上的效力；任何党派、机关、团体、单位和个人都必须遵守法律；任何权力都要受制于法律，由法律来赋予，按法律来行使，靠法律来规范。[①]

4. 保障权利原则

法治要求制约国家权力，保障公民权利，使公民在法律面前人人平等，在法律之内人人自由。作为人依其自然属性和社会属性所应当享有的权利，人权是人的尊严和价值的集中体现，是人的需要和追求的综合反映，否定人应当享有本属于人的权利，就否定了人作为人的资格，使人不成其为人。尊重和保障人权作为法治的基本原则，一是依法保障公民权利，对于公民在国家政治生活中的地位、同这种地位相适应的权利、行使权利所应遵循的程序、违反程序所应承担的责任，都要通过法律来确认，并通过国家强制力保证实施；二是保持国家权力与公民权利之间的平衡关系，使国家权力在保障公民权利的同时，能够受到公民权利的有效制约。[②]在法治的主要原则中，保障权利原则最重要，是法律至上原则、独立司法原则、制约权力原则的根本目的和归宿。

三 法治的体系构成

中国特色社会主义法律体系形成之后，中国法治建设的中心任务升级为构建中国特色社会主义法治体系。中国特色社会主义法治体系是我国法律制度、法律运行、法律实现等诸多要素综合作用所形成的实践体系。从

---

① 王寿林：《权力制约和监督研究》，中共中央党校出版社，2007，第 22 页。

② 王寿林：《权力制约和监督研究》，中共中央党校出版社，2007，第 131 页。

结构上讲，中国特色社会主义法治体系包括国家法治体系、党内法治体系；从内容上讲，中国特色社会主义法治体系包括法律规范体系、法治实施体系、法治监督体系、法治保障体系。国家法治体系、党内法治体系二者具有目标的一致性、位阶的层次性、成效的相关性、作用的能动性，是构建中国特色社会主义法治体系的主要支柱。

1. 国家法治体系

国家法治体系作为中国特色社会主义法治体系的主要组成部分，是在完善的法律体系、文明的法律机构、素质优良的法律专业队伍的基础上形成的实践体系，也是一个内容丰富、结构复杂、功能综合、规模庞大的系统工程。法治体系与法律体系不同，法律体系是法律的规范体系，法治体系则是法律的运行体系。因此，法治体系不是一个静态的存在，而是一个动态的过程，通常包括立法、执法、司法、守法、护法等诸多环节。①

（1）国家法律规范体系。法律规范体系是由一国现行的全部法律规范按照一定的结构和层次组织起来的统一整体。构建中国特色社会主义法治体系的基本前提，就是完善法律规范体系。完善法律规范体系的基本要求，就是坚持科学立法。科学立法的本质规定有四。一是科学性。立法是向社会提供制度和规则，但制度和规则不是立法机关主观意志的产物，而是对客观规律的认知和宣示。因此，立法过程既是探求经济社会发展规律的过程，也是将这些规律转化为制度和规则的过程。只有正确处理原则与细则、实体与程序、部分与整体、制定与执行、稳定与变革的关系，才能确保立法的科学性。二是民主性。按照民主的原则设置立法程序，扩大公众参与，倾听公众呼声，汇集公众智慧，维护公众利益，实现民主的法治化与法治的民主化。三是公正性。公正是法律的基本范畴，也是法律的基本价值，没有公正就没有法律。因此，法律应当以公正的价值理念为其正当性来源，并以实现公正为其主要目标，使公正在每一部法律、每一款条文中都得到体现。四是统一性。我国的立法是多层级多主体的，既有中央立法，也有地方立法；既有人大立法，也有行政立法。如此众多的主体，如此众多的规则，立法的统一性就显得格外重要。这就要求从中央到地方制定的各项法律法规都要以宪法为准则，实现外在规则体系和内在价值体

---

① 江必新：《怎样建设中国特色社会主义法治体系》，《光明日报》2014 年 11 月 1 日。

系的一致性，杜绝不法之法和法外之法。经过长期不懈的努力，一个以宪法为统帅，以刑事、民事、行政等实体法和刑事诉讼、民事诉讼、行政诉讼等程序法为主干，由法律、行政法规、地方性法规等多个层次法律规范构成的中国特色社会主义法律体系已经形成，国家经济社会发展的各个方面基本实现了有法可依。

（2）国家法治实施体系。法治实施是通过一定的方式使法律规范在社会生活中得以贯彻和实现的活动。法律作为一种行为规范，制定后只是一种书面上的法律，处于应然状态。法律只有通过实施，才能从书面上的法律变成行动中的法律，从抽象的行为模式变成具体的行为方式，从应然状态变成实然状态。因此，法律的生命力和权威性在于实施。法治实施的目的，就是通过不偏不倚、不枉不纵的严格执法、公正司法，引导、规范和调整人们的行为，保护和发展有利于统治阶级的社会关系和社会秩序。所谓法治实施体系，就是贯彻和实现法律规范的体系，即法律执行和法律适用的体系。从我国法治实践看，目前中国特色社会主义法律体系已经形成，我国法治建设中存在的主要问题已不是无法可依，而是有法不依、执法不严、违法不究，法律缺乏必要的权威，得不到应有的尊重和有效的执行。在执法层面上，一些执法人员缺乏对法律知识的系统学习，不能按法治思维思考问题，不能用法治方式解决问题。在司法层面上，一些司法人员作风不正、办案不廉，严重影响了司法的公正。健全完善法治实施体系，切实解决执法不严、司法不公等突出问题，保证宪法和法律得到统一、严格、公正的实施，已经成为全面推进依法治国、加快建设社会主义法治国家的关键。这就要求行政机关忠于职守、秉公用权，克己奉公、勇于担当，切实给不法分子以应有震慑，给人民权益以有效保护，在持之以恒的严格执法中确立法律的尊严和权威；要求司法机关信守法治、铁面无私，正直公道、居中裁判，严格依照法律法规行使职权，把办理每一起案件都当作维护社会公平正义的具体实践，"让人民群众切实感受到公平正义就在身边"。①

（3）国家法治监督体系。法治监督是国家机关、社会组织和公民按照宪法和法律规定的权限和程序，对宪法、法律、法规的制定和实施情况进

---

① 《习近平谈治国理政》，外文出版社，2014，第148页。

行监察和督促的行为。法治监督体系是由法治监督主体、法治监督内容和法治监督形式构成的完整体系。因此，法治监督的主体是广泛的，包括一切有监督权的国家机关、社会组织和公民。法治监督的内容是丰富的，不仅包括对公安、检察、审判、监狱等执法机关法治活动进行监督，也包括对立法机关、行政机关法治活动进行监督，还包括对中国共产党和各民主党派、社会团体、企事业单位和公民法治活动进行监督。法治监督的形式是多样的，不仅包括对规范性文件进行审查、对执行法律和适用法律情况进行检查，还包括对违法行为予以纠正和制裁。法治监督是科学制定法律的重要保障。法治的基本前提是形成由宪法、法律、行政法规和地方性法规组成的法律体系，为了保证法律体系内部的统一和协调，必须通过法治监督对各种立法活动进行有效的规范和约束。法治监督是正确实施法律的重要保障。法治的运行过程包括立法、执法、司法、守法和法治监督，法治监督有利于确保各种法律关系的建立、各种法律问题的处理符合法律规范的要求。① 强化法治监督必须完善法治监督规则，实现依法监督和规范监督；有效治理立法、执法和司法活动中的不法现象，保证法律法规在实践中得到切实贯彻，使每个人都能置身于严格的法律法规约束之下。与此同时，推进国家机关的法律监督、民主党派的党际监督、人民群众的民主监督、新闻媒体的舆论监督，加强纪检、监察、审计、司法部门之间的协调配合，完善联系沟通机制，形成纵向贯通、横向联动，前后衔接、全面覆盖的监督网络，确保各项权力都在法治的轨道上合理运行。

（4）国家法治保障体系。法治保障体系指国家从体制机制和思想文化上确保立法、执法、司法、守法等各个环节顺利运行和有效实施的完整体系，是宪法和法律得以切实贯彻执行的重要条件。在我国政治生活中，党是法治建设的领路人，在领导立法、保证执法、支持司法、带头守法方面，在保障党的路线方针政策有效贯彻、保障宪法和法律有效实施方面发挥重要作用。只有加强党对国家政治生活的领导，发挥党组织对其他社会组织的示范作用和党员干部对人民群众遵纪守法的积极影响，才能推进整个国家的法治建设。从我国国家机关序列看，行政机关所占比重最大，拥有部门最多，行政管理范围涉及国家和社会生活各个层面。行政机关只有

---

① 王寿林：《建设中国特色社会主义法治体系》，《天津日报》2015 年 1 月 26 日。

坚持依法行政，严格在法定职权范围内行使权力，法治国家建设才会有可靠的依托。司法权是一项注重独立思考、理性判断的权力。司法机关只有依法独立公正行使审判权，不受行政机关、社会团体和个人的干涉，不受权力、金钱、人情的干扰，才能保障法定程序的顺利实现，在裁判过程中严格依法办事，准确适用法律。法治人才是法治建设的重要力量，是营造全社会法治氛围、培育全民族法治信仰的灵魂工程师。法治人才只有具有较高的政治素养、法律素养、道德素养，从而成为公序良俗的引领者、诚实守信的实践者、公平正义的维护者，法治价值才能展示出来，法治建设才能最终落地。法治文化是实现依法治国的思想基础和精神动力，是建设法治国家的基本要素和重要标志。只有整个社会普遍形成尊重和遵守法律的法治文化，才能确立以良法善治为标志的法治秩序。

2. 党内法治体系

党内法规制度内容具体，形式统一，规定明确，表述严谨，带有根本性、全局性、稳定性和长期性。对于党内政治生活中出现的问题，要注重从制度上加以思考和解决，客观上要求我们紧紧围绕赋权、用权、制权等关键环节，把完善党内法规制度体系，健全党内法规实施体系，强化党内法规监督体系，夯实党内法规保障体系结合起来，充分发挥法规制度的整体效能。以党内法规制度调整党内关系，规范党内生活，既是构建中国特色社会主义法治体系的内在要求，也是新形势下加强党的建设的根本所在。

（1）党内法规制度体系。治国必先治党，治党务必从严，从严必有法度。党内法规制度体系是以党章为根本，以民主集中制为核心，以准则、条例等中央党内法规为主干，由各领域各层级党内法规制度组成的有机统一整体。党的十八大以来，随着一批标志性、关键性、引领性的党内法规制度颁布实施，为依法治党从严治党奠定了坚实基础。党内法规制度建设在取得显著成就的同时，也存在一些有待解决的问题。一是注重原则性，忽视操作性。人的行为总是具体的，法规制度疏于空泛、失之抽象，就难以达到规范人的行为的目的。二是注重单项性，忽视系统性。法规制度系统有着任何系统都具有的特征，如果具体法规制度之间不成体系，其效果就会事倍功半。三是注重表面性，忽视根源性。法规制度要治标更要治本，如果头痛医头、脚痛医脚，其效果就会大打折扣。四是注重规范性，忽视实效性。从实际情况看，一些法规制度只注重正面规范，至于违反要求应负什么责任、受什么惩戒，则缺乏明确规定。根据党内法规制度建设的客观规律和实践经验，增强法规制度建设的科学性必须着眼时代的发展、环境的变化，对现有的法规制度进行科学审视和系统梳理，切实贯彻行之有效的法规制度，认真修改存在缺陷的法规制度，适时废止已经过时的法规制度，抓紧制定现实急需的法规制度。通过法规制度建设，使党内逐步形成一个前后衔接、左右联动、上下配套、系统集成的法规制度网络，形成一个自律与他律、自觉与规范相统一的体制机制链条，为党的建设发展提供坚实的制度架构和机制平台。

（2）党内法治实施体系。党内法治实施体系是通过一定的方式使党内法规制度在实际生活中得以有效贯彻的实践体系。法规制度不是政治橱窗中的摆设品。法规制度之要，在程序与细则；法规制度之效，在贯彻与执行。法规制度是一种以行为为调整对象的规范体系，它通过严密的规则、严格的程序和严明的纪律来约束人的行为，任何人都不能凌驾其上、超越其外，任何违规行为都将受到应有的制裁。因此，坚持依法治党必然要求从严治党。实践昭示我们，令行禁止是依法治党从严治党的根本要求，不折不扣是依法治党从严治党的刚性标准，赏罚分明是依法治党从严治党的重要保障。在新的历史条件下，只有加强思想建党、注重依法治党、深化改革兴党、推进理论强党，把教育的说服力、法治的规范力、改革的推动力、理论的感召力有机结合起来，持续推进依法治党从严治党，才能使党员干部经得起各种考验，始终保持党的先进性和纯洁性，增强党的创造力凝聚力战斗力，确保党始终成为中国特色社会主义事业的坚强领导核心。这在客观上要求我们从强化执法制度入手，按照标准化、流程化、精细化准则，完善科学论证、风险评估、合法审查、信息公开、民主监督、责任追究、申诉救济等程序规定，努力提高党内法规制度的执行力。健全责任追究制度，完善责任追究类别、权限和程序，坚持制度面前人人平等、执行制度没有例外，对违纪违法行为发现一起查处一起，切实做到有权须有责、用权受监督、失职要问责、违法必追究，有效维护党内法规制度的严肃性和权威性。

（3）党内法治监督体系。党内法治监督体系是确保党内法规制度科学制定和有效实施的监察和督促体系。"徒善不足以为政，徒法不足以自行。"完善纵向贯通、横向联动、前后衔接、全面覆盖的党内法治监督体系，必须把党内各种监督力量有机统一起来。一是完善自上而下的组织监督。加强上级党委对下级党委及其领导成员的监督，加强纪检监察派驻机构对驻在部门领导班子及其成员的监督，加强纪委对同级党委常委会成员的监督，加大对贯彻执行党章党规党纪的监督力度，及时纠治违反政治纪律和政治规矩、违规选人用人和以权谋私等突出问题。按照干部管理权限，严格落实上级对下级的廉政谈话、考核讲评和党风廉政建设责任制等制度，及时发现和纠正各种倾向性问题。二是改进自下而上的民主监督。党组织应开辟畅通的监督渠道，使党员能够及时反映党组织和领导干部的问题，并加大对问题的查处力度。对于党员的批评、揭发、检举、控告以及提出的有关处分要求，党组织要按照规定认真处理，并及时向党员反馈处理结果。完善民主评议制度，对评议中得票过少的领导干部不得继续留任，对违纪违法、严重失职的领导干部应当及时予以罢免，从而对那些无视党规国法的领导干部形成有效的制约。三是开展同级之间的相互监督。强化领导班子内部的监督，严格落实集体领导和个人分工负责制，科学配置领导班子及其成员的权力，合理确定主要领导干部分管的事项、掌握的权力、负有的责任。领导班子内部要开展积极的思想斗争，对存在的违纪违法问题该提醒的要及时提醒，该批评的要严肃批评，该制止的要坚决制止，确保各级领导干部都能够在宪法和法律范围内活动。

（4）党内法治保障体系。党内法治保障体系是党从物质文化和体制机制上确保党内法规制度有效实施的支撑体系。夯实党内法治保障体系，需要有一个确保党内法规制度有效贯彻的坚强领导核心，有一套确保党内法规制度切实执行的组织体制和运行机制，有一支自觉遵纪守法的党员干部队伍，从而为实现依法治党提供可靠的政治保证、强大的精神动力和有力的主体支撑。这就要求各级党组织切实加强对党内法规制度建设的领导，为全面推进依法治党提供有力的政治和组织保障；加强专业队伍和专门机构建设，加大物资和经费投入，为全面推进依法治党提供可靠的人才和物质保障；改革和完善党的组织体制和运行机制，为全面推进依法治党提供完备的体制和机制保障；努力培育办事依法、遇事找法、解决问题用法、化解矛盾靠法的法治思维和法治方式，使遵纪守法成为党员干部的共同追求和自觉行动，为全面推进依法治党提供有力的思想和文化保障。确保党内法规制度的有效实施，从严治党是根本，从严治官是关键。党的各级领导干部掌握着党和人民赋予的很大一部分权力，其作用和影响直接关涉一个地区、一个部门和一个单位法治建设的实际状况，因而从严治党必先从严治官。由于党实行垂直的领导体制，上级对下级具有较强的约束力，只要各级领导干部带头遵纪守法、依法办事，从而建立起公正严明的法治秩序，就能形成良好的示范效应，对下级领导干部带好班子、抓好队伍、管好自己产生积极的影响，并经过长期实践积淀为稳定的思维方式和行为方式。

四　法治的目标取向

我们党为实现依法治国、建设社会主义法治国家进行了长期的探索。党的十一届三中全会总结我国民主法制建设的历史经验，提出发展社会主义民主、健全社会主义法制的方针。党的十五大适应改革开放和社会主义现代化建设的需要，将"依法治国"确立为治理国家的基本方略，将"建设社会主义法治国家"确定为社会主义现代化的重要目标。九届全国人大二次会议通过宪法修正案，又将"实行依法治国，建设社会主义法治国家"载入宪法。党的十六大将社会主义民主更加完善，社会主义法制更加完备，依法治国基本方略得到全面落实，作为全面建设小康社会的重要目标，提出发展社会主义民主政治，最根本的是要把坚持党的领导、人民当家作主和依法治国有机统一起来。党的十七大明确提出全面落实依法治国基本方略，加快建设社会主义法治国家，并将"科学执政、民主执政、依法执政"载入党章。党的十八大提出"推进科学立法、严格执法、公正司法、全民守法"的总方针，强调更加注重发挥法治在国家治理和社会管理中的重要作用。党的十九大提出"全面依法治国是中国特色社会主义的本质要求和重要保障。必须把党的领导贯彻落实到依法治国全过程和各方面，坚定不移走中国特色社会主义法治道路，完善以宪法为核心的中国特色社会主义法律体系，建设中国特色社会主义法治体系，建设社会主义法治国家"。[①]

党的十八大以来，习近平总书记就社会主义法治国家建设作出了一系列重要论述，确立了法治国家建设的目标，阐明了法治国家建设的布局，

① 《习近平谈治国理政》第3卷，外文出版社，2020，第18页。

明确了法治国家建设的宗旨，厘清了法治国家建设的路径，为全面推进依法治国、建设社会主义法治国家开辟了崭新境界。所谓法治国家，是指国家权力依法行使的基本状态，是中国共产党领导中国人民在建立和发展社会主义市场经济和民主政治过程中，在吸收和借鉴人类法治文明有益成果的基础上提出的奋斗目标。具体来说，就是"在中国共产党领导下，坚持中国特色社会主义制度，贯彻中国特色社会主义法治理论，形成完备的法律规范体系、高效的法治实施体系、严密的法治监督体系、有力的法治保障体系，形成完善的党内法规体系，坚持依法治国、依法执政、依法行政共同推进，坚持法治国家、法治政府、法治社会一体建设，实现科学立法、严格执法、公正司法、全民守法，促进国家治理体系和治理能力现代化"。① 法治国家包含法律形式和政治实质两个方面。在法律形式上，法治国家的基本要求就是在立法、执法、司法和守法各个方面形成良好的法律规范和法律秩序。立法机关的立法活动必须反映国家和社会发展的客观规律，反映司法实践的客观要求，反映人民的普遍意志和根本利益，并形成健全完备的法律体系；行政机关及其工作人员必须严格依法行政，依法办事，依法管理国家和社会事务；监察机关必须铁面无私、秉公用权，通过查处职务违法和职务犯罪，确保党和人民赋予的权力不被滥用；司法机关必须公正司法，坚决维护法律的尊严和权威，确保法律在全国范围内一体遵行；全体公民具有较高的法律意识和法律素养，使遵法守法成为社会的良好风尚和习惯。在政治实质上，法治国家的基本要求就是建立法律与政治、司法与行政、权力与责任、权力与权利、权利与义务之间的合理关系。在法律与政治的关系上，把政治行为纳入法律调控的范围，使国家权力的行使受法律规范；在司法与行政的关系上，司法独立于行政，并对行政权力实施有效的制约；在权力与责任的关系上，使权力一经授予便明确其责任，并承担由行使权力所带来的各种后果；在权力与权利的关系上，使国家权力以公民权利的认同为基础，并受公民权利的有效监督；在权利与义务的关系上，以权利保障为取向，实现权利与义务相统一。

我国宪法是国家的根本法，是治国安邦的总章程，是人民权利的保障书，是依法治国、建设社会主义法治国家的根本遵循。我国宪法不仅确立

_____

① 《十八大以来重要文献选编》（中），中央文献出版社，2016，第 157 页。

了国家的国体和政体，确定了国家的领导核心、指导思想、发展道路、根本任务、奋斗目标，规定了根本政治制度和基本政治制度，而且明确了党的领导原则、人民主权原则、依法治国原则。对于党的领导原则，我国宪法序言中已经确立了中国共产党在国家政治生活中的领导地位，我国宪法总纲中已经明确了"中国特色社会主义最本质的特征是中国共产党领导"，为坚持和加强党的领导提供了根本制度保障。对于人民主权原则，我国宪法规定：中华人民共和国的一切权力属于人民。人民依照法律规定，通过各种途径和形式，管理国家事务，管理经济和文化事业，管理社会事务。对于依法治国原则，我国宪法规定：中华人民共和国实行依法治国，建设社会主义法治国家。一切国家机关和武装力量、各政党和各社会团体、各企事业组织都必须遵守宪法和法律。一切违反宪法和法律的行为，都必须予以追究。任何组织或者个人都不得有超越宪法和法律的特权。我国宪法对党的领导原则、人民主权原则、依法治国原则的明确规定，为坚持党的领导、人民民主、依法治国有机统一，从而为建设社会主义法治国家提供了法理依据。实践证明，坚持依宪治国，社会主义法治的统一、尊严、权威才有可靠依托，国家统一、民族团结、经济发展、社会进步才有可靠保障，党和国家事业兴旺发达才能获得蓬勃生机和旺盛活力。

习近平总书记指出："宪法是国家的根本法，坚持依法治国首先要坚持依宪治国，坚持依法执政首先要坚持依宪执政。"[1] 在法治国家中，宪法是具有最高法律效力的根本规范，是制定法律法规的最高依据，其构成了一个国家法律体系和法律制度统一的基础。依宪治国的基本要求是：坚持宪法确立的中国特色社会主义制度，保证人民依照宪法和法律规定，通过各种途径和形式，管理国家和社会事务，管理经济和文化事业，实现社会主义民主制度化、法律化。全国各族人民、一切国家机关和武装力量、各政党和各社会团体、各企事业组织，都必须以宪法为根本活动准则，并负有维护宪法尊严、保证宪法实施的职责，一切违反宪法的行为都必须予以追究和纠正。党领导人民制定宪法和法律，党领导人民执行宪法和法律，党自身必须在宪法和法律范围内活动。坚持发挥党总揽全局、协调各方的

---

[1] 习近平：《在庆祝全国人民代表大会成立60周年大会上的讲话》，人民出版社，2014，第8页。

领导核心作用，善于通过法定程序使党的主张成为国家意志，使党组织推荐的人选成为国家机关的领导人员，支持国家权力机关、行政机关、监察机关、审判机关、检察机关依照宪法和法律独立负责、协调一致地开展工作。其中运用宪法限制和约束公共权力，是依宪治国的实质所在。对此，从宪法的三个基本要素中可以看得更清楚。如民主决定着公共权力的归属，法治决定着公共权力的运行，人权保障决定着公共权力的取向。在依宪治国的条件下，公共权力是有限的，只限于宪法和法律明确授权的范围之内，超越宪法和法律明确授权的范围，就是违宪违法，就要受到追究。因此，坚持依宪治国，既是建设社会主义法治国家的内在要求，也是提升社会主义政治文明的重要体现。

第三节　政治改革

政治改革作为政治发展的重要形式，就是政治主体根据社会发展需要，对政治体制、权力结构、运行机制进行有计划有步骤的变革，以调整政治关系，优化政治制度，巩固政治统治的过程。政治改革是掌握政治权力的主体自身进行的变革，是基于自我反思和自我超越的政治行为，一般表现为自上而下的变革过程。在社会主义国家，政治改革的基本要求是解决上层建筑与经济基础发展不相适应的那些方面和环节，其主要内容是政治体制改革。习近平总书记指出："要把坚定制度自信和不断改革创新统一起来，在坚持根本政治制度、基本政治制度的基础上，不断推进制度体系完善和发展。"①

一　政治改革的基本特征

任何一种政治制度都不可能一诞生就完美无缺、一出现就一成不变。古希腊雅典国家的产生和确立，就是经过几次重大的政治改革实现的。在中国封建时代，由那些开明的地主阶级政治家进行的政治改革，在一定程度上起到了革除政治积弊的作用，有的甚至起到了促进社会发展的作用。资本主义国家的政治制度也莫不如此。英国的普选制从 1688 年光荣革命到

---

① 《习近平谈治国理政》第 2 卷，外文出版社，2017，第 289 页。

1832 年和 1867 年两度议会改革，经过近 200 年的曲折历程才确立起来。

从人类政治发展史看，有两种意义的革命，一种是解决基本制度问题的革命，另一种是解决具体体制问题的革命。政治改革不同于解决基本制度问题的革命，其性质不是也不可能是一种社会政治制度取代另一种社会政治制度的暴力行动，而是属于解决具体体制问题的革命，是现有政治制度的自我完善和发展。其基本特征表现为：政治改革以政治领导层为变革主体，通过政治领导层自上而下的发动来实现政治改革；政治改革是有计划有步骤的渐进过程，整个变革过程处于政治领导层的严格控制之下；政治改革以和平的方式进行，从根本上排除了以暴力的方式推进政治发展的可能；政治改革以维护和巩固现存政治统治为目的，以不破坏既有政治统治的根本基础和原则为限度。我国政治改革属于解决具体体制问题的革命。政治体制与政治制度是层次不同的两个概念。政治体制改革对自身来说，是一场革命；对政治制度来说，是自我完善和发展，即在完善社会主义根本政治制度和基本政治制度的基础上，逐步实现政党组织、政权组织、社会组织之间的关系制度化，政权组织内部权力机关、行政机关、监察机关、司法机关之间的关系制度化，中央、地方、基层之间的关系制度化，基层政治参与、民主管理、群众自治制度化。

二 政治改革的总体布局

我国政治改革的总体目标——完善和发展中国特色社会主义制度、推进国家治理体系和治理能力现代化。具体来说，就是根据时代特征、中国国情、民主政治、法治国家的客观要求，理顺党政关系，优化权力结构；克服官僚主义，提高工作效率；完善民主法治，焕发政治活力；消除体制弊端，发挥制度优势。保持稳定是政治改革的基本前提，也是政治改革追求的重要目标。我国是世界上最大的发展中国家，稳定的政治环境对于保证政治改革的顺利进行显得格外重要。无论是体制变革还是机制创新，无论是发展民主还是推进法治，都需要有一个稳定的环境，都要有利于环境的稳定。没有稳定不但无以改革、无以发展，还会使已经取得的成果付诸东流。失去稳定，任何改革成果都难以抵偿由此给社会带来的损失。

我国政治改革的主要任务——以发展党内民主为龙头，深化党的领导体制和监督体制改革；以理顺党政关系为重点，深化党的领导方式和执政方式改革；以建设服务政府为主线，深化行政管理体制改革；以扩大民主参与为轴心，深化政治运行机制改革。我国政治改革的运作模式——在深化经济体制改革的同时推进政治体制改革，使经济体制改革与政治体制改革相互配合、相互促进。在我国，国家不仅作为上层建筑从外部对经济生活施加间接的影响，而且作为构成经济基础主导部分的国有经济的所有者，从内部对经济生活施加直接的影响，经济体制改革的一些重大举措，如政企关系的调整既是一种经济现象，又是一种政治现象，经济和政治、经济体制和政治体制在这里是高度统合的，经济体制改革不可能脱离政治体制改革孤军深入。同时，政治体制改革的内涵随着经济体制改革的深入而深化。经济体制改革要建立社会主义市场经济体制，必然要求在经济运行上打破条块分割，引进市场机制，实行政企分开，完善宏观调控，这就必然涉及政府职能的转变和政府机构的调整，这种转变和调整只能靠与经济体制改革相配套的政治体制改革来完成。

我国政治改革的内在规定——腐败作为历史性和全球性的政治现象，是政治领域的常见病和多发病，客观上要求我们通过深化政治体制改革，对权力进行科学配置，对权力关系进行科学定位，建立健全规范的权利保障机制、科学的民主决策机制、合理的权力运行机制、严密的制约监督机制，从而使每一个机构都成为其他机构滥用权力的制约手段，使每一个成员都成为其他成员滥用权力的制约力量，切实从体制机制上铲除腐败滋生与蔓延的土壤和条件。我国政治改革的关键是强化对领导干部的制约监督。在权力体系内部，领导干部的权力行为要受到上级、下级和同级的制约监督，要受到代表机关、专门机关的制约监督。在权力体系外部，要受到人民群众、民主党派、社会团体和新闻机构的制约监督。在权力的配置上，领导干部的权力要适当分解，各权力之间要形成制衡机制。在权力的运行中，领导干部的权力行为要受到制度规范和责任约束。

我国政治改革的指导原则——从中国的国情出发，以有利于国家统一稳定、社会发展进步、人民富裕幸福为价值取向，坚定不移走中国特色社会主义政治发展道路，坚持社会主义根本政治制度和基本政治制度，坚持党的领导、人民当家作主和依法治国的有机统一，绝不照搬西方议会民主、三权鼎立、多党纷争那一套政治模式。我国政治改革的实施方略——政治改革作为一场深刻的社会变革，必然伴随着利益调整、体制转换和观念更新，客观上要求我们解放思想，实事求是，高瞻远瞩，审时度势，坚决果断，审慎稳妥，做到先运筹后运作，由知到行逐步展开；先示范后遵行，由上到下逐步推进；先突破后普及，由点到面逐步拓宽；先调整后完善，由易到难逐步深化，使政治改革尽可能平稳有序地向前推进。在改革进程中，不能不顾条件急于求成，也不能因循守旧坐失良机。作为一项崭新的事业，改革不可能没有阻力和风险，但改革势在必行，不改革没有出路。

我国政治改革的可靠保证——政治体制改革同经济体制改革一样，是调整各种政治组织之间的关系及其活动准则，完善与根本制度相适应的具体制度的过程，因而不可能自发地进行，必须自始至终加强党的领导，切实把党的领导落实到政治改革的各个方面、各个环节，努力提高党把方向、谋大局、定政策、促改革的能力，充分发挥党总揽全局、协调各方的作用。正是在党的领导下，我们顶住了西方霸权主义的巨大压力，经受了经济领域和政治领域各种风险的严峻考验，在确保国民经济持续增长、综合国力不断增强、人民生活水平显著提高的同时，把政治改革不断引向深入。实践表明，只有加强党的领导，才能保证政治改革始终沿着中国特色社会主义政治发展道路稳步向前推进。我国政治改革的基本经验——我国政治改革作为发展市场经济、完善民主政治、建设法治国家、防治权力腐败的必然要求，是在排除各种干扰，成功探索出一条中国特色社会主义政治发展道路的过程中推进的，其基本经验是：在中国共产党的领导下，在政治制度的框架内，在稳定和谐的环境中，沿着中国特色社会主义政治发展道路有计划、有步骤、有秩序地向前推进。

三　政治改革的丰硕成果

我国原有政治体制，脱胎于革命战争年代，初创于新中国诞生之际，形成于社会主义改造时期，是一个在多种因素作用下形成的高度集权的体制。这种体制曾发挥过积极作用，然而随着经济社会的发展，其各种弊端日益暴露出来。在我国进入改革开放新时期以后，对其进行改革就成为历史发展的必然。

经过改革开放以来的不懈努力，我们转变了党的领导方式和执政方式，明确规定党必须在宪法和法律范围内活动，党员在党纪和国法面前人人平等；修改和制定了以党章为核心的一系列党规党法，完善了党内民主集中制和集体领导制，明确规定禁止任何形式的个人崇拜；恢复了党的各级纪律检查机关，建立健全了反腐倡廉机制，强化了对权力的制约和监督。我们恢复了国家主席职务，完善了国家元首制度；在国家体制内设立了中央军事委员会，健全了国家军事领导体制；加强了人民代表大会制度建设，扩大了全国人大常委会的职权，设立了县以上地方各级人大常委会；健全了各级人大的组织机构和议事规则，规范了人大代表的权利与义务；制定和修改了选举法，完善了人大代表的选举制度，实行同票同权；将直接选举的范围扩大到县级，规定一律实行差额选举和无记名投票；加强了基层民主制度建设，创立了村民委员会制度，健全了居民委员会制度。

我们改革了国家行政体制和行政机构，实行行政首长负责制，政府的经济调节、市场监管、社会管理、公共服务和环境保护职能得到有效发挥。我们通过对监督力量的整合，自上而下建立了国家监察体系，实现了国家监察的全覆盖。我们加强了司法机关和司法制度建设，重建了各级检察机关，恢复了独立行使审判权与检察权制度，建立了行政诉讼制度，恢复了律师、公证与仲裁制度，构筑了法律监督和法律救济系统。我们完善了共产党领导的多党合作和政治协商制度，明确了各民主党派的参政党地位，共产党与各民主党派的政治协商已形成制度并逐步规范，民主监督和参政议政的渠道得到拓展；运用各种民主形式，包括选举、公示、评议、听证、协商、对话、质询、举报等途径集中民智，凝聚人心，推动了各项事业的蓬勃发展。我们推进了干部人事制度改革，废除了实际存在的领导职务终身制；改变了干部集中统一管理的体制，对干部实行分类、分级管理；实行干部民主推荐、公开选拔、竞争上岗、择优任用的制度，少数人在少数人中选人的现象有了根本改观。

四 政治改革的深化拓展

随着改革开放和现代化建设的不断深入，中国特色社会主义步入了新时代。面对新时代新任务提出的新要求，党和国家机构设置和职能配置还存在许多亟待解决的问题。主要是一些领域党的机构设置和职能配置还不够健全有力，保障党的全面领导、推进全面从严治党的体制机制还有待完善；一些领域党政机构重叠、职责交叉、权责脱节问题比较突出；一些政府机构设置和职责划分不够科学，职责缺位和效能不高问题凸显，政府职能转变还不到位；一些领域中央和地方机构职能上下不相匹配，权责划分不尽合理；基层机构设置和权力配置有待完善，组织群众、服务群众能力需要逐步提高；群团组织政治性、先进性、群众性需要增强；事业单位定位不准、职能不清、效率不高等问题尚未解决；一些领域权力运行制约和监督机制不够完善，滥用职权、以权谋私等问题依然存在；机构编制科学化、规范化、法定化相对滞后，机构编制管理方式有待改进。①

　　党的十八届三中全会在深化政治体制改革方面，对转变政府管理职能、完善制约监督机制、推进民主法治建设、打破利益固化藩篱、拓宽利益诉求渠道、优化干部选拔任用诸方面作出全面部署，并提出了路线图和时间表，吹响了改革的进军号角。其中深化行政体制改革，推动政府职能转变处于重要地位。行政体制改革作为政治体制改革的有机组成部分，就是按照建立中国特色社会主义行政体制的目标，深入推进政企分开、政资分开、政事分开、政社分开，持续推进简政放权、放管结合、优化服务，建立权责统一、权威高效的依法行政体制，建设职能科学、结构优化、廉洁高效、人民满意的服务型政府，真正做到法无禁止皆可为、法无授权不可为、法定职责必须为。其中转变政府职能是深化行政体制改革的核心。转变政府职能目的在于创造良好发展环境、提供优质公共服务、维护社会公平正义，客观上要求我们科学界定政府职能范围，优化政府组织结构，理顺部门职责分工，突出强化责任，确保权责一致。政府职能转变到哪里，法治建设就要跟进到哪里，促使各级政府严格依法行政，切实履行职责，该管的事一定要管好、管到位，该放的权一定要放足、放到位，坚决克服政府职能越位、缺位现象。随着改革向纵深推进，政府管理开始进入放开、管好的良性循环，给企业带来更多的发展红利，为经济社会发展提供更加强劲的动力。

　　在政治体制改革稳步推进的基础上，党的十九届三中全会又擘画了新时代全面深化改革的蓝图，以切实解决党和国家机构职能体系中存在的障碍和弊端，加快推进国家治理体系和治理能力现代化，更好发挥我国社会

---

① 《中共中央关于深化党和国家机构改革的决定》，《人民日报》2018 年 3 月 5 日。

主义制度优越性。深化党和国家机构改革的目标是，构建系统完备、科学规范、运行高效的党和国家机构职能体系，形成总揽全局、协调各方的党的领导体系，职责明确、依法行政的政府治理体系，中国特色、世界一流的武装力量体系，联系广泛、服务群众的群团工作体系，推动人大、政府、政协、监察机关、审判机关、检察机关、人民团体、企事业单位、社会组织等在党的统一领导下协调行动、增强合力，全面提高国家治理能力和治理水平。深化党和国家机构改革的首要任务是，完善坚持党的全面领导的制度，加强党对各领域各方面工作领导，确保党的领导更加坚强有力；建立健全党对重大工作的领导体制机制，强化党的组织在同级组织中的领导地位，更好发挥党的职能部门作用，统筹设置党政机构，推进党的纪律检查体制和国家监察体制改革。深化党和国家机构改革，着眼于全面建设社会主义现代化国家的宏伟目标，注重解决事关长远的体制机制问题，打基础、立支柱、定架构，为形成更加完善的中国特色社会主义制度创造有利条件。①

第四节　政治创新

政治创新作为引领政治发展的根本动力，是指在政治领域提出新理论、采用新方法、建立新制度、制定新政策、形成新机制，使中国特色社会主义政治制度更加成熟更加定型，不断推进国家治理体系和治理能力现代化。中国特色社会主义政治制度定型表现为以下几个方面。一是体系更加完整。就是政治制度实现配套化、完善化，形成一个门类齐全，层次分明，运行连贯，关系和谐的完整体系。二是内容更加成熟。就是政治制度建立在尊重人的价值、尊严和权利，促进社会公平、秩序和文明的基础之上。三是形式更加规范。就是政治制度内容具体，形式统一，表述严谨，对于各种组织、机构和公民应享有的权力和权利、应履行的责任和义务都有明确的规定。四是功能更加管用。就是政治制度一经确立和实施，受其调整的任何人都必须毫无例外地一体遵行，从而使社会关系更加稳定、社会交往更加有序、社会生活更加祥和。

---

① 《中共中央关于深化党和国家机构改革的决定》，《人民日报》2018 年 3 月 5 日。

一　建立政党法律制度

习近平总书记强调："要把坚定制度自信和不断改革创新统一起来，在坚持根本政治制度、基本政治制度的基础上，不断推进制度体系完善和发展。"① 党的十九届四中全会指出："加强中国特色社会主义政党制度建设。"② 推进中国特色社会主义政党制度体系完善和发展，包含两大维度：一是"健全党的全面领导制度"③；二是"完善全面从严治党制度"。④ 前者的目的是加强党的全面领导，后者的目的是加强党的全面建设，使党更好地担负起全面领导的责任。

党作为一种政治组织具有双重身份：作为国家的组成部分，党必须遵守国家的宪法和法律；作为独立的政治集团，党必须遵守自身的法规和制度。依法治党，建设与法治国家相适应的法治政党，这里的法是广义的法，泛指一切强制性的行为规范，包括国家的宪法和法律以及党内的法规和制度。通常所说的制度治党，实际上就是依法依规治党。在法治社会条件下，宪法和法律是治国理政的基本依据和规矩，任何政党都没有超越宪法和法律之上的特权，党领导人民制定和执行宪法和法律，党自身也必须在宪法和法律范围内活动，因而依法治国必然要求依法治党。所谓依法治党，就是严格按照国家的法律和党的法规来规范党组织和党员的行为，通过党的各项具体制度来保证国家的宪法和党的章程成为党组织和党员的最高行为准则。

实现依法治党的一个重要前提，就是完善政党立法，即通过国家法律体系规范政党的职责权限、活动原则以及政党在国家政治生活中的地位作用等问题。政党法作为规范政党活动的专门法律，通常指以政党的界定、政党的组建、政党的组织原则、政党的活动准则、政党的权利义务以及取

---

① 习近平：《在庆祝全国人民代表大会成立 60 周年大会上的讲话》，人民出版社，2014，第24 页。
② 《中共中央关于坚持和完善中国特色社会主义制度 推进国家治理体系和治理能力现代化若干重大问题的决定》，《人民日报》2019 年 11 月 6 日。
③ 《中共中央关于坚持和完善中国特色社会主义制度 推进国家治理体系和治理能力现代化若干重大问题的决定》，《人民日报》2019 年 11 月 6 日。
④ 《中共中央关于坚持和完善中国特色社会主义制度 推进国家治理体系和治理能力现代化若干重大问题的决定》，《人民日报》2019 年 11 月 6 日。

缔政党的条件等为调整对象，以政党法命名的法律文件。换言之，政党法是由国家立法机关为规范政党活动所制定的基本法律，是对一国所有政党作出的一般性规定，是宪法中关于政党规定的具体化。从世界政党发展史看，对政党进行法律规范，是在政党发展过程中逐步产生和发展的。19世纪后期，少数国家开始对政党参与选举的条件和程序作出特别规定，这可以视为早期的政党立法。第二次世界大战之后，由于政党在国家发展中所产生的作用日益增强，政党成为国家政权运作的动力来源，对政党及其行为进行规范显得日益迫切，许多国家都将政党与一般社会组织区别开来，并赋予其特殊的法律地位。21世纪后，包括我国在内已有124个国家的宪法中出现了专门对政党在政治生活中的地位及行为进行规范的规定。此外，有的国家还专门制定了政党法。据不完全统计，制定政党法的国家共计47个。德国在1967年就颁布了政党法，是最早制定政党法的国家。

对于我国来说，为了把党的领导方式和执政方式纳入法治的轨道，实现依法执政，使党必须在宪法和法律范围内活动不仅是一项原则，更是一项具有实际可操作性的制度规定，应改变党主要依靠政党惯例运行的做法，尽快着手制定政党法。卢梭（Rousseau）曾经说过："任何人都不能摆脱法律的光荣的支配：这是一种有益而温柔的枷锁，最骄傲的头颅也柔顺地戴着这种枷锁。"[①] 历史的经验表明，法治是富强、民主、文明、和谐、美丽中国的守护神，是人民安居乐业、社会安定有序、国家安稳发展的压舱石。没有法治，就没有国家的长治久安，就没有社会的风清气正，就没有人民的幸福美满。实行法治还是实行人治，事关国家的兴衰成败、社会的安危治乱、人民的利害得失、家庭的悲欢离合、个人的生死祸福。因此，制定政党法，使政党的活动由政党法来规范，依政党法来判断，以便使政党处于依法而立、守法而行的法治状态，意义可谓重大而深远。

首先，这是依法规范政党活动的需要。在法治社会条件下，任何政党都没有超越于宪法和法律之上的特权，因而依法治国必然要求依法治党。东欧剧变、苏联解体的原因之一，就是对执政党权力的制约监督只能依靠自身的机制发挥作用，而难以纳入国家法治框架，从而使执政党长期游离

---

① 〔法〕卢梭：《论人类不平等的起源和基础》，吴绪译，生活·读书·新知三联书店，1957，第2页。

于法律之外，实行"垄断真理的意识形态制度，垄断权力的政治法律制度，垄断利益的封建特权制度"，严重地损害了社会主义民主和法治，最终导致亡党亡国的结局。这一深刻教训值得我们认真反思。中国共产党和各民主党派虽然已在各自的章程中规定依法活动的原则，但在领导或参与社会主义建设和改革的实际政治过程中，共产党如何依法执政，各民主党派如何依法参政，显然缺乏明确的法律规定。由于我国如今还没有制定政党法，党必须在宪法和法律范围内活动的原则还没有具体的法律加以贯彻和保证实施，因而从全国范围看，如果政党组织违反宪法和法律，应由什么国家机关、按什么法律程序和法律条文来具体追究法律责任，还处于无法可依的状态。法治的核心是依法办事，依法办事的前提是有法可依，政党法理应是其中规范政党活动的基本法律之一。

其次，这是改革和完善党的领导方式和执政方式的需要。在革命战争年代，党的领导方式主要是政策领导。在特殊的历史环境中，实行政策领导有利于协调党政军民关系，以便整合力量，形成拳头，尽快夺取全国政权。党执政后，传统的政策领导方式渐露弊端，特别是党政不分、以党代政的现象，使党陷入各种具体事务之中，党的领导无法切实加强。从某种意义上可以说，解决党政关系问题仍然是现今改进党的领导方式和执政方式的关键，并且事关社会主义民主政治发展的全局。制定政党法，以法律的形式建立科学化、制度化、规范化的机制，理顺党与国家机关、民主党派、社会团体的关系，有利于党发挥总揽全局、协调各方的领导核心作用，不断提高领导水平和执政能力，牢牢把握我国经济政治文化发展的主导权；有利于国家机关、民主党派、社会团体依法运行，各司其职，各负其责，以便使党在领导人民管理国家和社会事务的过程中确立法治的权威，使自身的执政权力和执政行为真正置于法律的约束之下，切实做到领导立法、保证执法、支持司法、带头守法。

最后，这是发挥民主党派作用，体现多党合作价值的需要。在我国，共产党代表广大人民的根本利益，各民主党派代表特定社会阶层和群体的具体利益，这种党际利益格局，是社会各阶级、阶层、各群体利益关系在多党合作中的反映。制定政党法，通过法律规范来保障、分配、协调执政党和参政党所控制的各种社会资源，有利于社会各阶层的利益要求得到全面反映和统筹兼顾，密切民主党派与相关社会阶层的关系，改变民主党派的政策咨询团体形象，突出民主党派的利益表达和利益整合功能。在我国，共产党居于执政地位，为了保证把人民赋予的权力真正用来为人民谋利益，还必须自觉接受民主党派的监督。我国宪法虽然对共产党的领导地位已经作出明确规定，但对民主党派的地位和作用、权利和义务、活动方式和内外关系均未作出具体规定，使民主党派开展监督无法可依。制定政党法，将民主党派对共产党的监督从以协商讨论和批评建议为主要形式，提升为制度化、法律化的党际监督，使这种监督具有现实的可操作性，形成民主党派和共产党"唱对台戏"的生动活泼的政治局面，不仅有利于充分发挥民主党派的作用，而且有利于提高共产党的拒腐防变和抵御风险能力，切实做到审慎地治国理政，以便跳出"历史周期率"的支配。

二 改革案件审理制度

党的十八届三中全会指出：改革审判委员会制度，完善主审法官、合议庭办案责任制，让审理者裁判、由裁判者负责。党的十九届四中全会指出，要完善审判制度，全面落实司法责任制。[①] 其要旨都在于完善司法责任制，确保依法独立公正行使审判权和检察权。

司法权是一项独立的权力。从我国宪法看，司法权独立存在是不争的事实。通常认为，司法权与其他国家权力相比有以下特点。司法权是判断性权力。司法即裁判，是适用法律处理具体案件的专门活动。它是基于社会纷争和违法犯罪的客观存在而存在的，它的使命就是依据既定标准判断是非曲直。司法权是被动性权力。司法恪守"不告不理"的信条，只对起诉到法院的争议和案件依法处理。司法权是中立性权力。司法就是依法居中裁判，中立性是司法的本质特征。司法权是程序性权力。司法公正首先是程序公正，程序公正是实体公正的法律保证。司法权是自主性权力。法官在审理案件时，立足于自己对事实问题和法律问题的独立判断，只服从法律。司法权是终极性权力。社会纷争在通过其他途径不能得到妥善解决时，可由司法机关最终解决。

长期以来，人民法院对案件的审判通常由独任庭或合议庭审理并提出

处理意见，然后报庭长审核和院长审批，重大、复杂或疑难案件由院长提交审判委员会讨论决定；下级人民法院审判案件，如遇重大、复杂或疑难案件，往往向上级人民法院请示，由上级人民法院作出指示，然后下级人民法院按照指示作出判决。这些做法明显带有行政色彩，混淆了司法与行政的区别，与世界各国通行的法官独立原则以及我国宪法确立的上下级法院之间为审级监督关系的原则相悖，不符合司法工作的特点，难以实现司法公正。同时，司法组织的行政化趋势，还为司法系统内部上级不当干预下级司法审判提供了机会。审判委员会制度更是为直接影响审判结果提供了制度性工具，形成了"判而不审，审而不判"的现象。上下级法院之间的业务指导和重大事项请示制度为上级法院工作人员干预下级法院独立办案提供了便利条件。①

在实际生活中，独立司法不仅意味着法院对于外部干预的独立，而且意味着上下级法院之间的独立，意味着法官个人的独立。法官独立审判是独立司法原则的具体体现，指法官享有全权审理和裁判案件的权利，同时对自己的错误裁判承担全部责任的审判工作制度。其最重要的标志在于法官根据自己基于对案件事实的认识和对法律的理解所形成的独立意志决定裁判结果，换言之，裁判结果的形成只取决于法官的独立意志。用马克思的话说，就是"法官除了法律就没有别的上司"。② 只有法官独立，才能使现代诉讼中规范法官作出正确裁决的一整套制度真正发挥作用，也才能有效贯彻司法责任制度。

三 完善制约监督制度

作为国家治理体系的重要组成部分，党和国家制约监督制度是党在长期执政条件下实现自我净化、自我完善、自我革新、自我提高的重要制度安排。完善党和国家制约监督制度是坚持和完善中国特色社会主义制度的重要内容，是推进国家治理体系现代化的重要任务。新的时代条件下，完善党和国家制约监督制度的根本所在，就是从体制上机制上破解同级监督的难题，从而破解自我监督的难题，确保党和人民赋予的权力始终用来为

① 何增科等：《中国政治体制改革研究》，中央编译出版社，2004，第378页。
② 《马克思恩格斯全集》第1卷，人民出版社，1995，第180~181页。

人民谋利益。

1. 以健全体系为契机，增强监督的协同性

党和国家制约监督制度由众多的要素所构成，为了避免九龙治水、各自为政，目标上必须紧密配合、协同动作，形成互补性合力，包括党内监督主体的协同，党内监督主体与其他监督主体的协同，纪律监督、监察监督、派驻监督、巡视监督的协同。加强监督体系协同配合，实现信息互通、机制互联、手段互补，需要从以下四个方面着手。一是立主干。在我国监督体系中，纪检监察是一种专责监督，具有充分的监督权能，能够自如地开展监督，并与其他监督方式无缝对接，从而把监督程序一走到底。正因为如此，纪检监察具备监督体系主干的资质，成为监督体系中联通四面八方的枢纽，能够及时处理人大、审计、统计等机构移送的违纪违法线索。同时，作为专门惩治和预防腐败的机关，纪检监察的特殊地位也很容易获得民众的信任，能够及时接收民众的举报信息，为监督活动顺利展开创造条件。[1] 二是建机制。完善重要问题会商、重要线索移交、重大案件联合查办等制度，利用联席会议、统筹谋划、推广经验等方式，汇总形势动态、发展趋势、统计数据，建立信息沟通、责任分担、成果共享的工作机制，加强综合分析，查找短板弱项，提出对策举措，发挥专责机关参谋助手和业务指导作用。三是搭平台。整合各类举报中心，形成统一的受理平台，健全网络举报受理、线索利用、调查核实、监督反馈的完整链条，实现网络监督与专责监督的无缝对接。把电子监察等技术手段融入廉政风险防控之中，将廉政风险和防范措施嵌入业务运行流程，实现电子监察系统和预警监控系统并网运行，使权力行使与国家监察、社会监督、电子预警、技术监控融为一体。四是促联动。各监督机关对内把不同层级的监督贯通起来，对外与不同部门的监督衔接起来，形成上下联动、内外耦合的工作格局。[2]

2. 以改革体制为根本，增强监督的独立性

从世界范围看，各国依据不同的政治结构、文化传统和社会需求建立不同的监督机制，虽然模式上有所不同，但都有一个共同的特点：实现监

---

① 张桂林：《党和国家监督体系原理探析》，《政治学研究》2020 年第 4 期。

② 陈学东：《增强监督的严肃性协同性有效性》，《中国纪检监察报》2020 年 1 月 9 日。

督机构的独立性，保证监督活动的权威性和高效性。从我国古代监察制度的演变看，各朝代监察体制虽有变化，但监察机构都实行垂直、独立的管理体制，地方监察机构和监察官员直属中央领导。监督作为一种外在的强制，表现为主体对客体的监察与督促，客观上要求监督主体具有超脱的利益和超然的地位，只向赋予其监督权的组织负责，独立行使自己的职权。如果将监督主体的生存空间置于对方的控制之下，那么监督主体就会蜕变为权力的附庸，监督就会失去应有的效力。由此可见，破解同级监督难题，不是技术方法问题，而是体制机制问题。其根本出路在于通过深化纪律检查体制改革，增强纪委的独立性、超然性和权威性，实现名副其实的同级监督。经验表明，在补齐监督体系效能短板上最佳选择是以强补弱，形成互补代偿机制，即各级纪委作为上级纪委的派出机构，与现有派驻机构合并，一体履行党内纪检职责，由此建立纪委系统自上而下垂直领导体制。各级纪委的派出机构与各级党委的关系，正如各级监委派出机构与各级政府的关系。这就要求我们完善派驻监督体制机制，推进纪律监督、监察监督、派驻监督、巡视监督统筹衔接，实现对党和国家机关全面派驻，切实增强"派出"的权威，充分发挥"常驻"的优势。纪委与党委地位平等，组织独立，承担着对党委实施专门监督的职责。与此同时，赋予纪委对党委重大决策的参与权，对党委干部任免的审议权，对党委重要文件的评阅权，对党委各项工作的监督权，对党委相关问题的核查权。纪委内部自成一体，实行垂直领导，其干部配备、经费来源和福利待遇等由纪委系统统一管理。建立纪委系统自上而下垂直领导体制不仅有利于增强纪律监督的独立性、超然性和权威性，有利于降低监督成本、增强监督效能，而且有利于纪委与监委的密切配合、协同动作，更好地履行监督主责。

3. 以创新机制为牵引，增强监督的权威性

从权力运行体系看，决策、执行、监督是权力结构的基本组成部分，也是权力运行机制相辅相成的重要环节。在我国的权力结构中，监督的主要对象是执行机关。从实际情况看，党的执行机关在党的代表大会闭会期间承担着决策机关的职能，具有很大的权威性；国家执行机关承担着经济社会各个领域繁重的管理任务，实施80%以上的法律法规，为了提高执行效率被赋予很大的自由裁量权。这就使监督主体相对于监督对象来说，处于相对弱势地位。在这种情况下，采取必要措施平衡和调整监督主体与监

督对象的关系，使监督主体对监督对象实施的监督具有足够的权威，就成为其有效发挥作用的关键所在。我们党是按照民主集中制组织起来的政党，下级组织必须服从上级组织是党的组织原则的重要内容，从而决定了上级监督下级具有天然的权威性。巡视作为党内监督的战略性制度安排，之所以成效显著，是由党的组织原则所赋予的高位势能决定的。从体制上机制上强化同级监督，对以创新巡视机制为牵引，增强巡视监督的权威性提出了明确要求。一是建立巡视巡察治本长效机制。巡视监督要抓重点，紧盯重点人、重点事、重点问题，不解决问题不撒手，不抓出成效不罢休；要抓根本，查找腐败滋生的根由以及制约监督弱化的缘由，推动深化改革，切实堵塞漏洞；要抓长远，形成各级党委自我管理、自我约束、自我净化、自我完善机制，不断提高各级党委解决自身问题的能力。二是建立巡视巡察纵向贯通机制。在穿插安排回访式、机动式、督察式巡视巡察的基础上，探索开展强化监督权威提级巡、规避人情干扰交叉巡等，以巡视带动巡察，以巡察助力巡视，形成相互补充、彼此融合的监督模式。健全信息调取、线索移交、反馈整改、责任追究、成果互用机制，实现巡视巡察信息互联互通，推动巡视巡察上下联动。三是建立巡视巡察横向联动机制。通过改革创新，使巡视巡察与党委监督、纪委监督、监察监督、派驻监督联动起来，形成发现—交接—处置—反馈工作的闭合回路，实现常态化、立体化监督。加强巡视巡察与纪检、监察、组织、审计的协调配合，着力打通信息壁垒，实现信息共享。四是建立巡视巡察整改落实机制。综合用好巡视巡察成果，精准处置巡视巡察线索，强化整改主体责任，敦促整改方案落实，健全整改情况报告制度和公开制度。

第五节　政治文明

文明是一个历史范畴，与蒙昧、野蛮相对立，是人类社会发展到一定历史阶段的进步状态。文明同时也是一个社会范畴。文明时代是从阶级的产生、国家的建立、文字的形成和一夫一妻制家庭的出现而开始的人类社会历史时期。正是在这种意义上，人类进步史就是文明发展史。在马克思主义看来，文明作为人类社会的进步状态，从静态的角度看，是人类创造的一切进步成果；从动态的角度看，是人类不断进化发展的具体过程。正是在这个过程中，包括政治文明在内的整个人类文明得到不断发展和进步。

一 政治文明的含义

政治的内容主要包括政治意识、政治制度、政治行为。政治意识作为人们政治取向的集中体现，包括政治思想和政治心理两个层次，具体可细分为政治传统、政治情感、政治态度、政治信仰和政治价值等内容。政治制度作为规范政治资源配置的规则体系，包括政党制度、政府制度、立法制度、行政制度、司法制度、选举制度、决策制度等。政治行为作为政治主体所从事的政治活动的总称，包括立法行为、行政行为、司法行为、选举行为、决策行为、管理行为、监督行为等。政治意识的价值在于指导政治行为，并通过政治行为使之变成政治现实；政治制度则是政治意识的制度化、法律化，通过政治制度的规范作用，使政治行为具有正当性和合法性。如果说政治就是治理众人之事，那么，治理众人之事达到了合规律性与合目的性的统一，就可以称之为政治文明。

政治文明作为人类社会政治生活的进步状态，是人类在改造社会的政治实践中所创造的体现社会发展进步的政治成果的总和，包括社会政治制度、法律制度以及与此相适应的社会意识形态的发展状况和进步程度。社会政治制度、法律制度、意识形态彼此联系，相互贯通，协调发展，构成了政治文明统一的整体，其中社会政治制度是政治文明的核心。政治文明反映了社会政治发展的走向，一般表现为人们在一定社会形态中关于民主、自由、平等的实现程度。在人类历史上，代表生产力发展方向的先进阶级，通过社会革命改造旧的社会关系和社会制度，建立新的社会形态。在新的社会形态里，统治阶级为了实现自己的政治统治，要建立与生产力发展状况相适应的社会政治制度和法律制度。在这些制度中，人们的民主、自由、平等权利实现程度也获得相应的提升，这就是政治文明的进步。[①] 政治文明的发展是一个历史过程，随着人类社会的发展，它的发展程度也在不断提高，使得人类的政治生活越来越合理、越来越和谐、越来越能够有效解决各种矛盾和冲突，从而也越来越有利于良好社会风尚的形成。

---

① 《中国大百科全书·政治学》，中国大百科全书出版社，1992，第505页。

二 政治文明的特征

政治文明同任何事物一样，都具有自己的特征。所谓特征，就是本质的外在表现。政治文明的特征表现在许多方面，其中主要有政治文明内容的普遍性与特殊性、政治文明类型的多样性与互补性、政治文明价值的平等性与共享性等特征。

1. 政治文明内容的普遍性与特殊性

人类政治文明的发展演进具有内在的规律性，不同类型的政治文明尽管因时空条件不同而存在着千差万别的具体形态，但却不可避免地受政治文明发展共同规律的支配。正是这种共同规律，把不同的政治文明联系起来，并赋予其内容以普遍性。首先，政治文明是人类社会的进步状态。政治文明的进步既符合社会发展的客观规律，又满足人类生活的实际需要，因而是合规律性与合目的性的统一。其次，政治文明是人类实践活动的产物。正是实践的发展，使人类社会从蒙昧、野蛮逐渐走向政治文明。最后，政治文明具有社会属性和社会品格。人类的各种政治文明，都是人类实践活动的成果与智慧的结晶。人是社会的主体，是社会物质财富和精神财富的创造者，是社会变革的决定性力量，是推动经济社会发展的根本动力。因此，政治文明的主体是人，人的社会属性决定了政治文明的社会属性和社会品格。[1]

人类政治文明创造活动在社会基本矛盾推动下由低级阶段向高级阶段发展的普遍性，总是通过不同民族和国家实现的，总要打上不同民族和国家的烙印，产生多种多样的特殊性。这种特殊性是由政治文明赖以存在的时空条件和社会因素决定的。不同民族、不同地域的政治文明存在很大的差异，反映了一定民族、一定地域政治文明的特征，形成了不同的政治文明类型。同时，人类政治文明的特殊性还表现为发展的不平衡性，不同时代、不同民族的政治文明具有不同的发展水平。[2] 这是因为政治文明的发展必须通过人的社会实践才能实现。作为人的主观能动性的集中体现，人的选择性是历史发展中存在的普遍现象——历史发展所具有的多种可能性

---

[1] 邵鹏：《文明形态理论研究》，中国言实出版社，2015，第24页。
[2] 许序雅主编《世界文明简史》，华东师范大学出版社，2013，第3页。

是人的选择性的客观前提，人所具有的主观能动性是人的选择性的主观基础，人所具有的价值取向是人的选择性的内在根据。人的选择性在一定程度上强化了政治文明发展的不平衡性。

社会主义政治文明与资本主义政治文明相比，既具有技术层面的特殊性，又具有制度层面的特殊性。科学把握这两种政治文明在技术层面和制度层面的特殊性，是社会主义政治文明合理借鉴资本主义政治文明成果、确保自身健康发展的重要前提，客观上需要对资本主义政治文明做具体分析。首先，对于议会民主、多党纷争、三权鼎立这一套涉及国家权力结构的内容，我们不仅不能照搬，而且要努力消除其消极影响。其次，对于民主、平等、自由等思想观念、价值取向，我们应批判地加以扬弃，并依据社会历史条件赋予其全新的含义。再次，对于直接选举、全民公决这些民主形式，我们可以学习借鉴，但目前在我国实施的条件还不具备，时机还不成熟，需要创造条件，逐步实施。最后，对于法律制度方面的有益成果，我们应认真鉴别，合理采纳。以法治原则为例，在行政法领域我们借鉴了自然公正原则、正当程序原则、行政法治原则等；在刑法领域我们借鉴了罪刑法定原则、罪刑均衡原则、能力责任原则等；在民法领域我们借鉴了权利平等原则、财产保护原则、行为自由原则、过错责任原则等；在刑事诉讼法领域我们借鉴了无罪推定原则、审判公开原则、被告辩护原则、证据裁判原则等。借鉴这些体现人类法治文明精华的法治原则为我所用，有利于我们更好地发挥自己的法治优势。

2. 政治文明类型的多样性与互补性

当今世界，由于各国的地理位置、国土面积、人口数量、自然条件等各不相同，历史背景、文化传统、民族特征、宗教信仰等千差万别，在经济模式、政治制度、价值观念、生活方式和意识形态等方面存在着重大差异。从社会制度上看，存在着社会主义国家、资本主义国家，甚至还有从封建制度向资本主义制度过渡的国家。从经济模式上看，有成熟的市场经济的国家，也有向市场经济过渡的国家，还有以自给自足的自然经济为主的国家。从政治体制上看，有实行民主制的国家，也有实行君主制的国家。从文化传统上看，有西方文化的国家，也有东方文化的国家，还有东西方文化兼容并蓄的国家。从宗教信仰上看，有以伊斯兰教为国教的国家，也有信奉佛教的国家，还有以天主教、基督教或东正教为主要信仰的国家。从发展水平上看，有发达国家，也有新兴工业化国家，还有发展中国家等。① 如同宇宙间不可能只有一种色彩一样，世界上也不可能只有一种文明类型、一种社会制度、一种发展模式、一种价值观念。不同历史和国情，不同民族和习俗，孕育了不同政治文明，使世界更加丰富多彩。

在人类历史上，各种政治文明都以自己的方式为人类政治文明进步作出了积极贡献。存在差异，各种政治文明才能相互借鉴、共同提高；强求一律，只会导致人类政治文明失去动力、僵化衰落。政治文明的多样性是人类社会的基本特征，是人类政治文明发展的客观规律，培育政治文明发展的基因是差异而不是单一，世界的活力恰恰在于多样性的共存。因此，尊重人类政治文明多样性是发展民族政治文明的基本前提，也是繁荣世界政治文明的内在规定。习近平总书记指出："文明因交流而多彩，文明因互鉴而丰富。文明交流互鉴，是推动人类文明进步和世界和平发展的重要动力。"② 中华民族自古就懂得"和而不同"的道理，以虚怀若谷的胸襟、包容万物的气度、宽宏悯人的情怀，自觉而又自信地开展同域外民族交往和文明交流，使中华文明成为人类历史上唯一绵延5000多年至今未曾中断的灿烂文明，为人类政治文明进步作出了重大贡献。历史表明，只有增强政治文明自觉、坚定政治文明自信，才能推动本国本民族政治文明的发展，进而促进整个人类政治文明的进步。没有政治文明自觉和政治文明自信，就不可能深刻认识自身政治文明的优势、坦然面对自身政治文明的不足，或者妄自尊大，或者妄自菲薄，这两种倾向都不利于本国本民族政治文明的发展。③

3. 政治文明价值的平等性与共享性

人类政治文明多姿多彩、多元并存，不同政治文明之间各具特色、各有千秋，在价值上都是人类创造的进步成果，都是平等的。每种政治文明都有其独特魅力和深厚底蕴，都是人类的精神瑰宝，都值得尊重和珍惜。对待不同政治文明的态度，需要有海纳百川的胸怀，努力做到求同存异、取长补短，谋求和谐共处、合作共赢。因此，尽管不同政治文明之间由于

① 左凤荣：《确立新的安全观，促进世界的和平与合作——江泽民关于新安全观的思想》，《理论视野》2003年第1期。
② 《习近平谈治国理政》，外文出版社，2014，第258页。
③ 吴海江、徐伟轩：《文明因交流而多彩 文明因互鉴而丰富》，《人民日报》2019年5月15日。

所处环境不同而各具特色，但只要是政治文明，就一定与社会发展规律、历史前进方向、时代进步潮流相契合，其本质都是人类所创造而且应当由人类所共享的宝贵财富。[①]

作为政治文明的重要体现，社会主义民主与资本主义民主相比，经济基础、政治背景与价值取向截然不同，但二者都是建立在生产的社会化、市场化、现代化的基础之上的，因而在具体的形式、规则和程序上有许多相通之处。社会主义民主在国体上比资本主义民主优越，但在政体上的某些方面尚不如资本主义民主完备。而经过几百年的不断积累，资本主义国家已经建立了一整套适于资产阶级执掌国家政权的相对完备的民主制度和机制。这方面的有益经验，社会主义国家可以而且应当批判地加以借鉴。只有既克服资本主义民主的固有弊端，又继承资本主义民主的积极成果，并把它提高到一个崭新的阶段，我们才能真正建设高于资本主义民主的社会主义民主，并在竞争中战而胜之。

人类社会发展至今，没有一种政治文明形态是在封闭环境中形成的，不存在纯而又纯的政治文明。各种类型的政治文明一经产生，必然会相互交流。没有政治文明之间的交流，就没有政治文明的发展和社会历史的进步。[②] 在人类历史上，中华民族一直追求和传承和平、和睦、和谐的理念，己欲立而立人、己欲达而达人、己所不欲、勿施于人等理念深深植根于中华民族的精神基因之中。古代中国对外交往通常都是履行和平使命。汉朝的张骞通西域，唐朝的玄奘取经、鉴真东渡，明朝的郑和下西洋等，其目的都是和平友好。同时，中华政治文明提倡修身、齐家、治国、平天下，穷则独善其身、达则兼济天下。面对历史上的种种挑战，勤劳朴实的中国人民始终坚持独立自主、自力更生、艰苦奋斗，在促进人、社会、自然和谐相处的过程中，创造了多姿多彩的中华政治文明。中国也吸取了其他国家的政治文明成果，使中华政治文明更加灿烂辉煌。

三 政治文明的演进

经济决定政治，没有经济领域的平等，就没有政治领域的平等。政治

---

① 虞崇胜：《政治文明论》，武汉大学出版社，2003，第 53 页。
② 叶锋、唐彩霞编著《中西文明十五讲》，上海交通大学出版社，2018，第 183 页。

文明属于上层建筑，受经济基础决定，为经济基础服务。政治文明的形成和发展，受一定阶级关系的决定和影响，使政治文明深深地打上了阶级的烙印，也受社会政治环境、历史传统、民族性格等因素决定和影响，使不同社会形态、不同发展阶段的政治文明具有不同的特点，从而形成了政治文明多样性特征。从历史发展的阶段看，人类的政治文明区分为奴隶社会、封建社会、资本主义社会和社会主义社会四个阶段。奴隶社会、封建社会、资本主义社会的政治文明，从根本上说是剥削阶级的政治文明，这种政治文明具有明显的阶级局限性和历史局限性。无数事实表明，只要社会存在着阶级剥削和阶级压迫，就不可能真正实现人的全面而自由的发展，就不可能有完整形态的政治文明。

我国有两千多年封建社会的历史，封建社会政治结构的核心是集独裁制、终身制、世袭制于一体的君主专制。君主专制意为单独一人的统治，即由个人掌握最高国家权力的政体。它是由皇帝、各级官员、各种机构和制度构成的，皇帝位于权力的顶端，居于礼法政刑之上，以下是各级官员，底层是普通民众。君主上为皇天之子，下为黎民之父，完全凭个人的意志和权威来治理国家。在这种社会条件下，"朕即国家"，君主的意志就是国家的意志，处于至高无上的地位；"法自君出"，君主可以一言立法，一言废法，因而尽管社会也有法律，却无法治可言。君主专制制度以君权神授学说为理论基础，用严格的名位等级、封建礼乐和皇位继承等各种制度来突出君主个人的威严，保证君主拥有至高无上的绝对权力，可以支配一切、主宰一切、控制一切，可以决定任何人的生死祸福。因此，在君主专制统治下，社会没有平等人权，只有等级特权；没有民主自由，只有专制奴役。

资本主义民主是在社会化大生产的基础上，在系统的民主理论指导下建立起来的。它确立了一整套民主制度——议会制度、选举制度和政党制度，形成了一整套民主机制——决策机制、制衡机制、竞争机制和参与机制；它以共和制取代了君主制，以分权制摒弃了独裁制，以选举制否定了世袭制，以任期制废止了终身制，从制度上清除了封建专制的根基；它实行三权分立的政治体制和多党竞争的政治机制，在统治阶级内部实现了权力制衡，一定程度上限制了个人集权和个人专断；它还建立了比较完备的法律体系，包括国家元首和政府首脑在内的各种人物都在一定程度上受到法律的约束，从而保证了政局的稳定和政策的连续；它把人权作为基本原则写进宪法和法律，有利于人民开展合法的政治斗争，争取更多的政治权利和社会经济文化权利，提高自己的政治和社会地位。

资本主义的经济基础是生产资料资本家私人占有的经济制度，政治基础是资产阶级占统治地位的政治制度，价值取向是维护资产阶级的经济利益和政治统治。因此，资本主义民主虽然在形式上创造了一种平等的政治关系，但在内容上依然保留着不平等的经济关系，这就必然导致资本主义民主的双重矛盾：一是政治形式上的平等与经济内容上的不平等；二是政体形式上的多数人掌权与国体内容上的少数人统治。在貌似平等而实际上不平等的经济关系基础上，真正平等的政治关系是建立不起来的，资本主义社会物质财富贫富悬殊是政治地位高低悬殊的一面更直观的镜子。在资本主义社会，虽然民众可以平等地参与政治，甚至可以平等地竞选总统，但由于政治上的平等被经济上的不平等所置换，他们实际上无法对政治产生直接的实质的影响。

当人类社会进入社会主义阶段，政治文明发展实现了质的飞跃。在以生产资料公有制为主体的经济基础上建立起来的社会主义政治文明是一种新型政治文明，广大人民既是社会财富的主人，也是国家权力的主人。因为国家权力不过是社会财富的转化形式，在经济上拥有社会财富决定了在政治上必然掌握国家权力。因此，社会主义政治文明不仅表现在消灭了阶级剥削和阶级压迫，建立了人民当家作主的国家政权，而且表现在确立了人们相互之间的平等关系，人民享有广泛的权利和自由。如果说公有制是经济上的民主制，那么民主制则是政治上的公有制。社会主义政治文明的核心内容是发展社会主义民主政治；价值取向是实现和维护广大人民的根本利益；实践要求是立足中国政治文明发展实际，传承中华政治文明创造智慧，借鉴世界政治文明有益成果；本质特征是党的领导、人民当家作主和依法治国的有机统一。

社会主义政治文明具体表现为：一是最大限度地调动人们的政治积极性，使更多的人能够参与国家政治生活；二是为实现共同的政治目标，人们有充分的机会表达自己的意见，使一切有利于社会进步的政治主张都能发挥作用；三是在维护社会公共秩序中，最大限度地保护人们的正当权益，使绝大多数人都能精神愉快、心情舒畅地工作和生活；四是在政治生活中，政治领导者表现出良好的政治品德，自觉维护人民的利益，严格遵守公共道德和行为规范，具有克己奉公的自律精神。[①] 如果以全过程民主为视角，社会主义政治文明具体表现也可以概括为：优秀人才能够通过公平竞争进入国家领导和管理岗位，众人的事情能够通过协商找到最大公约数，重大事项能够在科学化民主化基础上作出决策，民众能够依法参与国家和社会事务的管理，权力运行能够得到有效的制约和监督。社会主义政治文明之所以有着无比的优越性和强大的生命力，是因为具备了相应的条件：一是具有可靠的物质生活资料来源，能够保障公民自由行使各项权利；二是具有代表人民群众利益的政党，能够引导公民有效行使各项权利；三是具有便捷通畅的政治渠道，能够支持公民广泛参与实际政治生活；四是具有和谐稳定的政治环境，能够促进公民有序参与各项政治活动。上述条件互为因果，共同决定着社会主义政治文明发展进步的方向和速度。

---

① 《中国大百科全书·政治学》，中国大百科全书出版社，1992，第 505 页。

第六章 政治价值

政治价值主要指人们对于政治体系、政治活动、政治事件和政治现象作出的判断和评价，这种判断和评价构成了人们政治行为的动机和意向。人们在结成政治关系、建立政治组织、从事政治活动、形成政治力量的过程中，对进入这一过程的一切政治事件和政治现象，必然作出是与非、善与恶、优与劣等政治价值判断和评价，并以此为基础对自己的政治行为模式作出明确的选择，从而直接决定人们的政治信仰、政治信念和政治态度。从新时代我国政治生活的实际看，加强政治领导，站稳政治立场，认准政治道路，发挥政治优势，坚定政治自信，既是中国特色社会主义政治建设的根本价值之所指，也是中国特色社会主义政治建设的宝贵经验之所在。

第一节 政治领导

政治领导是指政治主体为了实现特定的政治目的，运用权力和权威，对政治客体施加政治影响，引导社会政治生活按照既定的原则、方向和目标展开的行为过程。政治领导在国家政治生活中起主导作用，主要是为社会政治生活确立价值、规范、原则、方向和目标，以及具体的路线方针政策，以此来指导社会政治生活。中国共产党是当代中国最高政治领导力量，是中国特色社会主义事业的领导核心。习近平总书记指出："中华民族近代以来 180 多年的历史、中国共产党成立以来 100 年的历史、中华人民共和国成立以来 70 多年的历史都充分证明，没有中国共产党，就没有新中国，就没有中华民族伟大复兴。"① 中国共产党的领导地位不是自封的，

---

① 习近平：《在庆祝中国共产党成立 100 周年大会上的讲话》，人民出版社，2021，第 10~11 页。

而是历史的选择、人民的选择。历史和人民之所以选择中国共产党，是由党自身的内在因素决定的，是中国政治逻辑发展的必然结果。

一 中国共产党的领导地位由党的特质所决定

中国共产党是在马克思主义与中国工人运动相结合的过程中诞生的，先进性是党的本质属性。党具有先进的阶级基础、先进的指导思想、先进的组织原则、先进的服务宗旨、先进的理想信念。这一切决定了党具有长盛不衰的生命力、众望所归的亲和力、带领人民共同奋斗的动员力、克服一切艰难险阻的战斗力。[①]

中国共产党的阶级基础是工人阶级。工人阶级作为社会化大生产的产物，是最革命、最先进、最有觉悟、最有组织纪律性的阶级。中国工人阶级除了具有一般无产阶级的优点外，还具有许多自己特殊的优点。在新民主主义革命中，工人阶级是中国革命最基本的动力。新中国成立后，工人阶级作为国家的领导阶级，成为社会主义革命和建设的主力军。改革开放以来，我国社会结构发生了深刻变化，工人阶级队伍也发生了深刻变化，随着知识分子成为工人阶级的一部分，随着广大职工科技素质和文化水平的不断提高，工人阶级的先进性显著增强。只有工人阶级才能代表广大人民的根本利益，团结一切可以团结的力量，为完成民族复兴大业而共同奋斗。

中国共产党的理论基础是马克思主义。马克思主义是指导工人阶级和广大人民实现社会全面进步和人类彻底解放的科学，是指引工人阶级和广大人民为实现社会主义和共产主义崇高理想而奋斗的理论武器和行动指南。马克思列宁主义、毛泽东思想、中国特色社会主义理论体系揭示了人类社会的发展规律，反映了广大人民的根本利益，因其具有科学性而占据着真理的制高点，因其具有人民性而占据着道义的制高点。[②] 因此，中国共产党能够在先进理论指导下，正确把握社会历史发展规律，透彻判明国际国内的复杂形势，从中国的国情出发，确立坚定的理想信念，制定科学的奋斗目标和正确的路线方针政策，引导广大人民进行卓有成效的斗争并

[①] 朱佳木：《中华民族伟大复兴必须坚持中国共产党的领导》，《毛泽东邓小平理论研究》2016 年第 7 期。

[②] 欧阳淞：《坚持和加强党的全面领导》，《人民日报》2018 年 9 月 11 日。

取得胜利；能够有力地抵制和克服各种剥削阶级思想的侵蚀和影响，始终保持党的先进性和纯洁性。

中国共产党的根本宗旨是全心全意为人民服务。党除了人民利益之外没有自己的特殊利益，无论是制定还是执行路线方针政策，都把为人民谋利益作为自己全部活动的归宿。"中国共产党人的初心和使命，就是为中国人民谋幸福，为中华民族谋复兴。"① 始终坚持立党为公、执政为民，始终坚持不忘初心、牢记使命，始终坚持以人民为中心、以人民为江山，切实把人民的希望变成我们的行动、把人民的追求变成生活的现实，是我们党永远立于不败之地的根本原因和可靠保证。如今，随着改革开放的不断深入，我国经济体制、社会结构、利益格局、思想观念正在发生深刻变革，但无论社会怎样发展，时代怎样变化，我们党都将万变不离其宗——全心全意为人民服务。

中国共产党的组织原则是民主集中制。民主集中制是中国共产党根本的组织原则，是党内生活必须遵循的基本准则，也是实现决策科学化民主化法治化，增强党的凝聚力战斗力创造力必不可少的制度保证。当今中国共产党有9600多万名党员，这样一个大党靠什么组织起来并形成强大力量？最基本的就是靠民主集中制，从而形成又有集中又有民主，又有纪律又有自由，又有统一意志又有个人心情舒畅、生动活泼的政治局面。民主集中制是民主与集中的辩证统一。只有坚持民主集中制，才能集思广益、多谋善断，制定和执行正确的路线方针政策，使党的主张得到科学体现，党的资源得到合理利用，党的决策得到有效贯彻。

中国共产党的理想信念是为实现共产主义最高理想和中国特色社会主义共同理想而奋斗。这是中国共产党人的思想根基和精神支柱。理想通常指人们对符合社会历史发展规律，经过努力奋斗能够实现的未来奋斗目标的追求和向往。其特征是前瞻性和远大性。信念通常指人们内心确信和秉持的观念，是对理论的真理性和实践的正确性的信服和尊崇。其特征是稳定性和执着性。信仰是信念的最高表现形式，是关于人生终极目标的信念。我们党之所以能够经受血与火的洗礼、生与死的考验，从小到大、由弱变强，成为中国特色社会主义事业的坚强领导核心，最根本的就在于中

---

① 《习近平谈治国理政》第 3 卷，外文出版社，2020，第 1 页。

国共产党人对国家、对民族、对人民负责任、敢担当，以模范行动实践自己的理想信念。

二　中国共产党的领导地位由党的实力所决定

中国共产党的领导地位是与党的实力相联系的，其中硬实力包括党形成的组织体系、党联系的人民群众、党领导的武装力量；软实力包括党的政治领导力、思想引领力、群众组织力、社会号召力。

中国共产党具有 460 多万个基层党组织，具有共同的政治理想和政治信念，具有正确的思想路线、政治路线和组织路线，具有严密的组织系统和严明的组织纪律，具有健全的自我完善和自我净化机制，能够不断增强自身的创造力、凝聚力和战斗力。在各种风险、挑战和考验面前，绝大多数党员都能始终保持蓬勃朝气、昂扬锐气和浩然正气，成为社会的中坚、民族的脊梁、时代的楷模。以习近平同志为核心的党中央在治国理政中所展示的高瞻远瞩的战略视野、坚如磐石的政治定力、直面问题的勇于担当、标本兼治的思路举措、抓铁有痕的执行力度、纲举目张的大势把控、纵横捭阖的领导艺术、举重若轻的雄才大略、率先垂范的人格魅力，不仅得到了全党全国各族人民的真诚拥护、高度信赖和衷心爱戴，而且赢得了国际社会的普遍认同和广泛赞誉。这是中国共产党成为领导核心的内在根据，也是中国共产党发挥领导作用的现实条件。

中国共产党的根基在人民、血脉在人民、力量在人民、成败也在人民。党与人民群众的关系，不仅是鱼水关系，更是血肉关系。相信群众、依靠群众、服务群众，倾听群众呼声，反映群众意愿，集中群众智慧，始终保持党同人民群众的血肉联系，是我们党获得长期执政最广泛的群众基础和最深厚的力量源泉。实践昭示我们，"得民心者得天下，失民心者失天下"。[1]"一个政党，一个政权，其前途和命运最终取决于人心向背。"[2]我们党正是依靠人民的支持，才领导中国革命取得了胜利；正是依靠人民的拥护，才成为中国特色社会主义事业的领导核心。因此，对于中国共产党人来说，人民在任何时候都不是一种政治标签、文件术语、表演姿态，

---

[1] 《习近平谈治国理政》，外文出版社，2014，第 368 页。
[2] 《习近平谈治国理政》，外文出版社，2014，第 15 页。

而是渗入血液和骨髓中的安身立命的政治根基。

中国共产党的领导地位不仅来自党的硬实力，而且来自党的软实力。按照政治学的观点，吸引作为权力作用的一种方式，是指权力主体依靠自身卓越的品德、才能、素质和功绩所形成的公认的威望和影响来吸引和感召权力客体的方式。这种方式通常以一定的政治组织为后盾，以广泛的社会认同为基础，以出众的人格魅力为依托，以稳定的政治亲和力和凝聚力为凭借，影响和引导权力客体，因而是一种最具效能的权力作用方式。中国共产党以领导中国人民建立新中国的历史功绩、以率领中国人民艰苦奋斗建设自己美好家园的实际行动、以胸襟坦荡勇于改正错误的自我革命精神、以不断清除自身腐败现象的严明法规制度、以引导国家经济社会稳步发展的丰富经验、以谋求广大人民根本利益的无私品格赢得了全体人民的衷心拥护和信赖，因而具有强大的政治领导力、思想引领力、群众组织力和社会号召力。

三 中国共产党的领导地位由党的作用所决定

作为社会主义国家，我国广大人民的根本利益具有一致性，为了把广大人民组织起来当家作主，以实现自己的根本利益，客观上需要中国共产党这样的坚强核心来领导。习近平总书记在十三届全国人大一次会议上的重要讲话中指出："中国共产党是国家最高政治领导力量，是实现中华民族伟大复兴的根本保证。"[①] 中国共产党的领导作用集中体现在统揽作用、导向作用、凝聚作用各个方面。

中国共产党之所以成为中国特色社会主义事业的领导核心，是因为党善于发挥总揽全局、协调各方的领导核心作用，通过制定大政方针、提出立法建议、决定重大问题、推荐重要干部、开展思想教育、发挥模范作用来实施政治领导、组织领导和思想领导。党对人大、政府、政协的领导通过各自的党组来实现。围绕党的决定，人大党组通过法定程序，使党的主张变成国家的法令；政府党组通过政府决策程序，使党的主张变成政府的政令；政协党组通过政治协商，使党的主张成为社会各界的共识。党把主

---

① 习近平：《在十三届全国人民代表大会第一次会议上的讲话》，人民出版社，2018，第13页。

要精力放在把方向、谋大局、定政策、促改革上，以解决好全局性、战略性、前瞻性的重大问题；对于同级各种组织职责范围内的工作，党总揽而不包办，协调而不替代，各方的事由各方去办，各方之间的事由党来协调。

中国共产党之所以成为中国特色社会主义事业的领导核心，是因为党代表全体人民的共同利益和整体意志，有着科学的世界观和方法论作指导，精通社会历史发展规律，能够把马克思主义基本原理同中国具体实际相结合，不断提出指导中国社会发展的科学理论，善于集中人民群众的智慧和力量，制定和实施正确的路线方针政策，充分发挥各级党组织和全体党员的领导核心作用、战斗堡垒作用、先锋模范作用，始终团结和带领全体人民为国家富强、民族复兴、人民幸福而奋斗。在新的时代条件下，我国社会价值更加多元、社会思想更加多样、社会思潮更加多变。只有发挥中国共产党的引导作用，才能在多元中立主导、在多样中谋共识、在多变中把方向；才能排除各种干扰，经受各种风险挑战的考验，使中国的建设和改革事业始终沿着中国特色社会主义道路有领导、有步骤、有秩序地向前推进。

中国共产党之所以成为中国特色社会主义事业的领导核心，是因为党坚持和发展中国特色社会主义，把党的历史使命、国家的发展前景、民族的复兴伟业与人民的幸福生活紧密联系在一起，集中体现了各民族、各党派、各阶层、各群体对美好未来的向往和追求，从而在全体人民中形成团结一致的重要纽带；通过多党合作为各民主党派的参政议政开辟畅通的渠道，使其利益要求、政治愿望、意见建议能够及时反映到政治体系中来，使政治体系能够吸纳更多的输入资源，确保其输出的政治产品具有更加广泛的整合功能，从而巩固和扩大社会主义政治根基；通过政治协商充分调动社会各界的积极性，形成广泛的政治共识，推动各项决策的科学化民主化法治化，促进政治资源的优化配置，从而把全体人民紧密地团结在自己的周围，为把我国建设成为富强民主文明和谐美丽的社会主义现代化强国而共同奋斗。

四 中国共产党的领导地位由党的贡献所决定

中国共产党是为中国人民根本利益而奋斗的党，从成立之时就担负起领导人民实现民族独立、人民解放和国家富强、人民幸福的历史重任。一部中国共产党的历史，就是一部党为中国人民和中华民族的独立、自由、民主和富强而英勇奋斗的历史，就是一部党为人民创造幸福生活和美好未来的历史。从建党的开天辟地，到新中国成立的改天换地，再到改革开放的翻天覆地，中国共产党带领中国人民迎来了从站起来、富起来到强起来的伟大飞跃。

在百年波澜壮阔的历史进程中，我们党无论是弱小还是强大，无论是顺境还是逆境，始终初心不改、使命不变，团结带领人民历经千难万险，付出巨大牺牲，攻克了一道又一道举世罕见的难关，创造了一个又一个彪炳千秋的奇迹，谱写了一曲又一曲气壮山河的史诗。我们党团结带领人民找到了一条农村包围城市、武装夺取政权的正确道路，通过长期的浴血奋战，打败日本帝国主义，推翻国民党反动统治，完成了新民主主义革命，建立了中华人民共和国，实现了中国从几千年封建专制制度向人民民主制度的伟大飞跃，为中华民族伟大复兴扫清了根本障碍。我们党团结带领人民完成社会主义革命，确立社会主义制度，推进社会主义建设，实现了中华民族由近代不断走向衰败到持续走向繁荣富强的伟大飞跃，为中华民族伟大复兴奠定了坚实基础。我们党团结带领人民进行改革开放新的伟大革命，开辟了中国特色社会主义道路，形成了中国特色社会主义理论体系，完善了中国特色社会主义制度，发展了中国特色社会主义文化，使中国大踏步赶上时代潮流，为中华民族伟大复兴开辟了光明前景。今天，曾经温饱不足的民族，已经迈入全面小康；曾经一穷二白的中国，阔步走向繁荣富强。中华民族实现了举世瞩目的历史性跨越，中国人民书写着气贯长虹的时代新篇章。

在当今世界的坐标中，中国是一个幅员辽阔、人口众多、历史悠久、情况复杂的大国，在这样的国情条件下全面建成小康社会，实现第一个百年奋斗目标，进而建成富强民主文明和谐美丽的社会主义现代化强国，实现第二个百年奋斗目标，其复杂和艰巨程度可想而知，没有一个能够把全国各族人民凝聚起来的坚强领导核心是不可想象的。在当今中国，能够担负起这个历史重任的只有中国共产党。坚持和加强党的领导，是党和国家的根本所在、命脉所在，是全国各族人民的利益所系、幸福所系。党的性质、党在国家政治生活中的地位、党肩负的历史使命，决定了是否坚持和加强党的领导，直接关系国家的安危治乱、人民的利害得失、中国特色社会主义事业的兴衰成败。中华民族近代以来的历史昭示人们：是中国共产党领导人民找到了一条实现国家独立和民族解放的正确道路，从根本上改变了中华民族的命运；是中国共产党领导人民找到了一条建设富强民主文明和谐美丽的社会主义现代化强国的正确道路，实现了中华民族的沧桑巨变。今日中国生产力迅猛发展、综合国力日益增强、人民生活显著改善、国际地位不断提高的事实表明：只有坚持中国共产党领导，才能有效维护国家的主权、安全和发展利益，在独立自主的基础上走出一条具有中国特色的发展道路；才能正确协调整体利益和局部利益、长远利益和眼前利益的关系，使全体人民紧密团结起来，为着共同理想、共同目标、共同事业而共同奋斗。

第二节 政治立场

立场是一个人的信念、态度、行为的综合体现和有机统一，既有观念的特质，又有实践的特性。立场一旦形成，将对一个人的行为动机起调节作用，行为过程起指导作用，行为结果起评判作用。政治立场是指对待社会政治生活、社会政治制度和社会意识形态的根本态度。判断一个人的政治立场，主要看其在政治生活中对待各种问题的基本态度，看其思想、言论、行动符合哪个阶级、阶层的根本利益。因此，政治立场说到底是为什么人的问题。为什么人的问题，永远是第一位的问题。习近平总书记指出："人民立场是中国共产党的根本政治立场，是马克思主义政党区别于其他政党的显著标志。"① 坚持人民立场，从根本上说就是坚持人民主体的历史观，人民中心的发展观，人民为本的价值观，人民至上的权力观。

一 人民主体的历史观

人民是社会发展的主体，是社会物质财富和精神财富的创造者，是社会变革的决定力量。中国革命胜利后，人民之所以选择社会主义，就是因

---

① 《习近平谈治国理政》第 2 卷，外文出版社，2017，第 40 页。

为社会主义能够使人民真正行使当家作主的权力，真正由人民自己来掌握自己的命运。在社会主义条件下，人民群众中蕴藏着无穷的智慧和创造力，是坚持和发展中国特色社会主义事业的根基。"人民是历史的创造者，是决定党和国家前途命运的根本力量。"① 中国特色社会主义的伟大实践，从根本上说是人民群众自己的实践。谋划发展，最了解实际情况的是人民群众；推动改革，最主要的依靠力量也是人民群众。实践是最大的课堂，群众是最好的老师。坚持人民主体的历史观，旨在尊重人民群众推动历史前进、创造社会财富的实践主体地位，尊重人民群众享受发展成果、实现自身利益的价值主体地位；从人民群众的根本利益出发推进经济社会发展，不断满足人民群众日益增长的美好生活需要；在全体人民根本利益一致基础上妥善协调不同地区、不同行业、不同群体的利益关系，走共同富裕道路。只有尊重人民主体地位，发挥人民首创精神，维护人民根本利益，接受人民监督评判，从人民群众中汲取无穷的智慧和力量，我们党才能始终赢得人民的支持和拥护，我们的事业才能生机盎然、蒸蒸日上。

二 人民中心的发展观

发展为了人民，发展依靠人民，发展成果由人民共享，让人民过上美好生活，既是我们党的初心所在，也是我们党的奋斗目标所指。诚如习近平总书记所指出："为什么人的问题，是检验一个政党、一个政权性质的试金石。"② 坚持人民中心的发展观，旨在遵循发展规律，创新发展理念，转变发展方式，实现经济高质量发展；尊重劳动、尊重知识、尊重人才、尊重创造，努力营造平等竞争、共同发展的法治环境、政策环境和市场环境，营造鼓励人们干好事业、支持人们干成事业的社会氛围，使一切创造愿望都得到尊重、创造活动都得到支持、创造才能都得到发挥、创造成果都得到肯定，使每个人都能以一流的精神风貌，创造一流的工作业绩，充分享有实现人生价值的成就感和受到社会尊重的自豪感；强弱项、补短板，既有效保护发达地区和先富群体的发展活力，又切实改善贫困地区和未富群体的生活境遇，逐步实现权利公平、机会公平、规则公平，让每一

---

① 《习近平谈治国理政》第 3 卷，外文出版社，2020，第 16 页。
② 《习近平谈治国理政》第 3 卷，外文出版社，2020，第 35 页。

个人都能切实享有人生出彩的机会、梦想成真的机会。人民中心的发展观具有极为丰富的内涵。从结构来看，是经济、政治、文化、社会、生态文明全面发展，城乡、区域、经济社会协调发展，人、社会、自然永续发展的统一；从动力来看，是实践创新、理论创新、制度创新、文化创新的统一；从过程来看，是科学发展、共享发展、和谐发展、和平发展的统一；从效果来看，是经济效益、民生效益、社会效益、生态效益的统一。

三　人民为本的价值观

人民群众有两层含义：一是宏观上的广大人民；二是微观上的每个公民。全面理解把握人民群众的概念，一方面，要从总体上认识人民群众，认识人民群众的地位和作用，认识人民群众的利益和需求，把握人民群众的共性；另一方面，又要从个体上认识人民群众，认识社会生活中每个具体的人，认识每个公民的利益和需要，把握人民群众的个性。在社会主义条件下，人的主体是人民，社会发展的根本目的也是人民，因此，以人为本也就是以人民为本。我们党团结带领全国各族人民进行革命、建设和改革，根本目的是让人民过上美好生活。"人民对美好生活的向往，就是我们的奋斗目标。"① 因此，以人为价值核心和社会本位，一切服从于人，一切服务于人，是我们党全部活动的基点和归宿。坚持人民为本的价值观，旨在顺应人民对美好生活的向往，满足人民对美好生活的需要，始终与人民心心相印、与人民同甘共苦、与人民团结奋斗，使推动经济社会发展的过程成为造福人民的过程；实现好维护好发展好广大人民根本利益，让人民具有更多的获得感、幸福感、安全感；正确处理长远利益与眼前利益、整体利益与局部利益的关系，实现人民群众作为社会财富的创造者与发展成果的享有者的统一；切实解决关系人民群众切身利益的突出问题，最大限度地满足人民群众正当的利益诉求，让社会主义制度的优越性更加充分体现出来，让实现全体人民共同富裕在实际生活中更加充分展示出来。

四　人民至上的权力观

在现实生活中，对社会发展的评价尺度是多维的，其中人民群众的实

---

① 《习近平谈治国理政》，外文出版社，2014，第 3 页。

际需要和根本利益是评价的最高标准。社会发展程度如何，人民群众感受最真切、判断最准确，因而必然要由人民群众来检验和评判。群众意见是一把最好的尺子，最能衡量我们工作的长短优劣。习近平总书记指出："时代是出卷人，我们是答卷人，人民是阅卷人。"① 坚持人民至上的权力观，旨在由人民来评判各项工作的得失成败，把人民群众的满意度作为反映各项工作的晴雨表，群众拥护什么就鼓励什么，群众期盼什么就做好什么，群众反对什么就纠正什么，使党和人民事业始终体现群众意愿，经得起实践、人民和历史的检验。在我国，人民是国家的主人，党和国家的一切权力都来自于人民，都要对人民负责，为人民服务，受人民监督。新的时代条件下，我们党要保持和发扬最大的政治优势，就必须自觉做到心里装着群众，凡事想着群众，工作依靠群众，一切为了群众，始终把人民群众的呼声作为第一信号，把人民群众的需要作为第一选择，把人民群众的利益作为第一追求，把人民群众的幸福作为第一目标，真正把实现人民的愿望、满足人民的需要、维护人民的利益作为评价和检验我们党一切工作的根本标准；把人民群众素质的提高、能力的发挥、利益的实现、权利的保障，作为衡量经济社会发展程度、衡量公平正义实现程度、衡量各项工作具体成效的根本尺度，让党的光荣传统和优良作风世代相传，始终与人民同甘苦、共命运、心连心，永远做人民的忠实公仆。

坚持人民主体的历史观，人民中心的发展观，人民为本的价值观，人民至上的权力观，既是理论命题，又是实践方略；既是政治立场，又是根本要求，是以习近平同志为核心的党中央治国理政的鲜明特点，是中国共产党人民观在新时代的生动再现，充分体现了马克思主义历史观、发展观、价值观、权力观的有机统一。它作为历史观，论述了人民是真正的英雄，是历史的创造者，是共和国的坚实根基，是决定党和国家前途命运的根本力量；它作为发展观，明确了党的理论是一切为了人民的理论，党的路线是一切为了人民的路线，党的方略是一切为了人民的方略；它作为价值观，阐发了人民对美好生活的向往就是我们的奋斗目标，把满足人民日益增长的美好生活需要作为党和国家各项工作的重点，始终全心全意为人民服务，始终为人民利益而努力工作；它作为权力观，明确了人民是国家

---

① 《习近平谈治国理政》第 3 卷，外文出版社，2020，第 70 页。

和社会的主人，治国理政不仅要充分调动人民的主动性、积极性、创造性，而且要让人民来检阅，让人民来评判，自觉接受人民的制约监督。总之，坚持人民主体的历史观，人民中心的发展观，人民为本的价值观，人民至上的权力观，是以习近平同志为核心的党中央对马克思主义人民观的丰富发展，对人类社会发展规律的科学把握，对党的性质宗旨、初心使命、理想信念的高度凝练，对党的奋斗历程和实践经验的深刻总结，反映了人民主体的政治立场，表达了人民中心的服务情怀，彰显了人民为本的价值取向，昭示了人民至上的党性原则，深刻揭示和集中体现了中国特色社会主义政治价值。

第三节　政治道路

选择什么样的政治发展道路，决定着一个国家、一个民族的前途命运。习近平总书记指出："中国特色社会主义政治发展道路，是近代以来中国人民长期奋斗历史逻辑、理论逻辑、实践逻辑的必然结果。"① 中国特色社会主义政治发展道路，坚持以马克思主义政治理论与中国具体实际相结合的基本原则为指导，既吸收了中华传统政治文明的优秀成果，又借鉴了人类社会政治文明的有益成果，是具有鲜明时代特征和中国特色的唯一正确的政治发展道路，为当代中国政治发展确立了正确方向、开辟了广阔空间、展现了光明前景。中国特色社会主义政治发展道路的核心内容，就是坚持党的领导、人民当家作主和依法治国的有机统一。其中，党的领导是人民当家作主和依法治国的根本保证，人民当家作主是党的领导和依法治国的本质规定，依法治国是党的领导和人民当家作主的基本方略。

一　党的领导是人民当家作主和依法治国的根本保证

在社会主义条件下，由于人民行使管理国家的权力不可能由分散的个人来实现，只能通过民主的组织原则和程序，把民主与集中有机地结合起来，形成强有力的人民民主政权来实现，因而人民民主内在地需要一个坚强的核心来领导。在我国，这个核心只能是中国共产党。中国共产党领导、组织和支持人民当家作主的具体实现形式体现在以下几方面。一是领

---

① 《习近平谈治国理政》第3卷，外文出版社，2020，第28页。

导人民通过人民代表大会制度掌握国家权力，以此保证国家制定的法律和政策能够体现人民的共同意志，维护人民的根本利益。二是领导人民依照宪法和法律规定，通过各种途径和形式，管理国家和社会事务，管理经济和文化事业，以此保证国家各项事业的发展符合人民的意愿和利益。三是领导人民实行基层民主，由群众依法办理自己的事情，通过民主选举、民主协商、民主决策、民主管理、民主监督，实行自我管理、自我教育、自我服务。四是领导人民贯彻公民在法律面前一律平等的原则，使公民享有法律上事实上的广泛权利和自由，尊重和保障人权，维护公平与正义。[①]实践表明，在我们这样一个历史悠久、人口众多的大国里，要克服封建主义思想残余的因袭和资本主义腐朽意识的渗透，提高人民群众科学文化水平和民主政治素质；要消除政治体制中存在的种种弊端，逐步完善中国特色社会主义民主政治制度；要克服小生产习惯势力的影响，集中力量把中国早日建设成为富强民主文明和谐美丽的社会主义现代化强国；要实现广大人民在根本利益一致基础上不同利益关系的正确协调，整体利益和局部利益、长远利益和眼前利益的合理安排，以及由此产生的全体人民的团结一致，离开了党的领导是不行的。

与民主政治建设离不开党的领导一样，法治国家建设同样离不开党的领导。从西方的历史发展看，法治一开始是作为政府权力的对立物出现的。法治的基本含义是政府应当接受和服从法律的治理，其目的是防止政府专权。这种以制约政府权力为皈依的法治不可能源于政府的自觉推行，不可能借助政府自身的力量来实现。至于在法治化进程中诞生的政党，更不可能成为法治的启动者和领导者。因而西方的法治化只能是社会力量和国家力量相互作用的产物。我国属于后发外生型现代化国家，这类国家在法治化进程中，政党的作用举足轻重。如果说早发内生型法治化的实现是一个自下而上的自然历史过程，政党对法治化的实现没有产生直接的影响的话，那么后发外生型法治化的实现则是一个自上而下的自觉能动过程，政党不仅是法治化进程的启动者，而且是这一进程的领导者。我国的宪法和法律是党领导人民制定的，也是党领导人民遵守和执行的，作为社会主义法治的不同环节，立法、执法、司法、守法和护法只有在党的领导下才

---

① 《中国的民主政治建设》，《人民日报》2005 年 10 月 20 日。

能有效实施。我国的宪法和法律凝结着人民的意志，而人民的意志又是通过党来汇集和凝聚的，通过权力机关变成国家意志的，通过执行机关组织实施的，通过党的组织带头贯彻的，因而党当之无愧地成为我国立法的政治设计者、执法的组织协调者、守法的行动带动者、普法的思想引导者，当之无愧地成为我国法治建设最大的政治资源。由于党处于法治建设的源头地位和核心地位，在建设社会主义法治国家的进程中，只有加强党的领导，充分发挥这一政治资源的作用，才能实现既定的政治目标。

二　人民当家作主是党的领导和依法治国的本质规定

中国共产党作为我国社会主义事业的领导核心，当然也是我国国家机关的领导核心。但党领导国家并不意味着党管理国家，党领导人民并不意味着党管理人民。党除了广大人民的根本利益外，没有自己的特殊利益，而广大人民最大的利益就是使自己成为国家和社会的主人。这就决定了党领导国家政治生活的本质内容，就是组织、引导和支持人民当家作主，行使管理国家和社会事务的权力，保证国家机关积极主动地、独立负责地、协调一致地开展工作。党实施领导的主要方式是依照法定程序，通过选举进入国家权力机关，并通过国家权力机关调控行政机关、监察机关和司法机关；依照法定程序，通过国家权力机关使其路线方针政策在宪法和法律中得到体现，使其主张和决策转化为全体人民共同遵行的决议或决定；依照法定程序，通过国家权力机关使其推荐的人选步入国家机关的领导岗位。其实质是党组织和支持人民通过人民代表大会这种政权组织形式当家作主，实现党的领导、人民当家作主和依法治国的有机统一。

社会主义政治制度既是一种民主制度，又是一种法律制度，在现实形态上表现为民主制度和法律制度的统一，因而其内在地包含着民主和法治。作为一个事物的两个方面，民主是法治的基础和内容，法治是民主的体现和保障。只有人民掌握了国家政权，赢得了民主，才能把自己的意志上升为国家法律，建立起自己的法律制度；也只有发扬社会主义民主，才能集中人民群众的聪明才智，制定出真正反映人民意志的法律，并保证法律的遵守和执行。人民的意志决定着法律的合法性，而法律的合法性直接影响着它的效能。只有人民认为是合法的规范，才能把它转化为内在的行为准则，并自觉地遵守和执行，法律的价值才能得到充分实现。① 同时，社会主义民主的发展又有赖于社会主义法治的健全。人民在国家中的地位，同这种地位相适应的各项权利，行使这些权利所应遵循的原则和程序，以及制裁侵犯人民民主权行为的方式和途径，都需要通过法律来确认和规定，并通过国家的强制力保证实施。② 因此，民主政治只能是法治政治。二者的主要区别在于，民主更注重权力的来源，法治更注重权力的制约；民主强调权力的合法性，法治强调权力的规范性；民主在权力形成过程中占主导地位，法治在权力行使过程中占主导地位。

三 依法治国是党的领导和人民当家作主的基本方略

作为发展社会主义市场经济的客观要求、建设社会主义民主政治的内在规定、社会文明进步的重要标志、国家长治久安的可靠保障，依法治国概括地讲，就是广大人民在党的领导下，依照宪法和法律规定，通过各种途径和形式管理国家和社会事务，管理经济和文化事业，保证国家各项工作都依法进行，逐步实现社会主义民主的制度化、法律化，使这种制度和法律不因领导人的改变而改变，不因领导人看法和注意力的改变而改变。

从依法治国的内涵中我们可知以下内容。第一，依法治国的主体是人民群众。我国宪法明确规定，中华人民共和国的一切权力属于人民。人民通过法律的形式把自己的意志上升为国家意志，通过人民代表大会和其他途径与形式，依法管理国家和社会事务，行使人民当家作主的各项权力。第二，依法治国的对象是国家和社会事务。依法治国就是使国家的经济生活、政治生活、文化生活和社会生活逐步走上法治化、规范化的轨道，充分发挥法律在管理国家和社会事务中的基础作用。第三，依法治国的依据是宪法和法律。宪法和法律反映了广大人民的共同意志、根本利益和社会发展的客观规律，具有最高的权威和至上的效力。任何组织和个人都没有超越于宪法和法律之上的特权，都必须严格依照宪法和法律办事，自觉维护宪法和法律尊严。

国际国内的政治实践表明，世界上没有四海皆准的政治发展道路，也

---

① 张文显主编《政治与法治》，吉林大学出版社，1994，第259页。
② 王寿林：《当代中国社会主义民主论》，中共中央党校出版社，2002，第232页。

没有一成不变的政治发展模式，任何政治发展道路、政治发展模式都是一个国家根据自己的实际探索出来的，在时间与空间上都是具体的、相对的、有条件的，具有不可完全复制性；任何政治发展道路、政治发展模式都不可能一劳永逸地适用，都要根据一定的历史阶段和历史条件不断进行调整和完善。因此，对一国政治发展道路、政治发展模式既不能绝对化、凝固化，更不能当成普遍适用、永远适用的圭臬强加于人。脱离本国具体实际的政治发展道路和政治发展模式，不仅难以实现政治发展，最终还会使本国陷入困境。一些国家由于引进西方政治模式，已经使人民为此付出了高昂的代价。这从反面昭示我们，中国特色社会主义政治发展道路是适合中国国情和社会发展要求的正确抉择，是实现中华民族伟大复兴的必由之路。我们要建设富强民主文明和谐美丽的社会主义现代化强国，必须坚定不移走中国特色社会主义政治发展道路。

第四节　政治优势

政治优势是指相比政治竞争对手所拥有的有利形势和条件。人类文明发展史反复印证这样一个道理：一个国家实行什么样的政治制度，走什么样的政治发展道路，要与一国的国情相适应。不同历史传统、不同文化背景、不同发展阶段的国家，人们的价值取向不同，所建立的政治制度也不同。衡量一种政治制度优劣的标准，就是看它是否适合本国国情，具有本国特色，有利于国家独立统一、社会和谐稳定、人民富裕幸福。中国特色社会主义的政治优势，通过坚持党的领导、人民民主、依法治国、民主集中而得到生动体现。

一　坚持党的领导

坚持中国共产党领导，是维护国家独立统一、社会和谐稳定的政治基础，是坚持人民主体地位、始终保持发展活力的客观要求，是实现国家繁荣富强、人民富裕幸福的重要条件，是有效驾驭国际局势、科学应对风险挑战的可靠保证，是中国特色社会主义政治的最大优势。作为社会主义国家，我国广大人民的根本利益具有一致性，为了把广大人民组织起来当家作主，以实现自己的根本利益，客观上需要中国共产党这样的坚强核心来领导。从中国近代以来的历史看，是中国共产党领导中国人民开辟了一条正确的革命道路，在中国确立了社会主义制度，为实现中华民族伟大复兴奠定了根本政治前提和制度基础；是中国共产党领导中国人民开辟了一条正确的建设道路，在中国创立了中国特色社会主义，为实现中华民族伟大复兴迎来了光明前景；是中国共产党领导中国人民推动中国特色社会主义进入新时代，使今天的中国比历史上任何时期都更接近实现中华民族伟大复兴的目标。新中国成立以来特别是改革开放以来，中国共产党把马克思主义基本原理同中国具体实际相结合，不断进行实践探索和改革创新，领导人民开辟了中国特色社会主义政治发展道路，推动中国特色社会主义政治制度日益完善；领导人民通过人民代表大会制度掌握国家权力，依法管理国家和社会事务，管理经济和文化事业；领导人民实行基层民主，由群众依法办理自己的事情；领导人民贯彻法律面前人人平等的原则，使公民享有广泛的权利和自由。实践表明，党是中国特色社会主义政治发展的顶层设计者、组织协调者、思想引导者、行动带动者，是中国特色社会主义政治发展最大的政治资源。没有共产党就没有新中国，就没有中国特色社会主义，就没有中华民族伟大复兴。坚持中国共产党领导，是在中国特色社会主义道路上实现中华民族伟大复兴的必然抉择。

二　坚持人民民主

社会主义国家政权的本质是人民当家作主。按照我国宪法的规定，中华人民共和国的一切权力属于人民。人民通过选举产生自己的代表，由自己的代表组成全国和地方各级人民代表大会，选举产生各级国家行政机关、监察机关、司法机关。这就决定了我们党和国家的一切权力来自人民，因而其一切权力行为都要对人民负责，为人民服务，受人民监督。作为我国根本政治制度，人民代表大会制度植根于人民群众之中，代表广大人民的共同意志和根本利益，既能反映不同阶层、不同群体的愿望和要求，又能将各种愿望和要求集中起来，把全体人民的意志统一起来，以主人翁的姿态投身国家改革和建设事业。在社会主义条件下，人民是国家和社会的主人，享有与主人地位相适应的广泛的权利和自由。人民对权利的拥有，表明人民内部地位平等，即享有同等的权利，承担同等的义务，并提供与维护和保障这种权利相适应的制度安排，从而促进社会的全面进步。人民对自由的拥有，表明人民在法律范围内不受人为限制自行其是，自负其责，尽可能地发挥自己的潜力和优长，从而实现人的全面发展。同时，从社会发展来看，无论是制度创新，还是艺术创造；无论是科学发现，还是技术发明，都离不开民主。从社会稳定来看，民主可以使各种利益群体按照正常的程序表达自己的意愿，使国家在制定政策时能够充分反映这些意愿；通过扩大国家政策的整合幅度，将不同的利益群体纳入自己的调整范围，从而大大增强人们对国家权力的认同程度。因此，民主是实现国家长治久安的有效治理方式，是一种有利于吸纳社会力量、化解社会矛盾、达成社会和谐的制度安排。

三 坚持依法治国

依法治国作为党领导人民当家作主的基本方略，是富强、民主、文明、和谐、美丽中国的守护神，是人民安居乐业、社会安定有序、国家安稳发展的压舱石，与国家的兴衰成败、社会的安危治乱、人民的利害得失、家庭的悲欢离合、个人的生死祸福息息相关。我国的宪法和法律是在中国共产党领导下，由国家权力机关集中全体人民的意志制定的，反映了社会发展的客观规律和广大人民的根本利益，是党的意志、人民的意志、国家的意志的高度统一，是举国上下必须严格遵守的普遍行为规范和共同行为准则，具有至上的权威和效力，任何组织和个人都没有超越宪法和法律之上的特权。宪法和法律是具体化、条文化、规范化、定型化的人民意志。宪法和法律的意志高于个人的意志，正是人民的意志高于个人的意志的体现；宪法和法律的权威高于个人的权威，正是人民的权威高于个人的权威的体现。有鉴于此，任何组织和个人都要以宪法和法律为行为准则，任何组织或个人都必须在宪法和法律范围内活动，依照宪法和法律行使权利或权力、履行义务或责任。宪法和法律以权利或权力、义务或责任为机制调整人们的行为，通过规定人们必须做什么、应当做什么、允许做什么、禁止做什么，整合社会利益、规范社会行为、维护社会秩序，从而把人们的行为引入制度化法治化轨道，确保社会关系协调、社会取向一致、社会变革有序，确保中国特色社会主义政治发展始终在法治的轨道上合理运行。同时，依法治国能够使法治覆盖治党治国治军各领域，贯穿改革发展稳定全过程，以排除人为的、偶然的因素的干扰，使人们对国家发展有一个稳定的预期，并根据这种预期合理选择自己的行为，从而实现人尽其力，物得其用，财宏其效，事竟其成。在法治国家，经济发展将更加稳健，政治发展将更加有序，文化发展将更加繁荣，社会发展将更加协调，生态文明发展将更加宜人，一个富强中国、民主中国、文明中国、和谐中国、美丽中国将与法治中国相辅相成、并驾齐驱。

四　坚持民主集中制

我们国家的根本组织原则是民主集中制，即在民主的基础上高度集中与在集中的指导下广泛民主相结合。国家权力机关由人民选举产生，对人民负责，受人民监督，这表明了广泛民主；国家行政机关、监察机关、司法机关由权力机关产生，对权力机关负责，受权力机关监督，这又表明了高度集中。在中央与地方的关系上，遵循在中央的统一领导下，充分发挥地方主动性积极性的原则，在民族聚居区域实行民族区域自治，这表明了广泛民主；我国是由若干行政区域和自治区域组成的统一主权国家，即一个国家只有一个国家主权和一个中央政府，这又表明了高度集中。在政治实践中，民主集中制正确处理了人民与国家机关的关系、人民代表大会与其他国家机关的关系、中央国家机关与地方国家机关的关系、人民代表大会内部个人与集体的关系，是中国特色社会主义政治优势的重要体现。第一，人民与国家机关的关系。我国宪法规定：中华人民共和国的一切权力属于人民。人民行使国家权力的机关是全国人民代表大会和地方各级人民代表大会。全国人民代表大会和地方各级人民代表大会都由民主选举产生，对人民负责，受人民监督。这就从根本上保证了人民当家作主的合法地位和崇高权威。第二，人民代表大会与其他国家机关的关系。人民代表大会是国家的权力机关，受人民的委托行使全部国家权力。国家行政机关、监察机关、司法机关由人民代表大会产生，向人民代表大会负责，受人民代表大会监督。人民代表大会与其他国家机关的关系既是一种授权与受权的关系，也是一种决定与执行的关系，其他国家机关的权力不能超出人民代表大会的授权，必须执行人民代表大会作出的决定。这充分体现了人民代表大会权力的至上性和全权性。第三，中央国家机关与地方国家机关的关系。就国家组织形式而言，我国实行的是单一制而不是复合制。我国中央国家机关与地方国家机关的关系，遵循在中央的统一领导下，充分发挥地方主动性积极性的原则；在民族聚居区域实行民族区域自治，巩固和发展平等团结互助和谐的社会主义民族关系。这种中央统一领导和地方因地制宜相结合的国家权力结构体系，有利于发挥中央和地方两个积极性。第四，人民代表大会内部个人与集体的关系。我国各级人民代表大会及其常务委员会通过会议的形式，采取表决的方式，按照少数服从多数的原则决定重大问题。全国人大会议主席团的任务仅限于主持会议；全国人大常委会委员长的职权也仅限于主持常委会会议和常委会工作；常委会的日常事务由委员长、副委员长、秘书长组成的委员长会议来处理。这就从制度上保证了国家权力机关的集体领导。

我国经济社会持续快速发展，人民生活全面达到小康，一个生机勃勃的社会主义中国巍然屹立在世界东方的事实雄辩证明，中国特色社会主义政治具有保证国家机器高效运转、集中全体人民意志和力量办大事、促进经济社会稳步发展的显著优势，既能够保持中央政令统一，保证党和国家的决策部署得到切实贯彻，有利于形成全国一盘棋的强大合力，有效应对国内外各种风险和挑战，又能够统筹兼顾各方面的利益，有利于团结全国各族人民，为把我国建设成为富强民主文明和谐美丽的社会主义现代化强国而共同奋斗。在中国特色社会主义发展进程中，我们历来主张积极借鉴人类政治文明有益成果，但绝不照搬西方议会民主、三权鼎立、多党纷争那一套政治模式。我们推进民主政治建设和政治体制改革，目的是充分发挥中国特色社会主义政治制度的特点和优势；是为了促进中国特色社会主义政治制度的完善和发展，创造比资本主义更高更切实的民主。

第五节　政治自信

自信作为事业成功的前提条件、人生成长的动力源泉，是一个人对自己的理想信念、价值追求、能力水平、人格魅力和发展前景的一种肯定和确信。鉴于政治与道路、理论、制度和文化紧密相连，因而政治自信可以从道路自信、理论自信、制度自信和文化自信等几个维度把握。在现实生活中，道路自信、理论自信、制度自信和文化自信的总和构成了政治自信。所谓政治自信，就是一个国家、一个民族、一个政党对自身道路、理论、制度、文化生命力和优越性的价值认同和行动自觉。政治自信实质是一个格局问题、见识问题、信念问题。只有坚定中国特色社会主义政治自信，才能强化坚守的意志，负起捍卫的责任，焕发创新的活力，才能把政治优势转化为坚定信念，转化为国家治理效能，转化为坚持和完善中国特色社会主义的自觉行动。

一 道路自信

道路自信，就是坚信中国特色社会主义道路是实现社会主义现代化、创造人民美好生活的必由之路。习近平总书记指出："走自己的路，是党的全部理论和实践立足点，更是党百年奋斗得出的历史结论。"① 方向决定道路，道路决定命运，道路自信是对发展方向和未来命运的自信。中国特色社会主义道路是由基本路线、根本任务、总体布局和战略目标构成的有机整体。其中基本路线是总纲，是中国特色社会主义道路的核心内容；根本任务是取向，是中国特色社会主义道路的本质要求；总体布局是支柱，是中国特色社会主义道路的实践形式；宏伟目标是蓝图，是中国特色社会主义道路的必然结果。这四个方面相互联系、紧密结合，构成了一个有机的整体，全面概括了我们党领导人民在波澜壮阔的革命、建设和改革的历史进程中艰辛探索的重要成果和基本经验，集中体现了中国特色社会主义发展的本质要求和客观规律。中国特色社会主义道路与社会主义初级阶段的基本国情相适应，反映了我国社会进步的新要求和人民群众的新期待，有着鲜明的实践特色；中国特色社会主义道路实现了科学社会主义基本原则与时代特征和中国国情的有机结合，为马克思主义中国化提供了丰富的实践经验、广阔的发展前景，有着鲜明的理论特色；中国特色社会主义道路扎根中国沃土，把马克思主义真理的力量深深融于民族的生命力、创造力、凝聚力之中，有着鲜明的民族特色；中国特色社会主义道路紧跟时代潮流，把握时代脉搏，反映时代要求，有着鲜明的时代特色。中国特色社会主义道路是当代中国发展进步的必由之路，创造了国民经济持续增长，综合国力不断增强，人民生活显著改善，各项事业蓬勃发展的奇迹。中国特色社会主义道路充分显示了社会主义的巨大优越性和强大生命力，为世界社会主义运动注入了新的生机，增添了新的活力，为人类文明进步事业

---

① 习近平：《在庆祝中国共产党成立 100 周年大会上的讲话》，人民出版社，2021，第 13 页。

作出了重大贡献，产生了深远影响。实践使我们有充分理由自信：中国特色社会主义道路既符合中国国情，又适应时代发展要求，是一条实现国家富强、民族复兴、人民幸福的唯一正确道路。坚定道路自信，要求我们坚持和拓展中国特色社会主义道路，清醒认识当今世界和当代中国发展大势，全面把握我国发展新要求和人民新期待，科学制定和实施适应时代要求和人民愿望的行动纲领和大政方针，把中国特色社会主义事业继续推向前进。

二 理论自信

理论自信，就是坚信中国特色社会主义理论体系是指导全党全国各族人民实现中华民族伟大复兴的正确理论。理论自信源于中国特色社会主义理论体系的科学性、人民性、开放性。中国共产党在百年艰苦卓绝的奋斗历程中，实现了马克思主义中国化的两次历史性飞跃：一是通过武装斗争，开辟了一条中国革命道路，在中国确立了社会主义基本制度，实现了马克思主义中国化的第一次历史性飞跃，创立了毛泽东思想；二是通过改革开放，开辟了一条中国特色社会主义道路，为中华民族伟大复兴展示了光明前景，实现了马克思主义中国化的第二次历史性飞跃，创立和发展了中国特色社会主义理论体系。习近平总书记指出："中国共产党为什么能，中国特色社会主义为什么好，归根到底是因为马克思主义行！"[①] 中国特色社会主义理论体系依据我国改革开放和社会主义现代化建设的实际，创造性地提出了一系列具有内在联系的基本理论、基本观点和基本方法，形成了一套完整的理论体系。在这个科学理论体系中，处于统领地位的主题是坚持和发展中国特色社会主义，发挥牵引作用的目标是中华民族伟大复兴，起着支撑作用的要素是历史方位、发展理念、总体布局、战略布局、外部条件、安全保障、政治保证。中国特色社会主义理论体系之所以能够引领中国发展进步，就在于它既坚持了科学社会主义基本原则，又反映了时代特征和中国国情，是深深植根于中国大地、符合中国实际，具有中国风格、中国气派的马克思主义。中国特色社会主义理论体系以丰富的思想内容和科学的思想方法，充分展示了中国共产党人高超政治智慧、宏阔战

---

① 习近平：《在庆祝中国共产党成立 100 周年大会上的讲话》，人民出版社，2021，第 13 页。

略视野、精湛领导艺术，不仅标志着我们党对共产党执政规律、社会主义建设规律和人类社会发展规律的认识达到了新境界，标志着中国特色社会主义事业发展进入了新时代，而且标志着中国共产党领导亿万人民在中国特色社会主义道路上实现中华民族伟大复兴迈上了新征程。在当代中国，坚持中国特色社会主义理论体系，就是坚持马克思主义。坚定理论自信，要求我们坚持和丰富中国特色社会主义理论体系，自觉用习近平新时代中国特色社会主义思想指导新的实践，"确保党在世界形势深刻变化的历史进程中始终走在时代前列，在应对国内外各种风险和考验的历史进程中始终成为全国人民的主心骨，在坚持和发展中国特色社会主义的历史进程中始终成为坚强领导核心"。①

三　制度自信

制度自信，就是坚信中国特色社会主义制度是当代中国发展进步的根本制度保障。制度自信源于对自身制度的充分肯定，对自身发展道路生命力和优越性的坚定信念。制度带有根本性、全局性、稳定性和长期性。我们党坚持以马克思主义为指导，把制度设计建立在对中国国情的准确把握上，建立在对共产党执政规律、社会主义建设规律、人类社会发展规律的自觉运用上，形成并发展了中国特色社会主义制度。中国特色社会主义制度是中国共产党把马克思主义基本原理与我国具体实际相结合的伟大创造，是与公有制为主体、多种所有制经济共同发展的经济基础相适应的制度；是以工人、农民、知识分子为主体，包括一切爱国的阶级、阶层在内的具有最为广泛社会基础的制度；是植根中国社会，符合中国国情，既坚持科学社会主义基本原则，又具有鲜明中国特色的制度；是能够持续推动经济社会稳步发展、确保中华民族伟大复兴圆满实现的制度。在实际生活中，党领导人民当家作主的政治地位构成了中国特色社会主义制度建立的根本基础，党领导人民当家作主的生动实践构成了中国特色社会主义制度发展的根本动力，党领导人民当家作主的丰硕成果构成了衡量中国特色社会主义制度优势的根本标准，因此，党领导人民当家作主就成为中国特色社会主义制度的本质所在。坚定制度自信，要求我们坚持领导与执政相统

---

① 《习近平谈治国理政》第 3 卷，外文出版社，2020，第 14 页。

一，民主与集中相结合，票决与协商相补充，效率与公平相协调，活力与秩序相一致，将社会主义市场经济、民主政治、文化强国、和谐社会和美丽中国的普遍诉求转化为改革的实施方案，通过兴利除弊，为党和国家事业发展、人民幸福安康、社会和谐稳定、国家长治久安，提供一套更加完备、更加成熟、更加管用的制度体系。

四　文化自信

文化自信，就是坚信中国特色社会主义文化是激励全党全国各族人民勇毅前行的强大精神力量。文化是民族的血脉，是人民的精神家园，文化自信是更基础、更广泛、更深厚的自信。实践表明，只有坚定文化自信，中华民族才能挺起脊梁，百折不挠，众志成城，迸发出巨大的创造活力，在世界民族之林中奋发图强，蓬勃向上；只有明确文化自信的客观依据和内在要求，才能认清中国文化的独特品质和光明前景，从而保持中国文化的身份认同和本质特征，不断坚定对中国特色社会主义文化的信心和信念。改革开放以来，我们党始终把文化建设置于党和国家工作全局的重要战略地位，坚持物质文明和精神文明两手抓、依法治国和以德治国相结合、文化事业和文化产业同发展，在推动文化建设不断取得新成就的过程中，走出了一条中国特色社会主义文化发展道路。这条道路坚持以马克思主义为指导，坚持社会主义先进文化前进方向，反映了发展中国特色社会主义文化的理论基础和本质要求；坚持文化发展为了人民、文化发展依靠人民、文化发展成果由人民共享，表明了发展中国特色社会主义文化的根本目的和依靠力量；坚持弘扬中华文化，建设中华民族共有精神家园，体现了发展中国特色社会主义文化的深厚底蕴和包容品格；坚持一手抓文化事业、一手抓文化产业，规定了发展中国特色社会主义文化的主要内容和主体工程。我们坚定文化自信有充分的理由和充足的底气：博大精深、灿烂辉煌的中华优秀传统文化，是坚定文化自信的深厚基础；激昂向上的革命文化和生机勃勃的社会主义先进文化，是坚定文化自信的坚强基石；中国特色社会主义取得的显著成就，是坚定文化自信的强大支撑。坚定文化自信，要求我们坚持中国特色社会主义文化发展道路，推动中华优秀传统文化创造性转化、创新性发展，继承革命文化，发展面向现代化、面向世界、面向未来的，民族的科学的大众的社会主义文化，使之成为建设中特色社会主义的宝贵财富、实现中华民族伟大复兴的文化支撑、推进马克思主义中国化的源头活水。这既是建设社会主义文化强国的重要条件，也是中华文化走向伟大复兴的显著标志。

中华民族是充满自信的民族，历经千年沧桑与苦难而自强不息；中国共产党是充满自信的政党，历经百年革命、建设和改革的磨炼与考验而愈加坚强。新中国成立以来特别是改革开放以来，在中国共产党的领导下，中国人民创造了中华民族由沉沦而奋起、由苦难而辉煌的命运转折，从而为政治自信奠定了坚实基础、提供了客观依据。中国特色社会主义道路自信、理论自信、制度自信、文化自信是一个有机整体。道路是实现途径，理论是行动指南，制度是根本保障，文化是精神力量，四者统一于新时代中国特色社会主义伟大实践。在中国特色社会主义发展进程中，我国经受了各种严峻考验，经济社会持续快速发展，经济总量跃居世界第2位，人民生活全面达到小康，一个生机勃勃的社会主义中国巍然屹立在世界东方。实践雄辩地证明，"中国特色社会主义，是科学社会主义理论逻辑和中国社会发展历史逻辑的辩证统一，是根植于中国大地、反映中国人民意愿、适应中国和时代发展进步要求的科学社会主义，是全面建成小康社会、加快推进社会主义现代化、实现中华民族伟大复兴的必由之路"。①

---

① 《习近平谈治国理政》，外文出版社，2014，第21页。

结束语

中华民族具有五千年悠久的历史和深厚的文化底蕴。在人类文明进步的跑道上，中华民族曾经遥遥领先。从历史上看，中华民族最为繁荣的鼎盛时期：一是汉代的文帝、景帝时期，史称文景之治；二是唐代的太宗、玄宗时期，史称贞观之治、开元盛世；三是清代的康熙、雍正、乾隆时期，史称康乾之治。这三个时期的共同特点是：国家统一，民族和睦，政局稳定，经济发展较快，科学文化昌盛，百姓安居乐业，国际交往频繁。这三大盛世的历史辉煌、历史成就和历史经验，是中华民族创造智慧在社会实践中的生动体现。上古时期的世界，曾经有六大文明中心[①]；在古代文明中心或边缘地带，曾先后兴起一系列大帝国。[②] 然而，在古代六大文明中，唯有中华文明持续发展五千年；在古代大帝国中，唯有中华帝国在经济政治文化结构等方面基本上保持了连续不断的历史。这不能不说是世界文明发展史上的奇迹。

近代以来，随着西方文明的崛起，中国逐步走向衰落。而落后必然挨打，文明衰落必然导致民族危亡。鸦片战争后的 100 多年间，中华民族外遭帝国主义侵略，内受封建主义压迫；国家主权沦丧，处在亡国灭种的边缘；人民备受屈辱，失去生命安全和人格尊严的起码保障。在中华民族存亡续绝之际，救亡图存成了摆在全民族面前最紧迫的课题。为此，中国人民曾进行过五次民族抵抗战争——1840 年的第一次鸦片战争，1856 年的第

---

① 即西亚两河流域的苏美尔—阿卡德—巴比伦文明，北非尼罗河流域的古埃及文明，地中海北岸的古希腊—罗马文明，南亚印度河流域古印度文明，中南美洲的玛雅—阿兹特克—印加文明，黄河—长江流域的中华文明。

② 其中主要有波斯帝国、马其顿帝国、中华帝国、罗马帝国、查理曼帝国、阿拉伯帝国、沙俄帝国、奥斯曼帝国等。

二次鸦片战争，1884 年的中法战争，1894 年的中日甲午战争，1900 年的反对八国联军战争；掀起过 3 次革命高潮——1851 年的太平天国农民起义，1900 年的义和团反帝风暴，1911 年的资产阶级辛亥革命；其中又穿插着资产阶级改良派的戊戌变法。中国人民争取国家独立和民族解放的斗争尽管百折不挠，气壮山河，但却一次又一次地失败了。

正当人们徘徊在历史的十字路口时，十月革命一声炮响，给我们送来了马克思主义。中国先进的知识分子把马克思主义与中国工人运动相结合，建立了中国共产党。中国共产党的诞生，带来了国家独立、民族解放的新希望，中国革命的面貌从此焕然一新。因此，从鸦片战争到五四运动，中国旧民主主义革命经历的崎岖坎坷的历史，就是帝国主义和中国封建主义相结合，把中国变为半殖民地半封建社会，中国各族人民落后挨打、受尽屈辱、灾难深重的历史；就是中国各族人民救亡图存，反抗帝国主义以及清朝政府和北洋军阀，为振兴中华而前仆后继、不屈不挠、英勇奋斗的历史；就是中国的先进分子历经磨难，向西方寻求真理和救国方案，一再试验又一再碰壁，最后从俄国十月革命的炮声中，看到新时代的曙光，将信任票投给马克思主义的历史。

中国共产党把马克思主义普遍原理与中国革命具体实际相结合，开辟了新民主主义革命道路，使中国由资产阶级领导的旧民主主义革命，进入无产阶级领导的新民主主义革命阶段。在新民主主义革命中，党领导广大人民推翻了帝国主义、封建主义、官僚资本主义的反动统治，废除了帝国主义列强同中国签订的一切不平等条约，实现了国家独立和民族解放，建立了人民当家作主的新中国。新中国的诞生，标志着中国人民从此站立起来，中华民族任人宰割、任人奴役的历史从此一去不复返。随后，党又领导广大人民迅速医治战争创伤，在一穷二白的基础上建立了独立的比较完整的工业体系和国民经济体系；通过对生产资料私有制的社会主义改造，在中国确立了社会主义制度，使中国跨过了完整的资本主义发展阶段，由半殖民地半封建社会经过新民主主义进入社会主义社会。这是中国历史上最深刻、最伟大的社会变革。新民主主义革命的胜利、社会主义制度的建立以及社会主义建设的发展，为实现中华民族伟大复兴奠定了根本政治前提、制度保证和物质基础。

由于在中国这样一个经济文化比较落后的国家建设社会主义是马克思

主义从未遇到的崭新课题，人们对于如何走出一条适合中国国情的社会主义道路还缺少规律性认识，加上当时严峻复杂的国际环境的影响，我们党在探索社会主义道路的过程中付出了沉重代价。以党的十一届三中全会为标志，我们党以巨大的政治勇气和理论勇气，深刻总结正反两方面历史经验，科学分析国内状况和世界大势，准确把握时代主题和人民意愿，重新确立解放思想、实事求是的思想路线，准确界定我国社会主义的发展阶段、主要矛盾和根本任务，毅然把党和国家的工作中心转移到社会主义现代化建设上来，作出实行改革开放的伟大决策，确立党在社会主义初级阶段的基本路线，成功开创了中国特色社会主义。党的十三届四中全会以后，面对国内外复杂形势的严峻考验，我们党把发展问题同党执政兴国紧密联系起来，妥善处理改革发展稳定等重大关系，带领全党全国各族人民战胜了来自各个领域的风险和挑战，创建了社会主义市场经济体制，确立了社会主义初级阶段的基本经济制度和分配制度，把中国特色社会主义伟大事业和党的建设新的伟大工程成功推向 21 世纪。

党的十六大以来，我们党紧紧抓住重要战略机遇期，科学分析新世纪新阶段我国经济社会发展的阶段性特征以及面临的挑战和考验，在全面建设小康社会进程中推进实践创新、理论创新、制度创新，着力推动科学发展、促进社会和谐，形成了中国特色社会主义事业总体布局，成功在新的历史起点上坚持和发展了中国特色社会主义。党的十八大以来，面对复杂的国际形势和艰巨的国内改革发展稳定任务，我们党高举中国特色社会主义伟大旗帜，团结带领全党全国各族人民，坚持稳中求进的工作总基调，统筹国内国际两个大局，统筹发展和安全两件大事，全面推进社会主义经济建设、政治建设、文化建设、社会建设、生态文明建设，全面推进党的建设新的伟大工程，解决了许多长期想解决而没有解决的难题，办成了许多过去想办而没有办成的大事，党和国家事业发生历史性变革、取得历史性成就，中国特色社会主义进入了新时代。

回首中国波澜壮阔的历史，展望中华民族充满希望的未来，我们可以得出一个结论：道路关乎党的命脉，关乎国家前途、民族命运、人民幸福。在全面建成小康社会的基础上，加快推进社会主义现代化，实现中华民族伟大复兴的宏伟目标，必须坚定不移走中国特色社会主义道路。中国特色社会主义道路全面概括了我们党领导人民在波澜壮阔的革命、建设和改革的历史进程中艰辛探索的重要成果和基本经验，集中体现了中国特色社会主义发展的本质要求和客观规律，是把我国建设成为富强民主文明和谐美丽的社会主义现代化强国的唯一正确道路。中国特色社会主义政治发展道路作为中国特色社会主义道路的重要组成部分，植根中国社会，符合中国国情，体现中国特色，是发展中国、富强中国的康庄大道、人间正道，是创造人民幸福生活和美好未来的成功之路、胜利之路。中国特色社会主义政治发展道路的生动实践，使神州大地发生了翻天覆地的变化——从封建专制到人民民主，从一盘散沙到团结和谐，从四分五裂到统一强大，从封闭落后到开放进步，从温饱不足到全面小康，从备受欺凌到重返世界舞台中央，这一切无不昭示着中国特色社会主义政治发展道路无比的优越性和强大的生命力。

我们党描绘的全面建设社会主义现代化强国的宏伟蓝图，既有定性的标志，就是21世纪中叶中国成为富强民主文明和谐美丽的社会主义现代化强国；也有定量的标志，就是21世纪中叶中国人均国内生产总值达到发达国家的平均水准。到那时，我国将是这样一幅美丽图景。一是国力强盛。我国社会生产力水平大幅提高，经济总量和市场规模超越其他国家，综合国力和科技实力名列世界前茅，国际竞争力和国际影响力处于领先地位。国民思想道德和科学文化素质显著提升，中国精神、中国价值、中国力量成为国家发展的重要牵引力和推动力。二是制度定型。中国特色社会主义制度体系更加完整、内容更加成熟、形式更加规范、效能更加管用，国家治理实现了主体的民主化、方式的法治化、决策的科学化、手段的信息化、活动的高效化、行为的廉洁化。三是人民幸福。全体人民共同富裕基本实现，社会充满活力而又井然有序，天蓝、地绿、水清的优美生态环境成为常态，城乡居民普遍拥有较高的经济收入和便捷的公共服务，享有更加幸福安康的生活。四是民族复兴。我国作为具有悠久历史的文明古国，将焕发出更加蓬勃旺盛的生机活力，物质文明、政治文明、精神文明、社会文明、生态文明全面提升，中华民族将以昂扬的姿态屹立于世界民族之林。

主要参考文献

一 专著

《中国大百科全书·政治学》，中国大百科全书出版社，1992。

胡福明主编《中国现代化的历史进程》，安徽人民出版社，1994。

李景鹏：《权力政治学》，黑龙江教育出版社，1995。

李步云：《走向法治》，湖南人民出版社，1998。

李景治等：《邓小平政治体制改革理论研究》，中国人民大学出版社，1998。

浦兴祖主编《中华人民共和国政治制度》，上海人民出版社，1999。

季正矩编著《跨越腐败的陷阱——国外反腐败的经验与教训》，中国经济出版社，1999。

王春瑜主编《中国反贪史》，四川人民出版社，2000。

陈国权：《政治监督论》，学林出版社，2000。

杨海蛟主编《新中国政治学的回顾与展望》，世界知识出版社，2000。

黄之英编《中国法治之路》，北京大学出版社，2000。

李雪勤：《民主与改革》，中国方正出版社，2001。

王明高等：《中国新世纪惩治腐败对策研究》，湖南人民出版社，2002。

杨宏山：《当代中国政治关系》，经济日报出版社，2002。

凌海主编《反腐败方略研究》，中国方正出版社，2002。

虞崇胜：《政治文明论》，武汉大学出版社，2003。

尤光付：《中外监督制度比较》，商务印书馆，2003。

邓元时、李国安主编《政治科学原理》，重庆大学出版社，2003。

郭济主编《政府权力运筹学》，人民出版社，2003。

黄卫平、汪永成主编《当代中国政治研究报告Ⅲ》，社会科学文献出版社，2004。

郭道晖：《法理学精义》，湖南人民出版社，2005。

王浦劬等：《政治学基础》，北京大学出版社，2006。

张晓玲主编《人权理论基本问题》，中共中央党校出版社，2006。

周光辉：《论公共权力的合法性》，吉林出版集团有限责任公司，2007。

何增科等：《中国政治体制改革研究》，中央编译出版社，2008。

《法理学》编写组编《法理学》，人民出版社、高等教育出版社，2010。

周淑真：《政党政治学》，人民出版社，2011。

李慎明主编《居安思危——苏共亡党二十年的思考》，社会科学文献出版社，2011。

陈国权等：《权力制约监督论》，浙江大学出版社，2013。

郑德荣、王占仁：《马克思主义中国化纵横观》，人民出版社，2015。

石佑启、陈咏梅：《法治视野下行政权力合理配置研究》，人民出版社，2016。

冯玉军：《全面依法治国新征程》，中国人民大学出版社，2017。

王文惠编著《当代中国政治法律制度》，中国社会科学出版社，2018。

颜晓峰主编《国家治理现代化十八讲》，人民日报出版社，2019。

秦宣：《中国特色社会主义重大问题研究》，中国人民大学出版社，2019。

肖贵清等：《十八大以来中国特色社会主义理论创新研究》，中国人民大学出版社，2019。

李晓明、芮国强主编《国家监察学原理》，法律出版社，2019。

鲁敏主编《当代中国政府概论》，天津人民出版社，2019。

《政治学概论》编写组编《政治学概论》，高等教育出版社、人民出版社，2020。

《中国化的马克思主义党建理论体系概论》，党建读物出版社，2021。

二　译著

〔法〕卢梭：《社会契约论》，何兆武译，商务印书馆，1980。

〔英〕霍布斯：《利维坦》，黎思复等译，商务印书馆，1985。

〔德〕马克斯·韦伯：《经济与社会》（上卷），林荣远译，商务印书馆，1997。

〔美〕古德诺：《政治与行政》，王元、杨百朋译，华夏出版社，1987。

〔美〕彼德·布劳：《社会生活中的交换与权力》，孙飞等译，华夏出版社，1988。

〔美〕约翰·罗尔斯：《正义论》，何怀宏等译，中国社会科学出版社，1988。

〔美〕约翰·肯尼思·加尔布雷思：《权力的分析》，陶远华等译，河北人民出版社，1988。

〔美〕塞缪尔·P. 亨廷顿：《变化社会中的政治秩序》，王冠华等译，生活·读书·新知三联书店，1989。

〔德〕哈贝马斯：《交往与社会进化》，张博树译，重庆出版社，1989。

〔法〕托克维尔：《论美国的民主》，董果良译，商务印书馆，1997。

〔美〕乔·萨托利：《民主新论》，冯克利、阎克文译，东方出版社，1998。

〔美〕汉密尔顿、杰伊、麦迪逊：《联邦党人文集》，程逢如等译，商务印书馆，1995。

〔英〕洛克：《政府论》，叶启芳等译，商务印书馆，1997。

〔法〕卢梭：《论人类不平等的起源和基础》，李常山译，商务印书馆，1997。

〔法〕孟德斯鸠：《论法的精神》，张雁深译，商务印书馆，2004。

〔美〕丹尼斯·朗：《权力论》，陆震纶、郑明哲译，中国社会科学出版社，2001。

〔澳〕杰佛瑞·布伦南、〔美〕詹姆斯·M. 布坎南：《宪政经济学》，冯克利等译，中国社会科学出版社，2004。

〔英〕哈耶克：《法律、立法与自由》，邓正来等译，中国大百科全书出版社，2000。

〔美〕罗伯特·A. 达尔：《民主及其批评者》，曹海军等译，吉林人民出版社，2006。

〔美〕史蒂文·卢克斯：《权力：一种激进的观点》，彭斌译，江苏人民出版社，2008。

三 报刊论文

张宗厚：《权力制约论》，《法学》1986 年第 10 期。

庞松、韩钢：《党和国家领导体制的历史考察与改革展望》，《中国社会科学》1987 年第 6 期。

杨曼军：《关于共产党的领导》，《社会科学论坛》1990 年第 6 期。

程湘清：《人大监督制度和监督工作中的若干问题》，《中国法学》1992 年第 5 期。

俞可平：《马克思的市民社会理论及其历史地位》，《中国社会科学》1993 年第 4 期。

曾昭宁：《论经济体制转轨时期权力参与分配的危害性》，《人文杂志》1993 年第 6 期。

童之伟：《公民权利国家权力对立统一关系论纲》，《中国法学》1995 年第 6 期。

李忠杰：《论建设有中国特色的社会主义民主政治》，《燧石》1996 年第 1 期。

李景鹏：《论权力分析在政治学研究中的地位》，《天津社会科学》1996 年第 3 期。

孙笑侠：《法治国家及其政治构造》，《法学研究》1998 年第 1 期。

何增科：《中国转型期的腐败与反腐败问题研究：一种制度分析》，《马克思主义与现实》1999 年第 5 期。

韩东屏：《论腐败的发生与防治》，《晋阳学刊》2001 年第 1 期。

韩强：《论民主政治的程序化问题》，《理论与改革》2002 年第 6 期。

倪星：《试论中国反腐败方略的系统设计》，《政治学研究》2003 年第 4 期。

陈国权：《论民主的监督机理及对腐败的遏制作用》，《国家行政学院学报》2004 年第 1 期。

张晓燕：《我国权力制约与监督的五大难题》，《中国党政干部论坛》2004 年第 1 期。

林怀艺：《我国的政党立法问题探析》，《华侨大学学报》（哲学社会科学版）2004 年第 2 期。

姚莉：《法制现代化进程中的审判组织重构》，《法学研究》2004 年第 5 期。

张晓杰：《建立我国违宪审查制度的思考》，《学术交流》2004 年第 7 期。

程竹汝：《授权与监督：论完善人民代表大会制度的几个问题》，《学术月刊》2005 年第 6 期。

沈荣华：《建立行政权力制约机制的思路选择》，《中共福建省委党校学报》2006 年第 1 期。

黎军：《审判委员会改革的几个基本问题》，《上海政法学院学报》2006 年第 3 期。

郑曙村：《建立决策、执行、监督权力三分体制的构想》，《齐鲁学刊》2010 年第 6 期。

袁曙宏：《建设法治中国》，《法制日报》2013 年 3 月 26 日。

陈光中、龙宗智：《关于深化司法改革若干问题的思考》，《中国法学》2013 年第 4 期。

俞可平：《中国特色协商民主的几个问题》，《学习时报》2013 年 12 月 23 日。

周平：《国家治理体系现代化是全面深化改革的必然要求》，《人民日报》2014 年 1 月 5 日。

李广智：《加强权力运行制约监督体系建设》，《奋斗》2014 年第 2 期。

桑学成、周义程、陈蔚：《健全权力运行制约和监督体系研究》，《江海学刊》2014 年第 5 期。

李景治：《党政一把手权力运行机制的完善》，《学术界》2014 年第 4 期。

颜晓峰、李徐步：《中国特色社会主义治理观研究》，《中国特色社会主义研究》2014 年第 5 期。

李林：《中国特色社会主义法治具有鲜明特征》，《人民日报》2014 年 11 月 27 日。

周伟：《启动宪法监督：健全宪法监督机构的路径选择》，《理论与改革》2014 年第 6 期。

包心鉴：《论优化党内政治生态》，《光明日报》2015年5月13日。

陈国权、陈永杰：《基于权力法治的廉政治理体系研究》，《经济社会体制比较》2015年第9期。

曾行伟：《政治学视阈下我国权力制约体系之完善》，《党史研究与教学》2016年第1期。

林尚立：《论以人民为本位的民主及其在中国的实践》，《政治学研究》2016年第3期。

朱佳木：《中华民族伟大复兴必须坚持中国共产党的领导》，《毛泽东邓小平理论研究》2016年第7期。

景跃进：《中国特色的权力制约之路——关于权力制约的两种研究策略之辨析》，《经济社会体制比较》2017年第4期。

何毅亭：《新时代中国共产党的历史使命》，《人民日报》2017年11月28日。

王浦劬：《习近平新时代中国特色社会主义政治发展思想论析》，《政治学研究》2018年第3期。

李景治：《中国政治体制改革的经验与启示》，《中央社会主义学院学报》2018年第3期。

欧阳淞：《坚持和加强党的全面领导》，《人民日报》2018年9月11日。

李忠杰：《新中国70年政治制度的发展》，《中国党政干部论坛》2019年第2期。

吴德刚：《牢牢把握"最本质的特征"和"最大优势"》，《人民日报》2019年4月3日。

何毅亭：《中国共产党是最高政治领导力量》，《学习时报》2019年5月17日。

彭正德：《新中国成立以来党的政治建设历史考察》，《湖湘论坛》2019年第3期。

颜晓峰：《新中国70年与坚持和发展马克思主义》，《马克思主义与现实》2019年第4期。

欧阳淞：《没有共产党就没有新中国》，《人民日报》2019年9月11日。

徐永军：《新中国 70 年国家政权建设的光辉历程、伟大成就和经验启示》，《中国人大》2019 年第 18 期。

桑玉成、舒翠玲：《关于监察体制改革若干基础性问题的思考》，《政治学研究》2019 年第 5 期。

王世谊：《中国共产党政治建设研究：回顾与展望》，《江苏社会科学》2019 年第 6 期。

方涛：《新中国 70 年来党的政治建设的历史演进与基本经验》，《治理现代化研究》2019 年第 6 期。

管素叶、陈志刚：《党和国家监督体系的创新发展》，《中国特色社会主义研究》2019 年第 6 期。

吴建雄：《开创党和国家监督体系现代化的新境界——坚持和完善党和国家监督体系的历史逻辑、理论逻辑与实践逻辑》，《新疆师范大学学报》（哲学社会科学版）2019 年第 6 期。

王希鹏：《坚持和完善党和国家监督体系：基本经验与推进路径》，《中国特色社会主义研究》2019 年第 6 期。

罗许生：《党内监督与国家监督的联动和协同研究》，《广西社会科学》2019 年第 11 期。

王建亭、李春华：《习近平人民观对马克思主义人民观的继承与发展》，《马克思主义哲学论丛》2020 年第 2 期。

马雪松、王慧：《党和国家监督体系中的有效监督机制构建》，《理论探索》2020 年第 3 期。

陈国权：《功能性分权与中国特色权力监督体系》，《中共杭州市委党校学报》2020 年第 3 期。

张桂林：《党和国家监督体系原理探析》，《政治学研究》2020 年第 4 期。

蒋来用、王阳：《健全和完善党内监督体系的系统性、协调性和有效性》，《重庆社会科学》2020 年第 4 期。

潘丹尼、王淑辉：《中国共产党对传统"民本"思想话语的发展与创新》，《湖南行政学院学报》2020 年第 4 期。

牛朝辉：《党和国家监督体系制度有效性的标准和指标》，《北京航空航天大学学报》（哲学社会科学版）2020 年第 5 期。

王晨：《推进中国特色社会主义政治制度自我完善和发展》，《人民日报》2020 年 11 月 24 日。

贺新春：《习近平人民观的时代特征》，《中国社会科学院研究生院学报》2021 年第 2 期。

后　记

　　经过作者多年的潜心思考和精心撰写，《政治建设基本理论》的书稿业已完成，这固然离不开长期的学术积累，更得益于我们所处的伟大时代。我们党关于中国特色社会主义政治建设的重要论述为书稿提供了理论指导，我们党对于中国特色社会主义政治建设的艰辛探索为书稿提供了实践根基，学界有关中国特色社会主义政治建设的理论探讨为书稿提供了文献参考，天津大学马克思主义学院为书稿提供了出版资助，社会科学文献出版社为书稿提供了出版平台。其中，社会科学文献出版社政法传媒分社总编辑曹义恒对书稿的撰写和修改提出了许多宝贵的建设性意见。

　　本书撰写过程中，吸收并借鉴了学界已有成果，在此特向有关专家学者表示诚挚的谢意。由于笔者水平和能力有限，书中难免存在疏漏和不足，恳请读者批评指正。

王寿林

2022 年 5 月 4 日

图书在版编目（CIP）数据

政治建设基本理论 / 王寿林著 . -- 北京：社会科
学文献出版社，2022.12
ISBN 978 - 7 - 5228 - 1055 - 3

Ⅰ . ①政… Ⅱ . ①王… Ⅲ . ①政治建设 - 研究 - 中国
Ⅳ . ①D6

中国版本图书馆 CIP 数据核字（2022）第 214924 号

政治建设基本理论

著　　者 / 王寿林

出 版 人 / 王利民
责任编辑 / 岳梦夏
文稿编辑 / 陈　冲
责任印制 / 王京美

出　　版 / 社会科学文献出版社·政法传媒分社（010）59367156
　　　　　　地址：北京市北三环中路甲 29 号院华龙大厦　邮编：100029
　　　　　　网址：www. ssap. com. cn
发　　行 / 社会科学文献出版社（010）59367028
印　　装 / 三河市龙林印务有限公司

规　　格 / 开　本：787mm × 1092mm　1/16
　　　　　　印　张：19.75　字　数：325 千字
版　　次 / 2022 年 12 月第 1 版　2022 年 12 月第 1 次印刷
书　　号 / ISBN 978 - 7 - 5228 - 1055 - 3
定　　价 / 138.00 元

读者服务电话：4008918866